"十三五"国家重点图书出版规划项目

《中国经济地理》丛书

孙久文　总主编

浙江经济地理

陆根尧　许庆明　胡晨光　智瑞芝◎编著

经济管理出版社

图书在版编目（CIP）数据

浙江经济地理/陆根尧等编著.—北京：经济管理出版社，2018.11
ISBN 978-7-5096-6159-8

Ⅰ.①浙…　Ⅱ.①陆…　Ⅲ.①区域经济地理—浙江　Ⅳ.①F129.955

中国版本图书馆 CIP 数据核字（2018）第 267192 号

组稿编辑：申桂萍
责任编辑：刘　宏
责任印制：黄章平
责任校对：赵天宇

出版发行：经济管理出版社
　　　　　（北京市海淀区北蜂窝 8 号中雅大厦 A 座 11 层　100038）
网　　址：www.E-mp.com.cn
电　　话：(010) 51915602
印　　刷：唐山昊达印刷有限公司
经　　销：新华书店
开　　本：720mm×1000mm/16
印　　张：23.5
字　　数：409 千字
版　　次：2020 年 9 月第 1 版　2020 年 9 月第 1 次印刷
书　　号：ISBN 978-7-5096-6159-8
定　　价：88.00 元

·版权所有　翻印必究·
凡购本社图书，如有印装错误，由本社读者服务部负责调换。
联系地址：北京阜外月坛北小街 2 号
电话：(010) 68022974　　邮编：100836

《中国经济地理》丛书

顾　　问：宁吉喆　刘　伟　胡兆量　胡序威　邬翊光　张敦富

专家委员会（学术委员会）

主　　任：孙久文
副 主 任：安虎森　张可云　李小建
秘 书 长：张满银
专家委员（按姓氏笔画排序）：
　　　　邓宏兵　付晓东　石培基　吴传清　吴殿廷　张　强　李国平
　　　　沈正平　陈建军　郑长德　金凤君　侯景新　赵作权　赵儒煜
　　　　郭爱君　高志刚　曾　刚　覃成林

编委会

总 主 编：孙久文
副总主编：安虎森　付晓东
编　　委（按姓氏笔画排序）：
　　　　文余源　邓宏兵　代合治　石培基　石敏俊　申桂萍　安树伟
　　　　朱志琳　吴传清　吴殿廷　吴相利　张　贵　张海峰　张　强
　　　　张满银　李　红　李二玲　李小建　李敏纳　杨　英　沈正平
　　　　陆根尧　陈　斐　孟广文　武友德　郑长德　周国华　金凤君
　　　　洪世键　胡安俊　赵春雨　赵儒煜　赵翠薇　涂建军　高志刚
　　　　曾　刚　覃成林　滕堂伟　薛东前

总 序

今天，我们正处在一个继往开来的伟大时代。受现代科技飞速发展的影响，人们的时空观念已经发生了巨大的变化：从深邃的远古到缥缈的未来，从极地的冰寒到赤道的骄阳，从地心游记到外太空的探索，人类正疾步从必然王国向自由王国迈进。

世界在变，人类在变，但我们脚下的土地没有变，土地是留在心里不变的根。我们是这块土地的子孙，我们祖祖辈辈生活在这里。我们的国土有960万平方公里之大，有种类繁多的地貌类型，地上和地下蕴藏了丰富多样的自然资源，14亿中国人民有五千年延绵不绝的文明历史，经过近40年的改革开放，中国经济实现了腾飞，中国社会发展日新月异。

早在抗日战争时期，毛泽东主席就明确指出："中国革命斗争的胜利，要靠中国同志了解中国的国情。"又说："认清中国的国情，乃是认清一切革命问题的基本根据。"习近平总书记在给地理测绘队员的信中指出："测绘队员不畏困苦、不怕牺牲，用汗水乃至生命默默丈量着祖国的壮美山河，为祖国发展、人民幸福作出了突出贡献。"李克强总理更具体地提出："地理国情是重要的基本国情，要围绕服务国计民生，推出更好的地理信息产品和服务。"

我们认识中国基本国情，离不开认识中国的经济地理。中国经济地理的基本条件，为国家发展开辟了广阔的前景，是经济腾飞的本底要素。当前，中国经济地理大势的变化呈现出区别于以往的新特点：第一，中国东部地区面向太平洋和西部地区深入欧亚大陆内陆深处的陆海分布的自然地理空间格局，迎合东亚区域发展和国际产业大尺度空间转移的趋势，使我们面向沿海、融入国际的改革开放战略得以顺利实施。第二，我国各区域自然资源丰裕程度和区域经济发达程度的相向分布，使经济地理主要标识的区内同一性和区际差异性异常突出，为发挥区域优势、实施开发战略、促进协调发展奠定了客观基础。第三，以经济地理格局为依据调整生产力布局，以改革开放促进区域经济发展，以经济发达程度和市场发育程度为导向制定区域经济政策和区域规划，使区域经济发展战略上升为国家重大战略。

因此，中国经济地理在我国人民的生产和生活中具有坚实的存在感，日益发挥出重要的基石性作用。正因为这样，编撰一套真实反映当前中国经济地理现实情况的丛书，就比以往任何时候都更加迫切。

在西方，自从亚历山大·洪堡和李特尔之后，编撰经济地理书籍的努力就一直没有停止过。在中国，《淮南子》可能是最早的经济地理书籍。近代以来，西方思潮激荡下的地理学，成为中国人"睁开眼睛看世界"所看到的最初的东西。然而对中国经济地理的研究却鲜有鸿篇巨制。中华人民共和国成立特别是改革开放之后，中国经济地理的书籍进入大爆发时期，各种力作如雨后春笋。1982年，在中国现代经济地理学的奠基人孙敬之教授和著名区域经济学家刘再兴教授的带领和推动下，全国经济地理研究会启动编撰《中国经济地理》丛书。然而，人事有代谢，往来成古今。自两位教授谢世之后，编撰工作也就停了下来。

《中国经济地理》丛书再次启动编撰工作是在2013年。全国经济地理研究会经过常务理事会的讨论，决定成立《中国经济地理》丛书编委会，重新开始编撰新时期的《中国经济地理》丛书。在全体同人的努力和经济管理出版社的大力协助下，一套全新的《中国经济地理》丛书计划在2018年全部完成。

《中国经济地理》丛书是一套大型系列丛书。该丛书共计40册：概论1册，思想史册"四大板块"共4册，34个省市自治区及特别行政区共34册。我们编撰这套丛书的目的，是为读者全面呈现中国分省区的经济地理和产业布局的状况。当前，中国经济发展伴随着人口资源环境的一系列重大问题，复杂而严峻。资源开发问题、国土整治问题、城镇化问题、产业转移问题等，无一不是与中国经济地理密切相连的；京津冀协同发展、长江经济带战略和"一带一路"战略，都是以中国经济地理为基础依据而展开的。我们相信，《中国经济地理》丛书可以为一般读者了解中国各地区的情况提供手札，为从事经济工作和规划工作的读者提供参考资料。

我们深感丛书的编撰困难巨大，任重道远。正如宋朝张载所言"为往圣继绝学，为万世开太平"，我想这代表了全体编撰者的心声。

我们组织编撰这套丛书，提出一句口号：让读者认识中国，了解中国，从中国经济地理开始。

让我们共同努力奋斗。

孙久文
全国经济地理研究会会长
中国人民大学教授
2016 年 12 月 1 日于北京

前 言

浙江省地处中国东南沿海长江三角洲南翼，简称"浙"。浙江东临东海，南接福建，西与江西、安徽相连，北与上海、江苏为邻，是中国古代文明的发祥地之一。长兴七里亭旧石器早期遗址的考古发现表明，早在100万年前，浙江就已出现了人类活动。境内已发现新石器时代遗址百余处，最著名的有距今4000~8000年的良渚文化、河姆渡文化、马家浜文化、萧山跨湖桥文化和距今1万年的浦江上山文化，其中在良渚遗址还发现了5000年前中国最大的古城。

浙江在春秋时分属吴、越两国，战国时属楚；秦时分属会稽郡、鄣郡、闽中郡；汉时属于扬州刺史部；三国时入东吴版图，仍属扬州；南朝时分属扬州、东扬州；唐时先属江南道，继属江南东道，唐肃宗乾元元年（758年）设置浙江东道节度使和浙江西道节度使，"浙江"作为行政区域名称自此始；五代十国时为吴越国地，属江南道；北宋时属两浙路；南宋建都临安（今杭州），分置两浙西路和两浙东路；元时属江浙行中书省；明太祖洪武九年（1376年）设浙江承宣布政使司，洪湖十四年（1381年）湖州、嘉兴两府划归浙江，从此浙江辖杭、嘉、湖、宁、绍、台、金、衢、严、温、处11府，1州（安吉州），75县，所辖区域基本定型；清康熙初年改浙江布政司为浙江省，沿袭至今。浙江现设杭州、宁波2个副省级市，温州、嘉兴、湖州、绍兴、金华、衢州、舟山、台州、丽水9个地级市，90个县（市、区），陆域面积为10.55万平方千米，海域面积为26万平方千米，2016年末全省常住人口5590万人，地区生产总值（GDP）46485亿元，连续多年稳居全国第四。

浙江历来是经济活跃、人杰地灵之地。早在先秦时期，越国的造船业和铸造业就领先全国。东汉时期，浙江就已出现了较大规模的水利工程，煮盐业、制瓷业已达到相当水平。3世纪以后，会稽郡成为东晋六朝时最发达的地区。隋唐时期，江南运河的开凿和京杭大运河的全线贯通，不仅使杭州城由秦汉以来默默无闻的小县城迅速成为闻名遐迩的大都市，也推动了浙江与中原地区政治、经济和文化的交流。五代时期，临安人钱镠建立吴越国，实行"保境安民"的基本国策，修筑海塘，发展生产，保障国用，农业、手工业继续发展，黎民百姓安居乐业，吴越国成为当时中国罕见的一方乐土。宋代，中国区域经济重心发生了根本性的结构变化，江南地区取代中原成为国家财政的主要来源地，浙江进入了封建经济的繁荣时期，杭州、明州（今宁波）和广州是当时三个最大的海外贸易港口，宋室南渡后，温州也被辟为对外贸易港口。元代，浙江的制瓷、丝织、印刷、制盐和造船业继续保持发达状态，特别是海外贸易发展迅速，当时浙江境内的外贸港口有庆元（今宁波）、澉浦、温州、杭州，并且，1277年元朝在全国设立7个市舶司，浙江独占其四。明清时期，浙江以粮食生产为主、以家庭为生产单位的小农经济迅速发展起来，成为全国人口密度最高的省份之一。杭州、嘉兴、湖州三府以及今江苏的苏州诸府，从单纯的"天上粮仓"，发展到以植桑养蚕、种植棉花、织造丝绸、生产棉布为主导产业的高度发达的农业和手工业文明，并带动了一大批工商业市镇的兴起，使浙江成为民族工业和商品经济萌芽出现较早的省份之一。鸦片战争以后，宁波、温州、杭州相继被辟为对外通商口岸。19世纪80年代后期开始，杭州、宁波先后建立起一些工厂，主要从事以农产品为生产原料的轻纺、食品、制革等行业。进入20世纪初，民族工业一度得到较快发展，鼎盛时期的1936年，工业总产值达7亿元。此后，由于制度腐朽和战乱，加上帝国主义经济掠夺，不仅国民经济发展长期停滞，而且原有经济基础也遭到严重破坏。到1949年，全省生产总值仅15亿元，人均仅为72元。第一、第二、第三产业的比例为68.5∶8.0∶23.5，属于典型的农业社会。

新中国成立以后，随着社会主义制度的建立、完善和劳动人民当家作主地位的确立，浙江人民在党和政府的领导下，开始了探索和发展的历程，揭开了浙江发展的新篇章。1949~1978年，浙江经济发展既有较为顺利的时期，也有过严重的曲折和失误。改革开放以后，浙江人民在中国特色社会主义理论体系的指导和党中央的正确领导下，在历届省委、省政府的带领下，坚持解放思想、实事求是、艰苦奋斗、开拓创新，走出了一条具有浙江特色的新路子，开创了社会主义现代化建设的新局面。

1949年人民政权建立后，浙江进入了国民经济恢复和社会主义建设时期。1950~1956年，党和政府经济工作的重心是对资本主义工商业进行社会主义改造和社会主义工业化建设，基本完成了对传统私营及个体经济的改造，初步建立了社会主义经济基础。"一五"计划（1953~1957年）确定浙江经济发展的重点是农业和为省内服务的地方工业，主要是增加日用工业品生产和农业生产资料生产，计划提出"首先尽一切可能从发展生产中，为国家积累资金，培养人才，以支援国家重点建设"，贯彻沿海工业基本建设应当"踏步"的精神。到1957年，全省生产总值达到37.3亿元，年均增长11.2%，人均生产总值增加到151元。"二五"计划（1958~1962年）时期，由于"左"的思想影响，确定了"优先发展重工业"的方针，并提出"五年内基本建成工业化的基础"的过高要求，国民经济出现暂时困难。1961年，全省开始贯彻国民经济"调整、巩固、充实、提高"的方针，到1963年国民经济状况普遍好转。在1963~1965年三年调整时期中，生产总值增长38.8%，年均递增11.5%，城乡居民消费支出年均递增5.6%，整个国民经济重新进入稳步发展的轨道。

1966~1976年"文化大革命"期间，"以阶级斗争为纲"的极左路线严重破坏了社会经济发展的各个方面，浙江进入生产停滞、社会动荡、经济损失最严重的时期。其间"三五"计划（1966~1970年）和"四五"计划（1971~1975年）的指标安排不尽合理，实施中又受到"文化大革命"的冲击，全省生产产值年均增长仅为4.0%，其中有4年出现衰退，基础设施和社会事业等方面大量欠账，国民经济比例再次严重失调。1976年10月粉碎"四人帮"后，社会生产得到迅速恢复和发展。但由于"左"的思想尚未得到根本纠正，经济建设上也曾提出许多不切实际的目标。

1978年12月，党的十一届三中全会胜利召开，正式做出了把工作重点转移到以经济建设为中心的战略决策，揭开了我国改革开放的序幕。从此，浙江以市场为取向的改革迅速展开，农村工业化蓬勃兴起，开始了社会主义现代化建设的崭新历程。改革开放初期，浙江从农村改革起步，全面实行家庭联产承包责任制，积极发展社队企业，恢复农村集贸市场，加快城乡商品经济发展，全省经济社会发展迅速走上快速发展的轨道。1979~1981年，全省生产总值年均增长13.7%，其中工业增加值年均增长达到了20.9%。全省产业结构也开始向合理化方向发展。20世纪80年代的"六五"计划（1981~1985年），强调"进一步全面调整经济结构，大力发展农业和消费品工业"，重工业更好地为农业和消费品工业服务，并把发展科技、教育放到了重要地位。1982年之后，根据党的十二大精神，浙江深入开展农村第二轮改革，加快改革由农村向城市推进，积极推进国有企业改革，不断扩大沿海城市对外开放，全省创业热潮持续高涨，浙江经济进入第二次增长高峰。到1985年前后，全省人民基本解决温饱问题。"七五"计划（1986~1990年）要求"把改革放在首位"，提出要"基本实现新旧经济体制的转换"，还要求搞好对外开放，增强出口创汇能力。

1987年之后，浙江积极贯彻党的十三大确定的"经济建设分三步走"的战略部署，全面推进以城市为重点的经济体制改革，着力治理发展环境，大力整顿经济秩序。全省改革发展取得了新突破，工业化步伐继续加快。到20世纪80年代末，乡镇工业占据全省工业"半壁江山"，欠发达地区人民生活加快改善，部分发达地区开始向小康迈进。20世纪90年代的"八五"计划（1991~1995年），强调"继续深化城乡经济体制改革，进一步扩大对外开放"，"因地制宜，发挥优势，促进地区经济合理分工和协调发展"，"认真贯彻执行物质文明和精神文明一起抓的方针"。1992年邓小平"南方谈话"后，浙江以此为契机，及时解决长期困扰和束缚人们思想的许多重大问题，按照党的十四大确立的"建设社会主义市场经济体制"的改革目标，放手发展个体私营经济，率先推进企业产权制度改革，加快提升各类专业市场，大力发展外向型经济，着力推动县域经济加快发展。全省发展活力竞相迸发，经济社会迎来新一轮发展热潮。"九五"计划（1996~2000年）首次提出经济增长方式和经济体制"两个根本转变"，并强调"坚持科教兴省"，实施《中国21世纪议程》，"逐步形成工业、资源、环境的良性循环，实现可持续发展。1997年以后，浙江高举党的十五大确立的邓小平理论伟大旗帜，认真落实中央对建设有中国特色社会主义经济、政治、文化的总体安排，大力实施科教兴省、依法治省和建设文化大省战略，加快推进城市化，积极应对亚洲金融危机。全省工业化、市场化、国际化、城市化进程加速，基本建立起区域市场经济体制。

进入新世纪以后，"十五"计划（2001~2005年）作为浙江进入新世纪编制的第一个五年计划，提出经济社会发展的总体要求是"以加快发展为主题，全面推进现代化建设；以结构调整为主线，促进经济发展从量的扩张向质的提高转变；以改革开放和科技进步为动力，再创发展新优势；以提高人民生活水平为根本出发点，实现更加宽裕的小康生活；大力弘扬浙江精神，努力建设经济强省、科教强省和文化大省；正确处理改革、发展、稳定的关系，不断开拓有浙江特色的发展路子"。党的十六大以后，浙江全面贯彻落实党的十六大关于建立完善社会主义市场经济体制的战略部署，认真落实科学发展观，时任浙江省委书记习近平同志率领十一届省委"一班人"，通过深入调查研究，在科学判断国际国内形势和全面把握浙江省情的基础上，做出了发挥"八个方面的优势"，推进"八个方面的举措"的重大决策步骤（以下简称"八八战略"）。围绕"八八战略"，十一届省委先后做出了平安浙江、法治浙江、文化大省、生态省建设和加强党的执政能力建设等决策步骤，并提出了"干在实处、走在前列"的总要求。此后,历届省委坚持一张蓝图绘到底,一任接着一任干,把"干在实处、走在前列"的总要求一贯到底,认真续写"八八战略"这篇大文章。2007年6月召开的浙江省第十二次党代会,提出全面建设惠及全省人民的小康社会奋斗目标和主要任务。十二届省委认真贯彻党的十七大精神,做出实施"创业富民、创新强省"总战略和"全面小康六大行动计划"的工作步骤,全面建设惠及全省人民的小康社会。2012年6月召开的浙江省第十三次党代会,对建设物质富裕精神富有的现代化浙江的主要任务进行全面部署。十三届省委认真贯彻党的十八大精神,要求全省上下拧成一股劲、形成一个声音,一以贯之地深入实施"八八战略",通过干好"一三五"、实现"四翻番"的具体路径,加快建设"两富"浙江、"两美"浙江,努力为实现中华民族伟大复兴的中国梦贡献浙江力量。2015年5月,习近平总书记到浙江考察,提出"干在实处永无止境,走在前列要谋新篇",希望浙江"在提高全面建成小康社会水平上更进一步,在推进改革开放和社会主义现代化建设中更快一步,继续发挥先行和示范作用",并强调"八个方面"的重点任务。省委认真学习和对照习近平总书记的重要讲话精神,与时俱进地审视工作的目标取向、理念思路、部署举措,逐项进行研究、分解和落实。浙江省第十三次党代会以后,省委分别就加强自身建设、干好"一三五"实现"四翻番"、实施创新驱动发展战略、全面深化改革、建设美丽浙江创造美好生活、全面深化法治浙江建设、认真学习习近平总书记在浙江考察时的重要讲话精神等进行研究部署,奋力推进"五位一体"总体布局和"四个全面"战略布局在浙江的生动实践。全省经济社会发展取得了新的突破和进展,综合实力持续增强,全面小康实现程度居全国前列。按照国家统计局制定的《全面建成小康社会统计监测指标体系》测算,2014年,浙江全面小康社会实现程度为97.2%,居全国各省市区第一。2016年全省生产总值达到46485亿元,连续21年居全国第四,人均GDP为83538元,列全国各省区市第二,达到上中等收入国家和地区水平。

当前,浙江省各级党政组织和全省人民以习近平新时代中国特色社会主义思想为指导,认真学习贯彻党的十九大精神与贯彻落实十四届省党代会精神做出的各项部署紧密结合起来,坚定不移地沿着"八八战略"指引的路子走下去,加快高水平全面建成小康社会,高水平推进社会主义现代化建设,书写夺取新时代中国特色社会主义伟大胜利的浙江篇章。

目 录

第一篇 资源与条件

第一章 引论 ······ 3

第一节 位置面积和行政区划 ······ 3
　一、位置面积 ······ 3
　二、行政区划 ······ 3
第二节 人文历史和民族人口 ······ 4
　一、人文历史 ······ 4
　二、民族人口 ······ 7
第三节 经济发展历史和现状特点 ······ 8
　一、经济发展历史 ······ 8
　二、经济现状特点 ······ 13
　三、经济发展阶段 ······ 20

第二章 资源禀赋与开发利用 ······ 24

第一节 自然资源及其评价 ······ 24
　一、水资源 ······ 24
　二、森林资源 ······ 27
　三、矿产资源 ······ 28
　四、土地资源 ······ 29
　五、海洋资源 ······ 31
　六、能源资源 ······ 33
第二节 经济资源及其评价 ······ 36

一、劳动力 ……………………………………………………… 36
　　二、资本 ………………………………………………………… 39
　　三、技术 ………………………………………………………… 43
第三节　社会资源及其评价 ………………………………………… 47
　　一、地域文化 …………………………………………………… 47
　　二、浙商 ………………………………………………………… 57
　　三、科技、教育 ………………………………………………… 59
第四节　资源开发利用存在的问题 ………………………………… 69
　　一、自然资源开发中存在的问题 ……………………………… 69
　　二、经济资源开发中存在的问题 ……………………………… 72
　　三、社会资源开发中存在的问题 ……………………………… 74
第五节　资源开发利用的方向 ……………………………………… 76
　　一、节约集约 …………………………………………………… 76
　　二、开放创新 …………………………………………………… 77
　　三、绿色环保 …………………………………………………… 80
　　四、协调共享 …………………………………………………… 81

第二篇　产业经济地理

第三章　农业经济地理 ……………………………………………… 89
第一节　农业自然资源概况 ………………………………………… 89
　　一、地貌 ………………………………………………………… 89
　　二、气候 ………………………………………………………… 90
　　三、水文水利 …………………………………………………… 90
第二节　农业发展的历史沿革 ……………………………………… 91
　　一、农业发展历史及其基本特征 ……………………………… 91
　　二、改革开放后农业发展取得的突出成就 …………………… 93
第三节　种植业 ……………………………………………………… 96
　　一、粮食作物 …………………………………………………… 96
　　二、经济作物 …………………………………………………… 97
第四节　林业 ………………………………………………………… 104

一、森林资源概况 …………………………………………… 104
　　二、主要林产业 ……………………………………………… 107
　　三、浙江省林业发展空间布局及发展方向 ………………… 108
第五节　畜牧业 …………………………………………………… 110
　　一、畜牧业发展现状 ………………………………………… 110
　　二、畜牧业的转型升级 ……………………………………… 112
第六节　渔业 ……………………………………………………… 113
　　一、渔业资源概况 …………………………………………… 113
　　二、渔业发展现状 …………………………………………… 113
第七节　政府创新与农业现代化发展 …………………………… 116
　　一、农业发展中政府的作用 ………………………………… 116
　　二、发展现代农业面临的问题 ……………………………… 119
　　三、持续推进现代农业发展的对策 ………………………… 120

第四章　海洋经济地理 …………………………………………… 123

第一节　海洋环境资源概况 ……………………………………… 123
　　一、海洋环境 ………………………………………………… 123
　　二、海洋资源 ………………………………………………… 124
第二节　海洋经济发展 …………………………………………… 127
　　一、海洋经济发展历史 ……………………………………… 127
　　二、海洋经济现状与特点 …………………………………… 131
　　三、海洋产业发展 …………………………………………… 139
第三节　政府创新与海洋经济发展 ……………………………… 143
　　一、海洋经济发展的路径探索 ……………………………… 143
　　二、海洋经济发展存在的问题 ……………………………… 147
　　三、加快海洋经济发展的对策 ……………………………… 150

第五章　工业经济地理 …………………………………………… 154

第一节　工业发展的区域要素条件 ……………………………… 154
　　一、区位优势 ………………………………………………… 154
　　二、要素条件 ………………………………………………… 155
第二节　工业发展的历史沿革及特征 …………………………… 156

一、工业发展的历史沿革 …………………………………………… 156
　　二、工业发展的基本特征 …………………………………………… 161
　第三节　劳动密集型制造业 …………………………………………… 173
　第四节　资本密集型制造业 …………………………………………… 177
　第五节　技术密集型制造业 …………………………………………… 179

第六章　服务业经济地理 ………………………………………………… 184
　第一节　服务业发展的资源要素条件 ………………………………… 184
　　一、要素条件 ………………………………………………………… 184
　　二、需求条件 ………………………………………………………… 184
　　三、产业基础 ………………………………………………………… 185
　第二节　服务业发展历史沿革与特征 ………………………………… 185
　　一、服务业在国民经济中的地位 …………………………………… 185
　　二、服务业发展水平与结构 ………………………………………… 186
　　三、服务业市场开放 ………………………………………………… 189
　　四、服务业地区发展差异 …………………………………………… 190
　第三节　商贸物流业 …………………………………………………… 192
　　一、商贸物流业的需求情况 ………………………………………… 192
　　二、商贸物流业的现状与特征 ……………………………………… 196
　第四节　金融产业 ……………………………………………………… 203
　　一、金融业的发展历史 ……………………………………………… 203
　　二、金融业的现状与特征 …………………………………………… 203
　　三、金融业的区域创新发展模式 …………………………………… 208
　第五节　旅游业 ………………………………………………………… 210
　　一、旅游业的规模特征 ……………………………………………… 210
　　二、旅游业的结构特征 ……………………………………………… 212
　　三、旅游业的地区特征 ……………………………………………… 216
　　四、旅游业的服务企业与人才 ……………………………………… 218
　第六节　文化教育产业 ………………………………………………… 220
　　一、文化产业的现状与特征 ………………………………………… 220
　　二、教育产业的现状与特征 ………………………………………… 226
　第七节　健康产业 ……………………………………………………… 229

一、健康产业的现状与特征 ··· 229
　　二、健康产业的区域特点 ··· 230
第八节　政府创新与服务业发展 ··· 231
　　一、服务业发展中的政府作用 ······································· 231
　　二、发展服务业面临的机遇与问题 ··································· 234
　　三、持续推进现代服务业发展的对策建议 ····························· 235

第三篇　区域与城市经济地理

第七章　区域经济地理 ·· 239

第一节　区域经济地理的演变与特征 ····································· 239
　　一、基本概念：经济区域、区域空间结构、地理因素、
　　　　资源环境 ··· 239
　　二、从"均质区域"到"板块式"的区域空间结构 ····················· 240
　　三、从"点—轴"形态的区域空间结构到"网络"形态的区域
　　　　空间结构 ··· 244
　　四、简要的结论 ··· 247
第二节　浙西北区域经济地理 ··· 248
　　一、资源环境与经济概述 ··· 248
　　二、杭州市域经济 ··· 249
　　三、嘉兴市域经济 ··· 252
　　四、湖州市域经济 ··· 254
　　五、绍兴市域经济 ··· 257
第三节　浙东北区域经济地理 ··· 260
　　一、资源环境与经济概述 ··· 260
　　二、宁波市域经济 ··· 261
　　三、舟山市域经济 ··· 265
　　四、台州市域经济 ··· 268
第四节　浙东南区域经济地理 ··· 270
　　一、资源环境与经济概述 ··· 270
　　二、经济总量与结构 ··· 274

第五节　浙西南区域经济地理 ·· 275
　　　　一、资源环境与经济概述 ·· 275
　　　　二、金华市域经济 ·· 276
　　　　三、衢州市域经济 ·· 281
　　　　四、丽水市域经济 ·· 283

第八章　城市经济地理 ·· 288
　　第一节　浙江城镇化的总体进程与空间结构演变 ···················· 288
　　　　一、区域城镇化的影响因素 ······································ 288
　　　　二、新中国成立至20世纪70年代末：城镇化基本停滞阶段 ······ 289
　　　　三、20世纪80年代：乡村工业化与小城镇迅速发展阶段 ········ 290
　　　　四、20世纪90年代后期开始：产业集聚与大中城市快速
　　　　　　发展阶段 ·· 292
　　　　五、2010年以来：大城市的集聚扩散与城镇群的形成阶段 ······ 294
　　　　六、浙江城镇体系的规模结构与职能结构 ······················ 295
　　第二节　四大都市区的功能定位与空间结构 ·························· 297
　　　　一、杭州都市区的功能定位与空间结构 ························ 297
　　　　二、宁波都市区的功能定位与空间结构 ························ 300
　　　　三、温州都市区的功能定位与空间结构 ························ 304
　　　　四、"金华—义乌"都市区的功能定位与空间结构 ·············· 306

第九章　资源环境与区域经济协调发展 ·································· 311
　　第一节　区域经济协调发展与资源环境约束 ·························· 311
　　　　一、浙江区域经济差距 ·· 311
　　　　二、区域经济协调发展的资源环境制约 ························ 312
　　　　三、基于资源环境承载力的区域经济协调发展 ················ 315
　　第二节　基于资源环境承载力的陆域空间开发导向 ·················· 317
　　　　一、功能分区 ·· 317
　　　　二、优化开发区域 ·· 317
　　　　三、重点开发区域 ·· 319
　　　　四、限制开发区域 ·· 320
　　　　五、禁止开发区域 ·· 323

第三节 基于资源环境承载力的海洋空间开发导向 …………………… 324
一、功能分区 ………………………………………………………… 324
二、优化开发区域 …………………………………………………… 325
三、限制开发区域 …………………………………………………… 326
四、禁止开发区域 …………………………………………………… 326

第四篇 发展战略与展望

第十章 发展战略与展望 …………………………………………………… 331
第一节 发展机遇与挑战 ………………………………………………… 331
一、战略机遇分析 …………………………………………………… 331
二、面临的挑战分析 ………………………………………………… 334
第二节 发展目标 ………………………………………………………… 336
一、新时期发展的指导思想 ………………………………………… 336
二、新时期的发展目标 ……………………………………………… 337
第三节 发展战略 ………………………………………………………… 339
一、以"八八战略"为总纲,全面落实"五大发展理念" ……… 339
二、以创新驱动为首位战略,加快促进经济转型升级 …………… 342
第四节 未来展望 ………………………………………………………… 344
一、人民生活水平迈上新台阶 ……………………………………… 345
二、空间结构优化获得新提升 ……………………………………… 345
三、经济转型升级取得新跃进 ……………………………………… 346
四、开放合作形成新格局 …………………………………………… 347
五、美丽浙江建设取得新进展 ……………………………………… 348

后 记 ……………………………………………………………………… 351

第一篇 资源与条件

第一章　引　论

第一节　位置面积和行政区划

一、位置面积

浙江省地处中国东南沿海长江三角洲南翼，东临东海，南接福建，西与安徽、江西相连，北与上海、江苏接壤。境内最大的河流钱塘江，因江流曲折，称为之江，又称浙江，省以江名，简称"浙"。

浙江地形复杂，山地和丘陵占 70.4%，平原和盆地占 23.2%，河流和湖泊占 6.4%，耕地面积仅 208.17 万公顷，故有"七山一水两分田"之说。据浙江省第二次土地调查结果，浙江人均耕地仅 0.56 亩。全国第二次土地调查数据显示，浙江土地面积 10.55 万平方千米，为全国的 1.10%，是中国面积最小的省份之一。

二、行政区划

截至 2015 年，浙江省下辖 11 个市，其中杭州、宁波为副省级市，其余 9 个市为地级市；下分 90 个县级行政区，包括 35 个市辖区、20 个县级市、34 个县、1 个自治县（见表 1-1）。

表 1-1　浙江省行政区划

行政区	面积（平方千米）	下辖行政区
杭州 （副省级）	16596	上城区、下城区、江干区、拱墅区、西湖区、滨江区、余杭区、萧山区、富阳区、建德市、临安市、桐庐县、淳安县

续表

行政区	面积（平方千米）	下辖行政区
宁波（副省级）	9714	海曙区、江东区、江北区、北仑区、镇海区、鄞州区、余姚市、慈溪市、奉化市、象山县、宁海县
温州	12065	鹿城区、龙湾区、瓯海区、瑞安市、乐清市、永嘉县、平阳县、苍南县、文成县、泰顺县、洞头县
绍兴	8256	越城区、柯桥区、上虞区、诸暨市、嵊州市、新昌县
湖州	5820	吴兴区、南浔区、德清县、长兴县、安吉县
嘉兴	3915	南湖区、秀洲区、海宁市、平湖市、桐乡市、嘉善县、海盐县
金华	10942	婺城区、金东区、兰溪市、东阳市、永康市、义乌市、武义县、浦江县、磐安县
衢州	8845	柯城区、衢江区、江山市、常山县、开化县、龙游县
台州	9411	椒江区、黄岩区、路桥区、临海市、温岭市、玉环县、三门县、天台县、仙居县
丽水	17298	莲都区、龙泉市、青田县、缙云县、遂昌县、松阳县、云和县、庆元县、景宁畲族自治县
舟山	1440	定海区、普陀区、岱山县、嵊泗县

资料来源：《浙江统计年鉴 2015》。

第二节 人文历史和民族人口

一、人文历史

（一）浙江历史

浙江历史悠久，是中国古代文明的发祥地之一。早在 10 万年前，就有古人类在今天的浙江境内活动。"建德人"化石的出土，证明 5 万年前的旧石器时代已有人类在这里繁衍生息。境内已发现新石器时代遗址 1000 余处，最著名的有距今 5000~7000 年的河姆渡文化、距今 6000 多年的马家浜文化和距今 4000~5000 年的良渚文化。近年又发现了距今 7000~8000 年的跨湖桥遗址，被认为是一种新的文化类型。

元至正二十六年（1366 年），朱元璋虽未称帝，但已控制大江南北广大地区，置浙江等处行中书省，简称浙江行省。明太祖洪武九年（1376 年）改称浙江承宣布政使司，简称浙江布政司；洪武十四年（1381年）湖州、嘉兴两府划归浙江布政司，从此浙江辖杭、嘉、湖、宁、绍、台、金、衢、严、温、处11府，1州（安吉州），75县，所辖区域基本定型。清康熙初年改浙江布政司为浙江省，沿袭至今。

浙江在历史长河中，人文荟萃，名人辈出。如哲学家、思想家鲁迅、王守仁、黄宗羲、龚自珍等；科学家沈括、毕昇；戏剧家李渔、洪升、高则诚；国学大师章太炎、王国维等。自东汉至现代，浙江籍文学家载入史册者已逾千人，约占全国的1/6。新中国成立以来中国的科学界到处是浙江人的身影，"两院"院士（学部委员）中，浙江籍人士占了近1/5，其中宁波籍两院院士全国最多。

（二）浙江文化

1. 文化遗产

浙江文化灿烂，人文荟萃，名胜古迹众多，素享"文物之邦，旅游之地"美誉。

早在5万年前的旧石器时代，浙江就有原始人类"建德人"活动；境内已发现新石器时代遗址100多处，有距今11400年至8400年的上山文化、距今9500年的田螺山遗址、距今9000年的小黄山遗址、距今8000年的跨湖桥文化、距今7000年的河姆渡文化、距今6000年的马家浜文化和距今5000年的良渚文化。

浙江文化属于典型的"中国东南文化区"，其主体构成是吴越文化。

浙江在历史上称为越国，浙江文化也称越文化。从文化历史源流来看，浙江文化属于我国江南文化体系中的重要组成部分。它以本区各史前文化为根基，经过夏商时代的整合，形成了两周时代的越文化；越文化通过后来与中原文化的三次大融合，近代与西洋文化的交流，最终形成了独具特色的浙江区域文化。

据史书记载，越国的历史，在公元前6世纪才有较多详尽的记录。太湖、钱塘江流域在商周时期居住的主要为古越人。石器时代至战国中期这一时期居于长江下游的都归为"夷越"一族，这里产生的文化就是"夷越文化"。越文化的转型过程，开始于楚威王败越，剧变于秦皇、汉武时期。到西汉中后期，太湖平原、宁绍平原已基本汉化。自此，从春秋战国时期一直延续的尚武型越文化开始转向崇文型，政治色彩也由浓转淡。延续了200年的西晋末年的移民潮使浙江人口大量增加，浙江地区商业得到了很大的促进。浙江文化也进入了空前繁荣，叶适、陈亮等杰出思想家及陆游、周邦彦这些文学家的出现使浙江的文化地位得到了迅速提升。明清之际，"两浙"区域文化也由此进入一个相对稳定发展的时期，形成与北方区域中心文化双峰并峙的局面。

2. 文化底蕴

浙江经济发展的动力有着深厚的文化根基，其中最有代表性的是浙东学派的事功哲学。浙东事功学派大体上有三派，即以陈亮为代表的永康学派，以吕祖谦为代表的金华学派，以叶适为代表的永嘉学派。从总体上看，事功学派对经商活动及追逐利润的肯定态度，解决了长期以来中国文化传统"义利相背"的心理难题，并成为浙江创新精神的文化源头。概括而言，事功学派的精神特征主要包括以下三个方面：

（1）经世致用的学风。黄宗羲等一批具有经世精神的浙东知识分子依据市民社会的生活规则批判君主专制制度和程朱理学，竭力反映"士、农、工、商"的利益，要求经书研究要与当时社会的迫切问题联系起来，并从中提出解决重大问题的方案，反对空谈。如陈亮力主学术与事功的统一，他曾尖锐批评空谈性命的正统理学家是"风痹不知痛痒之人"，认为他们"相蒙相欺，尽废天下之实"。叶适从"致用"的立场出发，强调"读书不知接统绪，虽多无益也；为文不能关教事，虽工无益也；笃行而不合于大义，虽高无益也；立志不存于忧世，虽仁无益也"。这表现出鲜明的经验主义的思想个性。吕祖谦也曾提出：百工治器，必贵于有用，学而无用，学就不成其为学。事功学派这种突出的经验主义和事功主义思想倾向，深刻地反映了浙江文化不尚空谈，注重实干，追求实效的思想传统。李云和早在20世纪50年代就进行包产到户的改革尝试乃是这种实事求是精神的最好注脚。

（2）义利并重的功利取向。浙东事功学派有着极为鲜明的义利并重的功利主义价值取向。叶适对董仲舒"正其谊不谋其利，明其道不谋其功"的主张提出了尖锐的批评，认为其说"初看极好，细看全疏阔"，因为"既无功利，则道义者乃无用之虚耳"。他反对以利两分，"以义抑利"，明确主张"以利合义""崇义以养利""义利并重"。他认为仁义和功利是统一的，谋利而不自私其利，计功而不自居其功，这便是仁义。同样，陈亮曾说："功到成处，便是有德；事到济处，便是有理。"将"理、德"和功利统一起来是浙东学派对商业精神发展的一大贡献，使商业的发展具有了理论上的支撑，尤其是在道德上的支撑，确立了与商品经济发展要求相一致的义利观。

（3）工商皆本的亲商思想。事功学派的一个重要特征是重视工商的文化精神，认为士农工商"此四者皆百姓之本业"，否定和突破"重农抑末"的传统经济观，形成"义利兼顾"的从商观。叶适明确提出"以国家之力扶持商贾，流通货币"。陈亮也认为，"古者官民一家也，农商一事也，上下相恤，有无相通"。清初著名的启蒙思想家黄宗羲甚至公然质疑传统歧视商业的"本末观"，旗帜鲜明地提出"工商皆本"的新思想："世儒不察，以工商为末，妄议抑之。无工固圣王之所欲来，商又使其愿出于途者，盖借本也。"王阳明则干脆提出了"四民平等"的新观念，认为士、农、工、商只是社会分工的区别，没有高低贵贱之分，由此，商人再也不是低人一等的职业，而是和读书取士一样，甚至是比读书取士更崇高的职业。

不同于事功哲学工商文化的学术思想，义乌农民的商业文化是在生产生活的习俗中长期积淀而成的具有鲜明群体特征的商业行为和惯例。义乌的商业文化在官方重农抑商思想的重压之下，还是寻找到了避免官方压制的途径，但又不与官方的利益结成一体。在官方几乎无法管制的农村小商品交换领域，在广大的小农经济和手工业经济的缝隙里，寻找到了与官方的利益不至于发生冲突的"小本生意"。义乌的"货郎担"们在小本生意的掩护之下，在农业自然经济的汪洋大海之中，通过商业"游击战"，顽强地发展成为农业社会中极为少见的经济理性和商业精神。

二、民族人口

浙江省的主要民族成分为汉族，少数民族人口总量不多，但民族成分较多。2010年第六次全国人口普查显示，浙江省全省总人口54426891人，在浙江省内居住的人口中包含全部56个民族，其中少数民族人口1214683人，占全省常住人口的2.2%。畲族是浙江世居的少数民族，也是浙江人口最多的少数民族。全省畲族常住人口为16.6万人（户籍人口为19.7万人）。畲族主要分布在浙南、浙西南的山区。其人口在万人以上的有9个县（市、区），全省设有景宁畲族自治县，于1984年设立，这是全国畲族唯一的自治县，也是华东地区唯一的民族自治县。

浙江是全国重点侨乡之一，有150万名海外侨胞、港澳同胞，居住在世界170个国家和地区。"海外浙商"是浙江华侨华人的重要组成部分，也是其主要的经济力量。据统计，现在浙江在省外的经商人员达到600万人。同时，还有150万名浙商走出国门在世界各地发展，在全球建立的机构达到4900个，也是全国在境外投资最多的一个省份。而政府在推进"浙商回归"的过程中，推出了税收、土地等多方面的优惠政策，正吸引越来越多的海外浙商回乡投资创业。

据2015年浙江省1%人口抽样调查推算，2015年末浙江省常住人口为5539万人。其中，居住在城镇的人口为3644.7万人，居住在乡村的人口为1894.3万人，城镇人口占总人口的比重（城镇化率）为65.8%。男性人口为2836.5万人，女性人口为2702.5万人，分别占总人口的51.2%和48.8%。2015年末全省常住人口中，0~14岁的人口为738.3万人，占总人口的13.3%；15~64岁的人口为4181.4万人，占总人口的75.5%；65岁及以上的人口为619.3万人，占总人口的11.2%，浙江进入老龄化社会[①]。全年出生人口58.1万人，出生率为10.52‰；死亡人口30.4万人，死亡率为5.50‰；自然增长率为5.02‰。

第三节　经济发展历史和现状特点

一、经济发展历史

（一）上海开埠前

西晋末年，一场大迁徙一直从"永嘉之乱"延续到北魏统一北方，使浙江人口大量增加，给浙江经济带来了十分积极的影响。土地的大规模开发促使当时江浙的稻米生产远远优于北方。蚕丝这一家庭副业的发展也从此时开始，浙江地区商业得到了很大的促进。

两宋之交的南迁使浙江成为了当时全国的文化中心、经济中心、政治中心，从各方面将浙江推向了繁荣盛世，浙江经济发展迅猛。浙江历史上工商制度较发达。南宋初年，升杭州为临安府，绍兴八年（1138年）南宋定都临安，此后修宫殿，建城池，虽远不能与旧都开封相比，但繁华兴盛则有过之而无不及。当时，杭州就已有很多业务相当发达的"贡库"（当铺）和"金银盐钞引交易铺"。明朝中叶以后，商品经济的发展带来了金融业的兴盛，钱庄业得到了较大的发展。最兴盛时期，浙江曾有钱庄890多家，其中宁波就有160家。

自元末明初以来，由于浙江有着得天独厚的自然条件，加上两宋时期经济、文化大规模建设，对外贸易的开拓以及商品货币经济的发展，浙江区域性的经

[①] 按照国际通用标准，60岁以上的人口占总人口比例大于10%，则该国家或地区进入老龄化社会。

济结构出现了一些显著的变化。这主要表现在蚕桑棉麻业兴起所引起的农业经营方式的改变、工商业经济的繁荣兴盛和城市人口的迅速增长。明清之际，"两浙"区域（钱塘江以南简称浙东、以北简称浙西）作为中国经济最发达的区域已成定局，由此进入一个相对稳定的发展时期。

但在上海开埠前，受中国封建社会内向型社会生产、流通结构的制约，浙江虽拥有明显的地理优势，但与长江沿岸各地缺乏直接的密切的经济交往，整个长江流域也呈现各地方性市场相对分隔、彼此间经济联系单薄的基本格局，与外省区的货物交流，主要是粮、棉、盐等生活必需品的互通有无。

（二）上海开埠后

1. 江南经济的变局

1842年中英《南京条约》签订后，以上海为代表的一批通商口岸相继开埠，推进了近代中国社会的变革。通商口岸尤其是内地通商口岸的增辟，联结城市和农村的铁路、轮运里程的伸展，将中国农村越来越多地卷入到世界资本主义市场体系中，农产品商品化进程明显加快。与此相联系，农产品出口额大幅度增长。

鸦片战争前和战后初期，曾有不少洋棉进口，以供中国手工棉纺织业之需。19世纪60年代后，随着自然经济的分解，再加上英国棉纺织工业受美国南北战争影响，原料供应受阻，转而求助印度和中国，接着又有日本机器棉纺织业的兴起，需要大量的棉花供应。出口需求的激增，大大刺激了棉花种植面积的扩大。一些原来并不产棉的地区，也开始大量种植棉花，"江西、浙江、湖北等处，向只专事蚕桑者，今皆兼植棉花"。

生丝出口的持续增长，促使国内桑树种植面积和蚕的饲养也在不断扩大。"太平天国运动"失败以后，江浙等地将战乱抛荒的许多土地改种了桑树，有些地区原来蚕桑业并不发达，这时也有了显著的发展。经济作物种植业的发展，增加了对商品粮的需求，因而促进了粮食商品化的发展。特别是在农产品商品化较发达的江浙一带，经济作物的大量种植，使得粮田面积相对缩减，粮食不足部分需仰赖内地产粮省份供给。湖南、湖北等省的粮食，更多地销往长江中下游地区。

经济作物的发展，排挤了粮食的生产，同时也促进了各地区间的粮食流通，推动了粮食的商品化。在此基础上，随着铁路、轮运的发展，交通条件的改善，结合市场需求和各地区气候、土壤等条件，甲午战争以后，在中国农村逐渐形成一些经济作物相对集中的产区。这在与上海毗邻的长江三角洲农村，表现得尤为明显。

2. 口岸贸易的刺激

习称的长江三角洲，主要包括镇江府、常州府、苏州府、松江府、杭州府、嘉兴府、湖州府和太仓州，兼及长江口北岸的通州、海门和杭州湾南侧的绍兴、宁波，与上海之间经由蛛网般的江河水道直接沟通，是江浙两省经济重心之所在，自然环境、地理条件亦很相近，"苏、松邻壤，东接嘉、湖，西连常、镇，相去不出三四百里，其间年岁丰歉、雨水旱溢、地方物产、人工勤惰，皆相等也"；同时也是全国范围内经济相对发达地区，"以苏、松、常、镇、杭、嘉、湖、太仓推之，约其土地无有一省之多，而计其赋税实当天下之半，是以七郡一州之赋税，为国家之根本也"。

上海开埠后，经由上海港进出的繁盛的对外贸易和国内埠际贸易，直接刺激了苏南浙北农副业的发展，棉花、蚕桑、蔬菜等经济作物种植面积明显扩展，由于地理位置、土壤特性及原有基础等的差异，这种发展又带有较鲜明的地域分布特征。

明清以来，长江口两岸的高亢、沙土地带，因土壤的特性，棉花种植已很普遍，"松江府、太仓州、海门厅、通州并所属之各县逼近海滨，率以沙涨之地宜种棉花，是以种花者多而种稻者少，每年口食全赖客商贩运，以致粮价常贵，无所底止"。上海开埠后，受原棉出口需求的刺激，这一地区的棉花种植在原有基础上又有明显扩大。

太湖沿岸和杭嘉湖平原，素来是著名的蚕桑产区。但受对外通商限制的阻碍，只能以内销为主，外销比重甚微，嘉庆、道光年间每年出口约一万担，"蚕业终不大兴"。原因之一是受广州一口通商禁令的束缚，江浙生丝出口须长途搬运至广州，行程约3500华里，历时近百天。"由产区运粤之路程，较之运沪遥至十倍，而运费之增益及利息之损失等"，据估计增成本35%~40%之多。

上海开埠后，江浙地区所产生丝纷纷就近转由上海港输出，蚕桑业的发展因此得到有力的推动。在浙江湖州，"湖丝出洋，其始运至广东，其继运至上海销售"。当地著名的辑里丝，"在海通以前，销路限于国内，仅供织绸之用，即今日所谓之用户丝，其行销范围既小，营业不盛"。自上海开埠，"辑里丝乃运沪直接销与洋行，实开正式与外商交易之端"。声名因此远播，产销趋于鼎盛，蚕事乍毕丝事起，乡农卖丝争赴市。

这种产销两旺的情景，在太湖沿岸和杭嘉湖平原相当普遍。经由上海港的生丝出口通达顺畅，蚕农获利相应增加，"每年蚕忙不过四十天，而亦可抵农田一岁所入之数"，植桑饲蚕者因而更多。浙江长兴县，乾嘉之际蚕业不旺，上海开埠后，出口销路辟通，蚕业遂盛，成为当地主要的经济来源，"岁入百万计"。

19世纪80年代中叶"太平天国"战事平息，面对残破的农村经济，受上海港生丝大量出口的吸引，蚕桑产区又有新的扩展。湖州府，"向时山乡多野桑，近亦多栽家桑矣"；安吉县，"迩来山乡亦皆栽桑"。

显然，近代上海的崛起，推动了长江三角洲农副业的发展，促使棉花、蚕桑、蔬菜等经济作物种植面积明显扩大，农产品商品化程度提高，并相应形成了几个生产相对集中的产区。个体小农越来越多地脱离自然经济的范畴，自觉或不自觉地将自己的生产和经营纳入资本主义市场经济的运作。

3. 农业工业的互动

近代上海城市经济的发展，在很多方面推动了邻近地区农村经济的演变。应该指出，在这同时，后者也给前者以深刻的影响。在上海逐渐成为近代中国工业中心的起步阶段，这一点表现得尤为明显。紧邻上海的太湖沿岸和杭嘉湖平原，成为中国最大的蚕丝产区。上海开埠不久，缘其地理优势，"立刻取得了作为中国丝市场的合适的地位，并且不久便几乎供应了西方各国需求的全部"。这些出口蚕丝当时都由产地小农手工缫制，难免色泽不净，条纹不匀，拉力不合欧美国家机器织机的要求。因此生丝在运抵欧美上机前还得用机器再缫一次，在法国里昂，"普通白丝每千克价值47法郎，而再缫丝则值63法郎"。中国劳动力价格低廉，对外商来说，"在生丝离开上海时就地再缫一次更为合算"。

4. 商业文化的形成

1843年，上海开埠以后，浙江宁波、绍兴、嘉兴等地过去的移民占到了50%以上，丝绸大亨黄佐卿、五金大亨朱葆三、茶叶大亨宋瑞泰还有运输大亨虞洽卿等都属浙江籍。浙江籍商人在当时上海总商会的占比最高时候高达72%。除了民族资本家，上海工商活动中大部分的中下层劳动人员也大多来自浙江。随着中国工商业的发展，宁波（宁波曾在唐朝就与广州一样成为通商口岸）、温州等口岸也陆续开放，海外的资本主义商业文明逐步流入浙江，促使浙江地区商业文化慢慢形成。辛亥革命后，银行兴起，浙江人所办的浙江兴业银行、浙江实业银行和上海商业储蓄银行被合称为"南三行"；中国通商银行、四明银行、浙江实业银行和中国国货银行被合称为"小四行"。浙江历史上重视工商的精神和经营金融业的传统对今天金融体制的变革产生了一定影响。

（三）中华人民共和国成立和改革开放

中华人民共和国成立69年来，特别是改革开放以来，浙江经济取得了迅猛的发展，经济社会结构发生了深刻变化。全省国内生产总值实现了翻三番，经济总量由1952年的全国第11位，改革开放之初的第12位跃居如今的第4位；人均国内生产总值也跃居全国第4位。这与浙江的经济制度创新有很大关系。

改革开放以前，浙江与全国各地一样，实行计划经济体制。且浙江属于计划经济的边缘区域或薄弱环节，即指国家投资较少或国有企业不太集中的区域。

在意识形态领域极"左"思潮占统治地位的年代，唯浙江，尤其是温州和台州最不安分守己。20世纪50年代以来，尽管民间工商业普遍受到抑制，但温州虹桥一带的农民仍然采取各种方式进行集市贸易，每市日仍有两三万人，上市品种达到400多种。甚至粮食买卖在严格的控制之下仍未能根除。60年代末70年代初，温州地区开始搞商品生产，初步实行了市场经济，或双轨制并存。永嘉的包产到户闻名全国，而在浙江尤其是温州实际上实行包产到户的并非永嘉一个县，苍南等地也这样做。其后不少农村往往是明里集体统一出工，计算工分，暗里耕作自家责任田。小商品生产也一直小打小闹地进行，如金乡镇"文化大革命"初期就加工语录牌、领袖像章。

1978年改革开放以来，浙江的经济发展和制度创新进程鲜明地体现了诱致性的特点。70年代末，温州与台州地区的农民在人多地少的压力下，纷纷到非农领域寻找出路，而办厂所需的资金往往不是单户农民所能承担的。随着非农产业的发展和市场竞争的加剧，温州与台州农民为适应自身发展需要和家庭组织难以适应扩大生产规模的弱点，迫切需要一种新的产权制度安排来发展生产要素的联合和重组，协调由资产联合、重组形成的新的经济关系。他们曾尝试过合伙制即联户办企业和雇工来扩大家庭生产规模，但由于前者资产联合上松散和无限责任联带，后者的政策性制约及劳资关系难以融洽，都未能发展为家庭经济进一步成长的普遍形式。在当地政府的肯定和支持下，台州和温州的农民亲帮亲、邻帮邻，本着"平等自愿"的原则，办起了"自筹资金、合资合劳、利益共享、风险共担"的新型股份合作制企业，实现了个人财产的私有共用，并使之成长为家庭经济尤其是在非农领域内进一步发展的主要经济形式。

80年代，浙江人（尤其是温州人）采取了一些经济体制的创新模式，如前店后厂、沿街成市的专业市场、以商业促工业、以工业兴市场以及股份合作制、集资创办社会公益事业、开办钱庄、成立互助会、实行利率浮动等。

改革开放以来，浙江经济发展的突出表现来自"体制外的增长"，即非国有经济的迅猛增长。1978年全省的个体工商业仅2080户，到1997年，全省私营企业户数、注册资金数就已位居全国第二，而在全国首批500家最大私营企业中，浙江省有112家，总数居全国第一。到2016年，中国民营企业500强名单中，浙江省有134家，浙江省上榜的民企数量与往年一样，依然冠绝全国。浙江各区域不同的发展模式以及不同的制度创新方式也充分地展示了浙江人各显神通的本领和自主创新精神。如绍兴倚借"日出华舍丈万绸"的传统经济，大力发展轻纺工业；宁波依托"奉帮裁缝"的传统技艺，大力发展服装产业；永康利用"百工之乡"的优势，大力发展小五金；杭州依托浙江大学、杭州电子科技大学等高校发展以电子商务、信息软件为代表的软件和信息服务业、互联网经济产业。

二、经济现状特点

（一）经济发展规模不断提升，位居全国前列

改革开放前浙江是一个"三无"小省，无资源优势，无国家扶持，无政策优惠，工业基础相当薄弱，也没有如毗邻港澳台的特殊区位优势。然而在改革开放后，浙江经过短短的30年时间就一跃成为全国的经济大省，由传统的农业社会转变为现代工业社会，并成为全国经济增长最快、活力最强的省份之一，创造出了令世人瞩目的"浙江现象"，经济社会发展水平、速度和活力一直居于全国前列，并赢得了三项桂冠："经济大省""市场大省"和"私营经济大省"。

浙江经济发展规模不断提升，位居全国前列。1978~2015年，浙江省GDP占全国GDP的比重由3.4%上升到6.3%，提高2.9个百分点。GDP总量由124亿元增加到42886亿元，增长340多倍，经济总量在全国排序由第12位升至第4位；人均国内生产总值由第16位上升到第5位，列天津、北京、上海、江苏之后，增幅名列全国第一（见图1-1）。2015年人均GDP达到77644元，比1978年增长了234倍（见表1-2）。

（二）产业结构不断优化，呈现"三二一"特征

浙江在经济迅速发展的同时，社会发展也取得了长足的进步。社会结构从农业型转向工业型，产业结构不断优化。1978~1986年，产业结构呈现"二一三"特征。1987年，第三产业生产总值比重超过第一产业。1987~2013年，产业结构呈现"二三一"特征。第三产业生产总值比重稳步上升，从1978年的

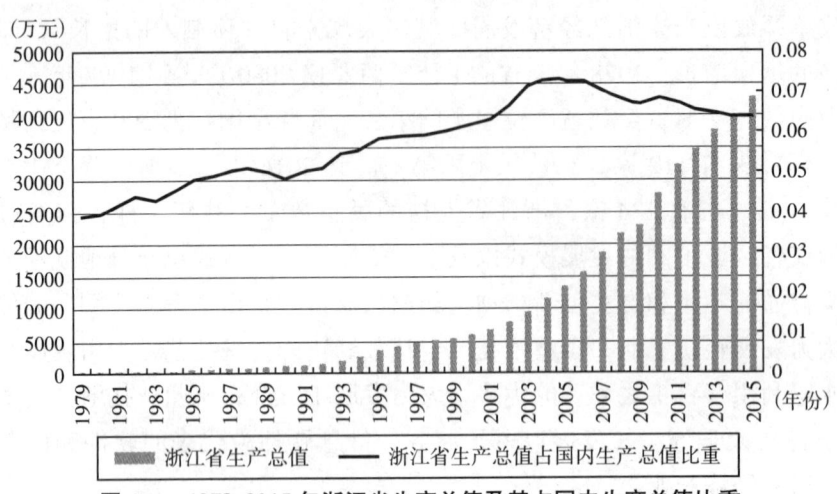

图 1-1　1978~2015 年浙江省生产总值及其占国内生产总值比重

资料来源：《浙江统计年鉴 2015》《中国统计年鉴 2015》《2015 年浙江省国民经济和社会发展统计公报》。

表 1-2　浙江省 1978~2015 年 GDP 和人均 GDP

指标\年份	1978	1990	2007	2008	2009	2010	2011	2012	2013	2014	2015
全省生产总值（亿元）	124	905	18754	21463	22999	27748	32363	34739	37757	40173	42886
人均生产总值（元/人）	331	2138	36676	41405	43857	51758	59331	63508	68805	73002	77644
GDP 全国排名	12	8	4	4	4	4	4	4	4	4	4
人均 GDP 全国排名	16	6	4	4	5	5	5	6	5	5	5

资料来源：《浙江统计年鉴 2015》《中国统计年鉴 2015》《2015 年浙江省国民经济和社会发展统计公报》。

18.7%上升到 2014 年的 47.9%，提高 29.2 个百分点。2014 年，第三产业生产总值比重首次超过第二产业，产业结构开始呈现"三二一"特征。2015 年三次产业增加值结构由上年的 4.4∶47.7∶47.9 调整为 4.3∶45.9∶49.8，第三产业比重提高 1.9 个百分点（见图 1-2）。信息经济和现代服务业等核心产业的引领支撑作用进一步显现。

与此同时，浙江就业结构渐趋优化。第一产业从业人员数从 1978 年的 1321.1 万人减少到 2014 年的 501.73 万人；自 1992 年开始，第一产从业人数一直呈现负增长，就业比重则从 1978 年的 73.6%下降到 2014 年的 13.5%，下降 60.1 个百分点。随着劳动力转移的推进，2001 年起，第二产业就业比重超过第

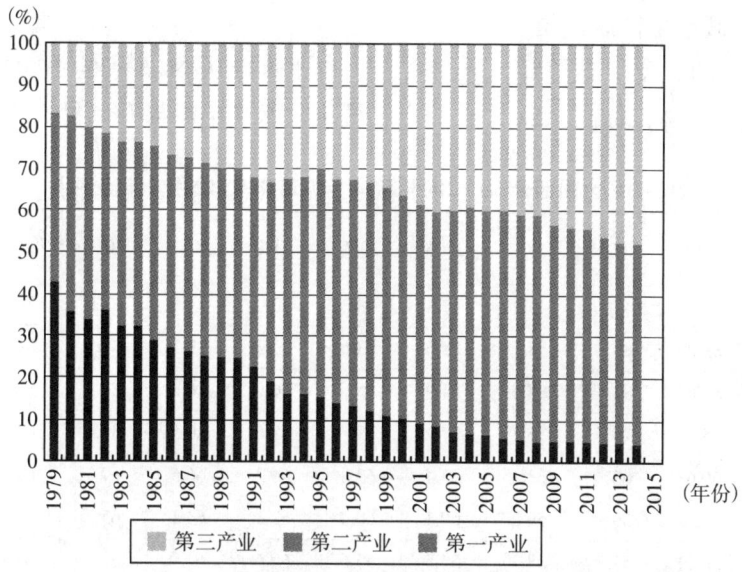

图 1-2 1978~2015 年浙江三次产业产值结构

资料来源:《浙江统计年鉴 2015》《2015 年浙江省国民经济和社会发展统计公报》。

一产业,次年第三产业就业比重也超过第一产业。与此同时,第三产业就业比重稳步上升,就业人数从 1978 年的 166.9 万人增加到 2014 年的 1366.1 万人,增长 7.18 倍,就业比重从 9.3% 上升到 36.8%,提高 27.5 个百分点(见图 1-3)。

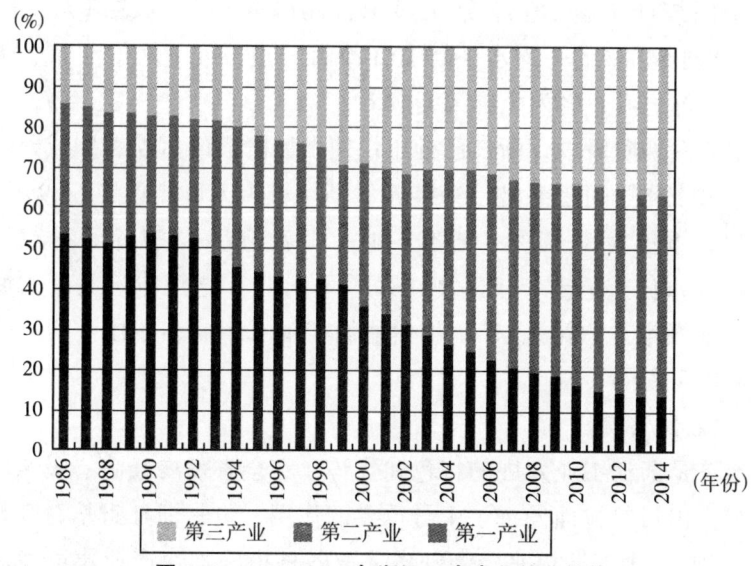

图 1-3 1986~2014 年浙江三次产业就业结构

资料来源:《浙江统计年鉴 2015》。

(三) 城市化快速发展

浙江城市化率（城镇常住人口占总人口比重）从 2005 年的 56.02%上升到 2014 年的 64.9%，提高 8.88 个百分点，城市化水平不断提升（见表 1-3）。

表 1-3 全国部分省份 2005~2014 年城市化率（城镇人口比重）

年份 地区	2005	2006	2007	2008	2009	2010	2011	2012	2013	2014
全国	42.99	44.3	45.9	47	48.3	50	51.3	52.6	53.7	54.8
上海	89.09	88.7	88.7	88.6	88.6	89.3	89.3	89.3	89.6	89.6
北京	83.62	84.3	84.5	84.9	85	86	86.2	86.2	86.3	86.4
天津	75.11	75.7	76.3	77.2	78	79.6	80.5	81.6	82	82.3
广东	60.68	63	63.1	63.4	63.4	66.2	66.5	67.4	67.8	68
辽宁	58.7	59	59.2	60.1	60.4	62.1	64.1	65.7	66.5	67.1
江苏	50.11	51.9	53.2	54.3	55.6	60.6	61.9	63	64.1	65.2
浙江	56.02	56.5	57.2	57.6	57.9	61.6	62.3	63.2	64	64.9
福建	47.3	50.4	51.4	53	55.1	57.1	58.1	59.6	60.8	61.8
重庆	45.2	46.7	48.3	50	51.6	53	55	57	58.3	59.6
内蒙古	47.2	48.6	50.2	51.7	53.4	55.5	56.6	57.7	58.7	59.5

资料来源：《中国统计年鉴 2015》。

据《中国统计年鉴 2015》结果显示，2014 年浙江省城镇人口比重达到 64.9%，比全国 54.8%的平均水平高 10.1 个百分点，列上海、北京、天津、广东、辽宁、江苏之后，名列全国第七。

从城市化发展阶段看，浙江已处于快速发展阶段的后期，即成熟阶段。但人口的"半城市化"问题突出。2014 年，浙江城镇人口比重为 64.9%，但非农村户籍人口比重仅为 32.52%（见图 1-4），两者相差 32.38 个百分点，而其中非农村户籍人口比重近十年仅提高 4.99 个百分点。这意味着大量的城市"居住人口"并非城市"户籍人口"。虽然他们实现了职业和居住空间的转换，但无法实现制度身份的转变。

（四）块状经济突出

块状经济是浙江工业发展的特色和优势，在全省发展经济、吸纳就业、开辟税源、扩大出口等方面发挥了十分重要的作用，也是浙江省培育现代产业集群的重要基础。"十五"以来，浙江省采取各种措施加快产业集群发展。根据历年统计数据，将浙江省产业集群发展情况总结为表 1-4。

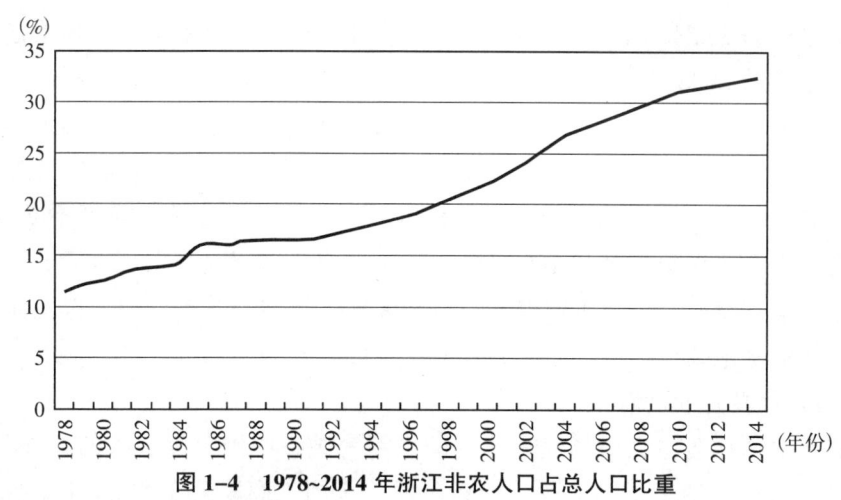

图 1-4　1978~2014 年浙江非农人口占总人口比重

资料来源：《浙江统计年鉴 2015》。

表 1-4　浙江省产业集群发展概况

年份	年销售收入超亿元集群数（个）①	销售收入 50 亿~100 亿元	销售收入 100 亿元以上	总产值（亿元）	占工业总产值的比重（%）
2004	202	46	37	15826	64
2007	462	53	73	25500	53
2009	312	64	72	28100	54
2011	316	72②	9③	29489	52

注：① 产业集群的统计口径为集群年销售收入在亿元以上，其中，2007 年统计口径为 5 亿元以上，2009 年、2011 年为 10 亿元以上。
② 2011 年统计口径为 100 亿元以上。
③ 500 亿元以上。
资料来源：根据《浙江区域经济发展报告（2009~2010）》及浙江省经济和信息化委员会 2011 年调研课题，详见 http://www.zjjxw.gov.cn。

据《浙江区域经济发展报告（2013）》指出，全省年销售收入 10 亿元以上块状经济共 312 个，其销售收入、出口交货值和从业人员分别占全省工业总量的 54%、62% 和 56%；年销售收入 100 亿元以上块状经济共 72 个，其销售收入、出口交货值、从业人员和利税总额分别占全省工业总量的 36%、39%、32% 和 49%。

全省 42 个产业集群示范区建设稳步推进，全省块状经济向现代产业集群转型升级取得了初步成效。从规模总量看，2010 年 42 个产业集群示范区实现销售收入 18489.7 亿元，出口交货值 3828.5 亿元，利润 1045.4 亿元，分别占全省工业总量的36.3%、35.8%、34.8%。从个体规模看，年销售收入超千亿元的示范区数量从2008年的3个增至2010年的5个，分别为杭州装备制造、绍兴县纺织、萧山化纤纺织、永康（含武义缙云）五金和宁波服装产业集群，另有4个示范区的销售收入达500亿~1000亿元。同时，推动生产要素向品牌企业和优势企业流动，形成集聚效应，一批区域品牌的知名度和美誉度不断提升。共拥有各类全国性集群名片100多个，如宁波服装、绍兴纺织、永康五金、嵊州领带、瑞安汽配、乐清工业电气、温岭泵业、黄岩模具等产业集群均获得了全国性产业基地荣誉称号。

（五）民营企业活跃

随着中国社会主义市场经济体制的不断完善，中国更深层次的对外开放，浙江省民营企业迎来了高速腾飞的新阶段。全国工商联公布的2015年中国民营企业500强榜单中，浙江省共有138家公司上榜，全国排名第一，占28%，如浙江吉利控股集团有限公司、海亮集团有限公司、广厦控股集团有限公司等公司。浙江蝉联民企大省之首，这已是民企数量连续17年位居全国首位。同时公布的还有"2015中国民企制造业500强"名单和"2015中国民企服务业100强"名单，浙江省分别有121家企业和16家企业入围。可以看出，浙江民营企业发展进入了一个新的发展期，无论是在企业的数量、规模，还是在企业的国际化发展上，都取得了令人瞩目的成就。

（六）进出口规模较大，一般贸易占优势

浙江省货物贸易规模不断扩大，2006~2015年，浙江省货物贸易进出口总额从1391.47亿美元上升至3551.5亿美元，10年间增加1.55倍，年均增长率高于同期全国货物贸易进出口增速。浙江省货物贸易一直保持顺差优势，且顺差规模持续扩大。2006~2015年，浙江省货物贸易顺差由626.42亿美元提升至2060亿美元，总体呈现上升趋势（见表1-5）。

表1-5 2006~2015年浙江省货物贸易额

单位：亿美元

年份	出口额	进口额	进出口差额	一般贸易出口额	加工贸易出口额	一般贸易与加工贸易之比
2006	1008.94	382.53	626.42	773.2	226.3	3.42
2007	1282.73	485.83	796.9	993.8	273.1	3.64
2008	1542.67	568.42	974.25	1218.7	308.6	3.95
2009	1330.1	547.25	782.86	1066.4	249.1	4.28

续表

年份	出口额	进口额	进出口差额	一般贸易出口额	加工贸易出口额	一般贸易与加工贸易之比
2010	1804.65	730.68	1073.97	1450.2	330.1	4.39
2011	2163.49	930.28	1233.21	1765	360.4	4.9
2012	2245.19	878.84	1366.34	1797.2	347	5.18
2013	2488	870	1618	1963.4	322.5	6.09
2014	2733.5	817.9	1915.6	2167.9	326.5	7.09
2015	2767	707	2060	2151.5	294.2	8.09

资料来源：根据2007~2015年《浙江统计年鉴》和历年《浙江省统计年鉴公报》整理。

此外，高新技术产品和机电产品出口保持平稳较快增长，2006~2015年，机电产品一直是浙江省货物出口的第一大类产品，出口额由423.9亿美元（2006年）提升至1165.2亿美元（2015年），10年增长了174.9%。高新技术产品出口额由101.7亿美元（2006年）提升至168.6亿美元（2015年），10年增长了65.8%。

从浙江省外贸出口方式看，浙江省对外贸易以一般贸易方式为主导，且一般贸易规模远大于加工贸易（见表1-5）。2006~2015年，除2009年受到全球金融危机影响略有下降以外，以一般贸易方式进行的货物贸易呈现持续上升的趋势，10年间出口额增长了178.3%。而以加工贸易方式进行的货物贸易呈现出波动的情况，在2009年、2012年、2013年和2015年均出现下降情况，10年出口额增加了30%。

浙江经济快速腾飞的根本特征是以发展个体私营经济为主，其本质上是一种市场解决模式，其原型就是一种"温州模式"的更新和扩展。而"温州模式"是一种以市场经济为基础的民营经济模式。温州模式发展初期，遍地都是民营小企业、小家庭作坊，所以温州模式一直被称作"小狗经济"。"温州模式"总结而言即改革开放以来温州地区形成的以小城镇为焦点，以家庭、联户企业为出发点的全方位社会服务体系，这一体系的形成使得温州民营企业纷纷向小城镇靠拢，进一步带动了小城镇的经济发展，最终使小城镇周边的民营企业获益，使温州经济腾飞的一种经济模式。"温州模式"的市场经济基础是小商品，即技术含量低、劳动密集型产业，虽然这些产品附加值低，但在改革开放初期，温州人从生活必需品出发创办民营企业的这一做法，确实创造了温州经济迅猛发展的局面。

"浙江模式"说到底是对"温州模式"的更新与扩展。从发展主体、动力来源、发展绩效来看，浙江模式主要有以下三方面特点：

（1）民本经济。与中国内陆资源型省份和东北重工业基地相比，浙江模式的主体不是国有经济，而是以个体户、家庭企业、家族企业为主的民间草根经济，具有鲜明的"民办、民营、民有、民享"的特征。

（2）内生经济。与珠三角两头在外的外向型经济相比，浙江模式对外依赖性比较小，民间资本、民间人才成为推动浙江发展的主导性驱动力。在改革开放以前，浙江国有资本存量少；改革开放以后，国家注入资本增量少，且引进外资少。在这种背景下，浙江的发展道路就表现为一种依靠内部分工、善于赚取分工微利的经济进化过程。

（3）富民经济。由于浙江在改革开放之初就强调人民群众创业，尊重群众的首创精神，注重藏富于民，保护百姓求富，造就了民间资本丰裕、人民收入水平较高的格局。近30年，浙江产业发展所创造的利润主要集中在民间企业、个体商人乃至普通老百姓手中。

三、经济发展阶段

从人均GDP判别标准看，2005年，浙江人均GDP达到27062元，即约4186美元，按照世界银行对低收入、中等收入、高收入国家（地区）的界定标准[①]，浙江开始迈入上中等收入阶段。2014年，人均GDP达到73002元，即约11293美元，接近高收入阶段的水平。2015年，人均GDP达到77644元，即约12466美元，浙江正式迈入高收入阶段。

从工业化进程判别标准看，浙江正处于工业化后期向后工业化时期过渡阶段。根据国际上惯用的钱纳里标准和霍夫曼系数判定标准（见表1-6），预估"十三五"时期（2016~2020年），浙江将进入以产业高端化、服务化为主要标志的后工业化时期。

1982~2015年浙江三次产业增加值结构、人均GDP及第一产业就业人员占比情况如表1-7所示。

[①] 世界银行根据人均GNI对各经济体进行划分（2010年），组别分为：低收入经济体为1005美元及以下；下中等收入经济体在1006~3975美元；上中等收入经济体在3976~12275美元，高收入经济体为12276美元及以上。

表 1-6　工业化不同阶段主要指标的标志值

主要指标		前工业化阶段	工业化实现阶段			后工业化阶段
			工业化初期	工业化中期	工业化后期	
人均 GDP（美元）	1982 年	364~728	728~1456	1456~2912	2912~5460	>5460
	2015 年	875~1750	1750~3500	3500~7000	7000~13125	>13125
产业结构		A>I	A>20% A<I	A<20% I>S	A<10% I>S	A<10% I<S
农业从业人员比		60%以上	45%~60%	30%~45%	10%~30%	10%以下
霍夫曼系数（R）		—	4~6	1.5~3.5	0.5~1.5	<1

注：工业化阶段的划分标准，依据钱纳里、霍夫曼的相关研究确定，表中 A、I、S 分别代表第一、第二、第三产业增加值所占比重。

表 1-7　浙江三次产业增加值结构、人均 GDP 及第一产业就业人员占比

年份	第一产业增加值占比（%）	第二产业增加值占比（%）	第三产业增加值占比（%）	人均 GDP（元）	第一产业就业人员占比（%）
1982	36.3	42.1	21.7	599	—
1990	24.9	45.1	30.0	2138	53.20
2005	6.7	53.4	39.9	27062	24.50
2006	5.9	54.1	40.0	31241	22.63
2007	5.3	54.1	40.6	36676	20.07
2008	5.1	53.9	41.0	41405	19.22
2009	5.1	51.6	43.4	43857	18.32
2010	4.9	51.1	44.0	51758	16.00
2011	4.9	50.5	44.6	59331	14.57
2012	4.8	48.9	46.3	63508	14.14
2013	4.7	47.8	47.5	68805	13.67
2014	4.4	47.7	47.9	73002	13.51
2015	4.3	45.9	49.8	77644	—

资料来源：《浙江统计年鉴 2015》。

参考文献：

[1] 浙江省人民政府官网．http：//www.zj.gov.cn/col/col922/index.html．

[2] 范波芹，陈筱飞，刘志伟．浙江水资源规划引导空间均衡发展的实践思考 [J]．水利发展研究，2014（9）：33-38．

[3] 浙江统计年鉴 [M]．北京：中国统计出版社，浙江省统计局，2015．

[4] 陈桥驿．越族的发展与流散 [J]．东南文化，1989（6）：23．

[5] 董楚平. 吴越文化的三次发展机遇 [J]. 浙江社会科学, 2001 (9)：133.

[6] 沈政. 浙江的历史人文 [J]. 政策瞭望, 2007 (2)：53-54.

[7] 钟青青. 海外浙商反哺家乡现状调研——以拉美浙商为例 [J]. 经济研究导刊, 2015 (21)：242-243.

[8] 曾璨. 经济增长的文化因素分析 [D]. 复旦大学, 2009.

[9] 冀春贤, 王震宇. 明清浙江地域多商帮兴起原因分析 [J]. 当代经济, 2014 (24)：94-95.

[10] 董平. 浙学·浙东学派与浙江精神. 浙东学派与浙江精神研讨会论文集 [M]. 杭州：浙江古籍出版社, 2006：7-16.

[11] 王凤贤. 试论浙东学术与浙江精神. 浙东学派与浙江精神研讨会论文集 [M]. 杭州：浙江古籍出版社, 2006：393-396.

[12] 白小虎. 文化内生制度与经济发展的文化解释——鸡毛换糖、义乌兵与板凳龙 [J]. 浙江社会科学, 2006 (2)：116-122.

[13] 白小虎. 交换专业化与组织化的理论与历史考证——以义乌的"鸡毛换糖"、"敲糖帮"为例 [J]. 中国经济史研究, 2005 (1)：97-106.

[14] 杨建华. 明清浙江经济结构变迁论 [J]. 浙江师大学报, 1993 (4)：87-90, 64.

[15] 戴鞍钢. 近代上海开埠与浙东乡村手工业的演进 [J]. 历史教学问题, 2015 (6)：14-19.

[16] 戴鞍钢. 口岸城市与农村经济演变——以近代上海和长江三角洲为中心 [J]. 社会科学, 2010 (2)：128-137, 190-191.

[17] 戴鞍钢. 上海开埠与江南城镇格局演变 [J]. 社会科学, 2014 (1)：150-157.

[18] 李文治. 中国近代农业史资料（第1辑）[M]. 北京：生活·读书·新知三联书店, 1957：418-422.

[19] 梁章巨. 浪迹丛谈（卷5）. 均赋.

[20] 钱泳. 履园丛话（卷4）. 水学.

[21] 高晋. 请海疆禾棉兼种疏. 皇朝经世文续编（卷37），第2页.

[22] 何良栋. 论丝厂. 皇朝经世文四编（卷36）.

[23] 姚贤镐. 中国近代对外贸易史资料. 第535页.

[24] 民国. 南浔志（卷33）. 风俗.

[25] 刘大钧. 吴兴农村经济 [M]. 中国经济研究所, 1939：121.

[26] 同治. 湖州府志（卷32）. 物产.

[27] 同治. 安吉县志（卷8）. 物产.

[28] 光绪. 平湖县志（卷8）. 物产.

[29] [美] 马士. 中华帝国对外关系史（第1卷）[M]. 张汇文等译. 上海：生活·读书·新知三联书店, 1957：403.

[30] 贤镐. 中国近代对外贸易史资料 [M]. 北京：中华书局，1962：1481.

[31] 浙江省经济信息中心预测处课题组，沈晓栋，张利仁. "十三五"时期浙江发展阶段的基本判断和面临的挑战 [J]. 浙江经济，2014（11）：39-41.

[32] 李彦翔. 浙江产业集群现状、问题及发展对策研究 [D]. 上海：上海交通大学，2014.

[33] 张艳，于立新，孟翡. 促进我国服务贸易与货物贸易协调发展的路径研究——基于浙江省经验的实证分析 [J]. 财贸经济，2015（1）：105-116.

[34] 宋奕洁. 金融改革和民营银行对"温州模式"的影响 [D]. 复旦大学，2014.

[35] 郑明远. 浙江省民营企业出口贸易向对外投资转型研究 [D]. 浙江大学，2014.

[36] 冯兴元. 市场化——地方模式的演进道路 [J]. 中国农村观察，2001（1）：2-11.

[37] 黄鹏进. "以自由看待发展"："浙江模式"的解读与反思 [J]. 中共杭州市委党校学报，2010（1）：82-86.

[38] 倪沪平. 从浙江模式看演化经济的思想内涵 [D]. 上海社会科学院，2011.

[39] 陈芳娟. 浙江文化与区域经济发展研究 [D]. 浙江财经学院，2013.

[40] 浙江省统计局. 浙江省国民经济和社会发展统计公报 [M]. 北京：中国统计出版社，2015.

[41] 马克思，恩格斯. 马克思恩格斯全集 [M]. 人民出版社，中央编译局，2002（1）：82.

[42] 盛世豪，徐明华. 浙江经济社会发展若干问题研究 [M]. 杭州：浙江人民出版社，1999：32-33.

[43] 王晓毅，朱成堡. 中国乡村的民营企业与家族经济 [M]. 太原：山西经济出版社，1996：18.

[44] 乐清县虹桥镇人民政府. 虹桥镇志 [M]. 北京：中国国际广播出版社，1993：104.

[45] 周晓虹. 传统与变迁——浙江农民的社会心理及其近代以来的嬗变 [M]. 上海：生活·读书·新知三联书店，1998：196-197.

[46] 陈立旭. 浙江经济发展的历史和文化底蕴 [J]. 中共浙江省委党校学报，2002（3）：35-41.

第二章 资源禀赋与开发利用

第一节 自然资源及其评价

一、水资源

(一) 概况

浙江河流湖荡众多，全省境内有西湖、东钱湖等容积100万立方米以上湖泊30余个，海岸线（包括海岛）长6700余千米。自北至南有苕溪、运河、钱塘江、甬江、椒江、瓯江、飞云江、鳌江八大水系，除苕溪、运河外，其余六条均为独流入海河流，受潮汐影响；此外，有众多独流入海小河流和部分浙、闽、赣边界河流，全省河流总长13.78万千米，其中流域面积50平方千米以上河流865条，总长2.25万千米。常年水面面积1平方千米以上湖泊57个，主要分布在环杭州湾的杭嘉湖平原和萧绍宁平原。

浙江河流大多源短流急、暴涨暴落、洪枯流量变幅很大。降雨时空分布不均。全省多年平均降雨量约1600毫米，降雨分布自西向东、自南向北递减，山区大于平原，沿海山地大于内陆盆地，地处西南山区的衢州多年平均降雨量是东北部平原嘉兴的1.5倍。降雨年内年际分布不均，年降雨70%集中在汛期，年内最大月份是最小月份的近6倍，最丰年份是最枯年份的1.8倍。

(二) 评价

水资源总量较丰，但人均占有量低。浙江是一个水资源小省，2005~2015年这11年的水资源总量平均约1061.8亿立方米，但由于人口密度高，11年的人均水资源仅2012.1立方米/人（见表2-1），为世界人均水平的28.6%，逼近世界缺水警戒线（人均水资源量少于1700立方米）。

表 2-1　2005~2014 年浙江省水资源量

年份	水资源总量（亿立方米）	地表水资源量（亿立方米）	地下水资源量（亿立方米）	地表水与地下水资源重复量（亿立方米）	人均水资源量（立方米/人）
2005	1014.4	999.4	216.1	201.1	2077.2
2006	903.6	889.4	204.4	190.2	1829.5
2007	892.2	876.7	204.1	188.7	1777.2
2008	855.2	839.9	198.1	182.8	1680.2
2009	931.4	917.4	208	194.1	1808.5
2010	1398.6	1382.9	264.7	249.1	2608.7
2011	745	733.3	184.2	172.5	1365.7
2012	1444.8	1427.2	273.5	255.8	2641.3
2013	931.3	917.3	207.3	193.3	1697.2
2014	1132.2	1118.3	231.8	217.9	2057.3
2015	1430.6	—	—	—	2590
均值	1061.8	918.3	199.3	186.0	2012.1

注：2015 年部分数据缺失。2006 年以前年份人均指标按城市人口计算。2006 年起修改为按城区人口与城区暂住人口之和计算，以公安部门的户籍统计和暂住人口统计为准。

资料来源：国家统计局、《2015 年浙江省国民经济和社会发展统计公报》。

从表 2-2 可以看出，2014 年浙江水资源总量为 1132.2 亿立方米，较 2013 年偏多 21.5%。但浙江人均水资源 2057.3 立方米/人，人均水平在国内排名第 15。按照国际公认的标准，人均水资源低于 3000 立方米为轻度缺水。而 2005 年浙江人均水资源 2077.2 立方米/人，人均水平在国内排名第 12。2014 年浙江人均水资源量较 10 年前偏少 0.96%。

表 2-2　全国部分省份 2005 年、2014 年人均水资源量及排名

地区	2005 年人均水资源量（立方米/人）	2005 年排名	2014 年人均水资源量（立方米/人）	2014 年排名
全国（不含港澳台地区）	2151.8		1998.6	
西藏自治区	161170.6	1	140200	1
青海省	16176.9	2	13675.45	2
海南省	3722.4	6	4265.96	3
广西壮族自治区	3703.8	7	4203.31	4
云南省	4161.7	4	3673.28	5
江西省	3513.2	9	3600.64	6

续表

地区	2005年人均水资源量（立方米/人）	2005年排名	2014年人均水资源量（立方米/人）	2014年排名
贵州省	2244.4	11	3461.12	7
福建省	3975.5	5	3217.99	8
新疆维吾尔自治区	4808.9	3	3186.91	9
四川省	3569.6	8	3148.47	10
湖南省	2649.5	10	2680.11	11
黑龙江省	1954.2	14	2463.08	12
重庆市	1827.4	17	2155.94	13
内蒙古自治区	1917.3	15	2149.89	14
浙江省	2077.2	12	2057.33	15

资料来源：《浙江统计年鉴2015》、国家统计局。

浙江是用水大省和废水排放大省。2014年，浙江用水量220.24亿立方米，全省总耗水量104.15亿立方米，平均耗水率54.0%，全省水资源利用率19.5%。2014年，全省废水排放总量418262万吨，其中工业废水排放149380万吨，仅比2013年减少0.2%。大量的废水排放导致水环境污染。

表2-3 2008~2014年浙江废水排放及处理利用情况

单位：万吨

项目	2008年	2009年	2010年	2011年	2012年	2013年	2014年
废水排放总量	350377	365017	422618	420417	420960	419120	418262
工业	200488	203441	184506	182425	175416	163674	149380
城镇生活及其他	149889	161575	237740	237592	245049	254972	268360
集中式治理设施污水排放	—	—	372	400	495	474	521
工业重复用水率（%）	62.20	60.60	57.40	63.30	66.70	65.40	83.40

注：2008年、2009年部分数据缺失。
资料来源：《浙江统计年鉴2015》。

江河水质地区差异大。经过三轮"811"行动和十余年来的生态省建设，浙江水体水质总体呈现稳中向好的趋势。据2014年浙江省发布的环境公报显示，全省江河干流的部分支流和流经城镇的局部河段存在不同程度的污染，京杭运河和平原河网污染严重。全省221个省控断面的监测显示，水质达到或优于地表水环境质量Ⅲ类标准的为63.8%（Ⅰ类9.5%、Ⅱ类28.1%、Ⅲ类

26.2%)，Ⅳ~Ⅴ类标准的为 25.8%，劣Ⅴ类水质占 10.4%（见表 2-4），臭河、黑河、垃圾河超过 1 万千米，水环境质量总体低于全国平均水平[①]。江河污染导致水质性缺水。从分布看，人口和产业相对集聚的平原河网和流经城镇河段的水质相对较差，符合目标水质要求的水功能区主要分布在江河源头以及部分饮用水水源区。

表 2-4　2014 年浙江省地表水水质状况

地表水水质标准	Ⅰ类	Ⅱ类	Ⅲ类	Ⅳ类	Ⅴ类	劣Ⅴ类
占比（%）	9.5	28.1	26.2	17.7	8.1	10.4

资料来源：《2014 年浙江省环境状况公报》。

二、森林资源

浙江树种资源丰富，素有"东南植物宝库"之称。据《中国统计年鉴 2015》显示，2005~2008 年浙江林业用地面积保持 654.79 万公顷，2009~2014 年林地面积增加为 660.74 万公顷，增加了 0.9%，其中森林面积 2014 年为 258.53 万公顷。浙江森林覆盖率为 59.1%，活立木总蓄积量为 2.42 亿立方米。

表 2-5　2005~2014 年浙江森林资源概况

年份	林业用地面积（万公顷）	森林面积（万公顷）	人工林面积（万公顷）	森林覆盖率（%）	活立木总蓄积量（亿立方米）	森林蓄积量（亿立方米）
2005	654.79	553.92	255.63	54.4	1.38	1.15
2006	654.79	553.92	255.63	54.4	1.38	1.15
2007	654.79	553.92	255.63	54.4	1.38	1.15
2008	654.79	553.92	255.63	54.4	1.38	1.15
2009	660.74	601.36	258.53	59.1	2.42	2.17
2010	660.74	601.36	258.53	59.1	2.42	2.17
2011	660.74	601.36	258.53	59.1	2.42	2.17
2012	660.74	601.36	258.53	59.1	2.42	2.17
2013	660.74	601.36	258.53	59.1	2.42	2.17
2014	660.74	601.36	258.53	59.1	2.42	2.17

资料来源：《中国统计年鉴 2015》。

---

① 据《2014 年中国环境状况公报》，长江、黄河、珠江、松花江、淮河、海河、辽河、浙闽片河流、西北诸河和西南诸河等十大流域的国控断面中，Ⅰ~Ⅲ类水质断面占 63.1%，Ⅳ~Ⅴ类水质断面占 27.7%，劣Ⅴ类水质断面占 9.2%。

浙江的森林覆盖率、毛竹面积和株数位于中国前列（见表2-6）。据《2014年浙江省环境状况公报》显示，浙江森林蓄积2.17亿立方米，毛竹总株数26.13亿株。乔木林单位面积蓄积量63.68立方米/公顷，其中，天然乔木林60.12立方米/公顷，人工乔木林73.63立方米/公顷。乔木林分平均郁闭度0.59。毛竹林每公顷立竹量3141株。森林生态系统的多样性总体上属中等偏上水平，森林植被类型、森林类型、乔木林龄组类型较丰富。

表2-6 全国部分省份森林覆盖率排序

单位：%

地区	2005年森林覆盖率	2005年排序	2014年森林覆盖率	2014年排序
福建省	63	1	66	1
江西省	55.9	2	60	2
浙江省	54.4	3	59.1	3
广西壮族自治区	41.4	6	56.5	4
海南省	48.9	4	55.4	5
广东省	46.5	5	51.3	6
云南省	40.8	7	50	7
湖南省	40.6	8	47.8	8
黑龙江省	39.5	9	43.2	9
陕西省	32.6	12	41.4	10

资料来源：《中国统计年鉴2015》。

三、矿产资源

据浙江省国土资源厅发布的资料显示，浙江省矿产资源种类较多，已发现矿产113种。截至2014年底，全省统计矿产资源储量的矿产93种（不包括油气、放射性矿产），其中查明资源储量矿产83种。

2014年度，全省累计查明资源储量的矿区1507个，其中，固体矿产矿区1442个，地热16个，矿泉水49个。矿区总数较上年度增加23个，其中，固体矿产增加21个，地热增加2个。

浙江省矿产资源总的特点是丰歉并存，陆域燃料（煤炭、石油）矿产贫乏；金属矿产多为小矿、贫矿，其中，铁矿资源储量较小，铜、钼矿质优，但后备储量不足，铅、锌资源储量较大，但以贫矿为主；非金属矿产丰富，部分矿种探明资源储量位居全国前列。以探明资源储量而言，明矾石、叶蜡石居全国之冠，萤石、伊利石居全国第二，膨润土、高岭土、水泥用石灰岩、沸石、硅灰石、珍珠岩等列前十名之内。多数矿床规模大，埋藏浅，开采条件良好。2010~2014年浙江矿产资源（保有储量）情况如表2-7所示。

表2-7 2010~2014年浙江矿产资源（保有储量）

单位：万吨

年份	铁矿石	煤	沸石（矿石）	叶蜡石（矿石）	普通萤石	明矾石	水泥用石灰岩
2010	3551	9434	12704	3965	1783	9829	259411
2011	9460	9000	12761	4427	2841	9817	316299
2012	8604	9309	12754	4892	3129	16883	334000
2013	11852	9309	12764	4868	3298	16840	316281
2014	16172	9309	12752	4802	3571	16831	329123

资料来源：《浙江统计年鉴2015》。

由于客观地质条件的限制以及地勘投入所限，浙江省矿产资源形势较严峻。除部分非金属矿产外，大部分矿产保有储量不能满足开采需要，叶蜡石、硅藻土、水泥用石灰岩、熔剂石灰岩、玻璃原料、明矾石、沸石、电石灰岩、高岭土、陶瓷土等10多种矿产保有储量可以满足开采需要；铁、铜、铅、锌、钼、金、硅灰石、饰面用花岗岩等矿产保有储量基本能满足开采需要。

据《2014年浙江环境状况公报》显示，2014年，浙江省共有持证矿山1246家，从业人员38499人，矿石采掘量52373万吨，实现矿业总产值142.83亿元，利润12.65亿元，税金12.83亿元。开采矿种57种，其中普通建筑用石、砂、土的开采量最大，以露天开采为主。

四、土地资源

（一）概况

据《浙江统计年鉴》数据显示，浙江省土地面积10.18万平方千米，仅占全国总面积的1.06%，是我国陆域面积较小的省份之一。其中，山地和丘陵占70.4%，平原和盆地占23.2%，河流和湖泊占6.4%，素有"七山一水两分田"之称。浙江人多地少，截至2015年底，全省常住人口5539万人，人口密度约544人/平方千米，比2014年增加14%。

2013年浙江省的土地供应结构如表2-8所示。其中，工业用地占27.86%，住宅用地为26.22%，商业用地为9.01%，而其他用地主要包括基础性公益用地，如医院、学校等项目用地则占到36.91%。

表2-8 2013年浙江省土地供应结构

	供地总量	工业土地	商业用地	住宅用地	其他用地
浙江省土地供应量（公顷）	29643.8	8259.4	2671.2	7773.3	10939.9
占比（%）	100	27.86	9.01	26.22	36.91

资料来源：《2014年中国国土资源年鉴》。

2004~2014年，浙江省城市建成区面积由1509平方千米增加到2489平方千米，增加了64.9%（见表2-9）；同一期间，人口非农化水平只提高了5.8%（见第一章图1-4）；而2014年全国城市建成区面积只比2000年增加了63.7%；同一期间，全国人口非农化水平却提高了13.01%。浙江的土地非农化速度比全国平均水平快，而人口非农化速度却不及全国平均水平，浙江农地非农化显著快于人口非农化。浙江省城市用地规模基本呈现过快的扩张趋势，用地扩展不合理。

表2-9 2004~2014年浙江省城市建成区面积

年份	城区面积（平方千米）	建成区面积（平方千米）	城市建设用地面积（平方千米）	征用土地面积（平方千米）	城市人口密度（人/平方千米）
2004	—	1509	1573	96	1189
2005	—	1680	1730	155	1270
2006	—	1744	1735	135	2087
2007	—	1851	1894	102	1748
2008	10011	1939	2025	102	1757
2009	10114	2033	2111	105	1742
2010	10256	2129	2246	107	1773
2011	10484	2221	2263	89	1741
2012	10515	2296	2247	115	1786
2013	10992	2399	2413	140	1818
2014	11095	2489	2532	105	1828

注：2004~2007年部分数据缺失。
资料来源：国家统计局。

（二）评价

浙江人多地少，人口密度大。农地非农化显著快于人口非农化，城市空间过度扩张。浙江是全国面积较小的省份之一，人多地少矛盾突出，耕地资源紧缺。但浙江又是我国经济大省之一，经济的快速增长，城市空间的过快扩张，资源的低效使用加剧了土地等自然资源短缺的矛盾。

土地供应结构中，工业用地和住宅用地占比较大。工业用地主要是地方政府招商引资的项目用地，一般都是低价出让；而基础性公益用地是需要政府对其进行补贴的，地方政府只能依靠通过招拍挂的方式高价出让商业与住宅用地来弥补工业用地出让所带来的损失。这样，浙江工业土地低价出让也是推动商业与住宅用地价格高涨的因素之一。

五、海洋资源

（一）概况

浙江省位于我国的东海之滨，全省海域面积约4.45万平方千米，海岸线总长约6700千米。海域多在中纬度地区，气候温暖湿润，海洋生产力高，海洋生物种类繁多，渔业资源蕴藏量丰富，渔场面积22.27万平方千米，近海最佳可捕量占到全国的27.3%。浙江海域岛屿众多，共有海岛4300余个，是中国岛屿最多的省份，其中有居民海岛222个，无居民海岛4100余个，海岛总面积为2022平方千米。舟山岛（舟山群岛主岛）为中国第四大岛。浙江沿海港口资源的地域分布较为均匀，拥有宁波舟山港、温州港两个全国主要港口和台州港、嘉兴港两个地区性重要港口。浙江省海洋滩涂资源丰富，潮间带面积约2200平方千米。浙江沿海的旅游资源不仅数量大、类型多，而且区域分布较为集中，组成了杭绍甬人文自然综合旅游资源带、浙南沿海旅游资源区和舟山海岛旅游资源区。浙江海底矿产以非金属矿产为主，大陆架蕴藏着丰富的石油和天然气资源，开发前景良好。

据《2014年浙江省环境状况公报》显示，2014年浙江省近岸海域水质受无机氮、活性磷酸盐超标影响，海域水体呈重富营养化状态，水质状况级别为极差。嘉兴市、舟山市、宁波市、台州市、温州市五个沿海城市，近岸海域中温州市水质状况级别为差，宁波、台州为极差。渔场舟山水质为极差，Ⅳ类和劣Ⅳ类海水比例为74.8%，水体重度富营养化。嘉兴市近岸海域水质最差，全部为劣Ⅳ类海水，水体严重富营养化。

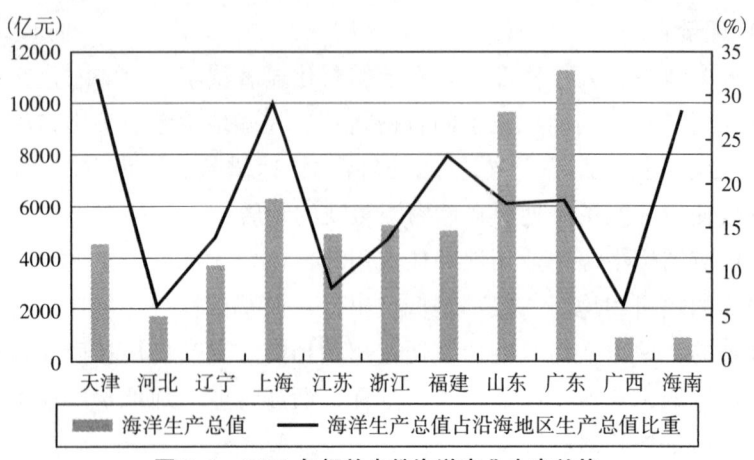

图 2-1 2013年相关省份海洋产业生产总值

资料来源：《中国海洋统计年鉴（2014）》。

在2013年全国11个临海省市中，浙江以海洋经济生产总值5257.9亿元排名第四，仅次于广东、山东和上海。从海洋经济对区域生产总值的贡献率来看，一方面，浙江以14%的占比处于中等水平，在全国11个沿海省市中位于第三梯队。进一步细化到海洋各个产业方面（见表2-10），在现有的数据下，传统产业中除了海洋捕捞业和海洋制盐业，其他产业产量如海洋化工业等都有所增长。浙江海洋新兴产业有明显集聚之势，其中如舟山、宁波等海洋强市已建成以高端船舶制造业、海洋工程装备基地为依托的海洋产业大园区，不仅集聚程度较高且产业链初具规模；海洋生物医药业方面，2013年浙江省海洋生物医药业增加值为224.3亿元，比2012年增长21.4%，成为海洋新兴产业的重点发展领域。

表 2-10 2008~2013年浙江海洋产业产量

产业类型	产量指标	2008年	2009年	2010年	2011年	2012年	2013年
海洋第一次产业：							
海洋渔业	海洋捕捞产量（万吨）	327	315	282	303	316	319
	海水养殖产量（万吨）	84.0	85.7	83.0	84.0	86.1	87.2
海洋第二次产业：							
海水制盐业	海盐产量（万吨）	19.3	17.1	10.6	14.0	10.9	15.9
海洋化工业	海洋化工产品产量（吨）	444866	373133	484421	619852	1001170	1022884
海洋采矿业	海洋矿业产量（万吨）	4002	4755	2501	2750	2727	2134
海洋造船业	造船完工量（吨）	581	422	1029	1145	3070600	988100

续表

产业类型	产量指标	2008年	2009年	2010年	2011年	2012年	2013年
海洋第三次产业：							
海洋交通运输业	货运量（万吨）	34683	30089	36523	43734	45900	49655
	货物周转量（万吨）	3401	3845	5098	6460	6956	7009
海洋旅游业	接待入境旅游者人数（人）	3288325	3434327	4100414	4607516	5048710	1776953

资料来源：《中国海洋统计年鉴（2009~2014）》。

（二）评价

浙江海洋资源丰富，但海洋环境欠佳，海洋经济尚未成为浙江的支柱产业。传统产业中除了海洋捕捞业和海洋制盐业，其他产业产量如海洋化工业等都有所增长。对于浙江海洋新兴产业，包括海水综合利用，海洋生物医药业、海洋能利用业等空间分布来说，这些行业有明显集聚之势。

六、能源资源

（一）概况

浙江能源生产总量近二十几年来总体保持波动增长的趋势。据《中国统计年鉴2015》，2014年全国能源生产360000万吨标准煤，浙江省能源生产1554.58万吨标准煤，仅约为全国的0.43%（见表2-11）。

表2-11 2001~2014年浙江能源生产总量与全国的对比

年份	浙江（万吨标准煤）	全国（万吨标准煤）	占比（%）
2001	516.41	147425	0.35
2002	745.64	156277	0.48
2003	945.58	178299	0.53
2004	1091.63	206108	0.53
2005	1273.02	229037	0.56
2006	1216.21	244763	0.50
2007	1169.43	264173	0.44
2008	1228.75	277419	0.44
2009	1238.39	286092	0.43
2010	1489.94	312125	0.48

续表

年份	浙江（万吨标准煤）	全国（万吨标准煤）	占比（%）
2011	1354.08	340178	0.40
2012	1709.98	351041	0.49
2013	1537.52	358784	0.43
2014	1554.58	360000	0.43

资料来源：《中国统计年鉴2015》《浙江统计年鉴2015》。

据浙江省经信委与省统计局联合发布的《2014年浙江省能源与利用状况》（白皮书）显示，2014年，浙江省一次能源生产总量为1554.58万吨标准煤（等价值），比上年增加1.1%；净调入和进口能源17017万吨标准煤，比上年增长0.6%；核电、水电稳步增长，风能和太阳能利用量快速增长。

浙江能源消费需求庞大，能源消费总量居全国第四，人均用电量高出全国平均50%多，已接近中等发达国家水平。全省能源消费总量的95%以上依靠从省外输入。

浙江能源消费总量近二十几年来不仅一直保持持续增长的趋势，同时增长的幅度也较大。浙江省能源消费从1990年的2732.86万吨标准煤增加到2014年的18826万吨标准煤，增加了六倍多。进入21世纪以来，随着浙江经济规模的迅速扩大和工业化进程的加快，浙江能源消费的增长趋势尤为明显。浙江能源消费总量在2001~2011年的增长速度波动较大，但整体相对处于一个较高的水平上。尤其是在"十五"期间（2001~2005年），能源消费的增长速度每年都维持在10%以上（见图2-2）。

据《2014年浙江省能源与利用状况》（白皮书），2014年浙江省全年万元GDP能耗为0.5吨标准煤，比上年下降6.1%，为"十二五"以来最大降幅。其中，人均能源消费3.4吨标准煤，比上年增长0.8%。2441家重点用能企业万元工业增加值能耗比上年下降6.7%，与规模以上工业增加值能耗降幅持平。

与此同时，能源消费结构进一步优化，清洁能源比重有所上升。2014年，全省一次能源消费构成中，煤炭、石油占全省能源消费结构比重较去年下降2.8个百分点；天然气和水、核电等清洁能源比重比上年上升1.4个百分点。

浙江省的能源消费弹性系数一直平均保持在1以下，即能源年平均消费量的增长速度要低于国民经济的年平均增长速度，这对于浙江省的经济发展来说是有利的。从图2-3可以看到，2000~2002年这三年间，浙江省的能源消费弹性系数一直上升，到2002年达到峰值，突破了1，说明在2002年这一年间，

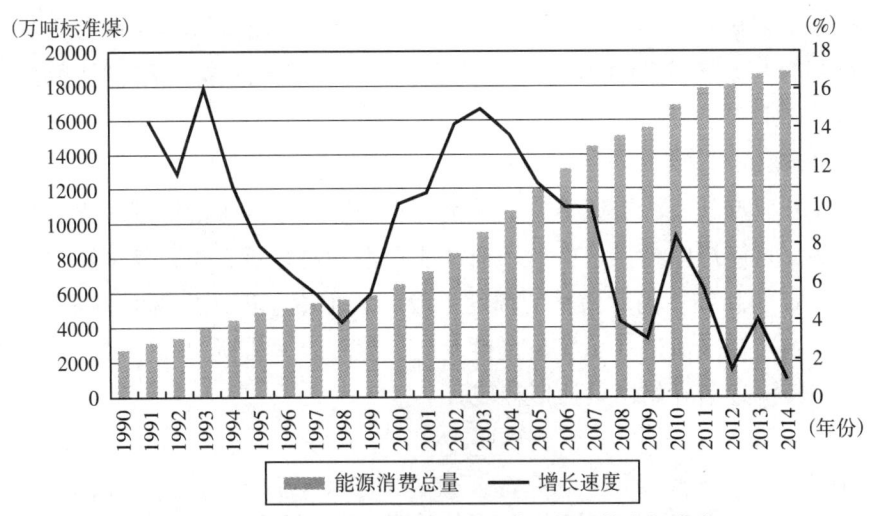

图 2-2　1990~2014 年浙江能源消费总量及其增长速度

资料来源：《浙江统计年鉴 2015》。

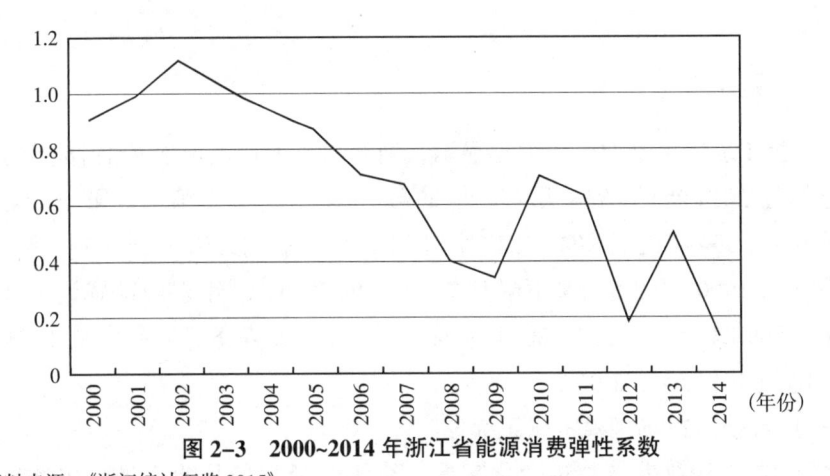

图 2-3　2000~2014 年浙江省能源消费弹性系数

资料来源：《浙江统计年鉴 2015》。

能源的使用效率低下，浙江省以大量的能源消耗来获得相对较小的经济增长。从 2003 年开始，能源消费弹性系数开始稳步下降，到 2009 年达到最低值 0.34。说明在 2003~2009 年，浙江省能源消耗情况呈良性发展，经济由高能耗的粗放型经济逐渐开始转向集约型经济。

"十二五"期间，除 2013 年能源消费弹性系数稍有回升外，能源消费弹性系数一直下降，并在 2014 年大幅下降到 0.13。这与国家政策息息相关，针对我国能源需求不断扩大，能源资源日渐短缺的现象，2011 年开始实施的"十二五"规划中明确提出要确保"十二五"期间实现节约能源6.7亿吨标准煤等节能减排的目标。落实到浙江省，省政府积极部署节能减排战略。从数据上来看，浙江已取得了不错的成绩。

(二) 评价

浙江是典型的能源资源小省，煤炭、石油、天然气等能源基本没有，能源非常紧缺。且能源消费需求庞大，浙江能源消费总量近二十几年来不仅一直保持持续增长的趋势，同时增长的幅度也较大，加剧了能源资源日渐短缺问题。而近年来，浙江能源消耗情况呈良性发展，能源效率有所提高，经济由高能耗的粗放型经济逐渐开始向集约型转变。

第二节 经济资源及其评价

一、劳动力

据《浙江统计年鉴2015》数据显示，浙江年末就业人员数从1978年的1795万人增加到2014年的3714万人，年平均增长2%，其中第二、第三产业就业占比分别从1990年的29.8%、17%上升到2014年的49.7%、36.8%，第一产业就业占比从1990年的53.2%下降到2014年的13.5%；年末城镇登记失业人员从1978年的24万人增加到2014年的33万人，城镇登记失业率从1978年的7.2%下降到2014年的2.96%。

(一) 劳动力市场规模扩张迅速

从近12年从业人员数量变化来看，全国与浙江的从业人员总数逐年上升（见表2-12）。浙江省各年度的从业人员增长幅度较大，其增长率远远超出全国水平。2007年浙江省从业人员增长率高达7.33%，是全国增长率的16倍。从年均增长率来看，浙江省年均增长率为2.22%，而全国年均增长率仅为0.46%，浙江是全国的4.8倍，说明近12年来浙江省劳动力市场规模扩张十分迅速。

表 2-12 2002~2014 年全国与浙江省从业人员总量及增长率

年份	全国（不含港澳台地区） 从业人员（万人）	增长率（%）	浙江 从业人员（万人）	增长率（%）
2002	73280	0.66	2859	2.21
2003	73736	0.62	2919	2.11
2004	74264	0.72	2992	2.51
2005	74647	0.52	3101	3.64
2006	74978	0.44	3172	2.31
2007	75321	0.46	3405	7.33
2008	75564	0.32	3487	2.39
2009	75828	0.35	3592	3.02
2010	76105	0.37	3636	1.23
2011	76420	0.41	3674	1.05
2012	76704	0.37	3691	0.47
2013	76977	0.36	3709	0.49
2014	77253	0.36	3714	0.13
2002~2014 年平均		0.46		2.22

资料来源：根据《中国统计年鉴 2015》和《浙江统计年鉴 2015》有关数据计算而得。

（二）省外人口从大量流入逐步转向回流趋势

20 世纪 90 年代以来，浙江率先进行市场取向改革，抓住改革机遇，以个体私营企业为代表的民营经济迅猛发展，吸引了大量的省外劳动力到浙江就业。但 2008 年金融危机以来，受国内外经济形势变化影响，浙江经济增幅明显回落。近年来，更是受增长速度换档期、结构调整阵痛期和前期刺激政策消化期"三期叠加"的综合影响，浙江经济增速回落，部分企业用工明显减少，尤其是以外来人口为主的普通低技能岗位减少更为突出，与此同时，随着中西部经济的迅速发展，以及浙江等东部地区企业的大量迁移，许多外来人员回流原籍打工或创业，使得浙江的省外流入人口呈现总量逐步减少的趋势。2010~2015 年，全省常住人口年均增长 0.28%，大大低于 2000~2010 年 1.5%的增长速度，人口增长进入平稳发展阶段。

（三）劳动年龄人口从不断增长逐步转向单边下降态势

据 2015 年浙江省为 1‰人口抽样调查推算，2011 年全省 15~64 岁劳动年龄人口为 3679 万人，比 2002 年增长 11.32%，占总人口的比重从 2002 年的

72.42%上升为78.82%（见表2-13）。但随着中华人民共和国成立后两次"婴儿潮"出生的人口逐渐步入老年，以及受计划生育政策延续和外来人口回流等影响，每年新进入劳动年龄人口的规模逐年下降并稳定在较低水平，而退出劳动年龄人口的人数不断增加，浙江的劳动年龄人口比重和总量均已经出现拐点，从不断上升转为逐步下降的趋势。从2012年起，全省15~64岁人口比重逐年下降，2013年、2014年分别比上年下降0.05个、0.51个百分点。同时，省外流入人口回流导致的全省常住人口增幅趋缓，也使得15~64岁劳动年龄人口数量在2011年达到峰值，为3679万人，2012年、2013年、2014分别减少72.7万人、27.8万人、17万人。从历次人口普查数据来看，这是自1964年第二次人口普查以来，15~64岁的劳动年龄人口比重首次出现下降，这对于依靠大量外来劳动力"支撑"着的相对年轻的浙江人口来说，是非常值得关注的人口结构的重大转折。根据第六次人口普查数据基础上的预测显示，未来30年全省15~64岁劳动年龄人口比重将以年均0.6个百分点的速度快速下降，预计至2040年下降到60%左右。可见浙江面临劳动人口规模持续减少、人口老龄化压力加大的问题。

表2-13 2002~2014年浙江15~64岁劳动年龄人口数

年份	人口数（万人）	15~64岁人口数（万人）	15~64岁人口占比（%）
2002	4576.9	3314.4	72.42
2003	4593.4	3325.4	72.40
2004	4568.2	3408.2	74.61
2005	6483.4	4766.7	73.52
2006	4552.3	3412.8	74.97
2007	4584.4	3424.9	74.71
2008	4590	3457.6	75.33
2009	4547.2	3413.9	75.08
2010	4215.6	3267.1	77.50
2011	4667.4	3679	78.82
2012	4570	3606.3	78.91
2013	4537.6	3578.5	78.86
2014	4545.6	3561.5	78.35

注：2005年为1%人口抽样调查样本数据，其他年份为1‰人口变动调查样本数据。
资料来源：国家统计局。

(四) 浙江劳动力市场的特征与民营经济的发展有着密切联系

民营经济吸纳了大量劳动力，拓宽了劳动力的就业渠道面，极大地推动了劳动力市场的发展。从劳动供给来看，资源的限制与民营经济的发展使得大量外来人口流入浙江劳动力市场。随着就业门槛的取消与市场管制的放松，外来劳动力逐渐成为浙江劳动力的供给主体，且可以自由选择流向。从劳动需求来看，浙江民营经济的市场属性赋予了民营企业灵活独立的决策权，增加了企业在人力资源配置上的选择性与随意性。因此，民营经济在带动浙江劳动力市场规模扩张的同时，也令其供求变动频繁，导致求人倍率（劳动力市场在一个统计周期内有效需求人数与有效求职人数之比）指标变动幅度较大。资源禀赋的约束使得浙江缺少发展重工业的基础，只能大力发展劳动密集型的轻工业。以个体户与家庭作坊起步的民营经济更集中于劳动密集型行业的生产。随着民营经济的崛起，劳动密集型行业对于劳动力的需求不断增加，其中制造业与批发零售业已成为浙江劳动需求集中度最高的行业。劳动密集型产业的发展，民营经济的市场属性，导致了大量低素质劳动力的流入，使得浙江劳动力市场的整体素质较其他地区偏低。随着经济改革的进一步推进，浙江加快了产业结构升级，但劳动力的素质却没有相应提升，依旧集中于低层次文化水平。浙江省求职者的文化程度多数集中于低层次水平，技术人员的占比也较低。综上所述，浙江作为一个民营经济发达而自然资源短缺的省份，其劳动力市场的主要特征为：第一，劳动力市场扩张迅速，供求变动幅度大，失衡成为常态；第二，民营经济成为劳动需求主体，且劳动力需求高度集中于劳动密集型产业；第三，劳动力素质的提升滞后于产业升级；第四，输入性劳动力成为劳动力市场供给极其重要的组成部分。

二、资本

据《浙江统计年鉴2015》数据显示，浙江固定资产投资总额从2010年的11451.98亿元增加到2014年的23554.76亿元，其中民间投资从2010年的6568.65亿元上升到2014年的14757.84亿元；利用外资协议金额从1979年的1120万美元上升到2014年的2441203万美元，实际利用外资金额从1984年的4887万美元上升到2014年的1579725万美元；全部金融机构人民币存款余额从1978年的35.79亿元上升到2014年的77145.38亿元。

（一）民企融资需求规模扩大

首先，浙江经济与民营企业发展的贷款融资需求总体规模扩大。在浙江民营经济发展过程中，银行贷款是民营企业主要的融资渠道，2015年浙江省金融机构贷款余额为76466亿元，2001年为6482亿元，年均增长率为19.28%（见图2-4）。

图2-4 2001~2015年浙江金融机构贷款年末余额

年份	余额（亿元）
2001	6482
2002	8613
2003	12014
2004	14351
2005	16558
2006	20154
2007	24144
2008	28958
2009	37998
2010	45288
2011	51277
2012	56983
2013	62598
2014	68566
2015	76466

资料来源：《浙江统计年鉴2015》《2015年浙江省国民经济和社会发展统计公报》。

其次，浙江民营企业上市融资需求规模扩大。浙江省企业上市融资走在了全国的前列，浙江省金融办的数据显示，2015年浙江省共有境内外上市公司372家，其中境内297家、境外75家，总市值达5.3万亿元（包括阿里巴巴1.3万亿元），累计从资本市场融资7593亿元。上市融资的规模将不断扩大。同时，浙江省上市公司利用资本市场并购数量、金额快速增长。2015年全省189家上市公司及控股股东、控股子公司等实施396次并购，交易金额为1735亿元。一批龙头上市公司围绕主业和发展战略，借助资本市场平台，在世界范围内配置资源，集聚全球最先进的生产力，提升了核心竞争力。

（二）民企融资方式多样化

首先，股权融资需求渠道多样化。浙江民营企业早期的组织形式主要是家族制或股份合作制，与之相对应的融资方式主要是内源性融资和以银行贷款为主的间接融资。民营企业转型发展中，股份制成为企业最普遍的组织形式，股权融资的需求大大增加。由于上市有着严格的计划控制，条件较为苛刻，浙江民营企业主要通过浙江产权交易所和杭州产权交易所进行产权融资和产权投资，通过产权交易增大股权的流动性，实现股权及企业的整合，而有些实力雄厚的大企业则将上市融资目光投向了境外市场。其次，债券融资需求品种多样化。以前浙江民营企业通过资本市场尤其是通过债券市场融资的渠道狭小。近年来，在政府开放与发展债券市场的鼓励政策下，债券市场得到了较快速的发展，为扩大企业债券的发行与流通创造了有利条件，而中小企业集合票据和集合债券的推出，更是为中小企业打通了进入债券市场的渠道。浙江民营企业会抓住这一有利时机，扩大企业债券融资，以弥补银行贷款的不足，满足转型发展中的资金需求。

（三）民间投资总量加速增长

从总量规模上看，浙江民间投资与GDP的增长保持着高度同步，从图2-5可以看出，2009年起民间投资和GDP同步进入了一个相对加速增长的阶段。从民间投资占固定资产投资总量的比重看，1978年这一比例为47.2%，到2015年时民间投资占比已上升到60%，成为固定资产投资的主力军。从与政府投资的绝对差额上看，1978年国有投资和民间投资分别为12.3亿元和10.9亿元，国有投资是民间投资的1.13倍，此后民间投资与国有投资的差额逐步缩小并开始超过国有投资，到2015年时国有投资和民间投资分别为9002亿元和16109亿元，民间投资是国有投资的1.79倍。

（四）股份制、私营经济构成民间投资主体

从各投资主体的总量规模上看，2014年全省民间资产投资的17104亿元中，股份制经济投资总量达8122亿元，其次是私营经济6843亿元，集体经济945亿元，联营经济、个体经济和其他经济类型则微乎其微（见图2-6）。这表明，股份制经济和私营经济构成了浙江民间投资主体的主要类型。从各投资主体占总量的比例上也能反映这一事实，2014年股份制经济和私营经济占比分别为47.5%和40%，集体经济占比为5.5%左右，而联营经济、个体经济和其他经济类型加起来占比也不足3%。

（五）自筹资金成为民间投资主要来源渠道

从图2-7可以看出，自筹资金是民间投资的第一个主要来源，2005~2014年，自筹资金平均占到民间投资资金来源的57.4%。其他资金是民间投资的第二个主要来源，平均比重为25.7%。第三个是国内贷款，平均占比为20.3%，且国内贷款的占比呈现出逐年减少的趋势。国家预算内资金、利用外资在民间投资资金来源中只占到很小的比例，这表明国家在扶持浙江民间投资主体方面的投入远远不够。

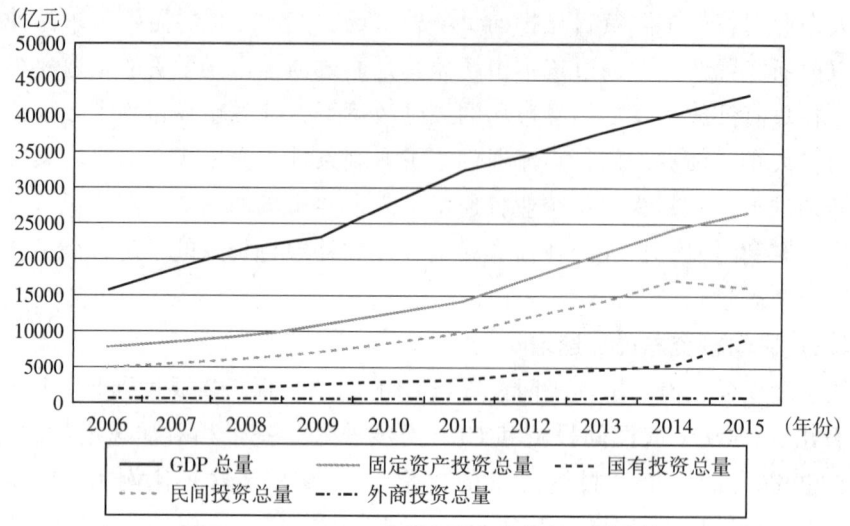

图 2–5 2006~2015年浙江民间投资的总量趋势

资料来源：国家统计局、《2015年浙江省国民经济和社会发展统计公报》。

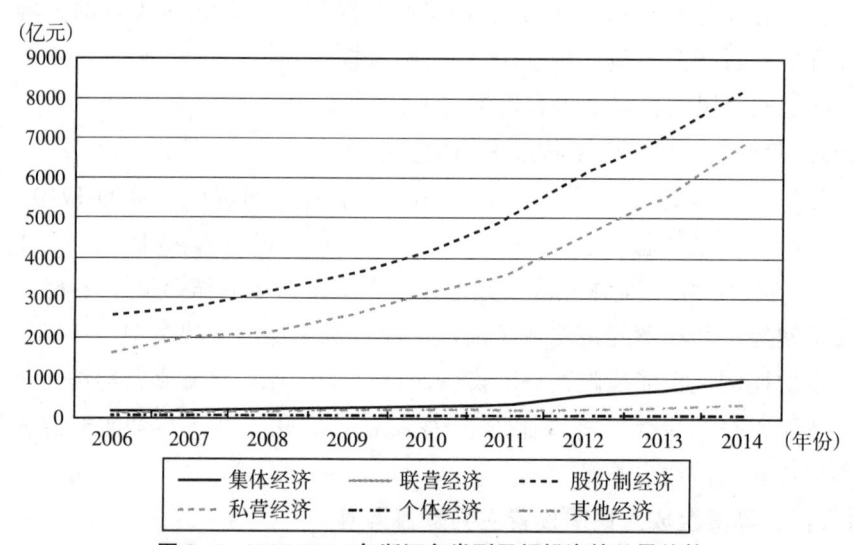

图 2–6 2006~2014年浙江各类型民间投资的总量趋势

资料来源：《浙江统计年鉴2015》。

  可见，浙江民间资本的数量巨大，庞大的资金如何合法有效利用成为了摆在广大企业家和政府面前的问题。民间资本来源日益多样化，主要包括：银行信贷资金通过各种非规范途径形成的部分投机性民间资本。民间资本的使用存在不合理性，特别是在历经美国次贷危机、世界金融危机、欧洲债务危机之后，浙江许多以外贸为主要利润来源的企业纷纷将资金脱离主打行业转而投资其他业务。其中，高利贷成为了主要的投资目标。以温州为例，在高额的利息收入的驱动下，一些非法的地下钱庄开始盛行。另外，民间资本自身的松散性、盲目性与不规范性大大提升了其对社会金融秩序的破坏。不少民间资本难以做到统一监管与合理分配，这给政府的管理和法律法规的实施带来了困难。活跃的民间资本在浙江的经济社会等领域发挥了较大的作用，民间资本持有人也得到了不同程度的回报，但由于法律体系的缺失，市场体系的不成熟，浙江民间资本既呈现了积极的一面，同时也呈现了反向的一面。因此，为了充分发挥民间资本在经济发展中的积极作用，克服其消极影响，国家先后在温州、丽水、台州开展了一系列金融改革试验。

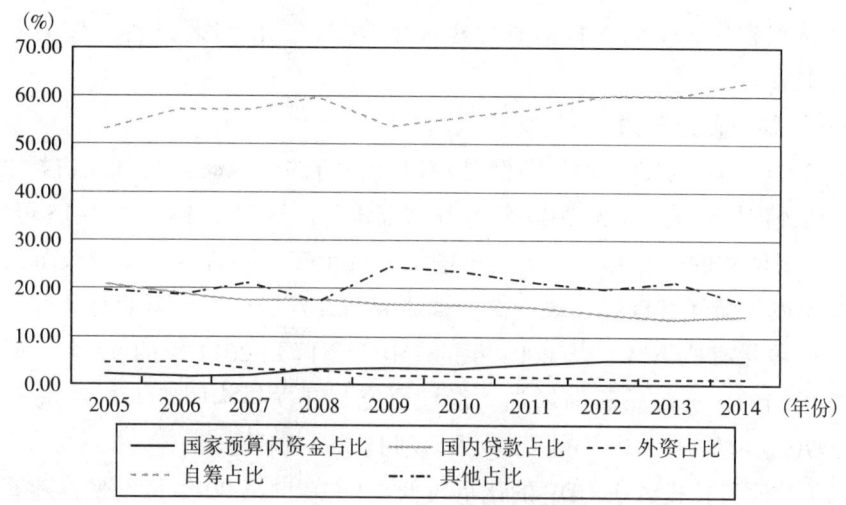

图 2-7　2005~2012 年浙江民间投资的资金来源占比

资料来源：《浙江统计年鉴 2015》。

三、技术

据《浙江统计年鉴 2015》显示，科技活动经费从 1990 年的 8.6 亿元增加到 2014 年的 1411.84 亿元，研究与试验发展经费支出从 1990 年的 2.04 亿元增加到 2014 年的 907.85 亿元；县级以上政府部门属研究与开发机构从 2002 年的 110 个减少到 2014 年的 97 个，从事科技活动人员数从 2002 年的 5470 人增加到 2014 年的 9199 人；国家级"星火"计划项目立项数从 1986 年的 29 项增加到 2014 年的 203 项，验收数从 1986 年的 7 项增加到 2014 年的 148 项。

据《2015 年浙江省国民经济和社会发展统计公报》显示，2015 年浙江全社会研究和发展（R&D）经费支出1000亿元，相当于地区生产总值的比例为2.33%，比上年提高0.07个百分点；地方财政科技支出251亿元，比上年增长20.6%；全省有国家认定的企业技术中心93家（含分中心），新认定高新技术企业1046家（累计7905家），新培育科技型中小企业8536家（累计23930家）；全年专利申请量、授权量分别为30.7万件和23.5万件，分别比上年增长17.5%和24.6%，其中发明专利授权量为2.33万件，增长74.6%。

据《中国区域创新能力评价报告2015》显示，目前，浙江省区域创新能力居全国第5位，仅次于江苏、广东、北京、上海，企业技术创新能力居全国第3位，知识产权综合实力居全国第2位，专利综合实力居全国第4位，科技进步贡献率达56%，R&D经费支出及占GDP比重达2.3%，被列为全国首批创新型试点省份、全国农村信息化建设示范省，全国科研设备与仪器向社会开放试点省。

（一）知识创造能力

表2-14、表2-15分别是浙江县级以上政府部门属研究与开发机构2002~2014年的情况统计、2005~2014年专利情况统计。从表2-14、表2-15可见：

（1）浙江省的研究开发人员数量增加。近年来，随着科技体制改革的不断深入和发展，浙江县级以上政府部门属研究与开发机构（以下简称研究与开发机构）的数量有所下降，从2002年的110个下降到2014年的97个。但研究与开发机构的人员数量逐渐增加。浙江研究与开发机构职工人员数量从2002年的5470人增加到2014年的9199人。科技人员规模上升。

（2）政府科技投入占GDP的比重较低。自20世纪80年代以来，随着浙江经济的迅速发展，浙江的研发投入也稳步增长。统计数据显示，2002年浙江研究与开发机构科技经费投入为89540万元，其中政府投入为54571万元，到2014年浙江研究与开发机构科技经费投入增长到431374万元，比2002年增长381.8%，而政府投入大幅增长到311697万元，比2003年增长了471.2%。但是我们也应看到，尽管浙江对科技经费的投入量持续增加，但政府研发投入占GDP的比例仍然很低。

表2-14 浙江县级以上政府部门属研究与开发机构情况（2002~2014年）

年份	机构数（个）	从事科技活动人员数（人）	科技经费投入（万元）	政府投入（万元）	政府研发投入占GDP的比例（%）
2002	110	5470	89540	54571	0.068
2003	104	5095	115029	65770	0.068

续表

年份	机构数（个）	从事科技活动人员数（人）	科技经费投入（万元）	政府投入（万元）	政府研发投入占GDP的比例（%）
2004	92	4792	116542	80373	0.069
2005	99	5798	144821	109676	0.082
2006	99	6178	176610	128341	0.082
2007	100	6677	211682	155461	0.083
2008	98	7123	247818	177210	0.083
2009	97	7517	259300	188672	0.082
2010	95	7771	281040	205659	0.074
2011	94	8247	324294	223070	0.069
2012	97	8971	375690	270412	0.078
2013	97	9255	412979	309667	0.082
2014	97	9199	431374	311697	0.078

资料来源：《浙江统计年鉴2015》。

（3）发明专利的申请量和授权量相对较少。2005~2014年，浙江省共申请专利1466177项（其中发明专利223537项，实用新型591254项，外观设计651386项），共授权专利1049181项（其中发明专利64461项，实用新型472903项，外观设计511817项）。其中，申请发明专利仅占申请专利总量的15.2%，授权发明专利仅占授权专利总量的6.1%。所以尽管浙江近年来在专利方面都排在全国前十名以内，但主要得益于三种专利中的外观设计专利和实用新型专利，发明专利的申请量和授权量相对较少，浙江省专利的创造性能力有待提升。

表2-15　2005~2014年浙江省的专利申请量和授权量

年份	专利申请量（项）				专利授权量（项）			
	发明专利	实用新型专利	外观设计专利	申请量合计	发明专利	实用新型专利	外观设计专利	授权量合计
2005	6776	12723	23722	43221	1110	6778	11168	19056
2006	8333	15940	28707	52980	1424	10503	19041	30968
2007	9532	19270	40131	68933	2213	16108	23748	42069
2008	12063	25134	52734	89931	3269	20000	29684	52953
2009	15646	40364	52472	108482	4818	25295	49832	79945

续表

年份	专利申请量（项）				专利授权量（项）			
	发明专利	实用新型专利	外观设计专利	申请量合计	发明专利	实用新型专利	外观设计专利	授权量合计
2010	18027	50231	52484	120742	6410	47617	60616	114643
2011	24745	75860	76461	177066	9135	56030	65025	130190
2012	33265	108599	107509	249373	11571	84826	92066	188463
2013	42744	127122	124148	294014	11139	106238	84973	202350
2014	52406	116011	93018	261435	13372	99508	75664	188544
合计	223537	591254	651386	1466177	64461	472903	511817	1049181

资料来源：《浙江统计年鉴2015》。

在科研论文产出方面，浙江近年来稳步增长，2003年浙江高等学校自然科学领域研究与发展机构发表学术论文20540篇，2014年增长到了28334篇。但仍落后于其他四个省市（江苏、广东、北京、上海），这主要是由于，跟其他四个省市相比，浙江的高校和科研机构数量较少。从这个意义上说，浙江在科研论文产出方面是全国表现最好的地区之一。

就投入产出比方面而言，浙江的表现一般，从2003年至今，都排在全国前十名以后。这主要是因为，浙江发明专利产出和新产品产值与浙江科技经费内部支出额相比较低，科研人员在国外发表论文较少。在市场经济环境下，浙江众多的中小企业成为研发的主体，使得浙江省的研发能够很好地与市场需求相结合，促进了浙江技术研发效率的提高，也使得研发对浙江经济增长的贡献大幅度提高。如果浙江省在现有的基础上加大研发投入，改善目前的研发环境，培养更多的科技人员，浙江省的研发效率将再上一个台阶，研发对经济增长的贡献将会越来越大。

（二）知识获取能力

浙江的科技合作水平很高，有着长期的产学研合作的传统。近年来，浙江致力于区域创新要素的培育和流动，在全国率先创办中国浙江网上技术市场，网上与网下，无形与有形，各方面要素有机结合的技术市场体系初步形成。

就技术转移情况来看，近年来浙江的技术交易市场比较活跃，技术市场成交额不断增加。如表2-16所示，2005年浙江的技术市场成交额为38.7亿元，2014年上升到87.25亿元，增加了125.5%。但浙江技术市场成交额全国排名较落后，且近年来排名呈现下滑趋势，从2005年的第10名跌到2014年的第

表 2-16 浙江技术市场成交额及排名

单位：亿元

年份	北京市	上海市	江苏省	广东省	浙江省	浙江省排名
2005	489.59	231.73	100.83	112.47	38.7	10
2006	697.33	309.51	68.83	107.03	39.96	10
2007	882.56	354.89	78.42	132.84	45.35	9
2008	1027.22	386.17	94.02	201.63	58.92	10
2009	1236.25	435.41	108.22	170.98	56.46	10
2010	1579.54	431.44	249.34	235.89	60.35	11
2011	1890.28	480.75	333.43	275.06	71.9	10
2012	2458.5	518.75	400.91	364.94	81.31	14
2013	2851.72	531.68	527.5	529.39	81.5	15
2014	3137.19	592.45	543.16	413.25	87.25	16

资料来源：国家统计局。

16 名。与其他发达省市相比，还存在较大差距。

浙江是典型的经济外向型省份，但长期以来，外资对浙江的投资兴趣并不高。近年来随着对外开放程度的加深，浙江逐步完善吸引外资的政策环境，取得了良好效果。2003 年浙江省外商直接投资金额约为 54.49 亿元，到 2014 年激增到约 157.97 亿元，但我们也应该看到，其他发达省市也在努力完善投资环境，浙江在吸引外商投资方面面临着激烈的竞争。

第三节 社会资源及其评价

一、地域文化

（一）浙江地域文化的形成

浙江历史上称为越国，浙江文化也称越文化。从文化历史源流来看，浙江文化属于我国江南文化体系中的重要组成部分。它以本区各史前文化为根基，经过夏商时代的整合，形成了两周时代的越文化，越文化通过后来与中原文化的三次大融合，近代与西洋文化的交流，最终形成了独具特色的浙江区域文化。

越文化的转型过程，开始于楚威王败越，剧变于秦皇、汉武时期。这段时期，越地区的越人大量入海南奔，楚人与中原人先后进入越国，由于主导人口与基本居民发生变化，使越文化的民族性随之激变。文化转型的趋向是由西向东、由北向南依次展开的。到西汉中后期，太湖平原、宁绍平原已基本汉化。这是越地区的第一次转型，也是民族性质的转型，从夷越文化转向了汉文化。自此，从春秋战国时期一直延续的尚武型越文化开始转向崇文型，政治色彩也由浓转淡。

重大的历史事件或政治改革也是造成区域文化差异的一个重要因素。历史事件中，最重要的是移民。中国历史上，有两次大移民对经济发展造成了极大影响。一次是延续了200年的西晋末年的移民潮。这次迁徙一直从"永嘉之乱"延续到北魏统一北方，使浙江人口大量增加，给浙江经济带来了十分积极的影响。土地大规模的开发促使当时江浙的稻米生产远远优于北方。蚕丝这一家庭副业的发展也从此时开始，浙江地区商业得到了很大的促进。另一次是两宋之交的南迁，使浙江成为了当时全国的文化中心、经济中心、政治中心，从各方面将浙江推向了繁荣盛世。在经济发展的同时，浙江文化也进入了空前和繁荣，叶适、陈亮等杰出思想家及陆游、周邦彦这些文学家的出现使浙江的文化地位得到迅速提升。

明清之际，"两浙"区域作为中国经济、文化最发达的区域已成定局，同时，"两浙"区域文化也由此进入一个相对稳定的发展时期，形成与北方区域中心文化双峰并峙的局面。与中国其他地区截然不同的是，无论在戊戌变法还是辛亥革命期间，浙江一带均没有政治人才的崛起，但是，在现代产业的贡献上，浙江人民却功不可没，这与浙江的物质、精神文化类型及发展方向有着质的关联。虽然最早的民族工商资本家产生于上海，但是这一部分人中浙江籍的资本家占有很大的比重，上海开埠以后，浙江宁波、绍兴、嘉兴等地过去的移民占到了50%以上，丝绸大亨黄佐卿、五金大亨朱葆三、茶叶大亨宋瑞泰还有运输大亨虞洽卿等都属浙江籍。浙江籍商人在当时上海总商会的占比最高时候高达72%。除了民族资本家，上海工商活动中大部分的中下层劳动人员也大多来自浙江。随着中国工商业的发展，宁波、温州等口岸也陆续开放，海外的资本主义商业文明逐步流入浙江，促使浙江地区商业文化慢慢形成。

（二）浙江地域文化的分区

由于自然和历史条件的不同，浙江各区域也形成了各自不同的地域文化，种类繁多。按照自然环境和文化性质的不同，可以将浙江文化分为浙东北文化和浙西南文化两大区域文化。

1. 浙东北文化

（1）浙北平原水乡文化区。浙北杭嘉湖绍一带，长期以来为我国江南文化中心，近代又受上海开埠影响，其文化形成了"稳健、精致、开放和求新"的水乡文化特点。历史上，这里商业文化十分发达。省会杭州，地处吴地南缘，北方南迁移民进入杭州前一般都经历吴文化中心区的吴化过程，体现了杭州文化有很强的包容和开放特性。同时，杭州文化主张以道制胜和精致谋利，在其价值理念中显现了更多的理性、稳健，甚至更加精明。2500多年前的绍兴，越王勾践率领他的子民，卧薪尝胆，奋发图强，终于转弱为强，成就霸业。以此为传承，以"硬骨头"精神和"韧的战斗"精神为内涵的"胆剑精神"。"胆剑精神"，是绍兴人文精神的灵魂，这种精神一直激励绍兴人卧薪尝胆、奋发图强、敢作敢为、创新创业。南宋时期，湖州的南浔就已是"商贾云集，水陆要冲之地"。到了清代，以江南首富刘镛为代表的"四象、八牛、七十二金黄狗"等一批富豪，对江南乃至全国的社会经济产生了巨大的影响。嘉兴，作为我国水乡文化的代表，这里人才辈出，丝绸产业发达，为我国重要的经济文化中心。

（2）浙东滨海文化区。浙东宁舟温台地区，由于濒临海洋，人们面海求生，因而形成了"冒险、大气和创新"的文化特征，具有海洋文化特点。宁波是历史名城，具有7000年文明史的"河姆渡史前遗址"发源地。唐代成为"海上丝绸之路"的起点之一，与扬州、广州并称为中国三大对外贸易港口。宋时又与广州、泉州同时列为对外贸易三大港口重镇。清康熙二十四年（1685年），诞生了中国最早设立的四大海关之一的浙海关，鸦片战争后被辟为"五大通商口岸"之一，"靠海吃海"决定了其海洋文化的形成和发展。海洋文化下的宁波人顺应潮流，立于涛头，以积极奋进的姿态应对挑战。汪洋大海，凶险异常，变幻莫测，需要大家风雨同舟、和衷共济。同时，潮起潮落，准时涨潮，准时退潮，恒久不变，永远为依赖、征服海洋的人们提供准确无误的信息及便利，于是有了"守信如潮"的海洋文化。宁波的海洋文化是创新的、大气的海纳百川型的文化。地处大海的舟山，海洋文化特征更加明显。

而属于浙东的温州、台州，靠山带海、地狭多阻，生存容量不大，人地矛盾极为突出，这使瓯越社会长期处于移民状态。移民过程塑造了瓯越人独特的个性，形成了十分特殊的移民文化。"走出去""四海为家"的移民勇气以及崇尚物质、利益至上的移民理性共同构成了浙东移民文化。移民在社会构成中是时常生存在贫困和死亡恐惧下的弱势群体，在激烈的竞争中，只有依靠和利用暴力、金钱和极端机会主义才能获取生存机会，由此，移民文化一个很大的特点就是以活命和利益为价值导向的唯我实用主义。同时，与单打独斗相比，家族和小团体往往更具战斗力和生存能力，这又使移民附有典型的"抱团""扎堆"文化秉性，对家族或小团体有很大的依附性。生存恐惧还逼迫移民寻找超自然的力量并向其移情。所以，在瓯越人身上我们能发现很浓的道教养生和享受生活的理念，另外，重视技术技巧的传统以及以柔克刚低调处事的观念也在他们身上得到了很好的体现，迷信色彩很浓的节事祈祷活动等也常出现于瓯越人活动区。儒家思想经过叶适等的创造性发展和适应性改造，在融入瓯越因素后形成了一套以"工商皆本""通商惠工""义利并举"为主体，并与孔孟原典以及当时正统的儒家思想有着极大差别的思想体系。永嘉学派是瓯越文化与儒家文化融合而成的新型文化，是儒家实用理性主义在瓯越的变种，其重商精神在瓯越人当中世代相传并日益繁荣。随着时间的推移，瓯越地区的人口压力前所未有地在加大，传统农业已无法保证当地人的基本生计，瓯越人为求生而创业的冲动变得无比强烈，促使他们不断向异地乃至海外移民。大海文化与乡村文化的交融在一定的条件下孕育了独特的具有冒险精神又无法摆脱小农色彩的温州文化。

2. 浙西南文化

(1) 浙中盆地文化区。浙中金华地区，盆地东西横贯，东邻台州，南毗丽水，西连衢州，北接绍兴、杭州，为浙江中间地带，带有明显的过渡性。义乌、永康和东阳位于其东部，与浙东北接壤，文化中带有浙东北色彩，人们热衷于穿乡走寨做生意，因而形成了商贸文化特征。历史上，以义乌、东阳和永康为代表的浙中商帮，游走天下，货通四海，使这里成为我国著名的商贸中心。义乌的商业文化精神，主要体现在植根于民间以鸡毛换糖为特色的经商行为，以及由此孕育出来的"拨浪鼓文化"传统，"尚利进取"为其基本特征。东阳文化以兼容并蓄、广泛多元、善技艺为基本特征。东阳木雕和东阳竹编已成为国家级非物质文化遗产，东阳建筑更享有"儒家文化特色"的美誉，在它们身上体现得炉火纯青的创作技法和精美独到的构思布局，使东阳工艺声名远扬。"永康学派"（南宋浙东学派分支）代表人物陈亮提出了与传统的儒家贵义轻利观截然有异的事功学说——在义利统一的前提下，倡导功利，最终达到国强民富的目的。事功学说倡导的"注重功利、讲求实效"的精神是永康人不可或缺的文化"遗传因子"，它提炼于永康民间并潜移默化地作用于永康的民间心理，影响着永康一代又一代的创业者，为他们的实践活动提供了重要的理论依据，最终引导永康五金产业步入快速发展。黄帝是五金之祖，永康是五金之源。永康的五金文化已渗透到永康人的血液当中，源远流长，形成了独具地方特色的"敢闯敢干、不畏艰险、富有正义感，同时又有较强自主性、进取性、创新性"的永康精神。而浦江、金华、武义等地则与西南的衢州、丽水相连结，文化上也更偏重于农本文化。在经济不断发展出现新情况的阶段，金华西部人们更多的是墨守成规、遵循小富即安的理念，未能发展现代化市场经济理念。

（2）浙西南山地文化区。浙西南衢州、丽水及其周边山区，由于山川阻遏，人们日出而作、日落而息，因此形成的是典型的农业文化区。衢州素有"东南阙里、南孔圣地"的美誉，南孔文化对衢州人的观念形成产生了深远的影响。衢州自古山多地少，十年九旱，长期艰苦的劳动和困顿的生活，养成了衢州人不怕困难、敢于吃苦、淳朴、坚毅乐观的天性，这是衢州人最本质的文化底蕴。在这种文化的熏陶下，还形成了历史上著名的龙游商帮。"丽水精神"是指，"勤劳质朴、坚忍不拔、负重拼搏、务实创新"。丽水精神体现了丽水上千年的文化沉淀，体现了上古人民认识自然、改造自然的雄伟胆识，体现了现代丽水人在创造现代文明中所表现的勤劳、智慧、奋发向上的精神风貌。

根据文化对市场经济理念的适应度强弱，我们将浙江区域文化分为两大类：浙东北创新型文化区和浙西南保守型文化区。其中浙东北由于地处东海，人们长期与海洋打交道，因而形成了具有创新、冒险精神的海洋文化精神；而浙西南由于深居内陆山区，人们日出而作日落而息，因而形成了保守、封闭的农业文明特征。

（三）浙江地域文化的基本特征

1. 浙东北区域文化的基本特征

从地域文化看，浙东北包括的文化类型很多，主要有江南文化、甬商文化、绍越文化和永嘉文化等，但从总体上看，它们都属于越文化的范畴。

归纳起来，浙东北越文化主要包括以下五个主要特征：

（1）功利文化特征。浙江东北部人自古以来就有记功算利的传统和实现功利的能力。浙东北人非常讲究实际，对日常生活质量关注度极高，其判断和决策大多基于理性人的需求视角进行分析。反之，若从政治视角审视浙东北民众，他们似乎更倾向于政治虚无主义。浙东北人可以说是无可救药的现实主义者和彻底的世俗主义者，不切实际的空谈、说教，甚至于某些必要的政治宣传都不是他们的关注点。在重利的浙东北，哪怕像佛教这样强调出世的宗教也少了其本有的空灵和崇高，变得与世俗的东西息息相关。但是，从决策的角度看，这种世俗化就是实事求是的表现，是指一切从实际出发。探究此种理性务实性格的成因，精神"基因"和文化渊源因素自不能被忽视。

讲究"实干和实效"是浙东北民众行为模式的最大特点，他们厌恶形式上的东西而倡导功利主义当头。人际、经济、公务，他们的每一个行为在考虑义理的同时往往会将过程或者结局可能导致的后果及产生的影响纳入评析指标内。也就是说，其在参照善恶、正斜、亲疏、对错等道义坐标的时候，成本代价与可能获得的实际收益也是他们决策的一条重要参考标准。这也是为什么外界谓浙江人"精明"的本质原因。而浙江人能在商业交易活动中如鱼得水也正是得益于浙江传统文化性格蕴藏的这种经济理性。

（2）海派文化特征。浙东北民众生存环境中大海因素的存在决定了其思想中强烈的海洋意识。随着民间海洋贸易的不断开展，海洋贸易思想文化氛围在浙东北日益浓厚，海商文化已渗透于浙东北经济和其文化传统当中，积淀了浙东北民众由来已久的海洋文化创造特点，并在当地形成了内涵深厚的海商精神。民众很早就形成了远赴重洋，跋涉万里，不畏艰险的经商习俗。出海经商已成为当地居民一种维持生计相当重要且不可缺少的手段，久而久之，一种以私人自主商人形式存在的海商经济逐步形成。在这样的生产、生活环境下，以敢于冒险、善于合作、富于进取以求变求新为特征的海商文化开始形成并不断扩散。

浙江的海洋文化蕴含着浙东北民众浓厚的海洋贸易意识，极强地体现了其商贸精神内涵。自古以来，渔业经济一直是浙江沿海百姓的支柱经济，人们生存和生活必需的这类需求必须通过商品交换贸易得以满足。加之对于海上贸易的兴盛与暴利的目睹，海洋商贸意识在他们中间得到了很好的培育和传播，海洋贸易的文化氛围极浓，这导致浙东北人性格中始终张扬着一种创新、开拓、不墨守成规的海洋文化精神。

（3）开放求新特征。浙东北文化具有明显的开放性、包容性和与时俱进特性。浙江的对外贸易由来已久：早在先秦时代，浙江就开始建立与我国其他沿海地区以及东亚、南亚、西亚等地的贸易关系；到了北宋时期，杭州、宁波、温州均已成为我国重要的对外贸易港口；元代设立的对外贸易主管机构中，浙江占了4/7；鸦片战争后，宁波、温州、杭州又相继成为国内重要的通商口岸。鉴于这样的历史，浙东北民众最早接受了现代资本主义生产方式、知识文明和精神文化，成为华人民族资本家的少数先驱。近代以来，浙东北凭借其身处中西汇通前沿的优势，总能享得风气之先。通过开办新式教育以及西方文化的流入，浙东北相对于浙江其他区域更早并且更多地接触了外来文化，在其渲染下，民众乐于博采众长、接受新事物的开放心态得到了很好的培育，视野得以开阔。这种独特的多样文化交融的背景，可以说是浙江"大气、开放"的文化特色的根本所在。浙江悠久的对外开放历史使浙江形成了明显的开放的地域文化特色。

沿海人们在长期的海上贸易中接触的多元化的异国文化相互交融，使其形成了开放的态度，在为人处事中敢于取长补短。其主要有以下四个方面的表现：一是夜郎自大这种僵化思维定式得以突破，人们更善于以客观的眼光和开放的心态来接纳外来文化；二是外来文化的精华日渐被重视，人们乐于通过海外先进科学技术的引进来促进自身海洋贸易能力的提高；三是其他地区的优秀商品能被公正而又大胆地介绍，满足本地民众的多种需要，不仅丰富了浙东北人们自身生活的内容，还带来了商业利润；四是初步构建起基于传统商业经济、适应市场经济发展规律的开放性商业观念。人们集思广益，在经营中不断突破传统手段，以近代轮船业为例，其在创始之初，通过集资购买了"宝顺"轮，自发收集、研究各地关于轮船的著述，并在组织形式上成立董事会，设立"庆成局"，以新型的手段为宁波商船护航，在当时引起了很大反响。

（4）冒险文化特征。海上交通的发达给了浙江东部人外出谋生的机会，也逐渐铸造了他们四海为家、喜欢闯荡冒险的个性，这是浙江人精神中最深刻的根源。海洋贸易不同于区域内贸易，它不仅时常受海洋恶劣自然环境的威胁，还要应对各种潜伏于陌生环境的风险，是极具风险性和挑战性的；同时，在这样的挑战下，为了获利这一最终目的，还必须寻找各类潜在商机，并根据环境等变化不断改变其经营策略，控制其经营成本等。面对如此的风险和挑战，浙东北人们不畏风险，发挥积极追求精神，在其冒险进取性的导向下勇敢开拓，沉着应对。其一，在当时航海设备落后、民间商业资本少的背景下，敢于尝试民间性质的海洋贸易活动，并最终使其成为当地重要的经济手段，奠定了浙东北地区在浙江海洋贸易方面的首要地位。其二，敢于拓展陌生领域和传统运营方式；敢于冲破禁区和种种限制。其三，坚持不懈地拓展经商地域。浙东北地区人们最早是同高丽、日本建立了海上贸易关系；到了元代，与非洲、东南亚、西亚及地中海等地区也开始了海洋贸易往来；到近代，其贸易对象已几乎遍布世界。甚至在上海开埠后，其能迅速崛起也与杭州、宁波等这些浙东北地区商人们的介入有很大的关系。其四，不重奢靡享受。主张朴素反对铺张一直是浙东北地区人们很明显的生活态度之一，但他们并不是爱财吝啬，而是主张将更多的财富进行再投资，注重持续发展。

浙江东部人具有的冒险开拓精神，还体现在其"亦商亦盗"的行为上。如明代浙江海商的兴起，就是因为政府的禁海政策，激发了人们固有的冒险反叛精神，促使他们选择了"亦商亦盗"的道路。他们一方面是做买卖的商人，同时又是杀人越货的强盗，当开放海禁或海禁较为松弛时，他们往来贩鬻于中国沿海各地和东西洋之间，秉着商人的身份主要从事商业贸易活动；一旦禁海，其中一部分人就不得不转商为盗，成为海寇。这种状况虽然有起有伏，但一直到清代后期以至现代也还时有所见。"亦商亦盗"的行为是当地人民富有冒险进取精神受到传统政治的压制而异化出来的一种畸形物。激烈的海盗行动，对于社会经济的正常发展，无疑带来了一定的负面影响。但是在当时的政治社会环境里，这种过激的行为，为冲破传统政治的束缚起到了积极作用。

(5) 工贸文化特征。浙东北素以"擅商"著称。受陶朱遗风影响产生的重商价值观是其文化元素中最强有力的一个元素。世称"陶朱公"的越国大夫范蠡，在协助越王勾践灭吴兴越之后，弃政从贾，累金巨万，被后世商人称为始祖。自此经商致富的"陶朱遗风"川流不息。弃官场而入商场，并通过创业最终获取巨大成功，陶朱公对后世人影响最大的地方在于其人生价值理念的转变：官场并非人生价值的唯一实现平台，商界的奋斗亦是一途。在这样一种人生观的潜移默化下，对于浙东北地区的人们来说，经商已成为一种无意识的选择，人们均以经商致富为荣，纷纷走向工商业界。

商业活动的本质即为谋取商业利润。浙东北海商长期受重商文化的熏陶，在其商业活动中善于发挥精致又注重细节的吴越文化传统，肯吃苦耐劳，擅长精打细算，最终达到商业利益最大化。这主要体现在：第一，就利观念浓厚。浙东北地区传统文化的一大特色即为"精于经商"，当地人不但敢于讲利、谋利，并在其注重实利和经世致用的思想传统影响下，还善于讲利、谋利。第二，经商策略灵活。浙东北群众善于挖掘自身优势，并结合贸易地消费者偏好，在外销时注重商品的选择，以达到商业活动效益最大化，如明清时期，白丝在日本较受欢迎，一斤白丝出口日本即可身价倍增，故贸易中大部分白丝流向日本市场。此外，他们还善于分析市场，根据贸易对象的不同，采取差异化的市场运作手段，经商风格十分灵动。第三，吃苦耐劳，以小积大。浙东北的财富积累很大部分是通过辛勤实现的。人们善于把握大的商机，但也绝不忽视薄利的生意，他们在经商中崇尚"勿以善小而不为"，求利而不仅求大利。浙江东北部人们的重商之风由来已久，只要环境条件允许，人们都愿意自己创业当老板。在改革开放初始，浙东北人们紧跟当时的"弃政下海潮"，不断有人从政府、事业单位、国企等所谓的"铁饭碗"中跳出来经商做生意。

2. 浙西南区域文化的基本特征

作为浙江的内陆地区，浙西南（包括地域上的浙中地区）地貌以复杂的山区半山区为主，气候恶劣，生态环境脆弱；又远离海洋，交通通信条件落后，导致其自然环境相对封闭。农耕经济一直以来是浙西南的支柱经济，在传统农业文明的影响下，浙西南地区人们顺从自然、安于现状的特点明显，小农思想残存较为严重，人们的社会经济关系范围仍较多地限制在血缘与地缘关系较近的狭小社区范围内，如家庭、家族、邻里、村落等社交圈子。人们日出而作，日落而息，满足温饱，形成了"安分守己"的习惯。所有这些造成了浙西南区域人们的思想观念相对比较落后。就制约浙西南区域经济发展的主要方面而言，其保守的思想观念主要表现在以下几方面：

（1）因循守旧观念。因循守旧的文化心态，一方面表现为"自我感觉良好"的自大心理和恋家恋土的行为选择；另一方面表现为恪守祖训，墨守成规，难以接受新生事物的盲目排外情绪。由于对外界事物的接受度较低，传统的意识形态的传承已经固化成为一种意识"路径"。在这样的模式下，当地人的思维方式往往被限定于一个固有的枷锁中，难以改变。致使他们在从事经济活动时，常被固定模式所左右，无法根据形势的变化而灵活应变，容易出现非经济理性的选择。

由于长期处于较为封闭的环境中，物质的匮乏和精神的贫困导致了沉重的心理负担，人们在提高社会地位无望，内心极度失意的状态下，为排解心理压力，很容易不自觉地堕入文化上的贫困。他们封闭保守，心态易于满足，追求四平八稳的心态使其在"小康生活"面前"知足常乐"。其传统观念中的"安贫乐道""小富即安"使当地人易于满足小发展的现状，致使经济发展到一定程度出现严重的文化"瓶颈"。在封闭的环境中，人们以"丰衣足食"为最大满足，身在穷中不知穷，普遍缺乏开放观念，类似"盆地意识"，自我欣赏的心志，十分普遍。

（2）内陆封闭意识。山区人乡土观念非常深厚，对乡土都有一种极深的依恋。他们认为"金窝银窝不如自己的狗窝""好出门不如赖在家""出外是背井离乡""走遍天下就数家乡美"。在这些观念的支配下，很多人不愿出去创业，他们认为外面的世界精彩的同时更多的是险恶，因此养成"守土重迁"意识，逐渐形成了封闭保守的观念。

自然环境造成的传统的生活方式将人们固定在一个狭小的生存空间，随遇而安的观念和行为在从历史上延续至今的小农经济思想的影响下不断滋生着。同时，在其影响下缓慢的经济增长又反作用于人心，使人们心理受挫，久而久之形成了听天由命的生活态度，人们接受新生事物的欲望和能力也不断被消磨殆尽，他们宁愿做最廉价的劳动而不敢有"冒试"新的机会与挑战的思想，他们有一种无所作为的惰性，怕风险不敢迈步。

（3）小农经济观念。浙江西南部农村中的小农经济思想严重。农村基本上是手工和半手工，人们日出而作、日落而息。农村的解放虽然打破了农民人身思想的枷锁，但这里落后的生产方式却没有从根本上被改变，延续了几千年的自给自足经济模式依然被维持着，人们很少有除温饱之外的其他追求。直至今日，"养猪过年、养牛耕田、养鸡养鸭换油盐醋"这样的落后思想仍残留于部分人的生活观念中。甚至于部分农民还执着于"农民怎么可以不种粮"的旧式生活方式。小农经济思想还表现在人们的财富扩大再生产意识差。在缺乏扩大再生产意识的状况下，生产活动的所有收益都转化为储蓄和现期消费，无法形成新的投资流向，这样简单再生产的生产模式及传统的经营方式只能满足人们最基本的生存需求，而无法完成财富扩张。许多人市场观念差，经营意识淡薄。他们对机会的反应迟钝，缺乏对正当利益的敏捷嗅觉和激情追求，竞争意识和开拓冒险精神薄弱，敢拼敢闯的魄力与勇气需要很大的提升。

但是，不可否认，浙西南这一地区的文化中也有优越因子，促使浙西南虽然整体发展较为缓慢，但是在改革开放以后经济发展仍在不断推进，特别是义乌等部分地区发达程度已不断提高。第一，与浙东北工贸文化相比，浙西南地区商贸文化特征更为浓郁。浙西南地区相对浙东北自然资源更为丰富，随着剩余产品的出现，商贸交易历史更为悠久，形成了这一地区很明确的商贸文化。义乌小商品市场、东阳木雕市场、永康五金市场、庆元香菇交易市场等大型规范市场的形成和发展，无不透露着浙西南商贸文化的发展。第二，浙西南地区相对位于浙江内陆，由于山的阻挡，文化相对保守，但是不能否认浙西南地区文化中的优越因子——学习精神。浙西南与浙东北交汇的金华文化分区正体现了浙西南文化中学习精神的高度存在。义乌、永康和东阳位于其东部，与浙东北接壤，在与浙东北的文化交流中，取长补短，吸纳了其冒险精神和市场经济理念，人们热衷于穿乡走寨做生意，因而形成了商贸文化特征。

二、浙商

(一) 浙商群体的社会资本

浙商几十年来成功的重要基础，就是善于运用社会资本规范集体行动。近代以来，浙商精神在浙江大地上发端以来，逐渐成为引领中国民营经济发展的重要推手，其中浙商的"舍得""和气""共赢""低调""敢闯"等精神成为经济研究领域的一个重要内容，并成为浙商社群特有的社会资本。浙商在形成商会成为一类商业群体组织后，如信任、规范以及网络的组织理念和社会资本架构逐渐形成，它们能够通过协调的行动来提高社会效率。浙商作为一种社群类型，其兴起起源于家族、亲友、邻里的互帮互助，这证明了浙商群体的形成与发展势必有一种集体的利益需求使行动具有一致性。传统浙商的集体行动源于共同的社会资本：以家族、血缘为基础的家族企业，以企业为基础形成的浙商组织。这种等级森严的传承制度在很大程度上促进了浙商在初始创业阶段的原始积累，形成了浙商这一国内外著名的经济社群。因此，浙商兴起源于浙商群体的社会资本的有效利用。浙商通常通过同乡、家族等载体在发展初期进行互助式经营，然后逐渐扩大规模，通过一定的区域内群居，形成浙商发展过程中的群居国际化模式。尤其是多年来，以"温州商会"为代表的浙商民间组织，也分布和活跃于世界各地，成为浙商之间实现商业情报互通、项目互联、资本互助的坚实平台，浙商群体也因此被称为"当代中国第一商帮"。

以行业协会和地方商会为载体而习惯抱团是浙商的显著特点之一，这一特点对于浙商重商主义文化的传承、创业精神的光大、集群效应的强化和企业强关系效能的发挥都大有裨益。不过事物的发展都有其两面性，发展到极端就容易产生新的问题。改革开放以来，建立在亲戚关系或亲戚式个人关系上的、凭借血缘共同体的宗族纽带形成和维系的社会关系网络和特殊信任模式，无疑给浙商私营企业组织模式打上了深刻的烙印。浙商团体（如地方商会和行业协会）内部的强关系，对于浙商的归属感、信息和特定资源的获取是一个非常有利的因素。但社会联系会限制个体自由，并通过特殊的偏爱阻止局外人进入获取同一资源的渠道，这一点对于群体浙商或者浙商融入的其他区域群体的协同发展是极为不利的。所以，浙商要成为世界之浙商就"要有跳出浙江发展浙江的大手笔，具备积极参与全球化合作与竞争的勇气和胆略，在更大范围、更广领域、更高层次参与国内外的经济技术合作和竞争，努力提高对外开放的水平"。在这一方面，著名浙商马云、李书福等已经开了先河。

（二）浙商的商帮特色

下面，简要介绍一下浙商中三大商帮的特色。

1. 温州商帮

温州人率先发展家庭工业、专业市场和个体私营经济，探索农村工业化的路子；率先实行市场取向改革，探索国民经济市场化的途径；率先进行以股份合作制为重点的企业制度创新，探索公有制的多种实现形式，创造了"以家庭经营为基础，以市场为导向，以小城镇为依托，以农村能人为骨干的经济发展模式"（"温州模式"）。正是这种精神给温州经济的发展带来了"先发优势"。不论是投资还是办实业，只要能赚钱，温州人都会去干，敢于为经济利益做出常人不能做的努力。

温州人把生意做到了全世界，除了具备做生意的意识以外，与他们吃苦耐劳、团结互助、注重信誉等品质也密不可分。"白天当老板，晚上睡地板"，是温州人肯吃苦的最真实写照。温州人的团结精神让其他地区的人自叹不如。温州人只怕找不到创业的项目，不怕没有创业的资金，因为只要有温州商人在的地方，温州人想创业就会得到同乡的最大支持，温州商人的团结、互助被人们传为美谈，也成为温州商帮的一大特色。

2. 宁波商帮

宁波人凭借得天独厚的地理位置从事航运与贸易，形成了"以商为业、以商为荣"的社会风尚。宁波商人的足迹遍布天下，以无宁不成市闻名遐迩。从大上海的崛起到香港的繁华，宁波商帮创造了无数个奇迹。改革开放之后的"新宁波商帮"继承了老宁波商帮的敢闯敢创精神和诚信务实精神，也表现出强烈的自主创新意识和善于思考、随机应变的特征，雅戈尔、杉杉、奥克斯、方太等大批知名企业的诞生无一不彰显出了新宁波商帮创造的不俗成就。"块状经济"是宁波的显著特征，宁波的产业集群众多，如慈溪的小家电、奉化的服装、鄞州古林的针织坯布及漂染、西周的模具与塑料件等。

3. 义乌商帮

义乌人自古重商业、善经营，有"鸡毛换糖以博微利"的经商传统。"敲糖帮"的存在，成为小商品市场得以根植的物化形式和文化积累。义乌工业资本的积累过程，其实就是小商品市场的发展过程。这些经营大户通过多年来在市场经营中的摸爬滚打，积累了资金、客户群体、营销网络和市场运作的经验，一朝进入工业领域，便显示出他们头脑灵活、资本雄厚和熟悉相关专业技术等多方面的独特优势。浪莎袜业的创始人翁氏三兄弟的生意最初也是从"沿街叫卖"开始,通过贩卖袜子、衣服获利。

义乌区别于温州等商帮的一大特色就是有鲜明的"有为政府"烙印:尊重群众的首创精神,深化市场取向改革。今天的义乌商帮还不如温州商帮和宁波商帮那么明显,因为后者更强调团结,懂得抱团做生意,这是义乌商人需要学习的地方。

三、科技、教育

(一)科技

1. 科技人力资源投入与配置

2002~2014年,浙江全省科技人力资源投入总体上呈逐年增加的趋势(见图2-8)。其中浙江省县级以上政府部门属研发机构科技活动人员由2002年的5470人增加到2014年的9199人,年均增长率为20.45%;每万人口中科技活动人员数从2001年的36.32人增加到2010年的105.37人,年均增长率为4.43%。其间的2002~2004年,浙江省的科技活动人员数不增反减,出现了负增长。规模以上工业企业R&D人员全时当量从2008年的126273人年增加到2014年的290339人年,年均增长率为14.9%。其间的2009~2010年出现了负增长。

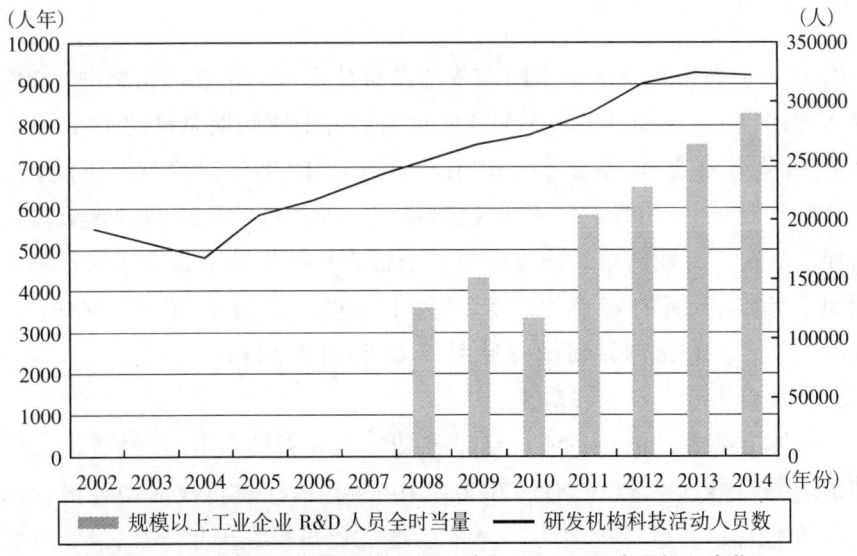

图2-8 2002~2014年浙江省科技活动人员、R&D人员投入变化

注:浙江省2002~2007年没有出版科技统计年鉴,所以规模以上工业企业R&D人员当时当量数据缺失。
资料来源:历年《浙江科技统计年鉴》《中国科技统计年鉴》。

从2014年来看，杭州市县级以上政府部门属研发机构科技活动人员占全省的比例为59%，超过台州、金华、丽水、衢州、湖州和舟山之和，作为浙江省的省会城市，其科技活动人员的投入较其他地区有明显的"首位"优势；紧随杭州之后的为宁波市、温州市，其比重也均超过10%。从图中很明显看出，绍兴、衢州、丽水和舟山四个地区的科技活动人员数明显少于其他各地，需要加大投入（见图2-9）。

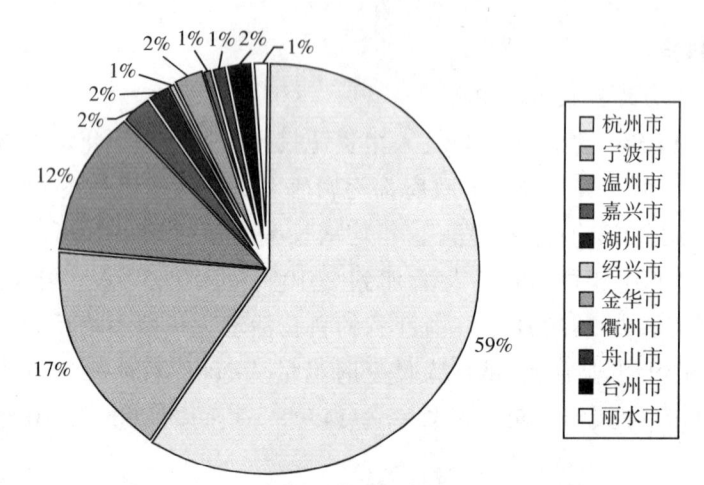

图2-9 2014年浙江省各地科技活动人员比重

资料来源：《浙江统计年鉴2015》。

R&D人员规模是衡量一个国家或地区科技实力的重要标志之一。2011年，浙江省规模以上工业企业R&D人员全时当量占全国同期总量的10.52%，之后四年的所占比重逐年增加，到2014年达到10.99%，仅次于同期的广东（16.08%）、江苏（16.01%），排名稳居第三，浙江省的科技活动人员投入在不断增加。从这一时期的增长速度来看，浙江省科技活动人员投入增长率一直位居前列，其四年间的年平均增长率为12.50%，高于广东（7.06%）、北京（5.05%）、上海（5.85%）等地（见图2-10和表2-17）。

2. 科技财力资源投入与配置

从总体上来看，浙江省科技活动经费投入和浙江省R&D经费投入呈现出逐年增加的趋势（见表2-18）。2000~2014年，浙江省科技活动经费投入增加了1306.9亿元；并且科技活动经费占GDP的比重也在逐年增加，从2000年的1.71%增加到2014年的3.51%，均高于全国同期平均水平。

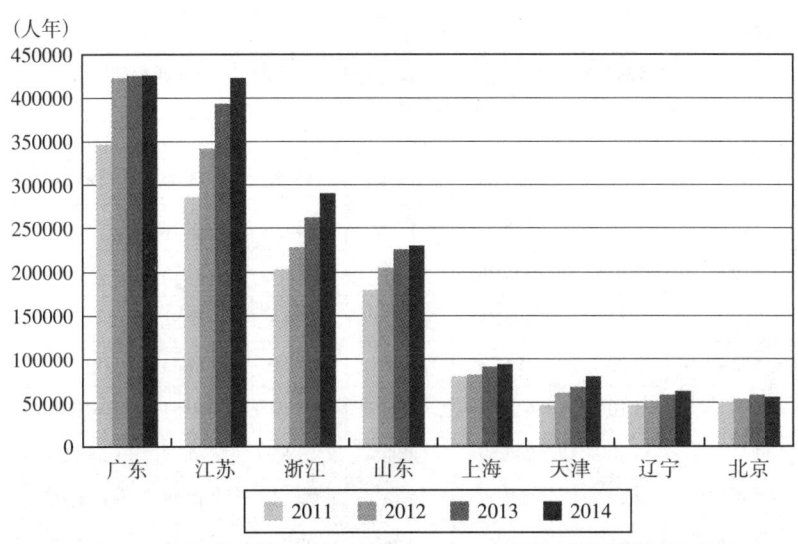

图 2-10 浙江省规模以上工业企业 R&D 人员全时当量的国内比较

资料来源：国家统计局。

表 2-17 2011~2014 年国内部分省市规模以上工业企业 R&D 人员全时当量排名

年份	广东	江苏	浙江	山东	上海	天津	辽宁	北京
2011	1	2	3	4	6	13	14	12
2012	1	2	3	4	7	11	14	13
2013	1	2	3	4	7	11	13	15
2014	1	2	3	4	8	10	13	15
年均增长率（%）	7.06	13.73	12.50	8.47	5.85	18.22	10.08	5.05

资料来源：国家统计局。

表 2-18 浙江省科技活动经费投入情况

单位：亿元

年份	科技活动经费	科技活动经费占 GDP 的比重（%）	R&D 经费支出	R&D 经费占 GDP 的比重（%）	按执行部门分			
					研究机构	高等院校	工业企业	其他部门
2000	104.9	1.71	36.59	0.60	3.21	3.33	26.54	3.51
2001	124.3	1.80	44.74	0.65	3.32	5.09	32.04	4.29
2002	150.0	1.87	57.65	0.72	2.97	6.58	42.58	5.52
2003	185.2	1.91	77.76	0.80	4.35	7.88	59.62	5.91
2004	243.9	2.09	115.55	0.99	4.62	13.33	91.1	6.5
2005	321.4	2.40	163.29	1.22	11.58	13.9	130.41	7.4

续表

年份	科技活动经费	科技活动经费占GDP的比重（%）	R&D经费支出	R&D经费占GDP的比重（%）	按执行部门分			
					研究机构	高等院校	工业企业	其他部门
2006	407.9	2.59	224.03	1.43	12.38	15.99	183.39	12.27
2007	516.8	2.76	286.32	1.53	13.63	18.18	235.55	18.96
2008	619.5	2.89	345.76	1.61	13.89	19.15	283.73	28.99
2009	717.1	3.12	398.84	1.73	12.85	23.91	330.1	31.98
2010	832.4	3.00	494.23	1.78	15.36	34.55	407.43	36.89
2011	1003.4	3.10	612.93	1.90	18.07	40.81	501.87	52.18
2012	1143.8	3.30	722.59	2.08	21.83	44.72	588.61	67.43
2013	1292.9	3.42	817.27	2.16	24.17	47.28	684.36	61.46
2014	1411.8	3.51	907.85	2.26	27.12	49.76	768.15	62.83

资料来源：《浙江统计年鉴2015》。

2000~2014年，R&D经费投入增加了871.26亿元。R&D经费的增长率活动是科技活动的核心，按照国际惯例，R&D经费投入的增长应当高于GDP的增长率，这样一个国家和地区科技发展的后劲和实力才能得到长期保持和不断加强；浙江省R&D经费占GDP比重也从2000年的0.6%增加到2014年的2.26%，高于全国平均水平。

按科技活动主体（执行部分）来分，浙江省2014年科技经费大部分都用在了工业企业中，占总费用的84.61%，而同样作为科技活动主体的研究机构和高等院校所用科技经费之和才占8.47%。

由表2-19可以看出，浙江省拥有比较丰富的科技财力资源。从规模以上工业企业R&D经费的总额来看，浙江省在2014年的数值为7681473万元，占全国R&D经费总额的8.30%，低于同期的江苏、广东、山东，居全国第四；R&D经费占GDP的比例达到了1.91%，高于全国平均水平（1.02%），但低于同期的江苏、天津、广东、山东，居全国第五。从科技财政拨款总额来看，浙江省在2014年的财政拨款总额为2079900万元，占全国财政拨款总额的7.23%，低于同期的江苏、北京、广东，居全国第四；地方财政拨款占地方财政支出的比例浙江省在2014年为4.03%，高于全国平均水平的1.97%。

表 2-19 2014 年浙江省科技财力资源的国内部分省份比较

省份/全国	R&D 经费（2014）总额（万元）	占 GDP 比例（%）	财政科技拨款（2014）总额（万元）	占财政支出比例（%）
江苏	13765378	2.11	3271000	3.86
广东	13752869	2.03	2743300	3.00
山东	11755482	1.98	1470600	2.05
浙江	7681473	1.91	2079900	4.03
上海	4492192	1.91	2622900	5.33
辽宁	3242303	1.13	1088200	2.14
天津	3228057	2.05	1090000	3.78
北京	2335010	1.09	2827100	6.25
全国	92542589	1.02	28778100	1.97

资料来源：《浙江统计年鉴 2015》、国家统计局。

3. 科技资源产出

科技论文是基础研究的主要产出之一。浙江省科技论文的产出情况如表 2-20 所示。从整体上来看，浙江县级以上政府部门属研究与机构科学论文数逐年增多，由 2006 年的 2657 篇增加到 2014 年的 4217 篇，年均增长率为 6%，一定程度上反映了浙江科技成果的增加。其中，省属发表的论文数比重最高，2014 年比重为 63.05%，其次是国务院部门属，比重为 27.98%，相对于这两种，市属科技论文产量却不尽人意，在 2014 年发表的科学论文所占比重仅为 8.96%。

表 2-20 浙江省县级以上政府部门属研究与机构科学论文产出情况

单位：篇

所属单位	2006 年	2007 年	2008 年	2009 年	2010 年	2011 年	2012 年	2013 年	2014 年
国务院部门属	494	489	734	712	850	1079	1066	1119	1180
省属	1447	1849	1881	1905	1978	2007	2413	2391	2659
市属	716	530	655	575	680	711	429	447	378
合计	2657	2868	3270	3192	3508	3797	3908	3957	4217

资料来源：历年《浙江统计年鉴》。

从表 2-21 可以看出，浙江省的科技资源投入和产出都处于领先地位。由于浙江省科技资源丰富，科技投入高，因此科技产出较高，产出增长速度快，科技创新能力强，整体科技实力较强。从总体上来看，浙江省科技产出在全国位置比较靠前。全省国内专利授权量在2014年达到188544件，占全国总量的15.82%，仅低于江苏省（16.79%），在全国排名第二；浙江省技术市场成交额相对全国其他省市有所不足，在2014年排名全国第十六，低于北京、上海、广东等经济发达省份，同时也低于辽宁和山东两省。

表2-21 2014年浙江省科技资源产出的国内部分省份比较

省份/全国	国内专利授权量		技术市场成交额	
	总量（件）	全国排名	总额（亿元）	全国排名
江苏	200032	1	543.16	5
浙江	188544	2	87.25	16
广东	179953	3	413.25	6
北京	74661	4	3137.19	1
山东	72818	5	249.29	8
上海	50488	6	592.45	3
辽宁	19525	17	217.46	9
天津	26351	13	388.56	7
全国	1191643		8073.35	

资料来源：《中国统计年鉴2015》、国家统计局。

（二）教育

自20世纪90年代末国家实行高等教育扩招以来，浙江高等教育获得了快速发展。进入到21世纪，在浙江经济发展与人才引进策略的推动下，全省教育从规模、经费投入、结构上都呈现出了跨越式发展格局，具体体现在以下三个方面。

1. 教育规模

《2015年浙江省国民经济和社会发展统计公报》资料显示，截至2015年底浙江共有普通高校108所（含独立学院及筹建院校），各类中等职业教育学校357所，普通高中563所，初中1712所，小学3303所，幼儿园8909所。

浙江普通高等学校2014年毕业生25.4万人，比2005年（13.3万人）增长了12.1万人，年均增长率7.43%；2015年招生31.0万人，比2005年（19.8万人）增长了11.2万人，年均增长率4.57%；2014年在校生97.8万人，比2005年（65.1万人）增长了32.7万人，年均增长率4.62%。无论毕业生、招生、在校生数，普通高校学生规模比例都呈现逐年递增的趋势。

与之相反，浙江中等职业学校2014年毕业生20.3万人，比2005年（21.9万人）减少了1.6万人，减少了7.36%；2015年招生22.9万人，比2005年（26.5万人）减少了3.6万人，减少了13.42%；2015年在校生64.6万人，比2005年（73.3万人）减少了8.7万人，减少了11.84%。无论毕业生、招生、在校生数，普通高校学生规模比例都呈现减少的趋势（见表2-22）。

表2-22　2005~2015年浙江各类学校毕业生、招生、在校生数

单位：万人

年份	普通高等学校			中等职业学校			普通高中		
	招生	在校生	毕业生	招生	在校生	毕业生	招生	在校生	毕业生
2005	19.8	65.1	13.3	26.5	73.3	21.9	30.4	90.0	26.0
2006	23.5	72.0	16.3	24.6	69.7	23.2	29.4	89.3	29.2
2007	23.1	77.8	18.4	22.9	66.9	21.9	27.7	87.1	29.4
2008	24.5	83.2	20.3	22.8	63.2	22.3	28.2	84.8	29.6
2009	25.3	86.7	21.8	24.4	62.8	20.7	30.0	85.6	28.6
2010	25.4	88.5	23.4	24.2	64.2	18.7	30.1	88.0	27.4
2011	26.8	90.8	23.8	23.8	65.2	18.9	30.1	89.9	27.7
2012	26.9	93.2	24.8	20.3	61.9	20.4	27.8	87.6	29.7
2013	26.9	96.0	24.5	19.2	57.9	20.7	26.5	84.0	29.6
2014	26.8	97.8	25.4	17.9	53.4	20.3	25.2	79.1	29.7
2015	31.0	109.4	27.5	22.9	64.6	21.4	26.0	77.3	27.1

年份	初中			普通小学			特殊教育		
	招生	在校生	毕业生	招生	在校生	毕业生	招生	在校生	毕业生
2005	—	—	—	49.0	342.4	55.3	0.15	1.29	0.18
2006	—	—	—	53.0	339.4	62.0	0.15	1.22	0.17
2007	—	—	—	54.9	335.5	62.8	0.16	1.3	0.16
2008	—	—	—	55.8	332.3	62.5	0.19	1.29	0.16
2009	—	—	—	53.9	325.1	57.2	0.16	1.23	0.18
2010	—	—	—	60.2	333.3	54.1	0.19	1.3	0.17
2011	50.0	154.6	57.6	62.9	344.1	51.8	0.22	1.3	0.15
2012	51.1	149.3	51.4	60.7	346.7	53.8	0.27	1.44	0.16
2013	51.2	148.3	48.6	60.8	349.6	54.0	0.28	1.63	0.18

续表

年份	初中			普通小学			特殊教育		
	招生	在校生	毕业生	招生	在校生	毕业生	招生	在校生	毕业生
2014	50.4	149.9	46.1	59.8	354.5	53.8	0.24	1.59	0.21
2015	48.9	147.9	48.9	59.9	357.0	59.9	0.25	1.62	—

注：2005~2010年初中毕业生、招生、在校生数部分数据缺失。
资料来源：历年《浙江统计年鉴》、国家统计局、《2015年浙江省国民经济和社会发展统计公报》。

2006~2010年，浙江每万人口中在校学生数一直维持减少的态势，2011年有所增加，之后有所减少，直到2014年增加到1361.81人，但仍比2006年（1485.92人）减少了8.35%。浙江每万人口中在校生数的增长率与全国的增长趋势不一致，2006~2012年浙江每万人口中在校生数增长率一直低于全国的增长情况，在最近几年，浙江在校生数增长率趋于全国水平。

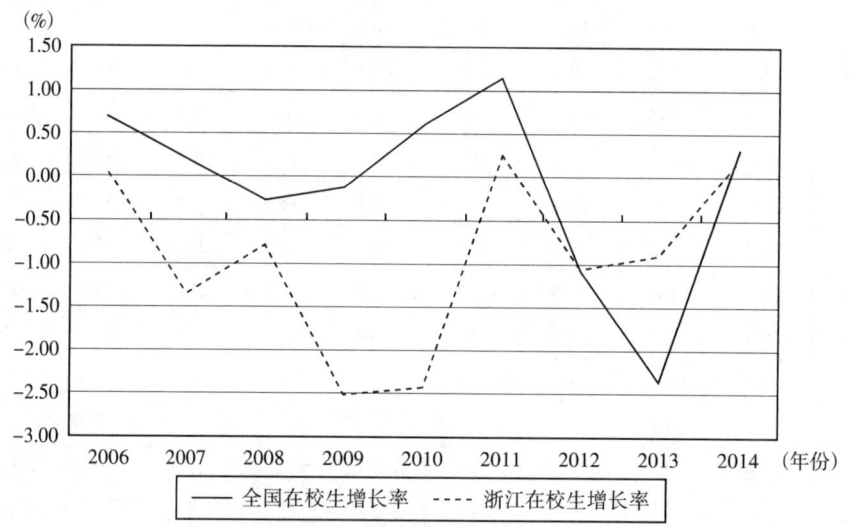

图2-11 浙江每万人口中在校生与全国在校生增长率对比
资料来源：《浙江统计年鉴2015》《中国统计年鉴2015》。

2. 教育经费

1996~2013年，浙江教育经费支出（包括财政预算内的教育经费支出、生均经费支出、生均财政预算内经费支出）都呈现逐年递增（见表2-23）。其中，1996年教育经费支出为1037934万元，2013年教育经费增长到了14490439万元，教育经费支出增长了近13倍，年均增长率为16.77%。财政预算内教育经费支出由1996年的446014万元增加到2013年的8325286万元，增加了近18

倍，年均增长率达到18.79%。从绝对量角度来看，浙江教育各项经费支出逐年递增，并且呈现正态分布。生均教育经费支出以及生均预算内教育经费支出的平均增长率分别是17.16%和19.18%，均高于人均GDP的平均增长率12.32%。因此，从宏观角度来讲，浙江高等教育经费逐年递增，且各项经费支出的配置优化较为良好。

表2-23　1996~2013年浙江各类学校教育经费支出

年份	经费支出（万元）	财政预算内经费支出（万元）	生均经费支出（元）	生均财政预算内经费支出（元）	人均GDP（元）
1996	1037934	446014	722	310	9552
1997	1271862	530878	878	367	10624
1998	1527927	620945	1065	433	11394
1999	1828191	754906	1254	518	12214
2000	2200450	876539	1586	632	13416
2001	2829570	1276847	1936	874	14713
2002	3396099	1580232	2273	1058	16978
2003	4115764	1875091	2745	1250	20444
2004	5001700	2304294	3310	1525	24352
2005	5684275	2615566	3827	1761	27703
2006	6315051	3034985	4250	2042	31684
2007	7058575	3748654	4815	2557	36676
2008	7972834	4306162	5483	2961	41405
2009	8911507	4998283	6287	3526	43842
2010	10625688	5884177	7683	4254	51711
2011	12069078	7081452	8705	5108	59249
2012	—	—	—	—	63374
2013	14490439	8325286	10660	6125	68805

注：2012年部分数据缺失。
资料来源：历年《中国统计年鉴》《中国教育经费统计年鉴》。

3. 教育结构

浙江教育的层次结构发生了很大的变化，全省教育结构朝多层次、多样化的格局调整。根据1979年统计数据，浙江在校的大学生、中学生、小学生三者的招生比例分别为1∶54.8∶144.4，2014年这一比例为1∶2.8∶3.4。从教育层次结构上看，大学生的规模相对增长，中小学生的相对规模减小且比例相对稳定。另外，浙江高等教育的层次结构发生了很大的变化。根据统计数据，浙江普通高等学校在校的研究生、本专科生的招生比例1999年为1：18.4，2014年这一比例为1：14.0；浙江普通高等学校在校的研究生、本专科生的在校生比例1999年为1：20.3，2014年这一比例为1：16.2；浙江普通高等学校在校的研究生、本专科生的毕业生比例1999年为1：19.4，2014年这一比例为1：15.3（具体数据见表2-24）。从高等教育层次结构上看，研究生的规模相对增长，本专科生的相对规模减小且比例相对稳定。

表2-24　1998~2014年浙江省各级高等教育招生数、在校学生数、毕业生数

单位：人

年份	招生数		在校学生数		毕业生数	
	本专科	研究生	本专科	研究生	本专科	研究生
1998	36668	2155	113543	5991	24296	—
1999	59300	3216	151318	7460	30561	1578
2000	93516	4130	212375	9895	32477	1600
2001	120195	5577	293078	13237	37230	1882
2002	152470	6111	393145	16297	48431	2645
2003	173519	6863	484639	19269	78685	3514
2004	195617	8029	572759	22062	103123	4858
2005	215362	9577	651307	25637	133051	5558
2006	237157	10996	719869	27125	162531	8731
2007	249749	12326	777982	31409	183863	7387
2008	265696	13691	832224	35812	203203	8944
2009	261361	16184	866496	43381	218226	7941
2010	260111	16575	884867	47991	233741	11156
2011	271285	17565	907482	51846	238448	13046
2012	280824	18748	932292	54369	247537	15112
2013	283353	19535	959629	57801	244860	15592
2014	284285	20164	978216	60511	253708	16535

注：1998年部分数据缺失。
资料来源：《浙江统计年鉴2015》。

第四节 资源开发利用存在的问题

一、自然资源开发中存在的问题

(一) 部分资源总量减少

浙江经济发展速度快,但部分自然资源总量减少,处于紧缺状态。例如,浙江可利用水量逐年降低,据《浙江统计年鉴2015》数据显示,浙江2014年水资源总量为1132.2亿立方米,较2013年偏多21.5%。但浙江人均水资源2057.3立方米/人,人均水平在国内排名第15,属于轻度缺水地区。

浙江省是我国人均土地资源最为匮乏的省份之一。城市化加速城市建设用地扩张的同时,农村建设用地面积只增不减。随着人们对生活质量要求的提高,以及全国城市化和工业化进程的推进,农村地区的建设用地利用率也将逐步降低,呈现衰落趋势。如何协调土地城市化和优质土壤资源保护之间的矛盾,合理利用仅剩约14%的平原资源已经成为亟待解决的问题。

浙江林地利用率、森林覆盖率持续提升后均已达高位,未来森林资源面积增长空间已非常有限。另外,浙江人多地少的矛盾特别突出,林地面积占土地总面积比例一直维持高位,预计未来林地面积增长潜力十分有限,林地利用率的提升空间也很小。

(二) 资源利用效率低下、浪费和破坏严重

尽管近年来浙江相继出台了很多的政策并开展了很多的民生项目来解决自然资源的利用窘境,但相比发达国家和地区还相形见绌,社会大众对于自然资源的重视仍然不够。加上由于前期经济的快速发展,对于资源的规划利用很不合理,以牺牲环境为代价发展经济给浙江的环境建设造成了很大的欠账,资源利用效率低下、浪费和破坏现象严重。

例如,根据《2014年浙江省环境状况公报》,在参评的河段中有36.2%的河段的水质在Ⅲ类以下(不含Ⅲ类),现在浙江整体的水质环境也较差,污染问题严重,这也在一定程度上导致了水资源的紧缺问题,呈现了一定程度的水质型缺水。另外,目前全社会对于水资源紧缺还未给予足够的重视,大众的节水意识还不强,水是取之不尽用之不竭的观念还是根深蒂固,特别是在浙江这

样的降水量较充沛的地区这种观念更甚,虽然现在每年的全国水日都在做相关方面的宣传,但是水资源浪费现象还是比较严重,特别是农业大田漫灌的现象还普遍存在,水的有效利用系数很低,工业用水和居民生活用水的重复利用率不高,节水意识淡薄,从而致使水资源生态足迹升高,削弱了水资源可持续利用的能力。

农业不仅是最大的用水户,其用水效率也是最低的,其中农田灌溉用水量占农业总用水量的80%以上,所以提高农田灌溉用水系数是缓解农业用水窘境的一个重要途径。浙江省农水局、省水利河口研究院测算出2014年浙江的农田灌溉用水系数为0.579,高于全国的农田灌溉水利用系数,但与发达国家的农田灌溉水利用系数0.7~0.8相比还有一定的差距,所以还有一定的节水潜力。据《浙江统计年鉴2015》数据显示,2014年全省农作物播种面积2414.02千公顷,其中有效灌溉面积1425.37千公顷,相比之下,我省的农作物播种面积中还有40.95%的农作物没有得到有效的灌溉,依然处于靠天吃饭的状态,而所占比例59.05%的有效灌溉面积中的农田灌溉水利用系数也只有0.579,这些情况都在一定程度上提高了农业用水的水资源生态足迹,进而使总的水资源生态足迹升高,所以要降低水资源生态足迹,改善水资源的供给能力,提高水资源的可持续利用能力,挖掘农业的节水潜力是大有可为的。

海洋资源开发时忽视了对自然资源的有效保护,造成了一些生态环境的破坏。海域或陆域经济发展对环境的破坏,如修路、造房、填海修堤坝、开山取石等工程;海岛经济发展对环境的破坏,如水产养殖、捕捞作业和吸沙运沙等。陆源污染直接影响到海水的色泽及清澈度;海域污染来源于未经处理的工业废水、生活污水及农业生产中的化肥,海水养殖过程中的有机物使用等。这些污染也是造成赤潮频繁暴发的主要原因。另外,白色污染随着潮汐在沙滩、岛礁、泥涂上堆积并被就地掩埋,开采剩余的乱石堆到处可见,海面上也有漂浮的垃圾与废弃物。

(三) 能源、矿产资源对外依存度高,不能满足浙江经济发展的需要

浙江省与上海市是我国所有省份中能源对外依存度最高的,同时,经济也最发达。确保能源供给的安全和稳定,关系到区域经济社会的稳定,任何大幅度的能源供给波动都会带来巨大的冲击。计划经济时代,由于国家对能源资源的调控和配置能力强,经济规模小,能源消耗少,浙江省能源供给能得到基本保障。随着计划经济向市场经济转变,浙江省对能源的需求越来越大,由于本省人多地少,资源匮乏,能源资源自身供给不足4%,具有"无油、缺煤、少电"的区域特性，导致浙江省随时间推移对外来能源的依赖性急剧上升，其结果是浙江省对国内外能源市场的变动具有高度敏感性。据《2014年浙江省能源与利用状况（白皮书）》数据显示，2014年，浙江省一次能源生产总量为1554万吨标准煤（等价值），比上年增加1.1%；净调入和进口能源17017万吨标准煤，比上年增长0.6%。外来能源所占的比重越来越大，能源和经济天秤的失衡迹象也越来越明显。

浙江矿产资源极其短缺，使得浙江经济发展失去了许多后续的保障力。从浙江省矿产资源的构成比例上看，主要以非金属矿产资源为主，能源矿产的构成比例相当低。煤炭消耗量大，而煤炭自给率低，且又无石油等能源矿产，能源消耗总量的96%需要从外省调入或者进口。因此，浙江经济，特别是制造业要持续、健康发展，必须借助于省外、国外矿产资源的开发利用，然而赴国外开发矿产资源面临的不确定因素较多，风险也较高，而国内的西部地区本身也有较好的资源禀赋条件，但是凭借其自身力量，短期内又无法有效地把这种资源优势转化为经济优势。因此，浙江与西部地区开展矿产资源的开发合作成为双方互惠的一个很好的选择。但由于缺乏有效的合作机制，就矿产资源开发而言，目前浙江等发达省份与西部地区之间的矛盾日益显现：西部地区为强化资源的控制权，以提高股权投资门槛等手段限制浙江等发达地区企业进入，而自身局限于资金、技术、人才等要素的紧张，资源开发处于粗放局面；浙江等发达地区企业，为获得矿产资源开发的超额利润，千方百计想进入西部开发资源。因而，如何创立有效的合作机制，推进以资源开发为基础的双赢合作局面是摆在东西部相关地区面前需要解决的问题。浙江企业大规模参与西部矿产资源开发的历史较短，在省外的企业数不多，资产总值也相对较少，企业开展区域合作期间也面临很多的困难和挑战。

（四）资源管理体制不顺

自然资源的开发、利用、节约与保护离不开一个高效的管理体制，但在这方面还存在不少问题。例如，水资源存在着多头管水的局面，导致水资源的开发利用不合理，节约与保护也得不到落实。水资源的管理工作不单只涉及水利部门，还涉及农业部门、环境部门、物价部门等很多其他的相关部门，往往一个问题通过多个部门的共同协商来解决，人为地造成了水资源流域管理上条块分割、区域管理上城乡分割、功能管理上部门分割、依法管理上政出多门等情况，所以这种多头管水导致了管理效率的低下。基层水管单位主要负责基层水利工程的管护和水费的收缴，但这一层级的机构主要是在乡镇级别，而具体到村级层面，全国大多数还是由村两委代为管理，没有专门的管理制度和管理人员，所以农业用水的管理还存在一定的真空阶段。浙江省金华市从2009年率先在全省推出了村级农民水务员制度，自此，乡村的小型农田水利设施管护难问题得到了解决。村级水务员主要负责村级的水务相关工作，但是目前这一制度还未在全省推开，目前全省大多数地区的村级水务工作还是主要由村两委代为处理。所以管理制度上的缺陷也是水资源利用面临的一个重要问题。

耕地"占补平衡"后期监管力度不够。补充耕地空间布局缺乏统筹规划，地块所在区域土地用途定位不明确，大多位于林地园地等坡地，为后期耕种管理和农业机械化推广带来困难。大部分县市的补充耕地地块植被覆盖度有所增加，个别县市的植被覆盖度反而下降，不少区域甚至出现撂荒现象，揭露出耕地"占补平衡"后期监管力度不够的现状。补充耕地的低效利用不仅导致耕地资源总体产能的降低，大规模开发低丘缓坡的毁林造地形式以及疏于管理维护还加剧了生态退化和环境破坏的风险。

二、经济资源开发中存在的问题

（一）生产要素成本上涨

劳动力方面，近年来"用工荒"现象愈演愈烈，由于供求失衡所带来的劳动力成本上升的问题已成为制约浙江省中小企业进一步发展的一道坎。从需求上看，出口的增长拉动了企业对廉价劳动力的需求；从供给上看，不断上涨的生活成本使得现有的工资水平失去了对农民工的吸引力，从而导致农民工的供给不足。现如今，在浙江的生活成本普遍上升，出现"挣的不够花"的尴尬境地，据浙江工商大学调研报告统计数据显示，将工资主要用在衣食住三方面的外来务工者占总人数的51%，可见浙江省高昂的消费水平增加了农民工在浙江打工的生活成本。再加上家乡就业机会的增多，很多农民工采用"用脚投票"的方式，离开浙江，回家乡就业。这很大程度上加重了浙江省制造业"用工荒"问题。劳动力成本的快速上升给浙江许多依靠廉价劳动力的企业的进一步发展带来了困难。因为这些企业在参与国际市场竞争中处于最低端的加工制造环节，它们缺乏自主研发能力和创新能力，产品附加值低，劳动力成本在产品成本中占到了很大的比例。

技术方面，低价竞争与低技术生存方式成为制约企业技术创新的主要理念因素。浙江的民营企业对传统经济增长方式和原有发展模式的依赖性仍然较强。企业选择低价为其竞争优势，这种思维方式促成了其低价竞争的"惰性"——

习惯于向下压缩成本而不是向上通过增加附加值获取利润，即便是引进技术或设备，也缺少对消化和吸收的足够重视，陷入引进—不消化—再引进的低技术生存方式。

创新成本高和创新资金不足成为阻碍企业技术创新的主要经济因素。一是企业自身积累技术创新资本难。一方面，企业税费负担加重了，特别是近年来经济放缓的背景下，部分地方出现税费征管更为严格的现象；另一方面，劳动力报酬、五险一金等方面的负担不轻，导致企业利润很薄。二是金融业对实体经济尤其是对中小企业服务效率不高，支持力度不够，融资难、融资贵的问题突出。三是风险投资机制尚不健全。四是除了风险投资之外的其他资本市场，包括技术产权交易市场等发育滞后。

（二）经济资源供不应求

劳动力供求矛盾突出，市场失衡。普通劳动力的总量矛盾持续显现。随着外来劳动力的逐步回流，以及劳动年龄人口的下降和农村剩余劳动力的减少，人口结构发生历史性、趋势性的变化，劳动力供应开始从近乎无限供给逐步向短缺转变。然而，从劳动力需求来看，随着产业结构的优化升级，对普通劳动力的需求面临新的压力。一是服务业尤其是居民服务业、批发和零售业、住宿和餐饮业等生活性服务业的劳动力需求不断增加。对于养老服务、社区服务等生活服务行业来说，先进的设备网络只能提供辅助作用，而对劳动力的需求是刚性的，并将随着生活水平提高、产业结构升级不断增加。二是制造业对普通劳动力的需求仍然较大。随着浙江加快调整工业产业结构，积极淘汰落后产能，大力推进"机器换人"等政策，劳动生产率稳步提高，企业用工逐步减少，尤其是对低技能的普通劳动力需求逐步降低。但是，浙江是个制造业大省，工业经济转型升级需要一个稳步推进的过程，企业用工也是逐步下降的过程。从整体就业情况来看，浙江省的就业人数逐年增加，劳动力市场规模不断扩张。劳动力市场的供求矛盾尤其突出，供求总量长期处于不平衡状态，且变动幅度大。就业的产业结构和行业需求分布不平衡。由于浙江省的劳动密集型产业主要集中于制造业以及批发和零售业，因此其劳动需求也主要集中于这些行业，而其他行业的劳动力集中度很低。

民营企业资金需求大、融资难。据调查，浙江民营企业融资状况一般具有三个特点：内源性融资比重大、银行贷款获得难、民间借贷盛行。出现这一状况的原因，既有企业自身的问题，如企业管理不规范、企业主法律意识淡薄、失信行为严重使得银行不愿借贷给这些中小民营企业，也有金融机构和金融体制的问题，如银行贷款获得条件苛刻使得很多中小民营企业难以达到要求、审批流程长无法解决一些企业的紧急资金需求等。

（三）结构性问题

劳动力结构性问题主要是指浙江的劳动力素质水平偏低。浙江省多数民营企业集中于制造业或劳动密集型产业，且企业规模小，技术含量低，对劳动力素质的要求不高，主要集中于对简单劳动力的需求，吸引了大批外来务工人员。这些外来务工人员多数文化程度低，缺乏相应的技术技能，却迎合了中小企业的需求，导致浙江省整体劳动力素质水平偏低。另外，浙江民营经济以个体户为主，多数民营企业主即企业老板自身的教育水平不高，在员工管理、企业建设等方面都缺乏相应的理论知识，或者意识淡薄，这也使得劳动力整体的素质提升缓慢。随着浙江经济结构调整和产业转型升级加快，企业对技能人才的需求增加，技能人才供求缺口有进一步扩大的趋势。浙江技能人才的总量和结构性矛盾并存。技能人才资源的短缺还体现在行业、职业等结构性矛盾更为明显。与沿海其他发达省市相比，浙江大专及以上学历水平人口主要聚集在教育、卫生、金融等行业，而农业、制造业、生活型服务业的比重偏低。高校专业设置与人才需求存在结构性偏差。当前，浙江高校普遍存在着农林牧渔类、加工制造类专业学生占比过低，信息技术类与财经商贸类学生占比过高的情况。

民间投资结构也存在诸多弊端。从内部主体的投资结构看，浙江私营经济占比最大，其仍有待于向更高的组织形式——股份制经济转型；从资金来源看，民间投资的资金来源绝大部分依靠自有资金，国内贷款的比重近年来持续下降，凸显中小企业贷款难的问题；从产业结构看，民间投资主要集中在第二产业，其对第三产业的支持不明显，这与发达国家主要依靠第三产业拉动存在着显著差距；从行业结构看，垄断性行业中的民间投资比重很低，并有逐年下降的趋势，铁路、航空、邮政业的民间投资几乎为零，可见，垄断性行业的"闸门"并未实质性地打开；竞争性行业中，民间投资过度集中在制造业和房地产业，造成投资过剩；公益性行业民间投资的发展还不够分量，占民间投资总量的比例还不到1%。

三、社会资源开发中存在的问题

（一）企业家精神弱化

浙江人在改革开放过程中的开拓创新精神在全国具有很大影响。但是，在浙江企业成长过程中也出现了很多创新方面的问题，其中很大的原因是整个社会环境不利于企业家精神的培育，直接导致企业创新不足，创新精神弱化。

创新作为企业发展成长的源动力，在浙江企业中普遍存在动力不足的现象，缺乏创新观念，没有建立创新文化，主动创新意识不足等普遍存在，即使有些企业实施了创新，但大多是因为外部环境的压力所致，是被动创新，其结果是创新滞后，导致创新效果不佳甚至创新失败。

浙江有些企业家缺乏冒险精神，是风险的厌恶者，不愿意承担企业升级的风险；还有些企业家已经形成了思维定势，如有很多的浙江企业一直依靠廉价劳动力成本优势停留在低端制造环节，呈现低端锁定状态，时间一久可能会使企业家愿意维持现状，失去升级的积极性。只要企业家的管理理念和思维趋于保守，企业就会失去创新与不断升级的意愿，从而阻碍浙江企业升级进程。

（二）体制优势逐渐消失

改革开放以来，浙江主要通过体制外增量改革，在全国率先建立了民营经济这一产权明晰的微观制度基础和相关的市场运行体系，相对许多省份来说构筑起了"体制正落差"优势。正是这种体制优势，使得浙江经济一路领跑10多年。但随着浙江率先发展的非公有制经济在全国的普及，浙江的领先优势正在消失。

浙江曾经拥有全国最好的经济增长状况，但是最近几年经济增长波动较大，这与浙江在全国市场化改革先行的体制优势削弱直接相关。浙江最主要的比较优势有两个方面：一是人力资源优势；二是体制优势，即浙江较早形成了在全国相对领先和更具活力的市场经济体制。这两大优势是相互联系的。浙江市场体制发育和形成比较早，是因为浙江人体制创新的意识和能力很强。而市场体制的较早发育和建立，则给浙江人提供了长袖善舞的舞台，浙江经济也因此走在全国前列。但是，进入新世纪以来，浙江体制优势落差大为减弱。浙江人创业和创新意识强的优势不容易发挥出来。相反，无法扬长，浙江资源特别是土地资源匮乏、环境容量小、高端创新能力弱等方面的不足就会凸显起来，这也是浙江经济竞争力优势减弱的重要原因。浙江在转变经济增长方式和调整经济结构的进程中一再受阻，主要原因还是政府干预过多，体制开始僵化。

浙江这些年来面临日益强烈的"标兵渐远，追兵渐近"的焦虑，不仅因为在新的发展阶段和新的国际国内背景下，浙江面临的资源环境约束日趋严重，还因为在改革攻坚遇阻的情况下，浙江的体制机制优势弱化，面临着许多地方和基层无法克服的障碍。

(三) 浙商外流和产业空心化

随着2005年外贸环境的恶化，浙江出口型企业大受影响。为了降低成本，大量企业外迁，导致浙江经济增速变缓、产业空心化、本土产业竞争力下滑、资本和人才等要素流失。以温州为例，整个温州鞋革、灯具、塑编、纽扣、服装等行业近年来都呈现出行业的群体性迁移倾向，呈现"满天飞"的景象。温州传统制造业的大量外迁，显然对温州经济整体发展极为不利。

据不完全统计，在省外经商的浙江人有600多万人，海外经商者大约150万人，浙商在省外创造的经济总量要占到浙江省GDP总量的八成以上。尽管浙江省为了吸引省外浙商回归投资在2012年出台了有力政策，也做了大量的工作，但目前省内民资市场的情况仍然不乐观。回乡创业成为散落于世界各地的浙商们的一个愿望，然而这条路并非一帆风顺，一些绕不开的结依然存在，在浙商回归的道路上潜藏埋伏。以温州的民资现状为例，尽管温州出台一系列"治市"措施，取得了遏制借贷乱象、社会稳定等效果，然而，民间借贷危机、中小企业资金链断裂影响之深，已经大大超出地方政府力所能及的施政范围。

第五节 资源开发利用的方向

一、节约集约

(一) 节约

建设资源节约型社会，提高资源利用效率，以最少的资源消耗获得最大的经济效益和社会效益。浙江省必须采取切实有效的措施，通过节能、节水、节地、节材和资源综合利用等五大操作途径，来进一步推进资源节约型社会建设。同时，要切实加强制度和机制的配套建设，特别强调要有刚性约束和柔性激励两方面的协调，才能加快推进建设进程。建议浙江省要逐步建立并完善以节奖超罚为原则的激励机制和约束机制，可以通过政府引导、科技先导、激励政策等手段来提高大众节约资源的内在动力和积极性；通过法律法规、标准规范、价格体系、税收体系、监管体系、舆论监督等，来约束各市场主体的生产和生活过程，以保障资源节约型社会建设的顺利进行，构建和谐社会；要突出在"瓶颈"要素的可持续供给上做好各项超前规划和合理布局，尤其是高能耗行业的能源发展规划，并从生产、消费、回收等环节，从工业、农业、服务业等领域，从城市、农村等区域，从产品、企业、园区等层次，探索和实践不同类型的建设模式，总结经验，加强示范推广，进一步扩大资源节约型社会建设领域。

（二）集约

2015年，浙江单位建设用地产出GDP达到22.4万元/亩，节约集约利用水平走在全国前列；鄞州、诸暨等12个市县已被评为全国国土资源节约集约用地模范县（市）。

"十三五"期间，浙江省将通过"低、小、散"行业整治，鼓励、支持利用低效工业用地，建设标准厂房和小微企业创业园，引导"低、小、散"企业进入小微企业创业园。鼓励社会各方积极参与建设小微企业创业园，允许市场主体，包括房地产企业、建筑企业，还有中小微企业联合体、原土地使用权人等参与投资建设。对符合规定的小微企业创业园建设项目，允许其建成后通过租赁等方式经营，也可按土地出让合同约定分割转让厂房和土地使用权。

积极推动"僵尸企业"处置，利用城镇低效用地兴办众创空间等方法，会同经信、发改等部门，加快研究制定"僵尸企业"土地退出、流转的具体政策，鼓励企业通过兼并重组来盘活低效闲置土地，调整产业结构、促进转型升级。实现到2020年，全省建设用地总规模将控制在2018万亩以内，建设用地平均产出达到32万元/亩以上，拆后土地利用率超过80%。

二、开放创新

（一）开放

深化改革、扩大开放，走发挥优势、扬长补短、发展开放式商品和开放型经济的路子，将经济循环和资源基础由国内扩大到国外，进一步提高外向型经济水平。

浙江经济面临的新的战略转变，就是要从立足国内市场推向国际市场。"出口导向，贸易兴省"，参加国际交换和国际竞争，通过国际大循环，发展"两头在外"（原料和销售市场在外）的加工工业，实现资源的有效转换，这是把浙江由自然资源不足的"资源小省"建设成"经济大省"并向"经济强省"转变的必由之路。

通过外向循环，实现资源转换，要分层次、有步骤地进行。从总体上说，必须坚持以"两头在外"为基本方向。在实施步骤上,要正确处理"两头在外"和"一头在外"的关系。一方面,要合理地利用自有资源,加工成品出口,着重提高加工深度和精度,增加"一头在外"出口创汇,换取省内短缺的物资,优化资源结构;另一方面,要更多更快地发挥"两头在外"出口,逐步转变为"两头在外"为主,大进大出,实现外向型经济的要求。

建立一种外向型的经济结构和经济运行体系。这种经济结构和运行体系是参与国际分工、国际竞争,以国际市场为导向建立起来的。因此,不能把发展外向型经济仅仅局限于出口创汇,而要同世界各国发展多种形式的经济合作和交流,扩大对外开放的广度和深度。一方面,增加出口创汇,是扩大外向循环最重要、最关键的一条;另一方面,外向循环的扩大,既需要又必然引起经济结构、运行机制和人们价值观念的深刻变化。可见,发展外向型经济,必须调整和改造产业结构,提高浙江加工工业的发展层次和技术层次,合理配置生产要素,提高资源利用效率,从粗放经营为主转到集约经营为主的轨道上来;提高对外经营能力,造就一支对外经营队伍。总之,要面向国际市场来组织整个经济,形成外向型的经济结构和运行体系。

以深化改革、扩大开放来推动经济优质高效发展。不仅要抓紧外贸体制改革,而且要按照外向发展的要求,进一步深化企业制度改革,增强企业的生机和活力,推进金融、财政、计划、投资、外汇管理和出入境审批等一系列改革,建立适应与国际市场竞争的新体制。

为此,政府需要做以下三个方面工作来提高浙江省的对外开放程度。①继续加大优势资源开发上的对外开放与合作,鼓励国内外大公司、大集团与浙江省联合开发优势资源产业。②围绕已经形成的产业优势,有针对性地吸引外资。认真研究国家产业政策,引导外资的合理投向。以严格保护环境资源为前提,引进一批低消耗、低污染、低占地和高效益、高就业、高生态效益型的优质并具极佳发展潜力的企业;进一步优化投资环境,提高引进外资质量。认真执行有关招商引资方面的法律、法规,完善相关管理制度,改善市场开发、基础设施等方面的投资环境,在提高引进外资质量的前提下,积极承接国际产业转移,不断扩大利用外商直接投资规模和水平。③加强交通基础设施建设,提升对外开放硬件水平。国家在政策上要进一步放开,实现投资主体多元化,鼓励企业法人、非公有资本入股。完善浙江出省铁路、地方铁路的建设和改造,完善连接浙江与中西部地区的基础设施骨干通道和网络,增加新的运输能力,提升对内对外开放的硬件水平。

例如，对于具有"七山一水两分田"之说的浙江省，可以利用国外森林资源，加快本省人造板材原料林的基地建设。浙江要优先鼓励和扶持像湖州南浮那样的龙头加工企业，两眼盯着国际市场，实行两头在外的战略方针，建立中国的地板之都。但从长远看，要从根本上解决浙江人造板工业木材原料供应问题，必须加快人造板业原料林基地的建设。同时，要大力提倡使用木材代用品，努力提高木材综合利用水平。

(二) 创新

以创新为突破口，促进经济社会与生态环境和谐发展。创新除了经济、科技之外，还涉及政治、文化、思想、制度等众多领域。因此，要加强理论创新、文化创新、管理创新以及其他各方面的创新。今后必须继承和发扬创业传统、创新精神，将经济社会与生态环境和谐发展的动力真正从资源要素的高投入转变到创新驱动上来。

推进管理制度创新。①构建自然资源产权制度模式，对自然资源实行多种所有制与多元经济并存。促进自然资源的使用权和经营权的市场化，引入自然资源使用权通过市场竞争有偿获得的产权安排制度；明确划分自然资源在中央与地方之间的分配，由两级政府部门行使所有权，由相应的国有资产管理部门代理行使所有权；引入自然资源产权代理者竞争机制，即引入政府间的竞争；建立资源产权交易市场，对资源全面实行资产化管理。②改革资源税，扩大征税范围。将水资源等生态资源逐渐纳入征税范围，按资源开发影响环境的程度设置税率，逐步用经济手段约束环境治理行为，遏制环境日益恶劣的态势，提高税率和按量计征；建立绿色税收制度，强化资源税的资源节约和环境保护功能。③自然资源价格制度的创新。建立自然资源有偿开采制度，转换定价主体，政府定价与市场定价相补充，完善自然资源价格体系结构，按维护自然资源可持续利用的原则要求，构建合理的自然资源价格的差比价关系。④自然资源管理体制创新。建立健全协调一致的自然资源综合管理机构，完善自然资源开发利用、保护的法规体系。

加强科技自主创新。强化企业创新主体地位，以实施技术创新引导工程为重点，促进企业加大科技投入，加强研发机构建设，不断提高自主创新能力。大力实施科技创新和科技成果产业化工程，引导各类创新要素向企业集中，扶持一批拥有自主知识产权的核心技术。加快高新技术开发区、大学科技园、民营科技园等的建设和发展，使之成为高技术研发、孵化和产业化的重要载体。开展"科技入园"活动，帮助园区企业提升创新能力，引导工业园区向科技型园区发展。把推进自主创新与大力培育自主品牌结合起来，制定和完善支持、鼓励企业创立名牌的政策措施，推动企业由无牌、贴牌向有牌和有名牌转变，支持企业形成科技含量高、市场竞争力强、展示区域形象的知名品牌。

三、绿色环保

（一）绿色

以控制环境污染、优化生态环境、保持自然资源永续利用为前提，促进经济持续健康、稳定发展。跳出"先污染，后治理；先开发，后保护；先破坏，后恢复"的传统发展模式。资源开发要坚持"在保护中开发，在开发中保护"的新的发展模式。自然资源开发，在自然资源开发利用的过程中，必须正确处理好资源开发与生态环境保护间的关系。

优化产业结构，转变经济增长方式。合理规划第二、第三产业的比重。从第二产业来看，浙江省工业化水平较高，霍夫曼系数逐渐降低，但是近年来浙江重工业发展快，能耗压力大，污染严重，反而不利于经济质量的提升；工业的发展重点应放在积极发展新兴工业，大力提高传统工业的技术含量和附加值，强化"名企、名牌、名家"培育和"腾笼换鸟、机器换人、空间换地、电商换市"工程，加快推进产业转型升级。第三产业在近两年中已经成为浙江经济发展的"第一引擎"，第三产业相对来说是清洁产业，从其内部结构来看，应加快生产性服务业和生活性服务业发展，尤其是要加快新兴生产性服务业的发展，提高整个第三产业的整体实力与水平。不惜花费大量的自然资源、高污染的环境代价来实现经济增长是不可持续的，因此要严格限制高能耗、高污染产业的发展，淘汰落后产能，坚决遏制部分行业的盲目投资和低水平扩张现象等；向集约型经济增长方式转变势在必行。

调整能源消费结构，加快循环经济发展。调整能源消费结构的关键在于对有限的自然资源利用进行合理的规划，降低或稳定煤炭、石油等不可再生资源的消耗；鼓励使用清洁能源，提升天然气、水电、核电、风电等能源在总能源消费中的比重。一方面应大力研发新能源技术、充分发挥新能源优势。浙江省拥有全国最长的海岸线，其风力资源、潮汐能、波浪能资源丰富，浙江省可发展海洋经济，扩大风力发电、潮汐能发电等，以有效缓解电力紧张又替代煤炭发电带来的巨大消耗及环境污染。除此之外，浙江省太阳能、生物质能等能源资源也较为丰富，这样一些新型清洁能源不受储量的限制，如果能有效充分利用将对缓解浙江省本地资源制约有更加重要的意义。另一方面可依靠能源价格改革带动合理的能源消费，建立合理的资源价格体系，充分发挥价格杠杆作用，如将传统的水价转变为资源水价等。此外，加强能源二次使用机会及使用效率，其实现途径之一为大力发展循环经济。借鉴发达国家经验，结合浙江省经济环境现状特点，通过科技创新、制度创新为源动力，积极开发新能源和可再生能源。另外，政府还应推动、加大与国际循环经济的技术交流与合作，引进境外资本、先进技术、设备，为废弃物的回收利用提供资金和技术支持。

（二）环保

加大环保投入及其运行效率，环境政策倾斜及引导。浙江省环保意识领先全国，环保投入逐年增加，但是环保投入仍然是财政投入中的一小部分，并且环保投入所取得的效果并不理想，环保投资运行效率低下。因此要持续加大环保投入，并提高其运行效率；逐渐通过环境政策倾斜，控制及引导环保相关事业的顺利高效展开。一要把环境保护纳入经济和社会发展的中、长期规划和年度计划中，加大对环境保护和建设的政策支持和财力投入，加强环保资金监管力度，确保环境保护专项资金专款专用，加强资金投资效益。二要加强环境保护基础设施建设和管理，加强截污管网、污水无害化处理厂建设，城乡一体生活垃圾收集和处理系统建设，以及危险废物处置、燃煤电厂脱硫、重要生态功能保护区建设、环境监测控制工程建设等。三要推行有利于环境保护的价格、税收、信贷等经济政策，如对企业将新技术用于排污治理时提供一定过渡期资金支持，对从事污水和垃圾处理、资源和废物回收利用、绿色洁净环保产品生产与服务等环保产业的企业实行税收优惠，对超额完成减排工作的企业给予适当奖励等。

四、协调共享

（一）协调

统筹推进"五位一体"总体布局和协调推进"四个全面"战略布局，以"八八战略"为总纲，牢固树立和贯彻落实新发展理念，坚持以提高发展质量和效益为中心，推进协调发展。

坚定不移把协调发展作为内生特点，城乡区域深度融合。扎实推进以人为核心的新型城市化，切实加强城市规划建设管理，智慧城市、海绵城市建设积极推进，城市面貌加快改善。把统筹城乡发展与统筹区域发展结合起来，加快推进新型城市化和城乡一体化。深入实施新型城市化发展纲要，加快省域中心城市发展，支持区域中心城市强化功能建设，加强县城、中心镇建设和小城市改革试点。深化农村"三权"改革,加快推进户籍制度改革,全面实施居住证制度,促进农业人口转移。深入推进社会主义新农村建设,完善农村基础设施和公共服务体系,打造美丽乡村升级版。加快构建以四大都市区为主体、海洋经济区和生态功能区为两翼的区域发展新格局。

积极践行"绿水青山就是金山银山"理念,深入推进"五水共治""三改一拆",加大雾霾治理力度,全面实施新一轮"811"美丽浙江建设行动,大力整治生态环境,倒逼产业转型升级,力争浙江各地天更蓝、水更绿、山更青、城乡更美丽。探索编制自然资源资产负债表,促进经济发展、社会发展和环境保护相协调。中国生态文明建设先行示范区之一的湖州市,自然资源资产负债表已经初步编制。

把创新驱动与环境倒逼结合起来,大力推进创新创业,坚决淘汰落后产能、整治低小散,推动经济提质增效升级。

(二) 共享

构建资源共享机制。资源共享机制是指按照资源所有权的特征,以产权为纽带,由资源四方利益主体即中央政府、地方政府、资源开发企业以及资源所在地居民,通过组建规范的股份制开发公司,共同参与资源开发,合理分配资源开发利益,减少资源在非共享状态下开发中出现的弊端。资源共享的均衡机制归根结底是利益主体之间的利益均衡。资源共享机制的制度安排,至少包括三个方面:①资源产权分解制度。资源产权分解制度是保证资源产权在法律上清晰,在经营过程中明确,使各利益主体在资源产权中所占比例合理化的制度。②资源开发共享制度。对资源的开发,要实行规范的股份制改造,以便实现资源产权组合。开发共享制度要求资源开发应按照各自在资源产权中所占的比例入股,既能保证各个共享主体的产权得以实现,同时,又可以促进资源产权的多元化,以及治理结构的规范化,调动各共享利益主体参与资源开发的积极性,减少资源共享的矛盾和摩擦。③资源收益分享制度。资源收益分享制度是根据各个利益主体在资源产权中所占的比例,对资源开发所获得的收益进行分享的制度。

人才是最重要的资源。例如,在科技人才方面,浙江可以以长三角区域为依托,整合省内现有科技人才,完善科技人才市场,建立合理的区域科技人才合作机制。虽然浙江省高校教育资源没有长三角区域的江苏省和上海市丰富,但是随着长三角区域经济和社会一体化发展,区域人才共享指日可待。浙江省要牢牢抓住长三角区域一体化的机遇,充分利用长三角大区域科技人才资源,为浙江省引进科技人才，尤其是一些重点学科领域的学科带头人、有突出贡献的专家、享受国务院特殊津贴的专家学者和各类各级管理人才。整合省内现有科技人才，让更多的科技人才从配置效率低的地区进入配置效率较高但配置规模不高的地区，如丽水和台州等地区。要进一步完善科技人才市场，建立合理的人才流动机制，引导科技人才流向企业，尤其是一些高新技术企业，提高高新技术企业中高级人才的占有率，优化科技人力资源配置。以长三角区域为背景，建立合理的区域人才合作机制，突破行政壁垒，打破行业和所有制限制，充分发挥江苏省和上海市在人才结构和产业结构方面的优势，加强区域战略性合作，促进长三角区域科技人才共享。

在矿产资源方面，搭建浙江与西部地区的合作框架。浙江省必须把煤炭、石油、天然气相对富集的宁夏、内蒙古、新疆、青海等省区选择作为战略合作伙伴，加强与这些矿产资源富集省区的合作。地方政府要建立健全和西部资源省区的省际长期战略合作关系，完善合作机制。浙江必须贯彻中央关于东西部协调发展的思想，在获取西部资源的同时，帮助这些地区产业的发展，通过政府层面的通盘运作，使省际之间的合作能够持续、有效地展开。政府要积极鼓励省内部分产业向西部省区转移，鼓励民营资本投资西部资源省区鼓励发展的产业领域，以此换得开发这些地区矿产资源的相关机会。

参考文献：

[1] 李金珊，沈楠.浙江省污水治理现状、问题及对策研究 [J].中共浙江省委党校学报，2014（6）：59-65.

[2] 范波芹，陈筱飞，刘志伟.浙江水资源规划引导空间均衡发展的实践思考 [J].水利发展研究，2014（9）：33-38.

[3] 章剑卫.浙江人口发展进入新常态 [J].浙江经济，2014（18）：39-41.

[4] 陈多长，张明进.工业化对浙江地方政府土地财政依赖的影响研究 [J].浙江工业大学学报（社会科学版），2015（4）：372-377，390.

[5] 姜和忠，徐卫星.土地利用困境的制度驱动与体制创新——以浙江省为例 [J].农村经济，2012（3）：23-27.

[6] 王志红.浙江海洋产业集聚与环境资源系统耦合分析 [J].科技经济市场，2012（7）：19-22.

[7] 王华.多方努力保供应双管齐下强产业——关于浙江能源发展的思考 [J].浙江经济，2012（14）：17-19.

[8] 徐潇逸.浙江海洋产业效率评价及影响因素研究 [D].宁波大学，2014.

[9] 谢长风, 吴和成. 江浙沪能源消费与经济增长关系的研究——基于自举面板因果检验和 VAR 模型的实证分析 [J]. 江苏师范大学学报 (自然科学版), 2013 (3): 61-67.

[10] 何安莉. 外商直接投资对浙江省能源消耗的影响分析 [D]. 浙江大学, 2014.

[11] 王凯. 论浙江民营经济转型升级的金融政策支持 [D]. 南昌大学, 2014.

[12] 江蓓蓓. 浙江劳动力市场运行特征及影响因素研究 [D]. 浙江工商大学, 2015.

[13] 魏友. 浙江民间投资经济增长效应研究 [D]. 宁波大学, 2012.

[14] 伍航, 陈晓蓉, 丁俊. 推进浙江技术专利标准化探索 [J]. 统计科学与实践, 2011 (9): 27-29.

[15] 桑媛媛. 基于产业集群建设浙江区域创新体系研究 [D]. 浙江师范大学, 2009.

[16] 董楚平. 吴越文化的三次发展机遇 [J]. 浙江社会科学, 2001 (5): 134-138.

[17] 陈芳娟. 浙江文化与区域经济发展研究 [D]. 浙江财经学院, 2013.

[18] 章剑鸣. 浙商文化的历史探源 [J]. 广西社会科学, 2005 (11): 194-196.

[19] 吕政.《浙商论——当今世界之中国第一民商》评介 [J]. 中国工业经济, 2010 (1): 158.

[20] 裘毅. 后金融危机时代浙商特质与企业风险管理绩效关系研究 [D]. 浙江工业大学, 2012.

[21] 董树荣. 浙商文化的新展示 [J]. 浙商, 2005 (11): 57-58.

[22] 彭戈, 叶文添, 董娟, 鲁怡. 杭州宁波双城记: 突进中的刷新 [N]. 中国经营报, 2007-11-19 (B05).

[23] 肖华东. 温州义乌由"敢"而生突破未来的幻象 [N]. 中国经营报, 2007-11-26 (B05).

[24] 王丽燕. 新浙商的文化根与创新路 [D]. 华东师范大学, 2009.

[25] 张健. 浙江省区域科技资源配置效率研究 [D]. 浙江师范大学, 2012.

[26] 沈斌. 浙江高等教育发展与高技术产业增长研究 [D]. 湘潭大学, 2012.

[27] 金祖达, 方国景. 基于连续清查体系的浙江森林资源动态变化分析 [J]. 西部林业科学, 2015 (2): 36-42.

[28] 胡荣祥, 贾宏伟, 王亚红, 严雷. 2014 年度浙江省农田灌溉水有效利用系数测算分析 [J]. 浙江水利科技, 2015 (5): 12-15.

[29] 王招英, 姜伟. 对浙江森林资源保护管理的调查与思考 [J]. 浙江林业, 2004 (10): 6-7.

[30] 邵颖瑛. 浙江参与西部矿产资源开发合作机制研究 [D]. 浙江工商大学, 2008.

[31] 方维. 舟山生态旅游资源可持续利用研究 [D]. 浙江海洋学院, 2012.

[32] 唐海力. 浙江省水资源的利用状况研究 [D]. 浙江农林大学, 2012.

[33] 林宏, 岳凌云. "十二五"时期浙江资源环境压力分析及对策建议 [J]. 经济丛刊, 2010 (3): 26-28, 48.

[34] 张明生, 黄有总, 张国平. 浙江省水资源可持续利用与优化研究 [J]. 浙江大学学报（农业与生命科学版）, 2006（2）: 173-179.

[35] 许宝良. 浙江教育发展的若干对策与建议 [J]. 浙江社会科学, 2006（4）: 98-101.

[36] 马育军, 李小雁, 徐霖, 王卫, 张晓影. 虚拟水战略中的蓝水和绿水细分研究 [J]. 科技导报, 2010（4）: 47-54.

[37] 邹君, 付双同, 杨玉蓉, 毛德华. 虚拟水战略背景下的中国农业生产空间布局优化研究 [J]. 长江流域资源与环境, 2010（12）: 1427-1432.

[38] 高国忠, 徐红新, 梁亚. 农村土地违法行为分析及对策研究 [J]. 河北师范大学学报（哲学社会科学版）, 2012（2）: 59-63.

[39] 蒋天文, 李彩云. 农村社会的衰落——五种观察维度 [J]. 东北大学学报（社会科学版）, 2012（5）: 437-442.

[40] 李佳丹. 浙江省城市化空间格局演变及耕地保护研究 [D]. 浙江大学, 2014.

[41] 倪磊. 融资约束对浙江民营企业绩效影响的机制研究 [D]. 浙江财经大学, 2014.

[42] 罗新阳. 浙江民营企业技术创新的瓶颈与突破 [J]. 江南论坛, 2014（6）: 33-35.

[43] 吕福新. 论"浙商"从边缘到主流——基于"世界之中国"的视角 [J]. 浙江社会科学, 2007（3）: 39-46.

[44] 路明兰. 湖北省科技资源要素与结构的研究 [D]. 武汉理工大学, 2005.

[45] 浙江省人民政府官网, http://www.zj.stats.gov.cn/zjsq/zygk.

[46] 2014年浙江省环境公报 [N]. 浙江日报, 2015（B02）.

[47] 2014年中国环境状况公报 [R]. 国家环境保护部, 2015.

[48] 中国海洋统计年鉴 [M]. 北京: 海洋出版社, 2009~2014.

[49] 中国统计年鉴 [M]. 北京: 中国统计出版社, 国家统计局, 2015.

[50] 2014年浙江省能源与利用状况 [N]. 浙江日报, 2015-08-14.

[51] 高扬. 对浙江民间资本的一点思考 [J]. 财经界（学术版）, 2013（2）: 34, 36.

[52] 吴晓波. 改变理念, 引导浙商回归 [J]. 杭州（周刊）, 2013（10）: 31.

[53] 于永海. 浙商社会网络的解构研究 [J]. 商场现代化, 2011（16）: 59-61.

[54] 江东, 卓君, 付晶莹, 阎晓曦, 黄耀欢. 面向自然资源资产负债表编制的时空数据库建设 [J]. 资源科学, 2015（9）: 1692-1699.

[55] 全永波, 陈辉. 社会资本理论视角下的浙商发展——摆脱集体行动的困境 [J]. 浙江海洋学院学报（人文科学版）, 2015（4）: 20-24.

[56] 胡志华, 万成. 中学生的"富贵病"及其教育对策 [J]. 教学与管理, 2012（12）: 75-76.

[57] 杨国强. 浙江民营企业外迁的对策研究 [J]. 现代经济信息, 2012（8）: 251-252.

[58] 邵宇佳, 滕建军. 浙江省轻纺业的转型与升级——基于"用工荒"导致劳动力成本上升的调查研究 [J]. 现代商业, 2012（33）: 106-108.

[59] 钱凯."用工荒":转折点下的契机——浙江企业"用工荒"成因、对策、破解意义之探讨[J]. 人力资源管理,2010(10):160-162.

[60] 姚娜. 广东省加工贸易转型升级问题研究[D]. 暨南大学,2008.

[61] 伍刚. 企业家创新精神与企业成长[D]. 华中科技大学,2012.

[62] 尹静. 创新视角下的浙江企业升级路径研究[D]. 浙江师范大学,2013.

[63] 再创浙江体制机制新优势——省经济体制改革领导小组办公室学习贯彻《决定》专家座谈会专家发言摘编[J]. 浙江经济,2013(23):19-23.

[64] 罗维,陈正良. 浙江经济的"体制负落差"及其对策[J]. 生产力研究,2005(10):139-141.

[65] 朱家良."资源小省"和"经济大省"——对浙江经济发展战略的一点思考[J]. 探索,1988(2):18-20,35.

[66] 张景华. 经济增长中的自然资源效应研究[D]. 西南财经大学,2008.

[67] 贾娜. 山西省"资源诅咒"问题初探[D]. 西北师范大学,2011.

[68] 周倩雯. 基于退耦理论的浙江省经济增长与环境压力关系研究[D]. 浙江财经大学,2015.

[69] 2015年浙江教育事业发展统计公报[R]. 浙江省教育厅,2016-04-18.

第二篇 产业经济地理

第１篇 电力电子器件

第三章　农业经济地理

第一节　农业自然资源概况[①]

浙江地处我国东南沿海，位于太湖之南，东海之滨，大陆海岸线1840千米，全省陆地总面积10.18万平方千米，其中，山地和丘陵占70.4%，平原和盆地占23.2%，河流和湖泊占6.4%，地貌结构为"七山一水二分田"。浙江省特殊的自然资源、气候条件、地形地貌孕育了浙江特殊的产业发展环境，为浙江赢得了"鱼米之乡，丝绸之府，文物之邦，旅游之地"之誉。

一、地貌

浙江省地貌有以下三个特征：

（1）西南高，东北低。浙江省地势西南高，东北低。西南地区的主要山峰海拔均在1500米以上。中部多为海拔100~500米的丘陵盆地，错落分布在低山之间，地形低矮破碎。东北部为堆积平原，海拔都在10米以下，地势低平，水网密布，是我国著名的鱼米之乡。

（2）山地多，平原少。浙江省地形以山地为主，平原次之。山地丘陵占全省面积的70%，平原和水面（不包括海域）面积占全省的30%。山地地形复杂，小气候条件多样，生物资源丰富，水能蕴藏量充足。这样的地形结构为农业的发展提供了良好的条件。

（3）海岸曲折，岛屿众多。浙江海域广阔，海岸曲折，海岸线长约2200多千米。沿海岛屿星罗棋布，共有2100多个，约占全国岛屿总数的1/3，是我

[①] 根据《浙江地理简志》和《浙江八大水系》编写。

国岛屿最多的一个省。岛屿岸线长4000多千米，为省内航海、渔业、沿海养殖业等提供了优越的场所。

二、气候

浙江省地处中国东南沿海，纬度较低，倚陆面海，属亚热带季风气候，其基本特征为：冬夏季风交替显著；年平均温度适中，四季分明；光照较多，热量资源较丰富；雨量充沛，空气湿润；四季都有一些明显的特殊天气气候现象。这些气候特征使得浙江省的光、热、水条件在大部分地区和时间范围内配合良好，特别适宜于需要热量、水分较大的水稻、棉花等重要农作物的生产，也有利于桑、茶、麻、竹等亚热带茎叶类作物的种植，给提高农作物的复种指数，发展多种经营提供了极为良好的条件。

三、水文水利

浙江省江、河、湖、海水体俱全，主要有钱塘江、瓯江、椒江、甬江、苕溪、运河、飞云江、鳌江八大水系。另有杭州的西湖、千岛湖，宁波的东钱湖，嘉兴的南湖，湖州的太湖等湖泊。中华人民共和国成立以后，政府投入大量人力物力兴建水利设施，开发水能资源，如新安江水电站、富春江水电站、紧水滩水库等。

（1）钱塘江。钱塘江是浙江省第一大江，流域多年平均年径流量442.5亿立方米，水能理论蕴藏量262.84万千瓦（包括安徽境内47.74万千瓦），能开发的装机容量200.14万千瓦，年发电量60.38亿千瓦时。新中国成立后，政府开始全面治理钱塘江水旱灾害，并大力开发水能资源。根据钱塘江自然条件、水能资源和社会经济特点，水资源开发均以发电、防洪、灌溉为主，兼有航运、供水、旅游、养殖和改善水环境。

（2）瓯江。瓯江是浙江第二大江，位于浙江南部。自西向东流，贯穿整个浙南山区，干流全长379.93千米，流域面积18168.75平方千米。新中国成立后，瓯江治理开发从小支流到大支流及干流，从单一的防治，逐步转向以水利水电为龙头，灌溉、供水、航运、旅游等综合开发利用。现瓯江流域已建成大小水库289座，其中库容1000万立方米以上的大中型水库32座。

（3）椒江。椒江干流总长202千米，总流域面积6590.71平方千米，居全省主要河流的第三位。至2006年底，已建成库容大于1000万立方米的大中型水库10座，总库容14.85亿立方米，其中大型水库4座，中型水库6座。

(4) 甬江。甬江全长 130.96 千米，流域面积 4572 平方千米。新中国成立后，甬江流域治理开发，历程曲折，成绩辉煌，目前已建成大型水库 5 座，中型水库 10 座。

(5) 苕溪。苕溪在浙江省北部，由东、西二苕溪组成。苕溪干流长 160.68 千米，流域面积 576 平方千米；河道落差 779 米，平均坡降 4.9‰。新中国成立以来，在东、西苕溪上游先后建设了 15 座大中型水库。中下游截弯取直，新建南、北湖分洪闸，兴建排涝机埠，加固围堤，开挖导流港；加固加高西险大塘，对苕溪进行全面整治，灾害明显减少。

(6) 运河。运河水系流域面积 7500 平方千米，其中浙江境内为 6481 平方千米。运河水系纵横交错的河道形成平原河网水系，流域内地表径流北注入太湖，东注入黄浦江。"南排工程"兴建后，有部分水量经由南排工程的各个排水闸注入钱塘江。运河水系在浙江省内河道总长度 24600 千米，河网密度 3.9 千米/平方千米；水域面积总计 633 平方千米，占流域总面积的 10%。

(7) 飞云江。飞云江是浙江省第四大河，温州市第二大河。新中国成立后，为充分利用流域丰富的水资源，飞云江流域人民大兴水利，分期分批进行开发建设。截至 2008 年底，流域内共建成 6 座大中型水利枢纽工程，满足了温州市日益增长的用水、用电需求，促进温州市经济社会可持续发展。

(8) 鳌江。鳌江在平阳、苍南二县境内，流域面积 1544.92 平方千米，总长 81.52 千米。新中国成立后，修建了桥墩水库和吴家园水库两座中型水库，以及一批小型水利水电工程。

第二节　农业发展的历史沿革

一、农业发展历史及其基本特征

浙江省历史上孕育了以河姆渡文化、良渚文化为代表的农业文化。省内主要农业产业有粮油、畜禽、蔬菜、茶叶、果品、茧丝绸、食用菌、花卉、中药材等。2014 年，全省农业总产值 2844.59 亿元，实现增加值 1806.6 亿元；2015

年农村居民人均纯收入突破两万元,连续31年蝉联全国第一。①

中华人民共和国成立以来,浙江农业发展的变化首先体现在供给格局上。与其他省区相比,浙江人多地少,农业资源禀赋不足。中华人民共和国成立初期,农业生产力水平低下造成全省农产品长期供给不足。但浙江省不断调整完善农村生产关系,大力提高农业生产力,使农产品供给格局发生了巨大变化。2014年,全省人口从1949年的2083万人增加到4859.18万人,人均耕地虽然下降了一半以上,但主要农产品产量却实现了大幅增长。1949~2014年,粮食总产量从430万吨提高到757万吨(历史最高的1984年达到1817万吨)。

在产业结构上,实现了由以粮为纲向多种经营进而向农业各产业及其服务业协调发展的历史性转变。60多年来,浙江省持续深化调整农业产业结构,种植业、林业、畜牧业、渔业占比从1949年的81∶5∶11∶2调整为2014年的50∶5∶17∶28。近年来农业服务业逐步兴起,2014年其产值达到60.04亿元,富有资源特色和比较竞争力的主导产业初步形成。

在生产方式上,中华人民共和国成立后的前30年,浙江农业依靠推进农田水利建设和农业机械化、良种化等技术改进,有效提高了农业生产力。改革开放以后特别是进入21世纪以来,农业机械化、设施农业进入快速发展期,极大地提高了土地产出率和劳动生产率。2013年底,全省水稻良种化水平达95%以上,通过认证的无公害农产品、绿色食品和有机农产品"三品"种植基地面积1453.6万亩②;2014年,平均每个农业劳动力提供的粮食产量为1306.8公斤,农业机械总动力达到了2436.95万千瓦,粮食单位面积产量由1979年的4226千克/公顷,增加到2014年的5979千克/公顷;蔬菜、水果、畜禽养殖等设施化、规模化水平明显提升,有力提高了抵御自然灾害的能力和产出效益。

在流通体制上,浙江农产品也实现了由改革开放前的计划调节向全面市场调节的转变。此外,浙江省委省政府出台了一系列政策鼓励扩大外贸出口、发展外向型农业,农产品贩销经纪人、批发市场建设和国际贸易得到快速发展,农产品生产、流通向"大生产、大市场、大流通"的格局推进。20世纪90年代开始,农产品批发市场逐步成为农产品流通和集散的主渠道。在农产品出口方面,新中国成立初期浙江出口数量极少。改革开放至今,农副产品出口由1979年的5090万美元增加到2014年的100.5亿美元,形成了农产品出口主

---

① http://zj.sina.com.cn/news/m/2016-01-25/detail-ifxnuvxc1939177.shtml.
② 吴俊. 浙江省农业产业化评价研究 [D]. 浙江财经大学, 2015.

体、产品、方式和市场的"四个多元化"。

在经营制度上,中华人民共和国成立60多年来,浙江省农业生产关系实行了多次重大改革,经历了中华人民共和国成立前的土地私有制到成立初期的土地改革、农村合作化,到改革开放以后的家庭联产承包经营进而到市场化为取向的农业产业化经营。20世纪90年代以后,随着乡镇企业的兴起以及农民分工分业,在农村基本经营制度下,土地流转、农民专业合作等形式的规模经营推进,农业发展快速向着"二次飞跃"迈进,农业新型主体加快发育,国际国内合作不断加强。2014年浙江省已有农业龙头企业7621家;浙江省土地流转率达48%。新登记家庭农场5000多家。

二、改革开放后农业发展取得的突出成就

随着中国体制机制改革不断向深水区发展,中国农业在资源配置方式、农业经营制度等方面进行了系列改革和创新,这使浙江农业发展的生产关系不断完善,极大地解放了浙江省农业的生产力,促进了农业经济的发展,浙江农业在劳动生产率、产业结构、现代化等方面取得了系列成就。

(一)农业劳动生产率提升

浙江农业生产总值增加,但农业生产总值在国民生产总值中的地位下降。图3-1是以1978年为基年,统计出来的浙江省1978~2014年农业的实际生产总值和占比。由图3-1可以看出,浙江省1978~2014年农业产业生产总值增长迅速,由1978年的47.09亿元增长至2014年的179.22亿元。但是,农业占地区生产总值的比重却在不断下降,由1978年的38.1%下降到2014年的4.4%。

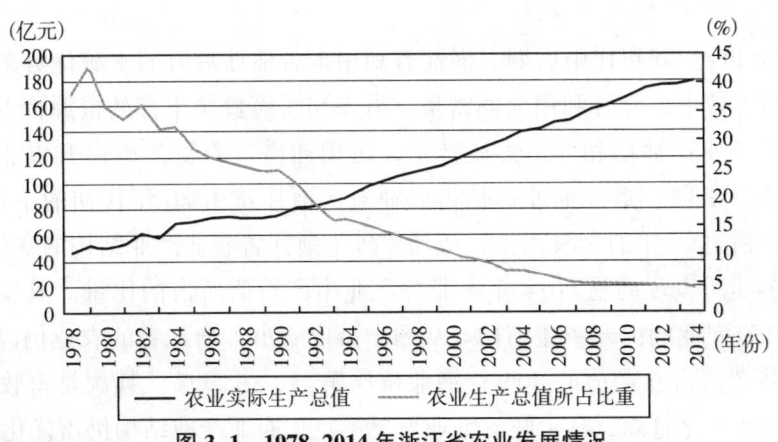

图3-1 1978~2014年浙江省农业发展情况

资料来源:《浙江统计年鉴1978~2014》。

农业产出占比的下降是浙江省产业结构不断优化的表现，是浙江省农业现代化发展、劳动生产率不断提高的结果。

（二）产业内部结构不断优化

图 3-2 表明，1978~2014 年，浙江省农业内部结构农林中农业的比重下降，渔业的比重增加，畜牧业和林业波动变化。浙江省于 1984 年在全国率先进行农业产业结构的调整，探索大力发展非粮食作物生产的道路。图 3-2 显示，在保障粮食供给的前提下加速粮食利用转化，同时积极发展食草性动物养殖，由此浙江省的畜牧业得到空前发展，到 1988 年全省畜牧业产值占农业总产值的 25%，种植业产值结构则从 70% 下降到 60% 以下。

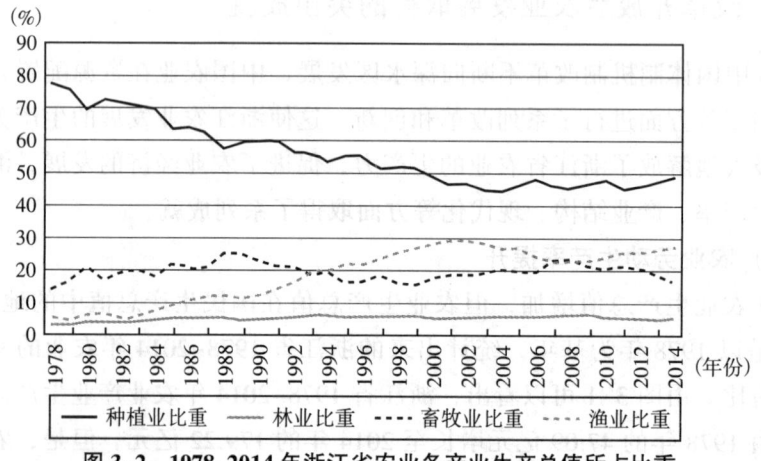

图 3-2 1978~2014 年浙江省农业各产业生产总值所占比重

资料来源：《浙江统计年鉴 1978~2014》。

到 20 世纪 90 年代中后期，浙江省利用本省地处沿海的水域优势条件，发展水域精养技术，充分利用河网密集、海涂与浅海资源丰富的资源特点，发挥长期形成的水产捕捞和养殖经验技术，运用捕捞与养殖并举提升农业生产结构。图 3-3 表明，浙江渔业产值占农业总产值比重由 80 年代初的不足 10%，迅速提高到 1998 年的 25% 以上，成功促进了浙江省农业产业结构的变化。

图 3-3 所表现的是 2014 年农业各产业生产总值所占的比重。其反映了现阶段浙江省农业的内部产业结构。从图中可以看出，浙江省的农业仍以种植业为主，其产值占总产值的 50%；渔业位居第二，占 28%，其次是畜牧业和林业。种植业占比过高，林、牧、渔业发展不足，农业产业结构仍需优化。

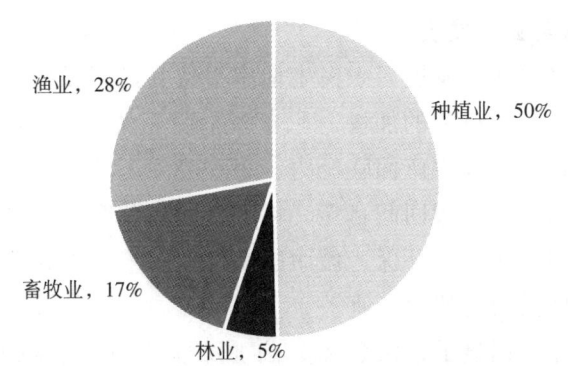

图 3-3 2014年农业各产业生产总值比重
资料来源:《浙江统计年鉴2015》。

(三) 农业现代化水平不断提高

农业现代化是指依靠现代科学技术成就来发展农业，实现农业生产的机械化、电气化、自动化、水利化和化肥化。截至2014年底，全省农机总动力达到2420.1万千瓦，其中农业作业机械动力占80.1%，百亩耕地拥有农机动力数88千瓦，位居全国前列；水稻耕种收综合机械化水平达到73%，在南方水稻产区中综合机械化水平名列前茅；茶叶生产关键环节基本实现机械化；畜牧业的自动喂料线已覆盖近45%的规模养殖场；设施栽培面积以年均20万亩的速度快速增长。农业机械化不仅提高了生产效率，也有效缓解了劳动力紧缺等多方面问题。

浙江省的农业现代化还体现在生态循环农业的发展上。生态农业的核心是"两减一循环"，即减肥减药和循环农业。近年来，浙江省发展生态循环农业的主要指标内容包括：一是资源利用高效。资源节约与环境友好型种养模式、节水节地节能技术广泛应用，农业资源利用率和土地产出率明显提高。二是生产安全优质。到2015年，全省测土配方施肥、病虫害统防统治分别达到80%、50%以上。高效低毒、低残留农药普及率达85%以上，商品有机肥使用量增加30%以上，集约化的水产养殖尾水排放处理率达60%以上。三是农业废弃物循环利用。农业废弃物、林产品剩余物，资源化利用与无害化处理模式广泛应用，农作物秸秆、林产品剩余物、规模畜禽养殖排泄物、"三沼"（沼气、沼渣、沼液）综合利用率分别达80%、80%、97%、95%以上。[①]

---

① 《浙江省现代生态循环农业发展"十三五"规划》。

(四) 农业服务业的发展

随着我国经济的快速发展，人民生活水平得到显著提高，城镇数量和城镇人口迅速增加。城市化进程的加快，一方面导致了农村土地资源的减少和农村劳动力的外流，传统农业生产面临压力；另一方面，城市居民生活紧张、城市环境污染严重，市民们渴望回归自然，休闲农业由此产生。休闲农业与乡村旅游以其轻松、自然、生态、环保、健康的特性，越来越受到广大城乡居民的追捧，成为极具发展潜力的朝阳产业。

浙江省农业厅数据显示，截至2014年底，浙江省已经创建了13个国家级休闲农业和乡村旅游示范县和23个全国休闲农业与乡村旅游示范点；全省累计建成休闲农业园区2390个，休闲农业实现产值160.4亿元，比上年增加11%；全省休闲农业点全年接待游客总人数达7662万人次，旅游观光总收入136.8亿元，休闲农业和乡村旅游已成为推动浙江省农村产业结构调整的有效途径，成为带动农民就业、增收致富的优势产业。

第三节 种植业

农业生产是复杂的、多层次的、多系列的生产部门。它由两大部门组成：植物栽培和动物饲养。前者又区分为种植业（耕作业）和林业，后者包括畜牧业和渔业（水产业）。

种植业是农业的基础，它又包括粮食作物和经济作物的生产。浙江省的粮食作物以水稻和小麦为主，经济作物主要有油料、蔬菜和水果等。2014年浙江省的农作物播种面积为2414.02千公顷，其中1266.81千公顷用于种植粮食作物，占总播种面积的52.4%。

一、粮食作物

浙江省的粮食作物以水稻和小麦为主，主要集中在嘉兴，其次是绍兴、宁波和温州。

自1978年至今，全国粮食播种面积一直在持续减少，而且主要发生在耕地质量较好的东部地区，2005~2014年全国耕地质量下降2.52%。由图3-4可以看出，2005~2014年，浙江省粮食播种面积除了2011年出现了略微的增长，总体呈下降趋势，年播种总量减少了 413.92 千公顷。其原因主要是经济增长与人口的增加使得城市规模不断向外扩展。此外，近年来全省房地产行业的火热发展使得耕地面积急剧减少，大量耕地被非农占用。

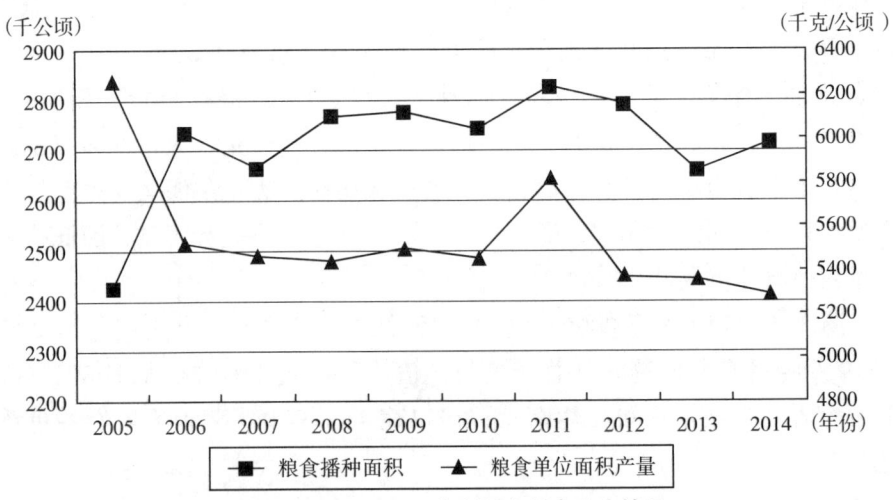

图 3-4 2005~2014 年浙江省粮食生产情况

资料来源：《浙江统计年鉴 2006~2015》。

播种面积的大幅度减少使得浙江省的粮食总产量也大量减少。1978 年浙江省粮食的总产量为 1467.20 万吨，2014 年降到了 757.4 万吨。但是随着农业现代化水平的提高，粮食的单位面积产量在不断增加。由图 3-5 明显可以看出，2005~2014 年，浙江省粮食播种面积总体呈下降趋势，而粮食的单位面积产量却呈波动上升趋势，从 2005 年的 5314 千克/公顷增加到了 2014 年的 5979 千克/公顷。其原因主要有以下两个方面：一方面科学技术进步使作物的品种改良；另一方面，科学技术的进步使防治作物病虫害的技术提高。

二、经济作物

浙江省经济作物主要有油料、蔬菜和水果等。

（一）油菜籽

浙江省的油料播种面积占经济作物播种面积的 19%。2014 年浙江省油菜籽种植主要集中在杭州市、衢州市、金华市和绍兴市，其中衢州油菜籽播种面积为 35.78 千公顷，居全省第一，而嘉兴的单位面积产量为 2574 千克/公顷，居全省第一。

然而，自 2009 年以来，油菜籽产量已连续五年持续下降。其主要原因是，油菜籽种植难以推广机械化种植，费时费工，劳动强度大，收购价长期低位徘徊，比较效益偏低。

(二) 蔬菜

蔬菜是浙江省的优势农产品，具有较强的生产优势。首先，浙江省地处亚热带地区，自然条件适宜露地种植蔬菜，且品种丰富，达50余种；一些如菱白、黄花菜、榨菜、西兰花等特色品种，市场知名度和竞争力都比较高。其次，浙江位于我国经济发达的长三角地区，城市分布密集，人口众多，是我国重要的蔬菜消费市场之一。最后，浙江省交通便捷，无论是海运还是空运都非常方便，且与发达国家相比，浙江省蔬菜成本低，价格优势明显，因此蔬菜可以大量销往海外市场。

由图3-5可以看出，2005~2014年，浙江省蔬菜产量上升迅速，2012年达到1819万吨后有所回落。其总产量与产值均已超过粮食作物居种植业首位。目前，全省已形成了一批水生蔬菜、出口蔬菜、高山蔬菜等区域性特色蔬菜基地[①]。

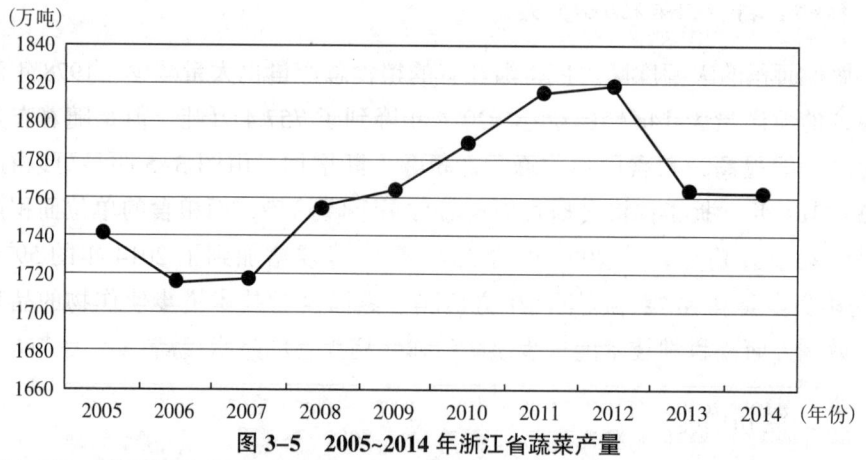

图 3-5 2005~2014年浙江省蔬菜产量

资料来源：《浙江统计年鉴 2006~2015》。

(三) 桑蚕业

丝绸是浙江省传统优势产业和重要的出口产品，据统计，2015年浙江省真丝绸商品出口创汇占全国真丝绸创汇总额的34%。浙江省日照充足，雨量充

---

① 汪光年.浙江省种植业产业发展对策研究 [D].浙江大学，2007.

沛，适宜桑树和蚕的生长，具有较强的自然条件优势，蚕茧产量居全国第二位。经过多年的发展，浙江省蚕桑生产和布局主要集中在杭州、嘉兴、湖州、绍兴，其中嘉兴与湖州为主产区，区域优势明显。浙江省有较高的生产技术水平，是我国优质蚕茧的主产区，且加工能力强，出口创汇水平高。由图3-6可以看出，无论是桑园面积还是蚕茧产量都呈下降趋势。其原因是劳动力价格的攀升，产业竞争优势不断减弱。但浙江省现有蚕茧加工能力超过15万吨，是全国最重要的茧丝绸加工基地，且生产的茧丝绸产品质量优、市场占有率高。2003年浙江省开始实施"蚕桑西进"和"优化改造"工程，取得了显著的成效。

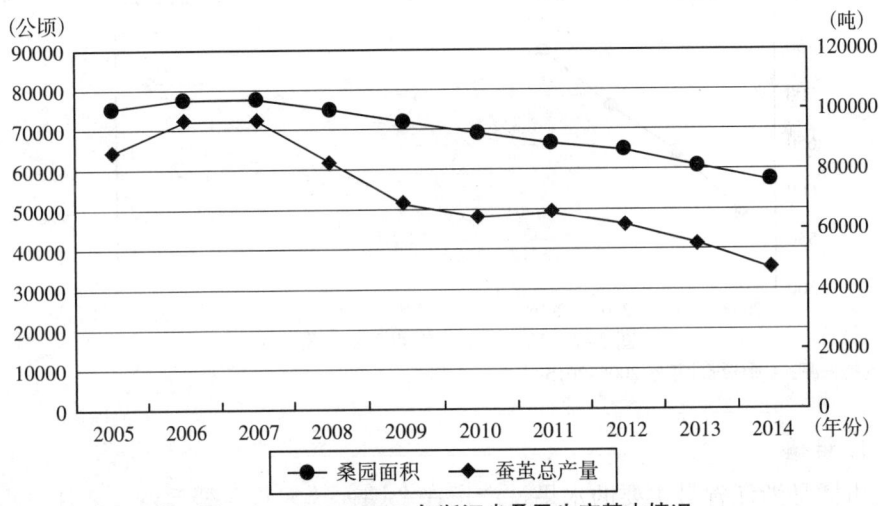

图3-6　2005~2014年浙江省桑蚕生产基本情况

资料来源：《浙江统计年鉴2006-2015》。

（四）水果业

浙江省良好的自然资源适宜水果生长，其品种多样，品质较高，是浙江省的主要经济作物，水果产业也成为浙江种植业的重要部分。随着种植业产业结构的战略性调整，水果业对种植业和农村经济发展的贡献越来越大。其中，柑橘、杨梅和梨，作为浙江省的特色优势农产品，质量和生产水平都在全国前列，已成为浙江省许多县（市）发展农村经济的支柱产业。水果生产的快速发展，对于发展农村区域经济、增加出口创汇、增加农民收入都发挥了积极作用。[1]

---

[1] 汪光年.浙江省种植业产业发展对策研究[D].浙江大学，2007.

由图 3-7 可以看出，2005~2008 年浙江省水果产量上升较快，2009 年大幅度下降后，产量上升趋于平稳。2009 年水果产量下架的原因主要有两点：一是年初冰雪灾害和秋季发生的柑橘大实蝇事件对水果消费和市场价格带来较大影响；二是 2008 年水果产量大幅增长，市场出现饱和，销售压力较大。2010 年受早春低温以及杨梅、枇杷等成熟期连续下雨的影响，水果产量继续下降。2010 年以后，浙江省的主栽水果受投产面积大和销售压力的双重影响，发展速度放缓。

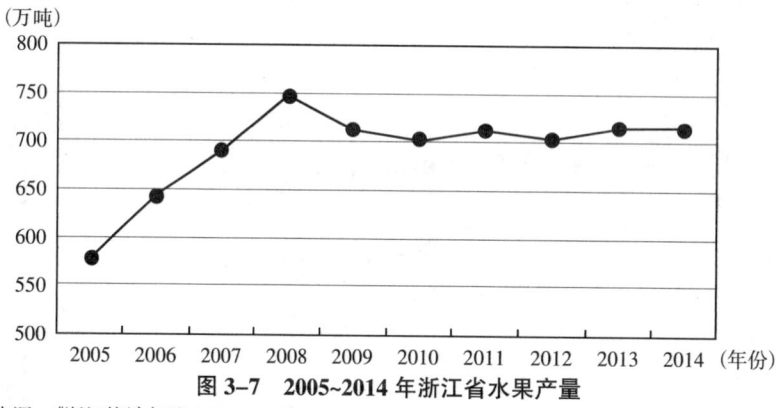

图 3-7　2005~2014 年浙江省水果产量

资料来源：《浙江统计年鉴 2006~2015》。

1. 柑橘

柑橘是浙江省最主要的水果，产量在全国连续多年名列首位。浙江省有丰富的柑橘品种，如温州蜜柑、椪柑、常山胡柚、本地早、瓯柑、玉环柚、四季柚、早香柚、槾橘等，其中三环柏、常山胡柚、黄岩本地早等是名优品种。浙江省的宽皮柑橘产量占柑橘总产量的 90% 以上，生产成本大约是日本的 5%，美国的 50%，在价格上具有竞争优势。浙江省还拥有一批具有相当实力的柑橘生产、加工和销售企业，橘瓣罐头出口量占全国的 2/3、占世界的 40%~50%。

但由于浙江省柑橘总体质量不高且面临激烈的竞争，由图 3-8 可以看出，2010~2014 年，柑橘园面积呈下降趋势，在全省果园面积中所占的比重从 2010 年的 36% 下降到 2014 年的 31%。

2. 杨梅

据研究，7000 多年以前浙江地区就有杨梅生长，浙江省的杨梅品种资源丰富，是我国杨梅的主产区。浙江培育出的晚稻杨梅、东魁、荸荠种、丁岙梅等优良品种目前在全国推广应用。世界上，只有我国南方的一部分地区在进行杨

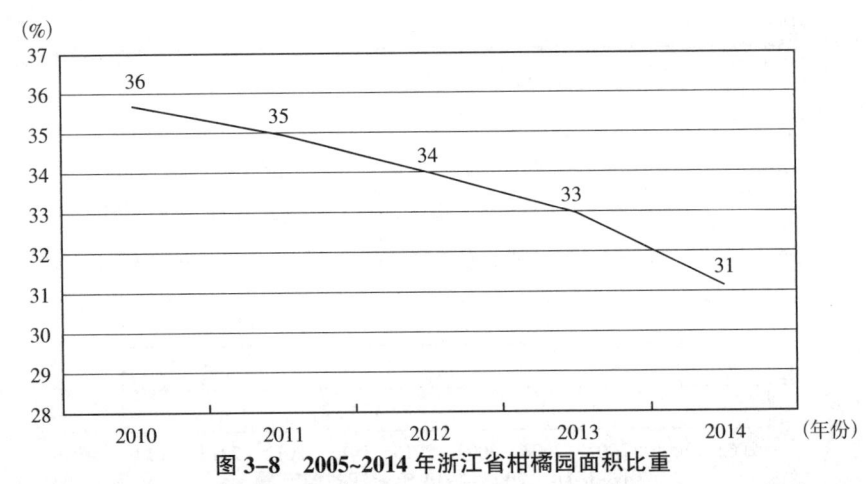

图 3-8　2005~2014 年浙江省柑橘园面积比重

资料来源：《浙江统计年鉴 2011~2015》。

梅的商业化栽培，上规模的产区主要集中在江浙和福建。浙江省的杨梅质量上乘，并且上市时间正好是水果淡季，深受市场欢迎。由图 3-9 可以看出，浙江省杨梅生产发展迅速，种植面积占果园总面积比重不断攀升，从 2005 年的 21% 上升到 2014 年的 27%。

图 3-9　2005~2014 年浙江省杨梅面积比重

资料来源：《浙江统计年鉴 2006~2015》。

3. 梨

梨是浙江的三大优势水果产业之一。其中南方早熟梨的生产、品种和栽培技术均在全国处于领先地位；优质早熟梨成熟时间早、上市早且质量好，具有很大的市场优势。幼龄果园的投入使得浙江省梨产量逐年攀升，图 3-10 反映了这一现象。

图 3-10 2005~2014 年浙江省梨产量

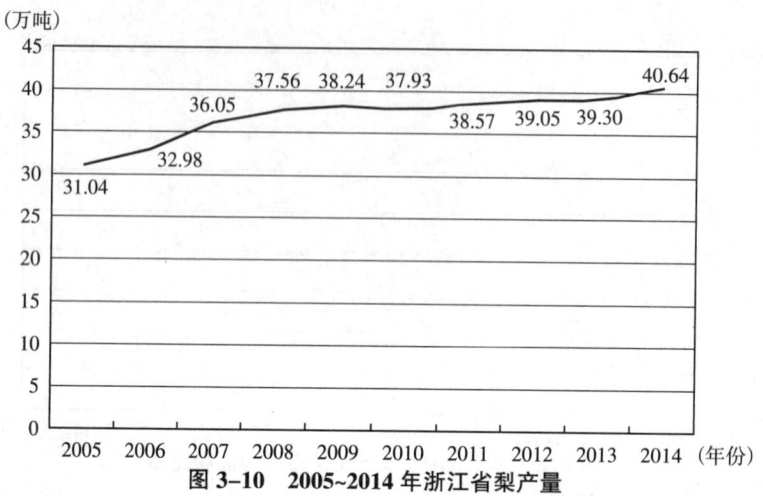

资料来源：《浙江统计年鉴 2006~2015》。

（五）茶叶

浙江省也是我国产茶大省之一，是茶树最适宜的生产区之一。浙江省生态条件优越，茶园多分布在丘陵山区，土层深厚肥沃，气候适宜，生态环境优良。名优茶众多，其中"西湖龙井"在明清时曾被列为"御茶"。由于多年发展茶产业，浙江省茶农素质高，栽培技术较高，且具有较好的茶叶加工基础。浙江省茶产业发展状况会在专栏里具体介绍。

（六）中药材

浙江省是中药材资源大省，共有中药材资源 2369 种，其中浙贝母占全国总量的 90%，铁皮石斛占 70% 以上，杭白菊占近 50%，元胡、白术、玄参、厚朴占 30% 以上。白术、白芍、浙贝母、杭白菊、延胡索、玄参、笕麦冬、温郁金八种药材被称为"浙八味"享誉全国。浙江省中药材主产区区域分布相对集中，主产区磐安、东阳、慈溪、鄞州、新昌、桐乡、淳安、景宁、仙居、瑞安、开化等县（市）的种植面积占全省的 4/5 以上。[1] 此外，浙江省中药材的加工基础较好，截至 2014 年全省从事中药材生产与经营的企业有 300 余家，出口创汇 4761 万美元。

---

[1] 汪光年. 浙江省种植业产业发展对策研究 [D]. 浙江大学，2007.

专栏：浙江省茶叶产业

浙江素有"鱼米之乡、丝茶之府"之名，名茶历史源远流长。浙江省属典型的亚热带季风气候，四季分明，年气温适中，雨量充足，光照较多，气候湿润，地形复杂，以山地和丘陵为主，适宜茶叶的生长。早在公元前5世纪，浙江已设有专业贡茶的御茶园。后经唐、宋、元、明、清的发展，涌现出以"西湖龙井"为代表的一批誉享天下的茶叶名品。浙江茶园大都分布在山区、半山区和丘陵地带。根据浙江省的气候、土壤、山脉以及生产布局等，可以将浙江的茶区划分为四个，即浙西北茶区、浙东南茶区、浙南茶区和金衢茶区。浙江省所种植的茶叶，接近99%是绿茶，其余的1%主要由红茶、乌龙茶和紧压茶等其他茶类构成，其中西湖龙井茶是中国十大名茶之一。

改革开放以后，茶叶退出国家统购包销体制，农户家庭成了茶叶产业基本组织。生产力的解放使得茶叶产业发展迅速。2005~2015年，浙江省茶叶种植面积不断增加，除2013年受自然灾害影响外，茶叶产量总体上升。至2015年，全省茶叶面积19.9万公顷，茶叶产量17.1万吨，农业产值140亿元。其中，名优茶产量8.02万吨，农业产值125亿元。龙井茶产量2.5万吨，农业产值44.5亿元。

近年来，国内市场呈现高档名茶销量走低、中低档名优茶销量稳中有升态势。受此影响，浙江茶叶市场产品结构不断调整，浙西南的香茶成为衔接名优茶与大宗茶的主导产品，发展形势良好。部分生产红茶产区，高档红茶产量逐渐减少，中低档红茶产量逐步上升。金华的武义、浦江等地区生产的黑茶、白茶，规模不大，但在政府的引导下，吸引了越来越多的消费者关注，效益不错。

至2014年，浙江省建有各类茶叶市场130家，交易量14.2万吨。其中，松阳县浙南茶叶市场交易总量7.66万吨，交易总额46.15万元。此外，天猫、京东等电商也为茶叶企业拓展了新的销售渠道。国外市场方面，近两年，浙江茶叶出口量增幅低于全国，占比持续下降[①]。2012年浙江省推广应用名优茶连续化自动生产线，名优茶生产线产量和产值以每年30%以上的速度增长。截至2015年，浙江全省累计101家茶企，140条生

---

① 《2015年度浙江茶产业发展报告》, http://www.zjcxw.com.cn/news_item.jsp?id=1129。

产线投产，年加工能力达到1万吨以上，年产量4856吨。

浙江省出台了一系列发展茶产业的扶持政策。绍兴市、安吉县率先开展茶叶低温气象指数保险试点，首次将国际上通行的气象指数保险方式应用到茶叶保险上，将低温与茶叶经济损失率定量化、指数化。浙江省在省内外积极举办茶事活动，如2015年5月22~24日，在郑州举办的第十届浙江绿茶博览会，300多家茶商与浙江省茶叶生产企业对接合作，签订供销意向合同金额11320万元，为历届茶博会中推介效果最显著的一次。

资料来源：《浙江茶产业发展报告》。

第四节 林 业

一、森林资源概况

林业是指保护生态环境，保持生态平衡，培育和保护森林以取得木材和其他林产品，利用林木的自然特性以发挥防护作用的生产部门，是国民经济的重要组成部分之一。通过先进的科学技术和管理手段，培育、保护、持续利用和经营森林资源，充分发挥森林的多种效益，有利于促进人口、经济、社会、环境和资源协调发展。

（一）森林资源总量

浙江，"七山一水两分田"。全省土地总面积10.18万平方公里，山地、丘陵占总面积的70%。林业用地面积667.97万公顷，占全省土地总面积的63.64%。浙江属亚热带季风气候区，四季分明，气候温和，雨量充沛，土地肥沃。优越的自然环境，勤劳的浙江人民，孕育了浙江林业的辉煌。从表3-1可

表3-1　2007~2014年浙江省森林资源变化

	2007年	2008年	2009年	2010年	2011年	2012年	2013年	2014年
林地面积（万公顷）	668.86	668.86	668.86	660.74	660.74	661.27	660.31	659.77
森林覆盖率（%）	60.65	60.65	60.65	60.58	60.58	60.82	60.89	60.91
林木蓄积量（万立方米）	20500	20500	20500	24225	24225	28225	29591	31385

资料来源：《浙江统计年鉴2008~2015》。

以看出，新世纪以来，浙江林业现代化建设成绩喜人，2007~2014年森林覆盖率一直保持在60%以上，林木蓄积量也由2007年的20500万立方米上升到31385万立方米，森林资源持续增长，林业产业不断壮大。

近年来，浙江坚持把绿化造林作为生态建设的基础工程，以山地造林、平原绿化、"四边"绿化和封山育林为重点，坚持重点工作推动，加快绿化造林步伐。根据图3-11，我们可以直观地看出，2007~2013年，浙江省的造林面积呈波动上升趋势。2011年的增长率最大，达到了62.4%。育苗面积在七年间持续平稳增长。

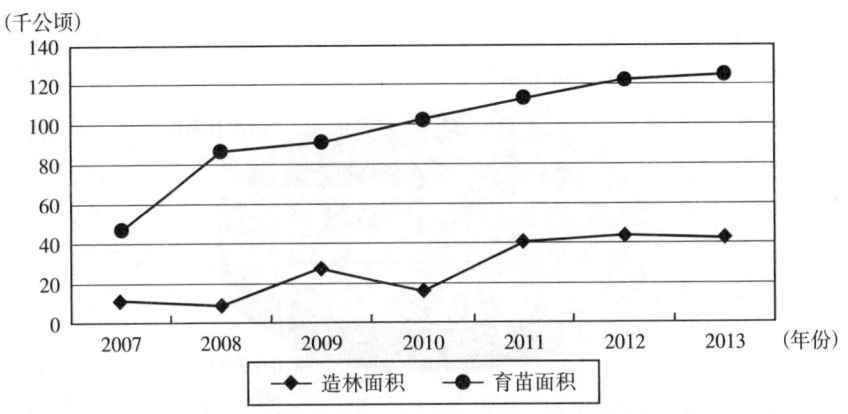

图3-11 2007~2013年浙江省造林面积和育苗面积变化情况
资料来源：《浙江统计年鉴2008~2014》。

（二）森林资源分布格局

根据森林资源自然地理特征，浙江省分为五个自然地理分区，从林地面积、森林面积、森林覆盖率以及活立木总蓄积情况来看，浙江省森林资源丰富程度从高到低依次是浙南中山区、浙西北中低山区、浙中丘陵盆地区、浙东南沿海区以及浙北平原区（见表3-2）。

（三）林种结构

根据2014年国家森林资源连续清查第七次复查结果显示，浙江林种结构如下：

（1）森林林种结构：防护林面积242.02万公顷，蓄积14002.14万立方米；特用林面积16.76万公顷，蓄积1703.46万立方米；用材林面积247.62万公顷，蓄积12014.89万立方米；经济林面积98.59万公顷（各林种面积所占比例见图3-12）。

表 3-2 浙江省森林资源分布

单位：%

自然地理分区	林地面积	森林面积	森林覆盖率	活立木总蓄积
浙南中山区	33.55	33.64	73.47	39.95
浙西北中低山区	21.67	21.42	73.29	23.85
浙中丘陵盆地区	20.87	21.06	58.97	17.47
浙东南沿海区	15.40	14.77	49.27	12.37
浙北平原区	8.51	9.12	31.89	6.36

资料来源：《2010年浙江省森林资源状况及其功能价值》，《浙江日报》，http://zjrb.zjol.com.cn/html/2011-01/16/content_682132.htm?div=-1。

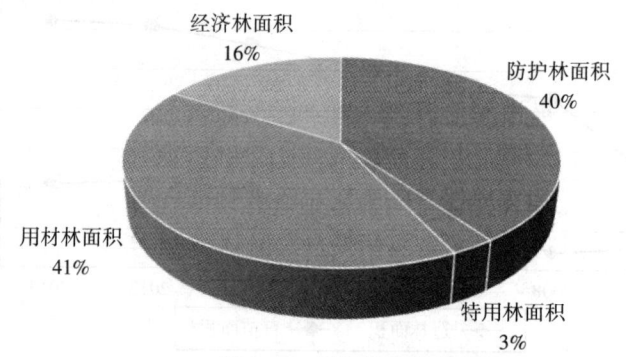

图 3-12 浙江省林种结构

资料来源：《浙江统计年鉴2015》。

（2）乔木林龄组结构：幼龄林面积170.76万公顷，蓄积7223.74万立方米；中龄林面积132.83万公顷，蓄积9220.90万立方米；近熟林面积70.39万公顷，蓄积6216.36万立方米；成熟林、过熟林面积52.90万公顷，蓄积5453.67万立方米（各龄组面积所占比例见图3-13）。乔木林中，幼龄林、中龄林的面积、蓄积分别占总数的71.72%和58.49%，说明全省乔木林仍然以幼龄林和中龄林为主体。

（3）乔木林树种类型结构：针叶林面积175.77万公顷，蓄积13390.89万立方米；阔叶林面积182.20万公顷，蓄积10398.40万立方米；针阔混交林面积68.91万公顷，蓄积4325.38万立方米。乔木林树种结构中，全省阔叶林、针阔混交林面积呈逐年增长态势，阔叶林面积首次超过针叶林面积。[①]

---

① http://www.zjly.gov.cn/tjxx/4957.jhtml。

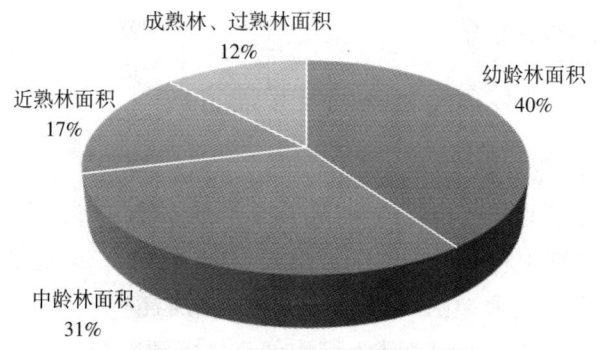

图 3-13 浙江省乔木林龄组结构

资料来源：《浙江统计年鉴 2015》。

二、主要林产业

自 1996 年以来，浙江省林权制度不断改革与创新，为浙江林业经济的发展提供了良好的制度保障。林业涵盖了三大产业，1999 年，浙江省的林业产业结构模式由"一二三"转变为"二一三"，林业产业结构的这一重要变动，提高了浙江省林业经济效益（黄烈亚等，2010）[①]。2006 年农业税收制度的取消，则极大地调动了林农的生产积极性。政府的政策推动，社会对于林业的多元化需求，极大地刺激了浙江省林业经济的发展。由图 3-14 可以看出，2005~2014

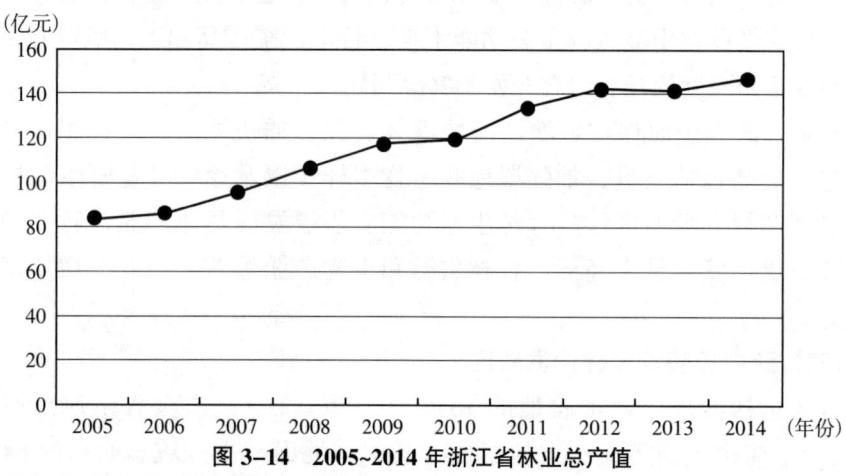

图 3-14 2005~2014 年浙江省林业总产值

资料来源：《浙江统计年鉴 2006~2015》。

---

① 黄烈亚，翟印礼，梁霁. 产业结构变动与林业经济增长：贡献与差异 [J]. 林业经济，2010（4）：113-116.

年浙江林业总产值不断上升。

三、浙江省林业发展空间布局及发展方向[①]

（一）北平原林业发展区

本区包括浙江东北部及杭州湾两岸的28个平原县（市、区），占全省土地总面积的16.8%，其中林业用地占区域总面积的35.7%。地貌以平原为主，地势低洼，水网密布，具典型的江南水乡风貌；是浙江省人口密集、经济发达、生态区位极其重要的地区。但总体上区内的森林资源总量不足，林木覆盖率较低，林业生态建设滞后于经济社会发展，生态脆弱；湿地污染严重，亟须保护。

发展方向：提高林木覆盖率，推进以杭州都市区为核心的森林城市群建设，改善城乡人民居住条件，优化城市发展环境。加强湿地保护与修复，推进湿地保护区（小区）和湿地公园建设。加快促进浙北地区木竹加工业转型升级，着力发展高附加值的精深加工，强化品牌培育。

（二）浙西中山丘陵林业发展区

本区包括浙江西部山区的7个县（市、区），占全省土地总面积的17.4%，其中林地面积占区域总面积的81.1%。天目山脉和千里岗山脉展布全区，地貌以低山丘陵为主，水系发达，水库众多，是钱塘江众多支流和苕溪的发源地。本区森林资源相对丰富，林业产业化发展较快，特色明显，是浙江省竹木重点产区。目前尚存在山地森林生态功能不强、竹木加工产品和工艺亟待升级、森林旅游资源的深度挖掘和组合开发不够等问题。

发展方向：全面保护钱塘江流域森林资源，加快低质低效林和人工纯林的改造，提高森林质量，加强湿地和生物多样性以及珍稀濒危野生动植物保护，巩固和提升浙西区域的森林生态功能。积极发展林业产业，转型升级竹木产业，重点发展林下经济、森林旅游和生物产业等新兴产业，增加富民惠民能力。

（三）浙中丘陵盆地林业发展区

本区包括浙江中西部腹地的16个县（市、区），占全省土地总面积的21.2%，地貌由金衢等大小盆地组成，其中林地面积占区域总面积的64.8%。本区森林植被结构单一，林分质量低，有待改造提高；土壤结构抗蚀力弱，水

[①]《浙江省林业发展"十二五"规划》，http://www.zjly.gov.cn/art/2012/10/9/art_1275963_4795158.html；《浙江省林业发展"十三五"规划》，http://www.zjly.gov.cn/art/2016/10/12/art_1275963_4795147.html。

土流失较为严重；特色经济林品种不多，品种更新换代和品质亟待提高。

发展方向：要全面开展森林生态修复，增强森林生态功能。推进以金华—义乌都市区为核心的森林城市群建设，切实提升浙中区域的城市生态环境质量。科学发展林业产业，统筹协调保护与发展的关系，注重提升林产品质量，提升产品竞争力。提升森林景观效果，积极发展森林休闲旅游。

（四）浙东沿海丘陵海岛林业发展区

本区包括东部沿海的 24 个县（市、区），占全省土地总面积的 18.1%，林业用地面积占区域总面积的 55.1%。本区依山面海，海岸线长而曲折，港湾和岛屿众多，全区均属沿海防护林建设体系建设范围。杨梅、枇杷、柑橘等山地水果及马蹄笋等森林食品和家具业、木制工艺品加工具有一定规模。但存在台风、风暴潮等自然灾害严重，森林火害、病虫害等灾害频发，丘陵坡地水土流失严重，山地森林质量普遍较低，沿海防护林体系脆弱等诸多生态性问题。

发展方向：加强沿海区域及岛屿的生态防护体系建设，增强沿海防护林抗灾减灾功能。加强山地森林培育和经营，保障国土生态安全。推进以宁波、温州都市区为核心的森林城市群建设，提高城市生态承载力。加强江河入海口及滩涂湿地保护，实施湿地抢救和生态修复，加强湿地生物多样性保护。

（五）浙南山地林业发展区

本区包括浙江省中南部山区的 15 个县（市、区），占全省土地面积的 27.4%。地貌以中低山地为主，其中林业用地占区域总面积的 79.7%。本区是浙江省森林资源最多、木材产量最大的地区，林业在当地经济社会中占有重要地位。本区是浙江省乃至整个华东地区重要的生态屏障。但由于历史上森林采伐过多，加之林木资源培育不够，致使可伐资源减少、林分质量下降；农民对森林资源的依赖较大，基础设施相对落后，农民收入较低。

发展方向：保护和培育水系源头的森林资源，加强珍贵树种、大径级材的培育，加快建设木材战略储备基地，提高森林景观效果。充分利用资源优势，大力发展森林旅游，适当发展特色经济林，增加山区农民收入。加大基础设施建设的投入，改善林区生产和生活条件。

第五节 畜牧业

一、畜牧业发展现状

畜牧业是农业和农村经济的支柱产业，在保障国家食物安全、增加农民收入、推进农业现代化中具有极为重要的作用。浙江人多地少，饲料等自然资源禀赋先天不足，但目前浙江畜牧业发展的规模化、标准化、生态化等多项指标均位居全国前列，部分特色畜禽、蜜蜂、长毛兔、维生素类饲料添加剂等产业发展水平领跑全国。

浙江自2001年开始实施畜牧业"西进东扩"战略以来，畜牧业产业布局不断优化，已形成嘉兴、衢州生猪集聚区，金华奶牛集聚区，嵊州、新昌、镇海的长毛兔优势产业区，绍兴、诸暨、缙云的蛋鸭优势产业区，桐乡、南浔、长兴、余杭的湖羊优势产业区，江山、兰溪、平湖的蜂优势产业县。但是，区域发展不平衡，传统生猪主产区嘉兴、衢州生猪出栏量占全省总量的38%，山地资源丰富的温州、台州、丽水等地畜牧业发展仍比较缓慢[1]。大起大落的市场行情、质量安全事故的发生，制约着畜牧业的发展。浙江省畜牧业发展中存在着传统主产区养殖过载、环境污染以及农牧结合还不够紧密、布局结构还不够合理、保障体系还不够完善等问题。要保障畜产品安全供给，满足城乡居民消费需求，促进农民持续增收，必须加快推进畜牧业转型升级。图3-15、图3-16和图3-17显示，受转型升级影响，浙江省畜牧业产值、生猪存栏出栏量在2013年以后开始有所下降。

2014年，生猪年末存栏964.64万头，全年出栏肉猪1724.53万头，分别比上年下降25.1%和9.0%，其中能繁母猪年末存栏78.52万头，下降32.1%。家禽年末存栏8410.19万只，全年出栏17378.97万只，分别比上年下降18.7%和17.1%。

---

[1] 闻海燕. 加快浙江畜牧业区域布局调整[J]. 浙江经济，2014(4)：38-39.

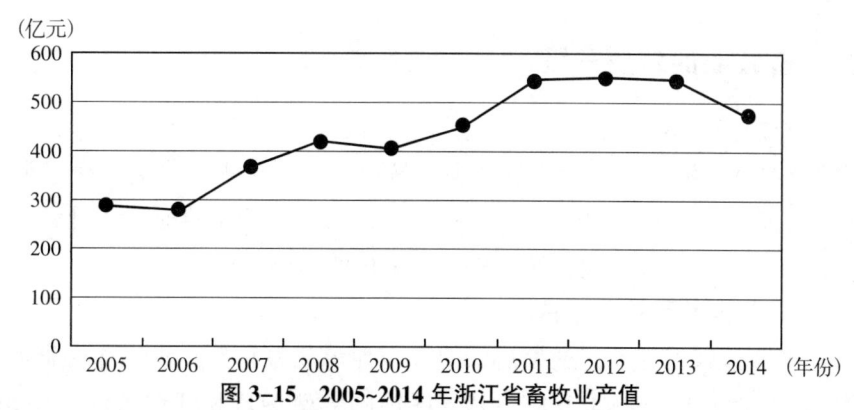

图 3-15　2005~2014 年浙江省畜牧业产值

资料来源：《浙江统计年鉴 2006~2015》。

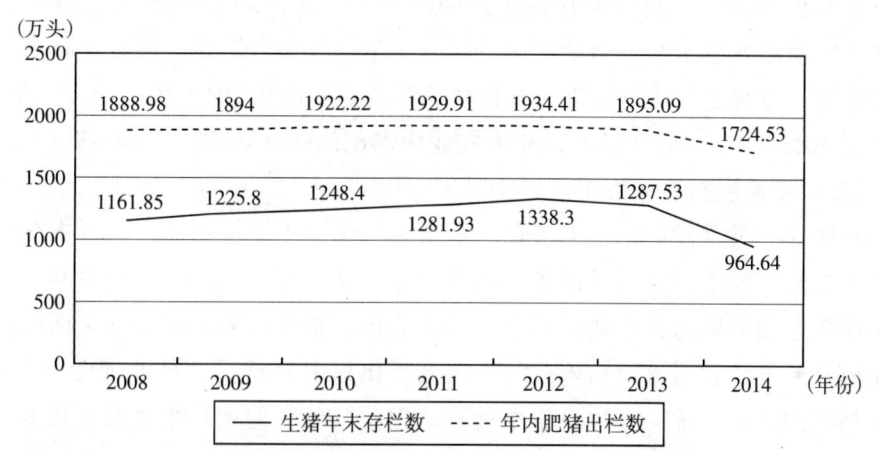

图 3-16　2008~2014 年浙江省生猪存栏及出栏情况

资料来源：《浙江统计年鉴 2009~2015》。

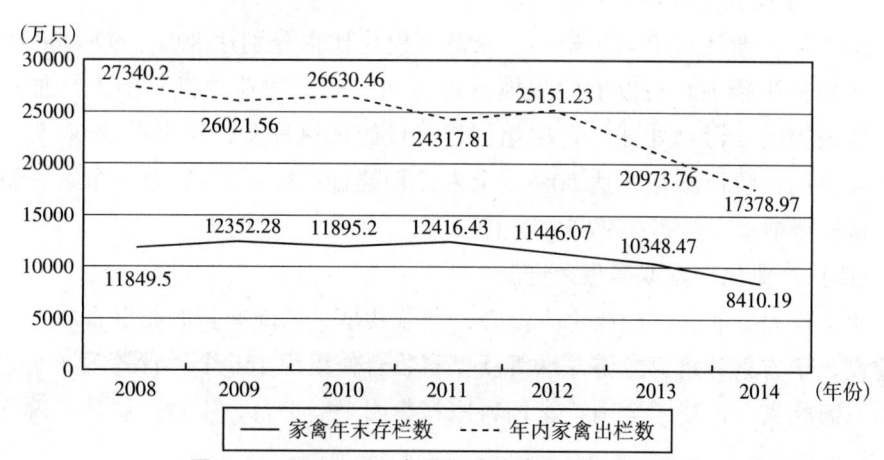

图 3-17　2008~2014 年浙江省家禽存栏及出栏情况

资料来源：《浙江统计年鉴 2009~2015》。

二、畜牧业的转型升级[①]

2013年起浙江省开始着手畜牧业转型升级，主要围绕着"五水共治""四换三名""三改一拆"等重大决策部署，按照"生态优先、供给安全、调量提质、助农增收"总方略，严守"三个确保"底线，加快畜牧业转型升级，畜牧业总量调减，层次提升，农牧结合格局基本构建。

(一) 科学调整优化产业布局

浙江省各地区根据本区的发展情况和土地承载力水平，调整畜牧业布局结构，全省养殖场户减少14万户，禁养区内的养殖场户和其他"低、小、散"户全面得到清理，主动调减存栏生猪800万头，全省11个地市畜禽存栏量全部低于环境承载量70%。启动实施湖羊、金华"两头乌"猪、蜜蜂等特色产业振兴计划，畜牧业产业结构进一步优化，畜牧业产值从2010年的448.42亿元，减少到2015年的426.18亿元，在大农业中占比从20.64%降至14.53%。

(二) 完善生态治理机制

浙江省按照"减量化、无害化、资源化"和"主体小循环、园区中循环和县域大循环"要求，全面开展了畜牧业污染整治，现存10027家规模养殖场基本实现生态化治理与污水达标排放，并探索出一批农牧紧密结合的美丽牧场建设新模式。全省已建成41家死亡动物无害化集中处理厂，日处理能力近400吨，基本构建起"统一收集、集中处理、保险联动"的死亡生猪无害化处理长效机制。

(三) 规模养殖标准化水平大幅提升

2015年，浙江省生猪、奶牛、家禽规模化比重分别达89%、99%和91%，其中年出栏生猪500头以上的规模养殖占70%。畜牧业"机器换人"加快推进，通风控温、污水处理、自动化饲喂等设施加快普及，年出栏3000头以上养猪场自动饲喂设施化率达50%。全省已创建标准化示范场1000余家，畜产品质量安全抽检合格率在99.5%以上。

(四) 产业化经营取得重大进展

浙江省大力推进以产业化为核心，利益共享、风险共担的新型畜牧产业体系建设，全省累计培育龙游龙珠等新型畜牧合作组织150个，青莲等龙头企业实力不断壮大，创建了全国首家饲料原料集团采购平台，生猪、鸡蛋、蜂三个

[①]《浙江省畜牧业"十三五"规划》，http://www.zj.gov.cn/art/2016/8/22/art_5495_2181197.html。

产品在大宗商品交易市场上市，全产业链构建取得重大进展。

（五）畜牧兽医体制机制更加健全

浙江省全面完善了县级动物卫生监督派出机构，官方兽医力量进一步充实；基本建成了省、市、县三级重大动物疫病监测和预警体系，初步建立了动物产品追溯系统和调入监管系统；在全国率先推出设区市主城区家禽"杀白上市"制度；并出台了《浙江省动物防疫条例》《关于加快畜牧业转型升级的意见》等一系列政策法规，使得依法治牧更加有力有效。

目前浙江省畜牧业转型升级过程中的阵痛效应仍在持续。但是随着畜牧业宏观调控的强化，相关扶持政策效果的凸显，资源节约型、环境友好型的生态畜牧业生产方式逐渐呈现，必将引导畜牧业健康、有序地发展。

第六节 渔 业

一、渔业资源概况

浙江是我国的传统渔业大省，濒临东海，历史悠久，源远流长，海域面积26万平方千米，其中200米水深大陆架渔场面积20多万平方千米；沿海有台湾暖流（黑潮西分支）与江浙沿岸水流和黄海混合水团等多种水系交汇，江湖、河流和海洋生物资源丰富，水质肥沃，饵料丰富，有利于海洋生物的大量繁殖和生长，具有良好的海洋渔业发展条件。

浙江江河湖泊众多，历有"鱼米之乡"美称。全省可用于水产养殖的江河湖泊和水库面积约为20.5万公顷，新安江、富春江、钱塘江、甬江、瓯江和千岛湖等水系和湖泊交叉，适合发展名特优、高产高效和出口创汇品种，采用精养、混养以及"稻鱼共生"等生态循环养殖模式，慈溪的"鳗鱼"、青田的"田鱼"、千岛湖的"淳牌有机鱼"、余杭的"黑鱼"和杭州的"西湖之春甲鱼"等特色品牌畅销全国和世界。

二、渔业发展现状

长期以来，浙江渔业担负着京、津、沪等全国主要城市水产品供应的重任，为丰富居民菜篮子和提供蛋白质等方面起到了积极作用。改革开放以来，浙江渔业作为大农业的重要产业之一，保持了持续快速发展的良好势头，在促进渔农村产业结构调整、增加渔农民收入、保障粮食安全、提供优质食物和劳动力就业等方面做出了重要贡献，同时在维护我国海洋权益、利用国际资源和开拓国际市场等方面也发挥了重要作用。

由图3-18可以看出，2005~2014年浙江省渔业产值连年攀升，这是浙江省调整渔业产业结构，强化水产品质量安全管理，大力推进渔港标准化、鱼塘标准化和渔船标准化的"三化工程"及渔船安全生产系统建设的结果。

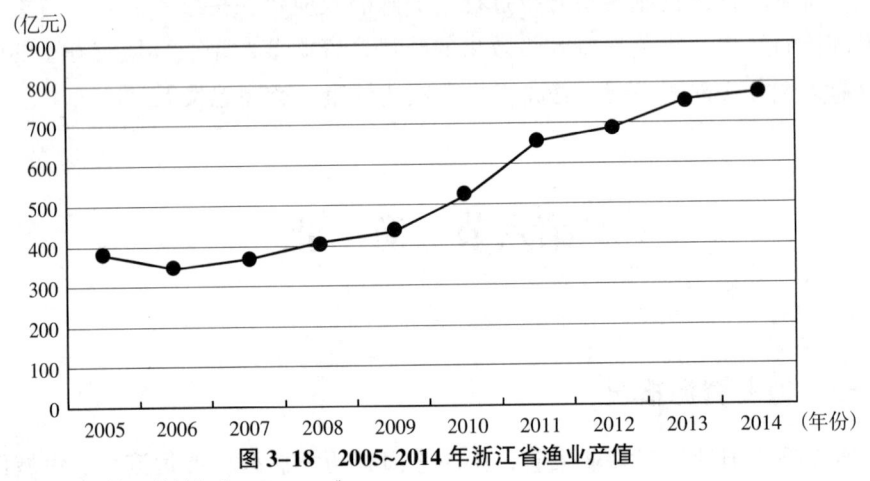

图3-18　2005~2014年浙江省渔业产值

资料来源：《浙江统计年鉴2006~2015》。

2014年，浙江省共有渔业乡镇75个，渔业村766个，渔业户32.7万户，渔业人口110万人，分别占全国总量的10%、8.9%、6.5%、5.4%。其中，渔业专业人员50万人，从事海洋捕捞的17.4万人，拥有各类渔港21个，其中沿海一级渔港12个，渔区主要分布在舟山市、宁波市、台州市和温州市等沿海及杭嘉湖平原等内陆地区。2014年浙江水产品总产量574万吨，居全国第三位，渔业产值779.36亿元（其他相关数据见表3-3）。

表3-3　2013~2014年浙江省水产品产量

单位：吨

年份	总产量	养殖产品		捕捞产品		
		海水养殖	淡水养殖	海洋捕捞	远洋渔业	淡水捕捞
2014	5741734	897940	977452	32422724	532666	90952
2013	5508186	871700	980518	3192000	368186	95782

资料来源：《中国渔业统计年鉴2015》。

海水养殖主要品种有大黄鱼、梭子蟹、青蟹、南美白对虾、日本对虾、贻贝和紫菜等，并形成杭州湾、舟山和大陆海岸三大南美白对虾产业带，舟甬（舟山市和宁波市）梭子蟹、甬台（温州市和台州市）沿海青蟹养殖和温州瓯江口青蟹养殖三大产业带。淡水养殖主要品种有龟鳖、鲢鱼、草鱼、鳙鱼、鲫鱼以及珍珠等，已形成杭嘉湖（杭州市、嘉兴市和湖州市）、绍金（绍兴市和金华市）两大龟鳖（乌龟中华鳖）养殖产业带，绍金（绍兴市和金华市）和杭嘉湖淡水珍珠养殖两大产业带。①

近年来，浙江省的海水产品产量一直保持稳定增长，但是从图3-19可以看出，2013年淡水产品产量出现了略微的下降。淡水养殖略减的主要原因是环境整治所致。近两年，围绕"三改一拆""五水共治"等一系列战略部署，政府提出了渔业发展与生态保护相协调的总体思路，对养殖尾水排放不达标的养殖场关停，从禁养区、限养区退养，使得淡水养殖产量受到一定的影响。

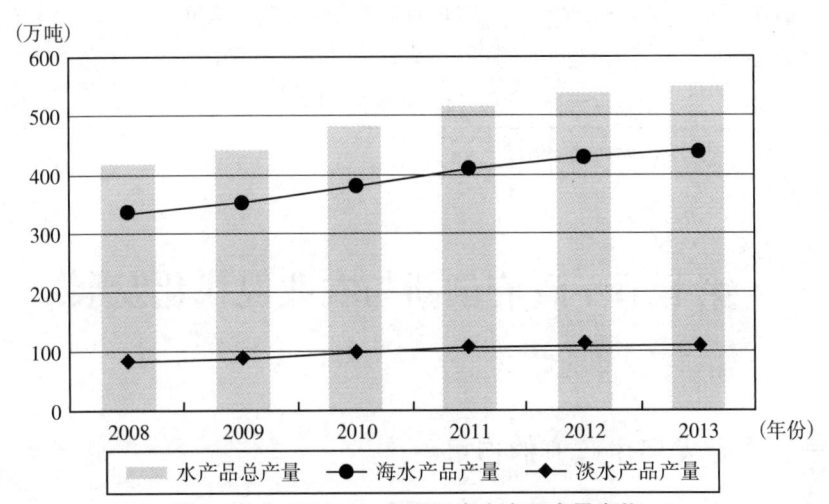

图3-19　2008~2013年浙江省水产品产量变化

资料来源：《浙江统计年鉴2009~2014》。

由表3-4可以看出，浙江省远洋渔船拥有量、远洋渔业产量产值均占全国第一，说明浙江远洋渔业在全国前列。水产加工产量、产值均位居第三，但是水产出口量多，出口额较低，说明水产附加值不高。渔民人均纯收入高于全国渔民人均纯收入，位居第三，相对较高。总的来说，浙江省渔业综合能力在全国名列前茅。

---

① 乐家华.浙江省渔业发展现状、问题与方向[J].黑龙江农业科学，2011（12）：73-78.

表 3-4 2014 年浙江省渔业在全国渔业中的地位

名称	浙江省	全国	占全国百分比（%）	全国排名
渔业经济总产值	1928.36 亿元	20858.95 亿元	21.79	6
远洋渔业产量	532666 吨	2027318 吨	26.27	1
产值	41.17 亿元	184.86 亿元	22.27	1
海水养殖产量	897940 吨	18126481 吨	4.95	7
产值	150.85 亿元	2815.47 亿元	5.36	6
淡水养殖产量	977452 吨	29357591 吨	3.33	10
产值	193.94 亿元	5072.58 亿元	3.82	8
水产加工总产量	2282542 吨	20531593 吨	11.12	3
总产值	569.98 亿元	3712.70 亿元	15.35	3
水产出口量	498176 吨	4163329 吨	11.97	5
出口额	21.18 亿美元	216.98 亿美元	9.76	4
远洋渔船	536 艘	2460 艘	21.79	1
渔民人均纯收入	19729.92 元	14426.26 元	—	3

资料来源：《中国渔业统计年鉴 2015》。

第七节 政府创新与农业现代化发展

一、农业发展中政府的作用

农业发展的过程中，浙江省政府无疑发挥了重要的作用。改革开放以来，浙江省在农业和农村的建设基本保持了持续增长劲头。本文借鉴胡晨光（2014）有关"有为政府"在促进集聚经济圈产业集聚方面发挥外部动力作用的论述，围绕浙江省农业发展的战略转型、产业政策、制度建设、公共投资四个维度，对浙江省政府在农业发展中所起的作用，论述如下。

（一）发展战略的转型

新中国成立以后，在工业化初期，我国实行的是"农业支持工业，农村支持城市"的发展战略，党的十一届三中全会之后，中国的土地制度由集体经营转变为家庭联产承包责任制，农民的生产积极性得到提高，农业产量大幅度提升。随着改革的深入,农业生产力不断提高,1998年浙江省委九届十四次全会明确提出"调整优化农业结构,大力发展效益农业",2000年省委省政府进一步明确通过大力推进农业市场化和产业化,走效益农业发展的路子,促使传统农业向现代农业转变。"十一五"时期,以结构转型、体制转轨、经济开放为主要特征的农业产业化、市场化和国际化成为现代农业发展的重要趋向。浙江省农业发展面临产业加快升级、增长方式进一步转变的重要形势。对此,省政府紧紧围绕社会主义新农村建设,按照建设资源节约型、环境友好型社会的要求,以加快建设现代农业为目标,将发展高效生态农业作为主攻方向。[①]

(二) 产业政策

党的十一届三中全会之后,国家在实行家庭联产承包责任制的同时,大幅度提高了农产品收购价格,农民生产积极性得以激发。随着改革的不断深入,1985年国家取消了农产品统购派购制度,对粮油等大宗农产品实行合同定购与市场收购相结合的"双轨制",同时放开了蔬菜、水果、水产品等鲜活农产品市场,农业结构由单一的粮食主导型,向以粮食为主积极发展多种经营的农业结构调整。90年代后,政府放开了绝大部分农产品价格,这使得传统大宗农产品生产减少,传统经济作物的播种面积基本稳定,转向提高产品质量;而蔬菜、水果以及各类农畜产品这一类的高效益农产品在市场中的份额进一步加大,优势农产品的区域化规模化专业化生产得到较快发展。在效益农业发展战略提出之后,为了进一步拓展农业增效农民增收的新空间,促进农业结构由适应性调整向战略性调整的转变,提高农业产业化水平,增强农业国际竞争力,"十一五"开始,中国农业和农村经济进入一个新的发展阶段,中央提出现代农业发展战略,浙江省大力推进农业产业结构调整,积极引导土地、技术、资本等要素优化配置,进一步发展农产品加工业、流通业和农业服务业,促进传统产业、新兴产业齐头并进,推动产业集聚、融合和功能拓展,着力构建高产、生态、安全,第一、第二、第三产业融合联动的现代农业产业体系。

(三) 制度建设

改革开放以前,浙江农村经济体制的调整大致经历了土地改革、农业生产互助合作和人民公社化三个不同的历史阶段。改革开放以后,浙江省废除了人民公社制度,建立了以家庭经营为基础、同分结合的双层经营体制。同时在农

---

① 《浙江省"十一五"农业发展规划》,http://www.zjkjt.gov.cn/news/node11/detail1102/2008/1102_14928.htm.

业生产上突破了以粮为纲、单一农业经营的格局，大力发展农村多种经营和社队企业；农产品流通体制逐步放活，1984年全省粮食产量创历史最高水平，农产品供给长期短缺局面得到全面改善。1985年以后，随着中央进一步出台搞活农村经济的政策，浙江省出台了一系列推动农村工业化、城镇化的举措，形成了多种所有制共同发展的格局。与此同时，农业的市场化也逐步推进，政府全面改革农产品统派制度，率先以市场为导向调整农业生产结构，发展专业户，推进农业适度规模经济。1992年以后，集体、国有企业产权不分弊病日益凸显，在邓小平"南方谈话"的指导下，浙江各地率先开始了一系列产权改革和小城镇综合体制改革，加快了农村市场化、工业化、城镇化进程，促进了农民分工、分业、分化。2002年，党的十六大以后，按照中央提出的贯彻落实科学发展观和统筹城乡发展的战略思想，浙江省在全国第一个制定了《浙江省统筹城乡发展推进城乡一体化纲要》，率先实施免除所有农业税负的改革措施，大力发展专业大户、专业合作社，培育现代经营主体，大力发展高效生态农业。

（四）公共投资

政府对农业的公共投资是促进农业增长的重要政策手段，主要体现在基础设施建设和科研推广方面。

（1）农田水利建设。浙江省有八条主要河流，与全省社会、经济发展关系重大，中华人民共和国成立以前由于水利设施或年久失修或毁于战火，水旱灾害频繁。中华人民共和国成立以后，浙江省政府贯彻中央政府的一系列工作方针，针对各河流的水文特点和灾情实况有计划有步骤地进行整理开发，兴建了一大批水利工程，这些水利工程涉及防洪工程、治涝工程、灌溉工程、水土保持等层面。[①] 为了进一步发展高效生态农业，贯彻十八大精神，浙江省政府又开展"五水共治"，治理污染河道，除险加固水库，扩建排水工程，兴建水源工程，改造节水灌溉设施。

（2）农业基础设施建设。进入21世纪以后，浙江省围绕农业现代化建设，集中投资兴建了一批重大农业项目，包括省级规模化、标准化生产基地和出口示范基地，省级农业高新技术示范园区；实施种子种苗工程，投资建设国家级种子种苗、畜禽良种场，国家和省级农作物品种区域试验站，各类良种繁育基地，提高了集约化供种水平；按照规范化建设要求，对一批农（畜）产品检测

---

① 王景新，车裕斌等.从传统到现代 浙江农业农村经济发展60年 [M].杭州：浙江人民出版社，2009.

机构配置了仪器设备，建成一批动植物疫病监测中心（站、实验室），促进了农业安全保障体系建设。稳步推进标准农田建设，完善农田基础条件，到2015年，一等标准农田达到48%以上，达到旱涝保收、亩产吨粮的生产能力。[1]

（3）农业机械化投资。中华人民共和国成立之后的近20年时间，浙江省基本建立了以拖拉机和手扶拖拉机及其配套动力为主要特征的较为完善的农机工业制造体系和农机服务体系。改革开放以后，全省农机装备保持较快发展，管理制度也不断完善。进入21世纪以后，随着《中华人民共和国农业机械化促进法》的颁布实施，浙江省在政策上出台了一系列发展农业机械化的扶持政策，并于2004年在全国率先出台农机购置补贴政策，在政策的推动下，浙江省农业"机器换人"全面快速推进，粮食生产，主导产业及畜牧业的生产机械化、设施化进程也明显加快。机械化公共服务体系也日益完善，有效解决了农业机械化蓬勃发展而公共服务和保障能力相对滞后的问题。[2]

（4）农业科技推广。改革开放之前，浙江省的农业技术推广以农业技术推广站为主。改革开放以后，浙江省撤销了农技站，基本确立了省、市、县、乡的四级农技推广网络。农技推广方式从过去单一的技术指导向技物结合、技术承包等多样化发展，并成立了一大批农技推广经营服务实体，农业推广得到迅速发展。进入21世纪，在发展效益农业的背景下，政府重点实施了"种子种苗工程"等项目，加快了新品种、新技术、新机具、新设施的应用。基层农技推广体系改革和机制创新取得了新突破，农民专业合作社、科研机构等社会力量的积极参与、农业科技示范场（基地）的创立、农民信箱的开通，增强了为农服务效能。并实施农村劳动力转移培训"阳光工程"和核心农民科技培训工程，农民知识水平和素质得到了提高。

二、发展现代农业面临的问题[3]

浙江省现代农业建设实现快速发展的同时，也面临着不少的问题：①农业结构性矛盾仍然突出，农产品安全隐患仍然存在，保供给和保安全任重道远；②生产要素制约日益凸显，农业劳动力呈整体紧缺、结构失衡特征，农业投入成本持续走高，抗风险能力不强，实现农业持续增效和农民持续增收难度增

---

[1]《浙江省现代农业发展"十二五"规划》，http://www.zjoaf.gov.cn/zfxxgk/ghjh/yycygh/2012/02/14/20120214000119.shtml。
[2] http://www.zjnj.cn/html/main/njgk。
[3]《浙江省现代农业发展"十三五"规划》，http://www.zj.gov.cn/art/2016/8/22/art_5495_2181197.html。

大；③资源环境压力不断增加，农业发展空间有限，并呈刚性减少，继续依靠增加投入、扩大规模等传统粗放式发展方式已难以为继，转变农业发展方式任务艰巨；④体制机制约束还有待破解，产学研结合不紧密、基层农技队伍不稳定、农民专业合作社和社会化服务组织规范化程度不高，财政及金融支农政策体系有待进一步完善。

三、持续推进现代农业发展的对策

（1）优化农业发展布局，科学配置资源要素。优化农业的空间布局、产业布局和功能布局，确保农业的可持续发展，要全方位、多途径地开发食物资源，并积极发挥农业的休闲观光、文化传承、生态涵养等多重功能。实现农业发展与市场需求相适应，与资源禀赋相匹配。

（2）夯实做强发展平台，打造农业发展新高地。政府要加大对农业粮食生产功能区与现代农业园区"两区"的基础设施投资力度，完善配套设施，提高生产质量和效率。并在农业"两区"的基础上，创新农业生产、经营、管理方式和资源利用方式，培育建成农业产业集聚区和特色农业强镇。

（3）加快农业产业提升，推动农业融合发展。政府要大力推进粮食生产适度规模经营，鼓励支持经营主体提高品种质量，延长产业链条，打造农业产品品牌。融合农业与其他产业，积极发展休闲农业，提高农业的持续竞争力。

（4）加强农业生态保护，发展生态循环农业。统筹推进农业水、气、土污染综合治理，控制污染源头，落实主体责任；深入推进现代生态循环农业示范项目建设，打造现代生态循环农业先行区和绿色农产品主产区；围绕农业废弃物资源化循环利用，全面构建现代生态循环农业制度体系和长效机制。

（5）坚持产管齐抓并举，保障农产品质量安全。加强农业标准体系建设，推进农业标准化生产；落实农产品质量安全责任主体，实施最严格的农产品质量安全全程监管制度，加快农产品质量安全追溯体系建设，加强对经营主体的职业培训；加强农业品牌培育，引导推进品牌创建和整合，提升农产品市场竞争力和增值空间。

（6）提升农业设施装备，改善农业发展条件。深入实施农机购置补贴政策，加快农业领域"机器换人"；支持各类农业生产主体因地制宜发展钢架大棚、玻璃温室等设施，配置应用立体栽植、多层养殖等装备，提高水、土、肥的利用率，推进农业"设施增地"和"节水增地"。

（7）强化科技创新驱动，加速农业信息化发展。深化农业科技体制改革，打通科技与生产结合的通道,强化农业科技创新平台建设和主题培育,推进关键领域的技术集成与示范推广,创新农机推广体制机制,促进农机供需对接和科研成果推广应用。

(8)深化农业农村改革,推进农业产业化经营。深化农业体制改革,培育壮大家庭农场、农民专业合作社联合社和农业企业新型主体;优化农业经营机制,推动农业适度规模经营,着力构建以家庭经营为基础、联合与合作为纽带、社会化服务为支撑的现代农业经营体系。

参考文献:

[1] 马灵桦. 浙江省茶产业国内竞争力研究 [D]. 宁波大学,2014.

[2] 吴俊. 浙江省农业产业化评价研究 [D]. 浙江财经大学,2015.

[3] 汪光年. 浙江省种植业产业发展对策研究 [D]. 浙江大学,2007.

[4] 浙江省茶业协会. 2014 年度浙江茶产业发展报告 [J]. 中国茶叶,2015(5):6-7.

[5] 张明生. 浙江发展生态农业的实践、问题与对策 [J]. 浙江农业科学,2015(7):957-961.

[6] 贾佳,单胜道,温国胜. 浙江省竹产业循环经济发展研究 [J]. 浙江农林大学学报,2012(3):440-445.

[7] 浙江省茶叶产业协会. 2011 年度浙江茶产业发展报告 [J]. 中国茶叶,2012(7):7-8.

[8] 浙江省茶叶产业协会. 2013 年度浙江茶产业发展报告 [J]. 中国茶叶,2014(4):7-8.

[9] 浙江省茶叶产业协会. 2015 年度浙江茶产业发展报告 [J]. 中国茶叶,2016(6):10-11.

[10] 陈静娜,伍应燕. 浙江渔业经济可持续发展的资源基础研究 [J]. 海洋开发与管理,2011(3):99-103.

[11] 浙江省茶叶产业协会. 2010 年度浙江茶产业发展报告 [J]. 中国茶叶,2011(5):20-21.

[12] 闻海燕. 加快浙江畜牧业区域布局调整 [J]. 浙江经济,2014(4):38-39.

[13] 乐家华. 浙江省渔业发展现状、问题与方向 [J]. 黑龙江农业科学,2011(12):73-78.

[14] 肖利容. 浙江林业产业评价及其影响因素研究 [D]. 中国林业科学研究院,2012.

[15] 宋超智. 浙江省林业产业发展战略研究 [D]. 北京林业大学,2009.

[16] 陶春华. 浙江省休闲农业发展研究 [D]. 浙江农林大学,2011.

[17] 浙江省畜牧业转型升级十大模式 [J]. 浙江人大,2014(7):28-29.

[18] 陈国桥,任锦芳,童日晖. 浙江省农业发展战略研究 [J]. 农业现代化研究,1991(1):26-31.

［19］符宁平，闫彦.浙江八大水系［M］.杭州：浙江大学出版社，2009.

［20］王景新，车裕斌等.从传统到现代 浙江农业农村经济发展60年［M］.杭州：浙江人民出版社，2009.

［21］陈桥驿.浙江地理简志［M］.杭州：浙江人民出版社，1985.

［22］胡晨光.产业集聚于集聚经济圈的演进［M］.北京：中国人民大学出版社，2014：42-47.

［23］黄烈亚，翟印礼，梁霁.产业结构变动与林业经济增长：贡献与差异［J］.林业经济，2010（4）：113-116.

［24］《浙江省林业发展"十二五"规划》，http：//www.zjly.gov.cn/art/2012/10/9/art_1275963_4795158.html.

［25］《浙江省林业发展"十三五"规划》，http：//www.zjly.gov.cn/art/2016/10/12/art_1275963_4795147.html.

［26］《浙江省"十一五"农业发展规划》，http：//www.zjkjt.gov.cn/news/node11/detail1102/2008/1102_14928.htm.

［27］《浙江省渔业发展"十二五"规划》，http：//www.zjoaf.gov.cn/zfxxgk/ghjh/yycygh/2012/02/14/2012021400019.shtml.

［28］《浙江省渔业转型升级"十三五"规划》，http：//www.zj.gov.cn/art/2016/11/22/art_5495_2197886.html.

［29］《浙江省现代农业发展"十二五"规划》，http：//www.360doc.com/content/13/1113/15/3046928_328902777.shtml.

［30］《浙江省现代农业发展"十三五"规划》，http：//www.zj.gov.cn/art/2016/8/15/art_5495_2181201.html.

［31］浙江2015年GDP增长8% 十三五目标年增7%以上，http：//zj.sina.com.cn/news/m/2016-01-25/detail-ifxnuvxc1939177.shtml.

第四章 海洋经济地理

浙江海域面积达到 26 万平方千米，为陆域面积的 2.6 倍，拥有丰富的港口、渔业、旅游、油气、滩涂、海岛、海洋能等资源。浙江海域又地处东海中部，位于长江黄金水道入海口，对内是江海联动枢纽，对外是远东国际航运要冲。浙江沿海地区位于我国"T"字形经济带和长三角世界级城市群的核心区，区位条件十分优越。2011 年 2 月国务院正式批复《浙江海洋经济发展示范区规划》，浙江海洋经济发展示范区建设上升为国家战略，这为浙江加快发展海洋经济，建设海洋强省带来了重大发展机遇。

第一节 海洋环境资源概况

对于浙江省的海洋环境资源状况，这里仅做一简要介绍，主要是为分析、了解浙江省海洋经济发展提供资源环境方面的基础，其详细情况可以进一步参阅相关的专门书籍[①]。

一、海洋环境

浙江海域北部位于长江黄金水道入海口，南部毗邻台湾海峡。浙江沿海地区是全国"两横三纵"城市化战略格局中沿海通道纵轴的重要组成，是长江三角洲地区与海峡两岸之间的联结纽带。

浙江海岸线曲折，北起平湖市金丝娘桥，南至苍南县虎头鼻，分布着杭州湾、象山港、三门湾、乐清湾等诸多海湾。浙江近海是东海的重要组成部分。根据海底地形变化及等深线分布特征，可以将浙江近海及邻近海域分为四个大

---

① 金翔龙.浙江海洋资源环境与海洋开发［M］.北京：海洋出版社，2014.

的地形分区：杭州湾地形区、舟山群岛地形区、浙江近海斜坡地形区（含象山港、三门湾、乐清湾等港湾区）和浙江毗邻陆架沙脊地形区。杭州湾是东西走向的喇叭形强潮河口湾，东西长90千米，湾口宽100千米，平均水深8~10米，湾顶接钱塘江，湾口经舟山群岛各潮汐通道与东海相通。舟山群岛海域岛礁林立，水道纵横交错，地形起伏不定，最大水深超过100米。浙江近海斜坡地形区等深线呈密集状，近似平行海岸线，呈SW—NE向延伸，这种平直等深线一直向海推进到水深60~70米一线，该地形区从舟山群岛的嵊泗列岛一直延伸到台湾海峡北部近岸福建南日列岛。

浙江沿海处于欧亚大陆与西北太平洋的过渡地带，该地带属典型的亚热带季风气候区。受东亚季风影响，浙江冬夏盛行风向有显著变化，降水也有明显的季节变化。据浙江沿海各气象台站长期观测资料统计分析，浙江年平均气温15.6℃~18.3℃；年平均日照时数1710~2100小时；年平均降雨量在980~2000毫米；年平均风速为2.6米/秒，平均风速由近海—沿海—内陆递减，近海地区平均风速一般在5.0米/秒以上，离大陆较远的海岛地区平均风速可达7.0米/秒。春季风速较大，风向多变，但是多偏东风；夏季盛行东南风和偏南风，风速一般较小，但是在7~8月台风影响期间风速高涨；秋季中冬季风逐渐取代夏季风，仲秋以后多偏北风，但风速比冬季小；冬季盛行偏北风，风速较大。

浙江省河流众多，沿海主要有6条入海河流（曹娥江口已建挡潮闸，不再作为入海河流），自北向南分别为钱塘江、甬江、椒江、瓯江、飞云江、鳌江。由于流程短，河流携带泥沙较粗，绝大部分沉积在河口以内，只有少量泥沙在汛期才进入口外海滨沉积。

浙江海域悬浮泥沙的主要来源有二：一是长江及其他入海河流（钱塘江、椒江、瓯江等）携带的陆源物质，其中，长江携带入东海的悬浮物质占沿岸河流输入东海总量的95%~99%；二是黄海沿岸河流携带黄海悬浮和再悬浮物质输入东海。

二、海洋资源

（一）海岛和海岸线资源

浙江省共有海岛3820个，海岛总面积1818.025平方千米，海岛岸线总长4496.706千米，分别隶属于嘉兴市、舟山市、宁波市、台州市和温州市的27个县（市、区）。分布区南北跨距420千米，东西跨距250千米。浙江省沿海5个地级（或副省）市的海岛分布情况是，舟山市海岛数量最多，共计1814个，占浙江省海岛总数的47.49%;台州市次之,海岛数量为777.5个,占海岛总数的20.35%;宁波市海岛数量为643个,占海岛总数的16.83%;温州市海岛数量为551.5个,占海岛总数的14.44%;嘉兴市海岛数量最小,共计34个,占海岛总数的0.8%。浙江省有居民海岛数量为254个,仅占海岛总数的7%,但却占海岛总面积的91.4%,这体现了浙江海岛的鲜明特点,其中又以舟山市有居民海岛数量最多,计141个,占浙江省有居民海岛总数的一半以上。比较著名的群岛有舟山群岛,其他列岛也有10余个,如嵊泗列岛、洞头列岛、南麂列岛、台州列岛等。

浙江省海岸线总长为6714.663千米,其中,大陆海岸线长度为2217.957千米,海岛海岸线长度为4496.706千米。海岛海岸线舟山市最长,计2388.247千米,占浙江省海岛海岸线总长度的53%以上;宁波市次之;嘉兴市海岛海岸线最短。大陆海岸线宁波市最长,计815.75千米,占浙江省大陆海岸线总长度的36.78%;台州市和温州市大陆海岸线长度分别是740.26千米和503.98千米,分别列第二位和第三位,占浙江省大陆海岸线比例为33.38%和22.72%;嘉兴市大陆海岸线总长108.48千米,占4.89%;绍兴市和杭州市的大陆海岸线长度分别是32.9千米和16.59千米,是浙江省大陆海岸线最短的两个市,占浙江省大陆海岸线比例为1.48%和0.75%。

从浙江省深水岸线资源的情况来看,前沿水深大于10米的深水岸线分布100多处,总长481.8千米。其中,前沿水深介于10~15米的深水岸线为212.4千米,占44.1%;前沿水深为15~20米的深水岸线为19.2千米,占4.0%;前沿水深大于20米的深水岸线为250.2千米,占51.9%。其中,舟山市深水岸线长度为286.1千米,占浙江省深水岸线总长度的59.4%;宁波市深水岸线长度为102.7千米,占深水岸线总长度的21.3%;台州市、嘉兴市和温州市深水岸线长度分别为32.6千米、31.5千米和28.9千米,分别占深水岸线总长度的6.8%、6.5%和6.0%。

(二)滩涂和海洋渔业资源

浙江省沿岸滩涂普遍发育,主要分布于河口平原外缘的开敞岸段、半封闭港湾的隐蔽岸段及岛屿岸段。据调查统计,浙江省海图0米线以上的滩涂资源为2285.14平方千米,其中分布于大陆岸线的约为1853.48平方千米,分布于海岛四周的约为431.66平方千米。从分布区域来看,宁波市滩涂面积最大,达到744.68平方千米,占总面积的32.59%;其次是温州市,面积达到656.07平方千米,占总面积的28.71%;台州市的面积也比较大,达到460.13平方千米,占总面积的20.13%；其他地区的滩涂面积都较小，其中杭州市滩涂面积最小，仅有11.20平方千米，占总面积的0.49%。

浙江沿海岛屿众多，海岸线曲折漫长，滩涂广阔，水质肥沃，气候适宜，得天独厚的优越条件造就了沿海生物的多样性，水产种质资源非常丰富，成为我国渔业资源蕴藏量最为丰富、渔业生产力最高的渔场，近海最佳可捕量占到我国总量的1/4还多，舟山渔场是我国主要经济渔类的集中产区。渔业资源的组成有鱼类、虾类、蟹类、头足类、贝类和藻类等。浙江海域有鱼类700多种，但作为鱼类主要捕捞对象的只有30~40种，近几年浙江省鱼类产量约占海洋总捕捞量的65%，是海洋渔业资源中最重要的组成部分。浙江沿海虾类资源丰富，利用历史较长，近几年约占海洋总捕捞量的20%，是浙江渔场重要的捕捞对象。蟹类和头足类也是浙江渔场重要的捕捞对象。

养殖方面，浙江省浅海、港湾和滩涂养殖资源丰富，养殖条件优越，养殖品种多样。根据浙江省养殖业实际情况，将全省海水养殖统一划分为：滩涂养殖、浅海养殖和池塘养殖。其中滩涂养殖面积占70%以上。

(三) 滨海旅游资源

浙江沿海自然环境独特，气候宜人，汇集着山、海、崖、岛礁、滩涂等多种自然景观和成千上万种海洋生物。同时，浙江沿海又是历史上开发最早的地区，历代劳动人民在这里留下了丰富的历史文化遗产。因此，浙江沿海的旅游资源兼有自然和人文、海域和陆域、古代和现代、观赏和品尝等多种类型。浙江沿海地区分布着舟山普陀山、嵊泗列岛两个国家级风景名胜区，舟山桃花岛等五个省级风景名胜区。浙江主要海岛共有可供旅游开发的景区450余处。

据统计调查[1]，浙江沿海七城市的旅游资源单体总数达13545个，占全省总量的3/4，是旅游资源最为集聚的区域。沿海各地区旅游资源单体分布如表4-1所示。其中，宁波市、温州市、台州市和舟山市四个主要沿海城市旅游资源单体数量分别为1900个、3279个、1782个和861个，共计7822个，占浙江省七个沿海城市的58%。沿海地带中的36个县（市、区）拥有各类旅游资源单体7332个，占全省的34.7%，略低于全省平均数。

浙江沿海地带旅游资源类型丰富，拥有所有旅游资源的八大主类。其中，建设与设施类单体数量最多，为3868个；地文景观类次之，为1496个；水域风光类位于第三位，为471个；其他依次为人文活动类389个，遗址遗迹类

---

[1] 浙江大学. 浙江省潜在滨海旅游区评价与选划报告 [R]. 2010.

表 4-1　沿海地区旅游资源单体分布

范围	杭州市	宁波市	温州市	嘉兴市	绍兴市	舟山市	台州市	合计
沿海 7 个城市	2706	1900	3279	1156	1861	861	1782	13545
沿海 36 个县（市区）	502	1900	1979	479	529	861	1083	7332
沿海 262 个乡镇街道	89	810	926	250	13	861	624	3573

注：根据 2003 年浙江省旅游资源普查资料整理统计。宁波与绍兴梁祝文化单体重复，故第二栏合计少 1 个，为 7332 个。

385 个，生物景观类 365 个，旅游商品类 321 个，天象与气候景观类 37 个。

（四）矿产和海洋可再生能资源

浙江省沿海与海域的矿产资源主要是海砂资源与油气资源。海砂资源主要赋存于沙脊、冲刷槽、三角洲、河谷、滨海、砂质平原等各类地貌单元。全省表层与埋藏海砂资源分布面积为 3469.73 平方千米，其中，嘉兴 214.39 平方千米，宁波 237.87 平方千米，舟山 2816.07 平方千米，台州 54.56 平方千米，温州 146.84 平方千米。东海油气资源丰富。1974 年以来，东海进行了多轮油气资源评价工作，初步掌握了东海油气资源规模及其区域分布。

浙江沿海位于亚热带季风气候区，潮强流急，风大浪高，具有丰富的潮汐能、潮流能、波浪能、温差能、盐差能和风能等海洋能资源。浙江省 500 千瓦以上的潮汐能电站站址有 19 个，具有开发价值的潮流水道有 37 条，近海离岸 20 千米区域内波浪能蕴藏量为 196.79×10^4 千瓦，风能资源总蕴藏量为 7550.0×10^4 千瓦，主要河流入海口盐差能蕴藏量为 364×10^4 千瓦。

第二节　海洋经济发展

浙江沿海地区位于我国"T"字形经济带和长三角世界级城市群的核心区，拥有丰富的港口、渔业、旅游、油气、滩涂、海岛、海洋能等海洋资源，为浙江加快发展海洋经济，建设海洋强省，提供了优越的区位条件和坚实的资源基础。

一、海洋经济发展历史

新中国成立以来，浙江海洋经济快速发展，并经历了一个海洋产业结构不断高级化和从传统海洋经济逐步向现代海洋经济转型的发展历程[①]。

1. 恢复与发展阶段（1949~1965年）

新中国成立后，政府通过发放渔业盐业生产贷款、运销支持等手段，海洋渔业和盐业生产得到恢复和发展。通过生产互助组等多种合作体制，推行渔船动力化和机帆船作业，拓展作业渔场等手段，浙江海洋渔业在全国确立了举足轻重的地位。渔业总产量占全国的1/4，上调国家的商品鱼占全国总量的50%以上，均居全国首位。

2. 曲折前行阶段（1966~1977年）

"文革"期间，海洋渔业资源遭受较大破坏。高强度机帆船捕捞使捕捞能力超过了资源再生能力，水产品全额收购制度制约了渔区经济的发展。然而，这一期间浙江省成立了嵊泗渔场指挥部，加强渔业生产中供、销、补给等环节的协调，解决渔事纠纷；进一步完成了海洋渔业资源调查和渔区划分，为之后海洋渔业的科学管理和持续发展奠定了基础。

3. 改革与创新阶段（1978~1992年）

改革开放至20世纪90年代初期，是我国海洋经济总量不断壮大、现代海洋产业体系逐步建立的重要时期。浙江海洋经济的体制探索和发展创新加速推进，海洋渔业率先在以"单船核算"、股份合作制为特征的生产经营体制改革方面取得重大突破；海洋盐业实施了以滩组为单位的联产承包责任制和食盐专营管理体制创新；海运业打破"三统"模式，逐步形成以公有制为主体、多种所有制经济共存的新格局。此外，在海洋渔业、海洋盐业和海运业三大传统海洋产业持续增长的同时，海洋经济逐步拓展到石化、电力、船舶、海洋医药等临港工业和以海洋旅游为代表的海洋第三产业等领域，浙江现代海洋经济的产业结构体系逐步建立。

4. 蓝色崛起阶段（1993~2002年）

在前期海洋经济发展的基础上，1993年浙江省正式提出建设"海洋经济大省"的战略目标。特别是随着《浙江省海洋开发规划纲要（1993~2010年）》的实施，海洋经济得到了较大的发展。这一阶段，浙江以上海国际航运中心建设、东海油气田开发、海洋渔业结构调整为契机，立足海洋资源优势，实现了临港工业和海洋新兴产业的快速崛起。浙江港航向专业化、集群化、规模化方

---

① 王颖，阳立军. 新中国60年浙江海洋经济发展与未来展望[J]. 经济地理，2009，12（29）：1957-1962.

向发展，10年间海上运力年均增长约15%；临港石化、海洋船舶、海洋生物制药等产业逐步走上了全国的前列；海洋渔业稳步发展，远洋捕捞位列全国首位，海水养殖在"246"工程的基础上，逐步形成了"八大基地"；海洋旅游业异军突起，成为全省国民经济中增长最快的产业之一。

5. 优化与升级阶段（2003~2010年）

我国加入世贸组织（WTO）以后，以人为本、科学发展、转变方式、生态文明、全球化等理念逐步深入，经济开始实行大转型，也是浙江海洋经济增长方式大转变、海洋经济实现大发展的重要时期。2003年8月浙江省第三次海洋经济会议明确提出了"建设海洋经济强省"的战略目标。浙江依托"八八战略"和"海洋经济强省""港航强省"等海洋经济发展战略，大力推进陆海联动、港口开发开放、产业结构调整、海洋资源综合开发、海洋综合管理和区域海洋创新，浙江海洋经济在发展方式、规模、质量等方面都发生了巨大变化。在海洋产业发展上，浙江在全国率先实施渔民转产转业战略，坚持压缩近海捕捞、发展远洋捕捞、主攻海水养殖的方针，大力调整海洋渔业结构，海水捕养产量比从2003年的76∶24调整为2008年的74∶26；临港石化工业、船舶修造业、临港能源工业和港口海运业等海洋优势产业在快速增长的同时逐步实现战略转型，其总体产业发展水平位居全国前列；海洋旅游业竞争力大幅提升，空间布局逐步优化；海水淡化、海洋生物资源开发和海洋新能源利用等海洋新兴产业也在全国具有重要地位。

6. 实施国家战略阶段（2011年至今）

2011年2月国务院正式批复《浙江海洋经济发展示范区规划》，浙江海洋经济发展示范区建设上升为国家战略，成为浙江省海洋经济发展进程中的一个重要里程碑。批复认为，建设好浙江海洋经济发展示范区关系到我国实施海洋发展战略和完善区域发展总体战略的全局。规划明确了"一个中心、四个示范"的战略定位，即要建设成为我国重要的大宗商品国际物流中心、海洋海岛改革开放示范区、现代海洋产业发展示范区、海陆协调发展示范区、海洋生态文明和清洁能源示范区。

2011年7月7日，国务院正式批准设立浙江舟山群岛新区。这是继上海浦东新区、天津滨海新区和重庆两江新区后，党中央、国务院决定设立的第四个国家级新区，也是国务院批准的中国首个以海洋经济为主题的国家战略层面新区。在功能上，舟山群岛新区被定位为：浙江海洋经济发展的先导区、海洋综合开发试验区、长江三角洲地区经济发展的重要增长极。舟山群岛新区将建成中国大宗商品储运中转加工交易中心、东部地区重要的海上开放门户、中国海洋海岛科学保护开发示范区、中国重要的现代海洋产业基地、中国陆海统筹发展先行区。

以国务院上述两个批复为契机，浙江省海洋经济进入了新的更高层次的发展阶段。浙江省委、省政府先后出台了《中共浙江省委浙江省人民政府关于加快发展海洋经济的若干意见》和《关于推进舟山群岛新区建设的若干意见》。上述两个《意见》分别指出：加快发展海洋经济，要切实增强加快发展海洋经济的战略意识，充分发挥规划引领作用，加大财税政策支持，增强金融要素支撑，加强土地、海洋和水资源要素保障，加快推进科技创新，加快海洋教育事业发展和人才培养，加强海洋生态保护，加快涉海重大项目建设，加强体制机制创新十个方面的内容。推进浙江舟山群岛新区建设，要进一步完善舟山群岛新区管理体制，赋予其省级经济社会管理权限，要加大财税政策支持力度、全方位深化对外开放、构建现代海洋产业体系、健全海洋金融支撑体系、保障用地用海和岸线有效利用、强化海洋科技创新驱动、加强基础设施建设、保护海洋生态环境、创新海岛社会管理、加强组织协调等，共12个方面的内容。2013年7月8日，浙江省人民政府办公厅又印发了《浙江海洋经济发展"822"行动计划（2013~2017）》）。"822"行动计划是指扶持发展8大现代海洋产业，培育建设20个左右海洋特色产业基地，每年滚动实施200个左右海洋经济重大建设项目。要求到2017年，全省海洋生产总值接近9000亿元，占全省GDP的比重力争达到18%，其中海洋新兴产业增加值占海洋生产总值的比重达到32%以上，海洋经济综合实力明显提升。展望到2020年，全省海洋生产总值力争达到12000亿元，占全省GDP的比重力争达到20%，其中海洋新兴产业增加值占海洋生产总值的比重达到35%，建成现代海洋产业体系，实现海洋经济强省目标。

> **专栏：浙江海洋经济发展示范区**
>
> 国务院于2011年2月正式批复《浙江海洋经济发展示范区规划》（以下简称《规划》），浙江海洋经济发展示范区建设上升为国家战略。批复认为，建设好浙江海洋经济发展示范区关系到我国实施海洋发展战略和完善区域发展总体战略的全局。
>
> 国务院批复要求，《规划》实施要突出科学发展主题和加快转变经济发

展方式主线,以深化改革为动力,着力优化海洋经济结构,加强海洋生态文明建设,提高海洋科教支撑能力,创新体制机制,统筹海陆联动发展,推进海洋综合管理,建设综合实力较强、核心竞争力突出、空间配置合理、生态环境良好、体制机制灵活的海洋经济发展示范区,形成我国东部沿海地区重要的经济增长极。

《规划》的战略定位是:把浙江建设成我国大宗商品国际物流中心、舟山海洋综合开发试验区、大力发展海洋新兴产业、海洋海岛开发开放改革示范区、现代海洋产业发展示范区、海陆统筹协调发展示范区和生态文明及清洁能源示范区。在国务院批准的《规划》中,我国唯一的群岛型设区市舟山被列为海洋综合开发试验区,这是我国第一个设区市的国家级海洋经济试验区。

《规划》对浙江发展海洋经济的空间新布局是:一核、两翼、三圈、九区、多岛。在这一空间布局中,杭州、宁波、温州、嘉兴、绍兴、舟山、台州7市47个县(市、区)被纳入海洋经济发展示范区。

国务院在批复中要求,将浙江海洋经济发展示范区建设成为综合实力较强、核心竞争力突出、空间配置合理、生态环境良好、体制机制灵活的全国海洋经济科学发展示范区。同时要求浙江按照《规划》确定的战略定位、空间布局和发展重点,有序推进重点项目建设,努力探索有利于海洋经济科学发展的体制机制。

二、海洋经济现状与特点

改革开放以来,浙江海洋经济发展呈现出以下五个方面的明显特点。

(一) 海洋经济总量不断壮大,海洋产业结构不断优化

浙江省在发展海洋经济、推动海洋产业发展方面取得了巨大成就,尤其是进入新世纪以来,海洋经济发展迅速。1996年浙江省海洋生产总值为288.16亿元,2000年为399.53亿元,但到2003年突破了1000亿元大关,达到1178亿元。2003年以来浙江省各年海洋生产总值如图4-1所示。从图中可以看到,到2005年浙江省海洋生产总值达到2299亿元,突破2000亿元大关;2013年为5257亿元,又成功突破5000亿元大关。虽然2006~2007年有个小幅的回落,但其他年份一直处于稳步增长阶段。2015年浙江省海洋生产总值达到6180.14亿元,比上年增长7.3%。

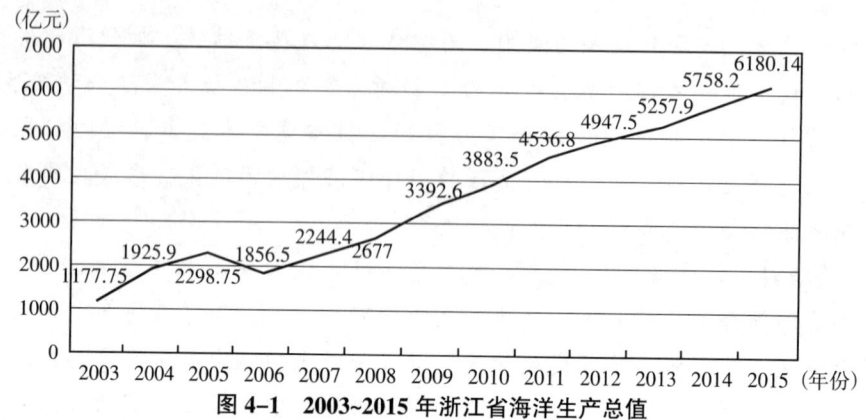

图 4-1 2003~2015 年浙江省海洋生产总值

资料来源：2004~2015 年的《中国海洋统计年鉴》《浙江统计年鉴》。

浙江省海洋生产总值占 GDP 的比重，从表 4-2 可以看到，2013 年为 14%，2014 年为 14.33%，2015 年为 14.41%，因此，浙江省海洋生产总值占 GDP 的比重在不断提高。

表 4-2 浙江省海洋生产总值与生产总值

单位：亿元，%

年份	海洋生产总值	GDP	占 GDP 比重
2013	5257.9	37757	14
2014	5758.2	40173	14.33
2015	6180.14	42886	14.41

资料来源：2013~2015 年的《中国海洋统计年鉴》《浙江统计年鉴》、浙江省统计局。

进入 21 世纪以来，浙江省海洋产业结构的变化也十分迅速。1996 年浙江省海洋第一、第二、第三产业的生产总值占海洋生产总值的比重分别为 83.27%、1.11%、15.63%，2000 年海洋三大产业的生产总值所占的比重也依次分别为 75.27%、5.34%、19.19%，因此，海洋生产总值主要由海洋第一产业的生产总值所组成。但是，从表 4-3 可以看出，到 2003 年浙江省海洋三大产业的生产总值所占的比例已经依次调整为 19.94%、29.66%、50.40%。此后的年份，虽然 2004 年与 2005 年两年海洋第一产业生产总值的占比又达到了 30%左右，海洋第二产业和第三产业生产总值的占比分别为 30%和 40%左右，但从 2006 年开始，海洋第一产业生产总值的占比就一直低于 10%，海洋第二产业和第三产业生产总值的占比一直都在 40%以上，并且，各年海洋第三产业生产总值的占比均高于海洋第二产业,近两年海洋第三产业生产总值的占比又超过了50%,海洋第二产业生产总值接近40%。上述结果说明,进入21世纪以来,浙江省海洋第二产业和第三产业取得了快速发展,并且,海洋第三产业的发展又快于海洋第二产业的发展,海洋三大产业结构呈现"三二一"模式,这是浙江海洋产业发展的一个明显特点。

表4-3 2003~2015年浙江省海洋生产总值及三次海洋产业比重变化

年份	海洋生产总值（亿元）	第一产业比重（%）	第二产业比重（%）	第三产业比重（%）
2003	1177.75	19.94	29.66	50.40
2004	1925.9	31.19	29.33	39.48
2005	2298.75	28.19	32.07	39.74
2006	1856.5	7.42	39.65	52.93
2007	2244.4	6.86	40.53	52.61
2008	2677	8.67	41.98	49.35
2009	3392.6	7.02	45.95	47.02
2010	3883.5	7.38	45.40	47.21
2011	4536.8	7.72	44.57	47.70
2012	4947.5	7.47	44.07	48.46
2013	5257.9	7.19	42.95	49.86
2014	5758.2	7.43	39.29	53.28
2015	6180	7.5	39.4	53.1

资料来源：2004~2014年的《中国海洋统计年鉴》《浙江统计年鉴》,浙江省统计局；2015年资料来自浙江统计信息网（浙江省统计局）,2016年9月14日发布。

(二) 海洋产业体系比较完备,核心产业动态变化规律明显

国家海洋局制定的海洋经济领域的第一个国家标准《海洋及相关产业分类》(GB/T 20794—2006),将海洋经济划分为海洋产业与海洋相关产业两大类,其中海洋产业又划分成主要海洋产业和海洋科研教育管理服务业。主要海洋产业是海洋经济的核心层,海洋科研教育管理服务业是海洋经济的支持层,海洋相关产业是海洋经济的外围层。根据国家标准进行统计核算,2015年浙江省海洋生产总值为6180.14亿元,其中,海洋产业合计为3737.43亿元,海洋相关产业合计为2442.71亿元；在海洋产业中,其中海洋主要产业为3047.87亿元,海洋科研教育管理服务业为689.55亿元。因此,海洋主要产业是海洋经

济发展的主要动力,但海洋科研教育管理服务业对海洋经济发展也起到了重要的支持作用。

从表4-4可以看出,按国家标准《海洋及相关产业分类》中的各个产业,浙江省基本上都具备,浙江省海洋产业体系比较完备。并且,可以发现,浙江省主要海洋产业各部门产值由大到小依次是:滨海旅游业、海水利用业、海洋交

表4-4 2014年、2015年浙江省海洋生产总值

单位:亿元,%

指标	2014年	2015年	2015年比上年增长
海洋生产总值	5758.2	6180.14	7.3
海洋产业合计	3389.11	3737.43	10.3
海洋主要产业	2811.11	3047.87	8.4
海洋渔业	324.26	355.48	9.6
海洋水产加工业	72.37	66.32	-8.4
海洋矿业	10.55	9.87	-6.4
海洋盐业	2.17	2.64	21.7
海洋化工业	158.57	161.21	1.7
海洋生物医药业	65.98	75.35	14.2
海洋电力业(海洋能、海洋风能等)	9.01	11.85	31.5
海水利用业(包括火电、核电、海水淡化等)	526.73	611.02	16
海洋船舶工业	236.01	246.32	4.4
海洋工程建筑业	156.37	172.6	10.4
海洋交通运输业	361.31	371.81	2.9
滨海旅游业	887.77	963.4	8.5
海洋科研教育管理服务业	578.01	689.55	19.3
海洋相关产业合计	2369.08	2442.71	3.1
海洋农林业	103.29	106.53	3.1
海洋设备制造业	451.61	441.3	-2.3
涉海产品及材料制造业	332.86	386.82	16.2
涉海建筑与安装业	240.36	247.91	3.1
海洋批发与零售业	295.48	307.76	4.2
涉海服务业	945.49	952.38	0.7

资料来源:浙江省海洋渔业局/浙江省统计局:2016年11月,浙江省2015年海洋统计资料。

通运输业、海洋渔业、海洋船舶工业、海洋工程建筑业、海洋化工业、海洋生物医药业、海洋水产品加工业、海洋电力业、海洋矿业以及海洋盐业。其中，滨海旅游业、海水利用业和海洋交通运输业占海洋主要产业全部增加值的63.85%，海洋渔业、海洋船舶工业、海洋工程建筑业、海洋化工业也占有相当比重，海洋生物医药业、海洋水产品加工业的产值不大，但海洋生物医药业增长速度很快，海洋电力业、海洋矿业、海洋盐业的产值较小。

动态分析浙江省海洋产业中的核心产业，20世纪末之前，海洋渔业一直是一枝独大；进入21世纪初，滨海旅游业和海洋交通运输业快速上升，与海洋渔业一起成为浙江省三大海洋核心产业；目前，滨海旅游业、海水利用业、海洋交通运输业、海洋渔业、海洋船舶工业是浙江省的优势海洋产业，其中，滨海旅游业、海水利用业和海洋交通运输业成为浙江省海洋三大核心产业。并且，从2014~2015年主要海洋产业的数据可以看出，除了海洋水产加工业、海洋矿业生产总值呈现下降外，其他10个主要海洋产业生产总值均呈上升趋势，尤其是海洋电力业、海水利用业、海洋生物医药业的增长率还比较高。

（三）海洋经济空间布局呈现"一主两翼"的格局，沿海各市海洋经济发展不平衡

在各种海洋资源中，港口岸线资源是战略核心资源，这种资源又具有稀缺性和地理分布的固化性特点。从浙江省海洋资源的分析中已知，浙江省具有非常丰富的港口岸线资源，改革开放尤其是进入21世纪以来，浙江省也以此为重点来配置生产要素和实施空间布局，大力开发港口资源和建设交通、物流等相关设施，积极发展港口、沿海相关产业，并延长产业链协作。因此，浙江海洋经济的空间布局逐步得到优化，基本形成了以宁波和舟山为主体，温台沿海和杭州湾为两翼的三大海洋经济区。

三大海洋经济区涉及七个地级（或副省级）市，各个涉海市近三年的海洋经济发展状况如表4-5所示。

表4-5 2013~2015年浙江省海洋及相关产业产值汇总

单位：亿元，%

地区	年份	海洋生产总值	海洋产业合计	海洋主要产业	海洋科研教育管理服务业	海洋相关产业合计	GDP	占GDP比重
全省	2013	5408.2	3113.75	2610.56	503.19	2294.46	37756.58	14.32
	2014	5758.2	3389.11	2811.11	587.01	2369.08	40173.03	14.33
	2015	6180.14	3737.43	3047.88	689.55	2442.71	42886.49	14.41

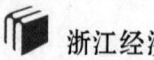

续表

地区	年份	海洋生产总值	海洋产业合计	海洋主要产业	海洋科研教育管理服务业	海洋相关产业合计	GDP	占GDP比重
杭州	2013	321.24	161.93	134.99	26.94	159.31	8398.58	3.82
杭州	2014	367.46	188.29	156.97	31.32	179.17	9206.16	3.99
杭州	2015	398.70	210.67	167.94	42.73	188.04	10050.21	3.97
宁波	2013	1137.63	611.42	546.49	64.93	526.2	7164.51	15.88
宁波	2014	1213.03	709.6	628.24	81.36	503.43	7610.28	15.94
宁波	2015	1267.6	715.9	619.7	96.2	551.71	8003.61	15.84
温州	2013	667.21	277.36	222.21	55.15	389.85	4024.5	16.58
温州	2014	726.27	296.91	238.83	58.08	429.36	4303.05	16.88
温州	2015	790.47	316.6	254.51	62.1	473.87	4618.08	17.12
嘉兴	2013	382.66	239.54	221.86	17.68	143.11	3163.05	12.1
嘉兴	2014	402.91	250.09	231.22	18.87	152.82	3352.6	12.02
嘉兴	2015	453.15	293.81	273.13	20.68	159.34	3517.81	12.88
绍兴	2013	222.96	55.44	47.88	7.56	167.51	3987.13	5.59
绍兴	2014	244.11	64.82	56.96	7.86	179.29	4265.88	5.72
绍兴	2015	258.68	69.19	60.60	8.59	189.49	4465.97	5.79
舟山	2013	642.33	529.24	502.46	26.77	113.09	933.53	68.81
舟山	2014	708.74	684.48	549.93	34.54	124.27	1015.26	69.81
舟山	2015	765.15	641.38	596.28	45.10	123.77	1092.85	70.01
台州	2013	416.33	280.75	270.64	10.1	135.58	3169.37	13.14
台州	2014	443.11	289.72	278.21	11.52	153.39	3387.38	13.08
台州	2015	480.67	317.51	302.93	14.59	163.16	3553.85	13.53

资料来源：浙江省海洋渔业局/浙江省统计局：2015年9月，浙江省2014年海洋统计资料；2016年10月，浙江省2015年海洋统计资料。

根据表4-5可以绘制出图4-2，从图中可以更清楚地看出各市2014年的海洋经济发展状况。

从海洋经济总量来看，各市海洋经济总量差别很大。2014年各市海洋经济总量的排名依次为：宁波、温州、舟山、台州、嘉兴、杭州、绍兴。其中，宁波市海洋生产总值为1213.03亿元，列全省第一；温州市海洋生产总值为726.27亿元，排名第二；舟山市海洋生产总值为708.74亿元，排名第三；其他四市海洋生产总值大小依次是台州市为443.11亿元、嘉兴市为402.91亿元、杭州市

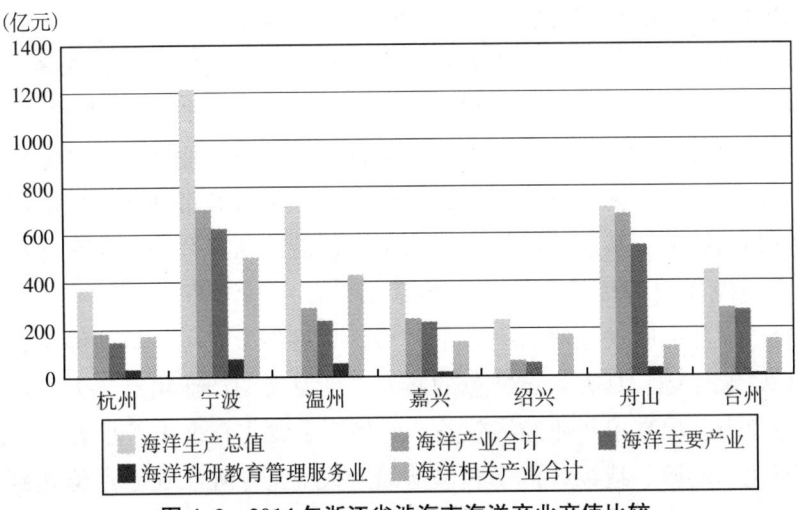

图4-2 2014年浙江省涉海市海洋产业产值比较

为367.46亿元、绍兴市为244.11亿元。各市海洋经济生产总值占GDP的比重，依次为舟山（69.81%）、温州（16.88%）、宁波（15.94%）、台州（13.08%）、嘉兴（12.02%）、杭州（5.72%）、绍兴（3.99%）。全省海洋生产总值占GDP的比重为14.33%，宁波、舟山、温州三个市海洋生产总值占GDP比重均高于全省平均，这表明它们是浙江省海洋经济最为发达的地区。舟山市海洋生产总值占GDP比重高达69.81%，是唯一以海洋经济为主的地级市，宁波市海洋生产总值占GDP比重排第三位，是由于宁波市经济总量大，实际上宁波市海洋经济总量列全省第一，遥遥领先于其他各市，上述结果与宁波和舟山两市海洋资源最为丰富具有密切关系。

从海洋经济内部结构来看，各市海洋经济发展的特点也各不相同。首先，海洋主要产业，2014年宁波、舟山两市海洋主要产业增加值分别为628.24亿元和549.93亿元，其他各市依次为台州278.21亿元、温州238.83亿元、嘉兴231.22亿元、杭州156.97亿元、绍兴56.96亿元，因此，宁波和舟山两市海洋主要产业增加值分别比其他市都要翻一番甚至翻几番。其次，海洋科研教育管理服务业，2014年宁波为81.36亿元，温州为58.08亿元，舟山为34.54亿元，杭州为31.32亿元，嘉兴、台州均不到20亿元，绍兴还低于10亿元。最后，海洋相关产业，2014年宁波为503.43亿元，温州为429.36亿元，绍兴为179.29亿元，杭州为179.17亿元，其他依次为台州153.39亿元、嘉兴152.82亿元和舟山124.27亿元。

(四) 优势产业集聚明显，产业集群竞争力不断提升

通过生产要素向最适宜从事海洋经济活动的区块集中，可以提高海洋资源利用率和海洋经济效益，增强集聚产业的国际竞争力。浙江省和沿海各市通过规划引导、政策激励等各种措施，大力培育资源优势产业，促进产业集聚，取得了明显成效。三大海洋经济区内，各市分别以港口城市和区域中心城市为依托，以杭州湾跨海大桥、舟山大陆连岛工程、沿海高速公路、洞头连岛工程为纽带，实现海洋资源优势和区域优势紧密结合，海洋产业与陆域经济联动发展。同时，在陆海联动战略的引导下，培育并逐步形成了一批能够符合资源特点、体现资源优势、具有区域特色的陆海联动发展的产业集群，大大增强了产业国际竞争力，提高了产业经济效益。例如，宁波北仑重化工业集群，2015年钢铁、石化、能源、造纸、汽车和修造船六大临港产业工业总产值达到1355.7亿元[①]。位于舟山六横岛北部的舟山六横船舶产业集群（舟山中国船舶工业城），中远、鑫亚、龙山船厂等船舶修造和配套企业均纷纷落户此地。

（五）海洋基础设施逐步完善，综合交通网络体系与防灾减灾工程体系逐步形成

基础设施规划建设及设施间的配套衔接，既是海洋经济强省建设的重要支撑，也在很大程度上决定了港口物流、临港重化工业等海洋经济发展的规模和水平。近年来，浙江省大力建设海洋基础设施，基础设施条件取得了巨大的改善，为浙江海洋经济发展创造了良好条件。首先，港口开发与建设取得了巨大的成绩。浙江港口群已经形成了以宁波—舟山深水港为枢纽，温州、嘉兴、台州港为骨干，各类中小港口相配套的沿海港口体系和现代物流系统，宁波—舟山港按照"管理统一、规划统一、建设统一、品牌统一"的原则推进一体化，为实现跨越式发展奠定了坚实基础。其次，陆海联运的综合交通网络建设取得了突破性进展。在建设沿海高速公路和杭州湾跨海大桥的基础上，又构筑了舟山大陆连岛、温州洞头半岛两条入海通道，形成了两条连接大陆和海洋、实现陆海优势融合、经济联动的重要纽带，绍嘉大桥、甬金高速又相继通车，积极构建了内陆走廊，实现了铁路与海运、公路与海运、内河航运与海运、公路与铁路的无缝衔接，全省交通网络体系的集疏运能力大大提高。最后，浙江省还

[①] 本数据根据宁波市北仑区《"十三五"工业经济发展专项规划》"2015年规上工业总产值2229.78亿元……2015年钢铁、石化、能源、造纸、汽车和修造船等六大临港产业工业总产值占规上工业总产值的60.8%"推算而得。

实施了"千里海塘工程"和标准渔港建设，海洋环境监测体系和防灾体系建设，使海洋防灾减灾能力得到大幅度提高。

三、海洋产业发展

海洋经济的核心和基础是海洋产业。浙江省丰富的海洋资源类型，为各类海洋产业的形成和发展提供了有利的基础和条件。加快发展海洋经济，建设海洋强省，就是要将资源优势转化为产业优势，大力发展各类海洋产业。

（一）海洋第一产业发展

海洋第一产业主要包括海洋渔业、海洋牧业、海洋植物栽培、海水灌溉农业等，其中最主要的是海洋渔业。浙江省具有曲折漫长的海岸线，广阔的滩涂，肥沃的水质和适宜的气候，使海洋渔业种质资源十分丰富，成为我国渔业资源蕴藏量最为丰富、渔业生产力最高的渔场。舟山渔场又是我国主要经济渔类的集中产区。并且，浙江省浅海、港湾和滩涂养殖资源丰富，养殖条件优越，养殖品种也多种多样。因此，浙江是我国海洋渔业大省，水产品总量、海洋渔业总产值、渔民人均收入均居全国前列。

进入21世纪以来，浙江海产品产量保持在400万吨左右。海洋渔业产值从2000年的224.15亿元上升到2010年的365.79亿元，年均增速为4.4%；2014年又上升到566.38亿元，比上年增长4.3%。由于浙江省海洋渔业产值增长速度大大低于我国整个海洋经济增长速度，因此，海洋渔业在海洋产业中的地位发生了明显变化，已经从2000年的第一位下降至2014年的第四位。

优化海洋渔业经济结构，可以增强海洋渔业经济的可持续发展能力。从海洋渔业经济内部结构来看，海洋渔业第二产业应该在海洋渔业经济总产值中占主导地位，这是因为海洋渔业第二产业发展既可以带动海洋渔业第一产业发展，也可以促进和繁荣水产品的流通环节。海洋渔业第三产业是水产品增值的重要环节，也是海洋经济增值的努力方向。2010年浙江省海洋渔业经济三次产业构成比例为56∶27.5∶16.5，海洋渔业经济三次产业结构明显不合理，需要进一步优化渔业经济三次产业结构。为此，浙江省海洋渔业发展"十二五"规划提出了海洋渔业经济三次产业结构的目标为31∶39∶30的比例。从海洋捕捞与海水养殖方面的结构来看，2010年浙江省海洋捕捞产量为327.91万吨，海水养殖总产量为87.21万吨，海洋捕捞产量占79%，海水养殖产量占21%；2014年浙江省海洋捕捞产量为378.42万吨，海水养殖总产量为89.79万吨，海洋捕捞产量与海水养殖产量的比例调整为80.8∶19.2。从远洋捕捞与国内海洋捕捞的结构来看，2014年浙江省国内海洋捕捞产量为324.27万吨，比上年增长1.2%，远洋捕捞产量为54.15万吨，比上年增长34.4%，虽然远洋捕捞量远远大于国内海洋捕捞量的增长，但远洋捕捞产量仅占海洋总捕捞产量的14.3%，因此，需要进一步大力发展海洋远洋捕捞业。

（二）海洋第二产业发展

海洋第二产业是以海洋工业为主体的海洋产业，主要包括海洋矿业、海洋盐业、海洋化工业、海洋电力、海洋船舶工业、海洋生物医药业、海水利用业、海洋工程建筑业等。海洋第二产业的发展，有利于推进整个海洋产业结构的优化提升，实现资源配置效率优化，不断提升海洋经济的整体实力。只有通过制定科学的产业发展政策，采取有效措施调整海洋产业结构，才能实现海洋经济的可持续发展。

进入21世纪后，浙江省海洋第二产业获得快速发展，自2006年以来海洋第二产业增加值占海洋生产总值的比重一直在40%左右，2015年海洋第二产业增加值达到2433亿元，比上年增长7.5%，占海洋生产总值的比重为39.4%。浙江省大力发展临港工业和海洋高新技术产业，临港工业和海洋高新技术产业的发展取得明显成效。浙江海洋第二产业主要行业2004年和2014年增加值列于表4-6。从表4-6中可见，2004~2014年，浙江省海水利用业从0.03亿元增加到526.73亿元，海洋船舶工业从21.6亿元增加到236.01亿元，海洋化工业从5.46亿元增加到158.57亿元，海洋工程建筑业从26.07亿元增加到156.37亿元，海洋生物医药业从0.47亿元增加到65.98亿元。由于海洋第二产业中这些主要行业的快速发展，使浙江海洋第二产业增加值在海洋经济生产总值中的比重快速提高，占海洋生产总值的比重从2004年的29.33%提升到2014年的39.29%。

表4-6 2004年和2014年浙江海洋第二产业主要行业增加值

行业	2004年	2014年
海水利用业	0.03	526.73
海洋船舶工业	21.6	236.01
海洋化工业	5.46	158.57
海洋工程建筑业	26.07	156.37
海洋生物医药业	0.47	65.98

资料来源：2004年数据来源于《中国海洋统计年鉴》，后续年份没有各省细分行业数据；2014年数据来源于浙江省海洋渔业局/浙江省统计局、《浙江省海洋统计资料》。

浙江临港工业发展进入增速换档期。2014年临港工业发展稳中有升，但受宏观环境压力影响，总体增速放缓。全省海洋第二产业总产出11219.49亿元，增加值2262.6亿元，分别比上年增长7%、6.9%，分别比上年增长减少2.2个和3.1个百分点。但海洋产业转型升级加快推进，海洋工程装备和海洋高端船舶、海水淡化、海洋清洁能源等产业发展势头良好。海洋船舶工业是浙江省的传统优势产业，2014年增加值为236.01亿元，比上年增长14%，涌现出金海重工、浙江造船、中远船务、扬帆集团等一批重点造船骨干企业，形成了产值超过50亿元的船舶产业基地7个。海水利用业（包括火电、核电、海水淡化等）的增速虽然明显回落，2014年比上年增长0.65%，但增加值已经达到526.73亿元，位列主要海洋产业第二。海洋化工业（包括海洋石油化工、海水化工、海盐化工、海藻化工）2014年增加值为158.57亿元，比上年增长9.1%，已经形成了一批在全国具有影响力的主导产品和中石化镇海炼化、中海油宁波大榭石化等一批竞争力较强的龙头骨干企业。海洋工程建筑业2014年增加值为156.37亿元，比上年增长18%。

海洋高新技术产业发展迅速。2014年浙江海洋生物医药业增加值65.98亿元，比上年增长9.9%，占全国海洋生物医药业增加值的25%左右，建成了宁波生物医药产业园、杭州海创园、新药港、国家生物高技术产业化等创新基地，3.2平方千米的舟山海洋生物医药产业园正在加快建设。中海重工宁波基地、金海重工船舶基地等海洋装备制造基地加快建设，海工装备规模实力、科技含量居全国前列，海洋装备制造业2014年增加值同比增长9.77%，独立自主建成了深海浮式生产储卸装置（FPSO）、半潜式生活辅助平台等单件收入在10亿元以上的高尖端海洋生产加工装备。健跳2万千瓦级潮汐电站、岱山潮流能电站等项目建设，标志着我国跻身国际海洋新能源开发的先进行列。

（三）海洋第三产业发展

2006年以来，以滨海旅游业、海洋港口运输业等为主导的浙江省海洋第三产业增加值一直占全部海洋生产总值的50%左右。2015年浙江海洋第三产业增加值为3285亿元，比上年增长7.1%，占全部海洋生产总值的53.1%。

滨海旅游业是指包括以海岸带、海岛及海洋各种自然景观、人文景观为依托的旅游经营、服务活动，主要包括海岸观光旅游、休闲娱乐、度假住宿、体育运动等。浙江旅游资源丰富，滨海旅游业一直保持快速增长。2014年浙江省滨海旅游业增加值为887.77亿元，同比增长9.3%，接待国内游客人数31838.66万人次，同比增长19.4%。滨海旅游业已经成为浙江省海洋经济三大主要产业之一，尤其是在浙江省海洋第三产业中的地位更为重要，是海洋第三产业的支柱产业。

海洋交通运输业是指以船舶为主要工具从事海洋运输以及为海洋运输提供服务的活动，包括沿海旅客运输、远洋旅客运输、沿海货物运输、远洋货物运输、水上运输辅助活动、管道运输业、装卸搬运及其他运输服务活动。海洋交通运输业已经成为浙江省海洋经济的支柱产业之一，是促进浙江省海洋经济发展的主要源泉之一。2014年全省海洋交通运输业增加值为361.31亿元，比上年增长7.4%。其中，宁波舟山港2015年完成货物吞吐量8.9亿吨，比上年增长1.8%，吞吐量连续4年位居全球第一；完成集装箱吞吐量2062.7万标箱，首次超过香港港列全球第四位，同比增长6.1%，增幅居全球十大港口首位。

专栏：宁波舟山港

宁波舟山港是我国大陆重要的集装箱远洋干线港，国内最大的铁矿石中转基地和原油转运基地，国内重要的液体化工储运基地和华东地区重要的煤炭、粮食储运基地，是国家的主枢纽港之一。2015年，宁波舟山港货物吞吐量达到8.89亿吨，连续7年位居世界港口第一；集装箱吞吐量首次突破2000万标箱，排名跃居世界港口第四位。在新的历史机遇期，宁波舟山港主动适应新形势，加快推进创新突破，全力打造全球一流的现代化枢纽港、全球一流的航运服务基地、全球一流的大宗商品储备交易加工基地、全球一流的港口运营集团（简称"四个一流"）。

从全球来看，宁波舟山港具备独特的区位及资源优势、良好的港航物流服务、扎实的大宗商品中转储备交易和强劲的腹地经济支撑，建设和发展具备良好的基础。

一是战略区位和资源优势突出。宁波舟山港位于长江经济带与国家南北沿海运输大通道的T字形交汇处，紧邻亚太国际主航道要冲，对内可通过多式联运直接覆盖长江经济带及丝绸之路经济带；对外可直接面向东亚、东盟及整个环太平洋地区。宁波舟山港规划可建10万吨级以上泊位岸线长200千米，30万吨级以上超大型泊位深水岸线20千米，天然航道平均水深30~100米，30万吨级船舶畅通无阻，超大型国际枢纽港建港条件全球少有。

二是国际枢纽港地位基本确立。宁波舟山港由镇海、北仑、大榭、穿山、梅山、金塘、衢山、六横、岑港、洋山等19个港区组成，现有生产泊位615座，其中万吨级以上大型泊位150座，设计吞吐能力7.2亿吨，居我国首位；集装箱吞吐能力1297万标箱，集装箱远洋干线130条，居全国前列。2015年，宁波舟山港货物吞吐量达8.9亿吨，连续7年稳居全球港口首位；集装箱吞吐量达206.7万标箱，首次超过香港港列全球第四位，与世界上200多个国家和地区的600多个港口建立了业务关系，已开通班轮航线230多条。完成江海联运总量超2亿吨；开通海铁联运的城市达20个，海铁联运量达到17.1万标箱，具备开展国际集装箱过境运输业务资质。

三是航运物流服务基础较好。宁波、舟山注册营运船舶超过2100多艘，1000多万载重吨。世界前30位船公司均在宁波舟山港开展业务。宁波、舟山两地聚集了港口航运、港口设计建设、航道疏浚、海上救助打捞、船级社、金融保险、海事法律仲裁、口岸通关等机构以及相关联产业。宁波拥有国内首家航运专业保险法人机构——东海航运保险股份有限公司，舟山保税燃料油供应跃居全国港区第二位，临港工业、物流产业快速发展。

四是大宗商品储备交易发展迅速。宁波舟山港分别承担了长江经济带45%的铁矿石、90%以上的油品中转量、1/3的国际航线集装箱运输量，以及全国约40%的油品、30%的铁矿石、20%的煤炭储备量，是全国重要的大宗商品储运基地。宁波大宗商品交易所、舟山大宗商品交易中心两大交易平台交易品种不断丰富，2015年交易总额超2万亿元。

第三节　政府创新与海洋经济发展

新中国成立尤其是改革开放以来，浙江对发展海洋经济进行了一系列的探索，取得了巨大的成绩。

一、海洋经济发展的路径探索

回顾过去，可以认为坚持体制机制创新、加强科学规划、加强陆海联动理念、强化科技创新、强化政策支持和加强科学管理,是浙江海洋经济快速发展的内在原因和根本。

(一) 坚持体制机制创新,激发海洋经济发展活力

新中国成立尤其是改革开放以来,浙江发展海洋经济在体制机制方面实施了一系列的创新和改革。20世纪50年代,浙江开展了海洋渔业生产组织模式的变革和实践,实行了多种不同的生产经营方式。"文化大文革"期间,浙江依然在渔业管理制度上进行创新和设计,通过成立渔场指挥部,探索共同管理海洋渔业资源、解决渔事争端的方法和途径。改革开放以后,浙江加速推进海洋盐业专营管理体制创新、海洋渔业生产经营体制改革和水运市场改革。20世纪90年代,浙江远洋渔业企业在远洋作业与生产方式上进行创新,形成了"捕捞+加工+销售"一体化生产的模式。浙江省在上述不同阶段实施的一系列改革和创新,激发了广大渔民和盐民的生产积极性,促进了海洋渔业和盐业生产的发展。直至20世纪末,浙江海洋经济一直以海洋第一产业为主体。浙江在全国也是海洋渔业大省。

进入21世纪以来,浙江省根据港口岸线方面的突出资源优势,又在港口经营管理体制上实施了重大创新。对港口资源最为丰富的宁波、舟山两市,打破了原来"一港一城一政"的模式,实行了宁波舟山港港口一体化经营模式,按照"管理统一、规划统一、建设统一、品牌统一"的原则进行建设和管理,为浙江港航强省建设提供了强有力的支撑。自从2011年以来,宁波舟山港已经连续4年居全球港口货物吞吐量首位,2015年集装箱吞吐量超过2000万标箱,也首次超过香港港位列全球第四。《浙江海洋经济发展示范区规划》又把创新海洋综合开发体制作为重要内容,"十三五"规划中强调要创新舟山群岛新区管理体制,鼓励新区开发开放、先行先试,建成拓展蓝色经济空间、建设海洋强国的示范区。

(二) 加强科学规划,明确海洋经济发展战略导向

1993年浙江省第一次海洋经济工作会议提出,要开发蓝色国土,拓展新的发展空间。1998年浙江省第二次海洋经济工作会议提出,要发展海洋产业,建设海洋经济大省。2003年浙江省第三次海洋经济工作会议,进一步提出要实施陆海联动,建设海洋经济强省。浙江省"十二五"规划提出要坚持人海和谐、海陆联动、江海连结、山海协作。在海洋产业体系发展方面,要不断推进五大海洋新兴产业,大力发展五大海洋服务业,着力构建"三位一体"的港航物流服务体系,发展现代海洋渔业,健全现代海洋产业体系,以增强海洋经济国际

竞争力。

2011年2月国务院正式批复同意的《浙江海洋经济发展示范区规划》，对优化海洋经济发展布局、打造现代海洋产业体系、完善沿海基础设施网络、健全海洋科教文化体系、加强海洋生态文明建设、建设舟山海洋综合开发试验区等做出了全面规划和部署。

浙江省"十三五"规划又强调统筹海洋经济发展示范区建设，大力推进海港、海湾、海岛"三海联动"；创新舟山群岛新区管理体制，建成拓展蓝色经济空间、建设海洋强国的示范区；大力整合全省海港资源，以宁波舟山港为龙头，实现从大港向强港的转变，打造集散并重、全球一流的现代化枢纽港和国际港航物流中心；大力发展湾区经济，协同推进湾区基础设施互联、沿湾产业提升、湾区新城建设，打造海洋经济发展新增长极。

（三）加强陆海联动理念，遵循海洋经济发展规律

海洋经济从本质上说是一种陆海联动的经济，海洋经济本身不仅仅是一个或几个独立部门的活动，而是由陆地经济的某些部门在海洋空间上的延伸。1980年浙江省提出的"大念山海经"的设想，就是体现了陆海联动发展的思想。2003年浙江省第三次海洋经济工作会议指出，浙江海洋经济发展要实现"六大联动，六大突破"，明确提出了陆海联动的战略导向。此后相继提出的"山海协作"工程、"八八战略"都反映了陆海联动发展的理念。2005年浙江省又进一步出台了《浙江海洋经济强省建设规划纲要》，更是对陆海联动发展进行战略部署，指出要把海洋资源在"港、渔、景、油、涂、能"方面的优势，与陆域经济在产业、市场、资金、科技、人才和机制方面的优势结合起来，加快"三大对接工程"建设，大力推动陆海产业联动发展、生产力联动布局、基础设施联动建设、生态环境联动保护治理，在陆海联动发展中取得海洋经济的大发展。构建海洋资源与区域优势紧密结合、海洋经济与陆域经济相互联动的布局体系。"十三五"规划又强调要深化实施山海协作工程，包括拓展协作内涵，完善协作平台，创新协作机制，实施多项行动计划，推进山海协作向更宽领域、更高层次提升，打造山海协作工程升级版。

（四）强化科技创新，增强海洋经济发展的驱动力

科技是推动海洋经济发展的驱动力。20世纪90年代初，我国就提出了科技兴海的战略设想。与此同时，浙江沿海地区也兴起了科技兴海热潮，许多沿海县（市、区）纷纷提出了科技强市（县）的战略目标。2001年开始，浙江省围绕建设海洋经济大省，全面实施科技兴海战略。通过引导海洋科技研发平台

建设、加大科技兴海专项资金投入、创造性地开展多种模式的科技兴海工程。通过示范引导，推动企业、科研院所、高等院校等联合开展科技兴海工作，全省已有涉海高等学校、科研院所28家，国家级海洋研发中小（重点）实验室4家，国家科技兴海示范基地（区）7家，省海洋科技园区3家。在海水养殖、海洋生物资源的综合利用、海产品加工生产以及海水淡化等领域，浙江省的科技研发能力在全国处于领先地位。海洋科技创新推动了浙江海洋产业的高科技化发展，实现了传统渔业的现代化和高科技化转型。浙江船舶制造的技术含量和知识产权的自有化率大幅度提升，而海水淡化、海洋生物制药、海洋工程等海洋新兴产业也迅速崛起。

（五）强化政策支持，为海洋经济发展提供保障

浙江省于1993年、1998年、2003年召开的三次全省海洋经济工作会议，不仅先后提出了建设海洋经济大海和海洋经济强省的战略目标，而且对发展海洋经济均先后提出了一系列政策措施，对促进浙江省海洋经济快速发展起了重要作用。

2013年7月8日，浙江省人民政府办公厅又制定了浙江海洋经济发展"822"行动计划[①]，此项行动计划明确要扶持发展8大现代海洋产业，培育建设20个左右海洋特色产业基地，每年滚动实施200个左右海洋经济重大建设项目，对列入年度实施计划符合相关条件的项目，要求沿海各市和省级相关部门在土地利用、海域使用、环境容量、融资渠道、能源电力、水资源、人才科技、资金补助等方面，加强对海洋经济相关企业和重大项目的支持保障力度。

---

① 浙江海洋经济发展"822"行动计划是指浙江省政府于2013年7月确定的，要扶持发展八大现代海洋产业，培育建设20个左右海洋特色产业基地，每年滚动实施200个左右海洋经济重大建设项目，作为今后五年发展海洋经济的主要载体和抓手。扶持发展的八大现代海洋产业为：海洋工程装备与高端船舶制造业、港航物流服务业、临港先进制造业、滨海旅游业、海水淡化与综合利用业、海洋医药与生物制品业、海洋清洁能源产业、现代海洋渔业等。围绕扶持发展现代八大海洋产业体系，培育建设的20个左右的海洋特色产业基地为：宁波海工装备及高端船舶基地、舟山高端船舶及海工装备基地、宁波（镇海北仑）现代港航物流及临港产业基地、宁波梅山国际物流基地、舟山大宗商品港航物流基地、温州大宗散货港航物流基地、台州能源建材港航物流基地、嘉兴海河联运物流基地、杭州大江东临港装备制造基地、台州临港装备制造基地、绍兴滨海新材料产业基地、宁波南部滨海旅游休闲基地、舟山海洋旅游基地、温州滨海休闲旅游产业基地、杭州海水淡化技术与装备制造基地、舟山海洋生物医药基地、绍兴滨海海洋生物医药基地、温州海洋清洁能源及装备产业基地、台州海洋清洁能源产业基地、嘉兴海盐核电及关联产业基地、宁波象山现代海洋渔业基地、舟山国家远洋渔业基地、杭州海洋科技与涉海装备制造基地、舟山海洋科教服务基地、温州海洋科创产业基地等。

（六）加强科学管理，促进海洋经济可持续发展

浙江早在20世纪五六十年代就探索对海洋渔业资源进行创新性管理。2002年以后，浙江省全面加强海洋综合管理工作。在全国率先完成省、市、县三级海洋功能区划和建立三级海洋行政管理、执法监察和监测预报体系，建立"陆海统筹、以海定陆"的海洋环保新机制，大力推行清洁生产、循环利用、生态围海等环境友好型的海洋开发模式；加快标准渔港、海洋渔船安全救助信息系统、海洋赤潮风暴潮预警系统等建设，不断提高防御海洋自然灾害的能力；积极参与长三角近海海洋生态建设行动计划，探索建立区域海洋环境合作和联动机制，为海洋经济发展提供良好的生态保障。

二、海洋经济发展存在的问题

浙江海洋经济发展已经取得了巨大成绩。但是，也应该看到，浙江海洋经济发展中还存在着不少问题。下面对浙江海洋经济发展中存在的主要问题，进行简要分析。

（一）海洋经济规模还不大，占经济总量比重还不高

浙江省虽然海洋资源丰富，区位条件优越，但是，海洋经济规模还不大，海洋开发利用水平与作为海洋资源大省的地位还不相称，尤其是与建设海洋经济强省的目标来对照，更具有相当大的差距。浙江省与沿海其他省（直辖市、自治区）海洋生产总值及其占地区生产总值比重的指标，分别列于表4-7和表4-8。

表4-7 浙江与沿海其他省份海洋生产总值

单位：亿元

年份	辽宁	天津	广东	山东	江苏	上海	浙江	福建	河北	广西	海南	全国
2000	326.6	138.6	1114.6	737.8	146.0	601.4	399.5	419.2	69.2	110.5	70.2	4133.5
2005	1039.9	1447.5	4288.4	2418.1	739.6	2296.5	2298.8	1503.8	324.6	147.2	250.9	16755.1
2010	2619.6	3021.5	8253.7	7074.5	3550.9	5224.5	3883.5	3682.9	1152.9	548.7	560.0	39572.7
2013	4065.0	4554.0	12300.0	10000.0	5180.0	6306.0	5560.0	5900.0	2041.2	899.0	847.0	54313.0

资料来源：数据来自2001年、2006年、2011年《中国海洋统计年鉴》以及沿海各地区海洋统计局。

从表4-7可知，海洋经济规模大于浙江省的省市有广东、山东、上海、福建，广东省海洋经济规模一直稳居首位，山东省其次，2013年两省海洋经济生产总值均已突破万亿元大关，上海市已达到6300亿元，浙江省5560亿元在全

国列于第五位。

表 4-8　浙江与其他省份海洋生产总值占地区生产总值的比重

单位：%

年份	辽宁	天津	河北	山东	江苏	上海	浙江	福建	广东	广西	海南	全国
2000	7.0	8.5	1.4	8.6	1.7	13.2	6.6	10.7	11.5	5.4	13.5	4.1
2005	13.0	39.1	3.2	13.1	4.0	25.1	17.1	22.9	19.2	3.6	28.0	9.5
2010	14.2	32.8	5.7	18.1	8.6	30.4	14.0	25.0	17.9	5.7	27.1	9.7
2013	15.0	31.7	7.2	18.3	8.8	29.2	14.8	27.1	19.8	6.3	26.9	9.2

资料来源：2001~2012年《中国海洋统计年鉴》以及各地区海洋统计局整理计算而得。

从表4-8可以看出，2013年海洋生产总值占地区生产总值比重最高的前三位为天津、上海和福建，分别超过30%或与之接近，浙江省为14.8%，虽然大大高于沿海各省份的平均值，但与上述三个省市相比较，还具有很大差距。

（二）海洋科技创新能力不强，科技进步贡献率不高

科学技术是海洋经济发展的驱动力，在科学技术水平不断发展的基础上，大力开发海水综合利用、海洋潮汐能和风能、浅海养殖以及海洋资源的深度开发等是未来的发展趋势，科技也是推动海洋传统产业转型升级和新兴产业发展的关键。但是，从总体来看，浙江海洋科技发展现状与海洋经济发展的要求还不相适应，海洋科研机构和相关科研成果还较少，海洋科技方面的人才后备力量不足。沿海各省市自治区科技创新能力相关指标绘于图4-3。

从图4-3的（a）（b）（c）（d）中分别可以看出，2011年浙江省海洋科研机构数为17个，广东和山东两省分别超过20个；浙江省从事海洋科技活动的人员数，不到2000人，但山东和上海分别超过3000人，广东和天津分别超过

（a）浙江与相关地区海洋科研机构数（2011年）

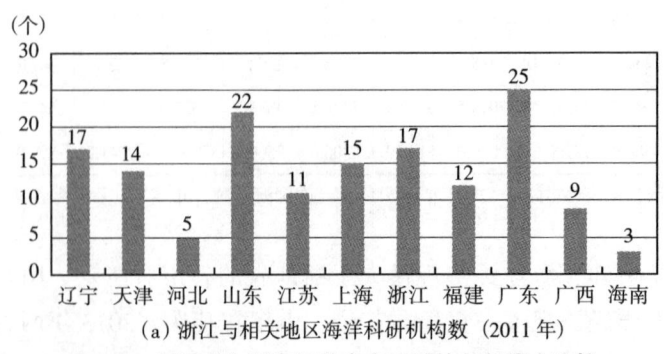

图4-3　浙江省与沿海相关省市区科技创新能力比较

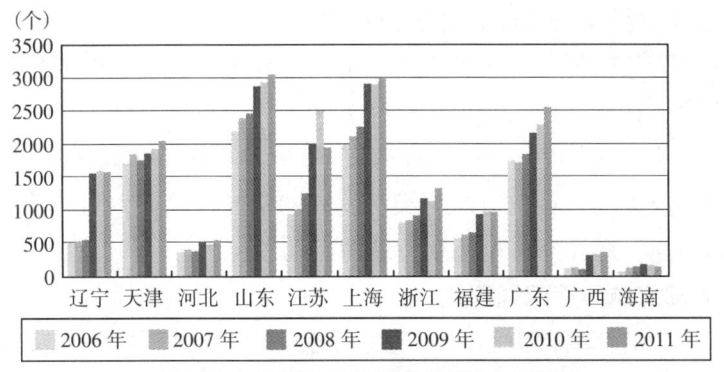

(b) 浙江与相关地区历年从事科技活动人员数

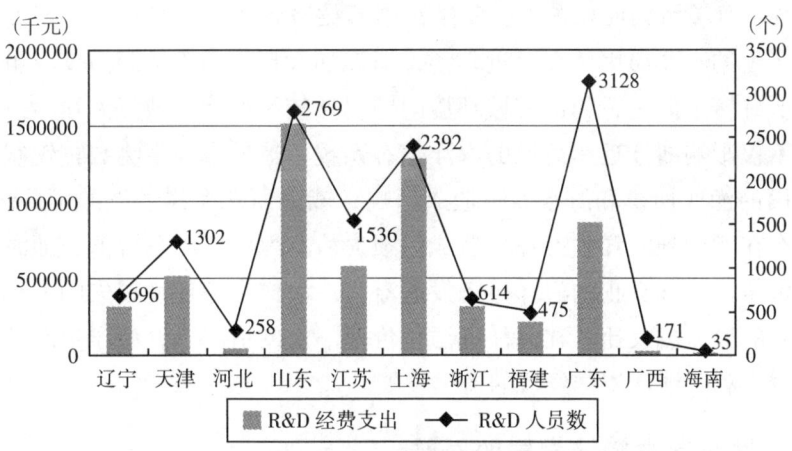

(c) 浙江与相关地区研发经费与人员数（2011年）

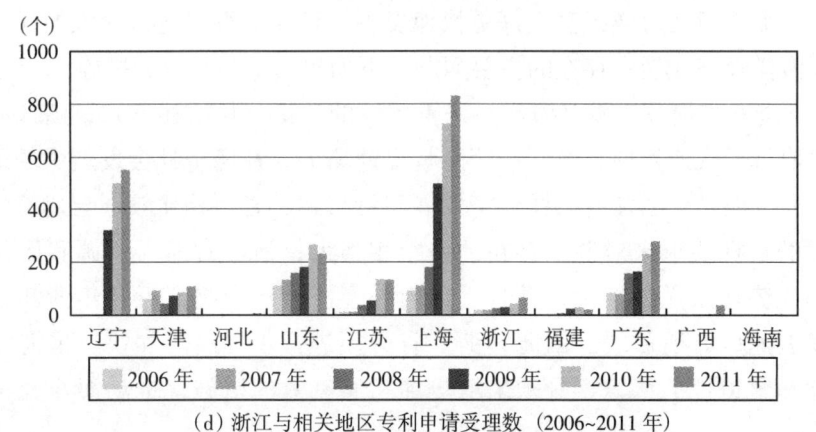

(d) 浙江与相关地区专利申请受理数（2006~2011年）

图 4-3　浙江省与沿海相关省市区科技创新能力比较（续）

2000人；浙江省海洋研发经费低于依次排列的山东、上海、广东、江苏和天津，海洋研发人员数低于广东、山东、上海、江苏和天津；浙江省专利申请受理数低于上海、辽宁、广东、山东、江苏和天津。可见，浙江省海洋科技创新能力在我国沿海省市中处于中下游位置，科技人才缺乏，科研经费投入不足，科技创新产出能力弱，科技对海洋经济发展的贡献率较低，阻碍着浙江海洋经济竞争力的提高，海洋经济可持续发展的后劲不足。

（三）局部海域环境问题严峻

近几年来，浙江局部海域环境问题日益突出。据海洋环境监测报告显示，2010年浙江海域污染面积较上一年有较大增加，中度污染和严重污染海域占了35%左右。海域污染面积扩大，发生污染事故数频繁，农药污染、工业污染等都是其产生的主要原因所在。近几年，浙江加大环境污染治理力度，虽然污染状况有所好转，但是，局部海域环境问题仍然较为严峻。浙江海洋生态环境的恶化，不仅影响浙江近岸海域的海洋生态系统，造成海洋生物数量锐减，同时也对渔民的渔业捕捞和海水养殖造成影响，威胁浙江海洋经济的可持续发展，因为只有在考虑到海洋生态环境造成的损失后，海洋资源总价值，即海洋未来的贴现价值才具备真正的海洋经济发展潜力。海洋生态环境损失的大小与海洋经济发展的潜力成反比，在海洋资源总价值一定的情况下，海洋生态环境损失越大，越不利于浙江海洋经济的持续发展。

三、加快海洋经济发展的对策

如何促进浙江海洋经济更好更快地发展，还需要继续进行深入的探索。针对浙江海洋经济发展中存在的主要问题，下面提出一些对策和措施。

（1）进一步提高对发展海洋经济重要性的认识。从前述已知，浙江海洋经济虽然取得了快速发展，海洋经济总量迅速增大，在经济社会发展中的地位越来越重要，但是，浙江省海洋经济发展与沿海相关省市相比较，与建设海洋经济强省的目标要求来对照，存在的差距相当大；浙江省海洋资源和区位条件方面的优势还未充分发挥，并且受国内外经济形势影响，近几年浙江省海洋经济发展速度有所放缓。因此，浙江省必须进一步提高对加快发展海洋经济重要性和紧迫性的认识，必须采取更加切实有效的措施，推动海洋经济更好更快发展。

（2）紧紧把握国家重大战略机遇，推动海陆联动发展。一要紧紧把握"一带一路"和长江经济带等国家战略所带来的重大机遇，以高水平、高起点的开放合作打造舟山江海联运中心，积极推进宁波舟山港一体化和宁波保税区建设，大力发展港口经济圈；二要联动推进临港产业和园区建设布局，避免产业同构、园区建设雷同和恶性竞争，推进区域海洋产业集群化和规模化；三要统筹近海开发与远海空间拓展，既要着力于沿海，也要注重远海，及早谋划和制定浙江面向太平洋的"东海战略"；四要统筹海洋资源的时序利用，对海洋的利用做到取之有时、用之有度、永续利用，增强海洋经济的可持续发展能力。

（3）着力优化海洋产业结构，构建现代海洋产业体系。近十余年来，浙江省海洋产业结构的调整和优化取得了重大进展，主要海洋产业中的滨海旅游、海洋交通运输以及海洋新兴产业——海洋生物医药等都取得了快速发展。但是，浙江省还必须根据建设海洋经济示范区的要求，进一步调整和优化海洋产业结构，着力构建现代海洋产业体系。一是大力发展以港航服务和滨海旅游休闲为主的海洋服务业。继续积极做强"三位一体"的港航服务体系，即着力构筑大宗商品交易平台、海陆联运集疏运网络、金融和信息支撑系统"三位一体"的港航服务体系，这是建设宁波—舟山国际枢纽港和港航强省的重中之重，必须全力、持续推进。狠抓海洋旅游产业转型升级，推进旅游产品向观光、休闲、度假并重转变，把海洋旅游、生态旅游、休闲度假培育成旅游经济新的增长点。二是引培并举壮大海洋新兴产业。大力发展海洋工程装备业、海水综合利用业、海洋生物医药业、海洋能和深海矿产勘测开采业，提升整体竞争力。三是研制并重做强新型环保临港产业。面对国内产能过剩、生态环保压力加大的新挑战，浙江临港工业必须突出绿色化、高端化、智能化并举，研发、创新与精工制造并举的方针，坚决淘汰落后产能、污染环节，积极推进生态化、循环化改造，积极培育具有国际规模和竞争力的企业集团、产业集群。四是"捕、养、工、贸"四环相扣做强现代海洋生态精品渔业，大力发展远洋渔业和近海养殖业，生态海洋渔业和休闲海洋渔业。

（4）强化科技兴海，完善创新和人才培养机制。构建海洋科技创新研发体系，加强产学研合作，加快构建以企业为主体、以资产为纽带、产学研相结合的海洋科技创新体系。充分发挥高校和科研院所的技术优势，参与企业技术改造和技术开发，为加快海洋新兴产业发展和提升海洋传统产业提供技术支撑。完善创新和人才培养机制，引导涉海高校整合教育资源，加快海洋科技人才尤其是学术带头人和技术带头人的培养，加快海洋人才队伍的建设。

（5）加大海洋投入，制定完善配套扶持政策。制定完善海洋经济发展的财政投入、税收优惠和金融扶持政策。加大政府引导性投入，重点投向高技术含量、资金密集型海洋产业领域，支持涉海基础设施建设等公益性项目的发展。放宽对海洋高新技术企业的税收征缴条件，充分调动涉海企业的积极性。建立完善以政府投入为引导、企业投入为主体、外资投入为补充、民间资本积极参与的多元化的投入体系，多渠道解决涉海企业融资难的问题。

（6）坚持开发和保护相结合，促进海洋经济绿色发展。强化海洋资源有序开发、生态利用和有效保护，大力发展低碳技术和循环经济。将转变海洋经济增长方式与陆域污染排放控制、河流污染治理相结合，与河口、海湾等海洋环境污染的水环境治理及生态修复相结合，推动海洋经济发展与海洋环境保护的同步发展，强化海洋经济可持续发展的资源和环境基础及保障。建立完善海洋环境监测网络系统，对入海排污实施总量限定，推行海域使用许可制度和有偿使用制度，建立海洋生态补偿机制，使生态补偿逐步制度化和规范化。

参考文献：

[1] 国务院 国发〔2012〕50号.全国海洋经济发展"十二五"规划，2012-09-16.

[2] 国家发展和改革委员会.浙江海洋经济发展示范区规划，2011-03.

[3] 浙江省人民政府办公厅.浙江海洋经济发展"822"行动计划（2013~2017），2013-07-08.

[4] 浙江省人民政府办公厅 浙政办发〔2016〕42号.浙江省海洋港口发展"十三五"规划，2016-04-28.

[5] 浙江省海洋与渔业局，浙江省统计局.浙江省2014年海洋统计资料，2015-09.

[6] 浙江省海洋与渔业局，浙江省统计局.浙江省2015年海洋统计资料，2016-10.

[7] 金翔龙.浙江资源环境与海洋开发［M］.北京：海洋出版社，2014.

[8] 张海生.浙江省海洋环境资源基本现状（上册）（下册）［M］.北京：海洋出版社，2013.

[9] 王颖，阳立军.新中国60年浙江海洋经济发展与未来展望［J］.经济地理，2009，29（12）：1957-1962.

[10] 刘超杰，任淑华.浙江海洋渔业产业结构优化升级的战略研究［J］.中国水运，2014（3）：77-80.

[11] 刘曙光，姜旭朝.中国海洋经济研究30年：回顾与展望［J］.中国工业经济，2008（11）：153-160.

[12] 刘明，徐磊.我国海洋经济的十年回顾与2020年展望［J］.宏观经济研究，2011（6）：23-28.

[13] 曹忠祥.我国海洋经济发展的战略思路［J］.宏观经济管理，2013（1）：57-58.

[14] 曹忠祥.当前我国海洋经济发展的战略重点[J].宏观经济管理,2013(6):42-44.

[15] 陆根尧,曹林红.沿海省域海洋经济发展及其对经济增长贡献的比较研究[J].浙江理工大学学报(社会科学版),2017(2):91-97.

[16] 陆根尧,智瑞芝,赵雪阳,曹林红.海洋产业创新能力、模式与对策研究——以浙江省为例[M].北京:经济科学出版社,2017.

[17] 刘亭.四脚落地:做强浙江海洋产业[J].今日浙江,2010(15):29-30.

[18] 马仁锋,许继琴,庄佩君.浙江海洋科技能力省际比较及提升路径[J].宁波大学学报(理工版),2014(3):108-112.

[19] 周达军,崔旺来,刘浩,刘国军.浙江海洋经济发展的基础条件审视与对策[J].经济地理,2011(6):968-972.

第五章 工业经济地理

第一节 工业发展的区域要素条件

一、区位优势

（一）地理位置

长三角的区位优势可以追溯至清乾隆年间，江浙两地一直有港口通商的历史，在当时中国总共四个海关中占据两席。在前近代时期，"苏杭宁"是长江三角洲的中心城市，资本主义的殖民扩张，使上海凭借其天然的地理位置迅速成为中国最大的工商城市，并刺激了当时江浙民族工商资本的发展，在长三角积累了领先全国的工业基础[1]。而浙江作为长江三角洲非常重要的组成部分，其毗邻国际贸易大都市上海及经济大省江苏，独特的地理优势也为其承接世界产业转移和发展制造业及出口贸易形成了比较优势。

（二）基础设施

浙江地处南北海运大通道的交汇处，大陆海岸线和海岛岸线资源居全国首位。浙江的宁波舟山港是我国的十大港口之一，近年来更以海洋经济发展示范区和舟山群岛新区建设为契机，与 21 世纪海上丝绸之路沿线港口开展深度合作，已初步构筑起以宁波和舟山为中心、杭嘉温台为两翼的海上开放大通道和海洋经济发展大格局。2015 年，宁波舟山港货物吞吐量已连续 7 年居全球海港首位，集装箱吞吐量首次超过香港港跃居全球海港第四位。与此同时，作为联

---

[1] 陈建军，胡晨光. 长三角的产业集聚及其省区特征、同构绩效——一个基于长三角产业集聚演化的视角[J]. 重庆大学学报（社会科学版），2007（4）：1-10.

合国亚洲及太平洋竞技社会委员会确定的我国首批 17 个国际陆港城市之一，义乌分别于 2014 年 1 月、11 月开通至中亚五国和西班牙首都马德里的国际铁路集装箱班列。在所有中欧班列中，"义新欧"是行程最长、途经城市和国家最多的火车专列。上述良好的海港和陆港发展条件，为浙江推进东西双向开放、打造连接陆上与海上丝绸之路的战略大通道，提供了坚实的支撑。[①]"十二五"期间，浙江交通投资达 6000 多亿元，投资规模居全国前列。"十三五"期间将投资 1 万亿元，打造省会杭州至全省各市区的高铁一小时交通圈及空中一小时交通圈，交通条件将会得到进一步改善。

二、要素条件

根据经济学资源禀赋理论，土地、人口、资本和技术是经济增长的基本生产要素。下面，主要分析浙江工业发展的劳动力要素、资本要素和技术要素。

（一）劳动力要素

浙江作为第一批对外开放的沿海大省，其制造业发展吸引了来自中西部地区的不少劳动力，2014 年浙江制造业已有就业人数为 350.55 万人，其中专业技术人员为 43.21 万人，占比达到 12.33%。以就业吸纳率（产业就业人数/该产业的产值）来评价浙江工业各行业的劳动力吸纳能力。其中纺织服装、鞋、帽制造业，煤炭开采和洗选业，皮革、毛皮、羽毛及其制品业的劳动力优势最强，其次是文教体育用品制造业、家具制造业、工艺品及其他制造业等行业。

（二）资本要素

浙江省资本丰富，尤其是民间资本丰富。2014 年国有及国有控股企业资金投入达到 7799.71 亿元，其中利用外资 0.76 亿元，非国有企业的资金投入 18175.78 亿元，其中利用外资 213.83 亿元。以资本产出率（产业当年总产值/该产业当年资产总额）来分析浙江各行业的规模以上工业企业的资本配置及资本运作效率。2014 年浙江规模以上工业企业的平均资本产出率为 1.15，而高于平均水平的行业总共有 12 个行业。其中，煤炭开采和洗选业，石油加工、炼焦和核燃料加工业的资本产出率都在 2 以上，说明这两个行业的资本优势最强。一些传统的工业行业如农副食品加工业，皮革、毛皮、羽毛及其制品和制鞋业，木材加工和木、竹、藤、棕、草制品业等，也凭借较少的资本投入获得

[①] 杨志文，陆立军. "一带一路"浙江大有可为 [EB/OL]. http://zjnews.zjol.com.cn/system/2015/10/29/020891629.shtml，2015-10-29.

了较大的产出。而交通运输设备制造业，计算机、通信和其他电子设备制造业等行业的资本产出率均低于1，说明这些行业的资本优势并不明显。

（三）技术要素

技术优势体现在生产设备的现代化、生产工艺的新颖性和科学研究水平方面的领先性。浙江工业发展注重技术创新，2014年浙江规模以上工业企业中有科技活动企业数为16524个，占全国规模以上工业企业有科技活动企业总数的25.95%，科技活动经费支出为1109.54亿元，占全国科技活动经费总支出的11.99%，专利申请数为77135项，发明专利16824项，占全国比重分别为12.23%和7.01%。同时，2014年浙江新增了6家国家级企业技术中心、5家国家技术创新示范企业，新认定了93家省级企业技术中心，新建了58家省级重点企业研究院，12家省级特色工业设计基地已入驻工业设计企业576家，累计实现设计服务收入32亿元，设计成果转化产值突破3000亿元。[1]

第二节 工业发展的历史沿革及特征

一、工业发展的历史沿革

（一）浙江工业规模稳步扩大

浙江地小、人少加上资源匮乏，并不具备工业发展的先天优势。1949年新中国成立后，由于其地处海防前线，又缺乏重工业发展的天然条件，国家几乎没有大的投入，工业基础相当薄弱。1953~1957年，浙江省实施第一个"五年计划"，浙江的工业建设出现较大的转机，工业投资规模迅速扩大。1957年，全省工业总产值达到20.88亿元，比1949年的4.05亿元增长4倍多，8年间年均增长率为18.8%。[2]

1958年，浙江工业发展受到严重阻碍。1961年，浙江省委认真贯彻中共中央确定的国民经济"调整、巩固、充实、提高"的八字方针，经过三年调

---

[1] 张金如.重塑浙江工业发展新优势[J].今日浙江，2015（4）：28-29.
[2] 中共浙江省委党史研究室.探索求发展，建设新浙江[DB/OL]. http://zjrb.zjol.com.cn/html/2011-05/16/content_838915.htm?div=-1, 2011-05-16.

整，整个国民经济重新走上了稳定发展的道路。1963~1965年，全省工业总产值年均增长率为11.7%。

1966~1976年，是浙江工业发展的重挫期。该时期浙江工业总产值年均增长率仅为1.8%，1976年，工业总产值占全省生产总值的比重仅比1965年上升2.7个百分点。不过在这个工业发展的困难时期，浙江新建了镇海发电厂、宁波港、浙江炼油厂等重大工程。

1978年，随着改革开放的序幕拉开，浙江农村工业蓬勃兴起，全省经济社会走上恢复发展的轨道。1979~1981年，全省工业增加值年均增幅达20.9%，其中轻工业年均增幅高达90.0%。1981~1985年的"六五"期间，浙江创业热潮持续高涨，农村工业化步伐加快，开放性经济长足发展，浙江经济进入第二次增长高峰。如图6-1所示，1978年浙江工业增加值仅为46.97亿元，而后一直保持持续增长态势，2014年工业增加值已达16771.9亿元，相比1978年增长了356倍多。从工业增加值占全省生产总值的比重来看，1998年以前稳中有升，1978年比重为38%，1998年上升至49.2%。但之后呈下降趋势，尤其是2008年金融危机后，工业增加值占全省GDP的比重下降明显，2014年降至41.75%。

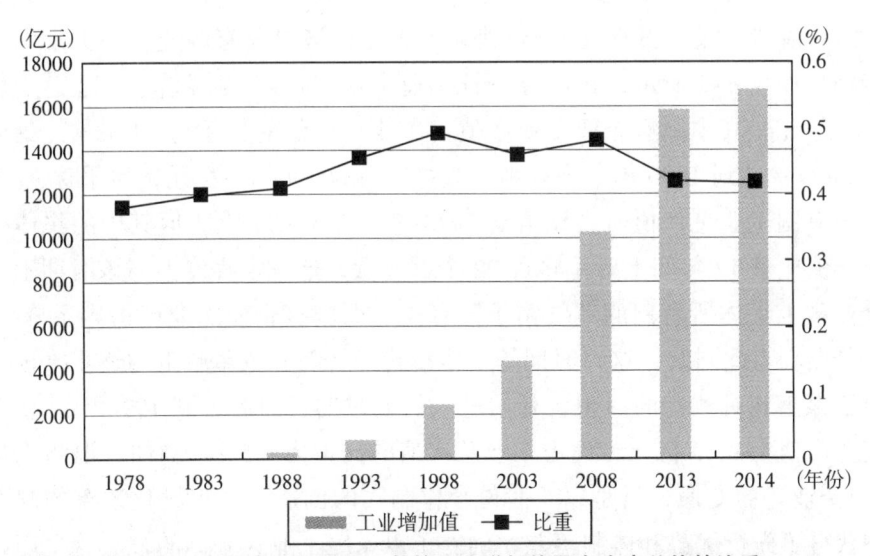

图5-1 浙江省1978~2014年的工业增加值及占生产总值的比重

资料来源：浙江省统计局，http://www.zj.stats.gov.cn/tjsj/tjnj/DesktopModules/Reports/12.浙江统计年鉴2015/indexch.htm。

表 5-1 将浙江与江苏、上海及全国进行比较。结果显示，2014 年浙江工业增加值占 GDP 比重比全国工业增加值占 GDP 比重高近 6 个百分点。与工业经济同样发达的相邻省份江苏相比，浙江工业规模略小，但工业增加值占 GDP 比重两者几近相同。与上海相比，浙江工业增加值规模是上海的两倍多，而工业增加值占 GDP 比重则比上海高 10.66 个百分点。

表 5-1　2014 年江浙沪及全国的工业增加值及其占 GDP 比重

项目	浙江	江苏	上海	全国
工业增加值（亿元）	16771.9	26962.97	7326.84	228122.9
GDP（亿元）	40173.03	65088.32	23567.7	636138.7
工业增加值占 GDP 比重（%）	41.75	41.42	31.09	35.86

资料来源：《浙江统计年鉴 2015》《江苏统计年鉴 2015》《上海统计年鉴 2015》《中国统计年鉴 2015》。

（二）工业所有制构成的变迁

新中国成立后的前 30 年，浙江形成初步的工业体系，但所有制单一，加之限制群众的经商活动，导致经济发展缺乏活力，生产力水平不高。改革开放之前，浙江工业所有制构成几乎没有得到发展。[1]

改革开放以来，回顾浙江工业经济的发展历程，大致可分为以下三个阶段：

第一阶段：改革开放至 90 年代初，工业经济以公有制经济的大发展为主要特征。如表 5-2 所示，1978 年浙江工业 100% 为公有制经济，工业总产值为 132.11 亿元，其中国有企业工业产值占工业总产值的比重为 61.33%，集体企业占 38.66%。到 1990 年，公有制工业总产值为 1309.83 亿元，比重达 91.3%，虽然公有制工业总产值所占比重与 1978 年比较相差不大，但其中的集体企业工业产值比重 12 年间上升了将近 22 个百分点，这一定程度上与该时期不少私营企业戴上集体所有制的"红帽子"有关。而国有企业工业产值则下降了 30 个百分点。与此同时，这一时期的个体私营经济随着改革政策的逐步推出，以及出于谋生和对致富的渴望，开始进入初创时期。因此，到 1990 年，私营企业工业产值为 93.8 亿元，而占工业总产值的比重为 6.5%。例如，温州先是以"挂户企业"的变通，后是以"股份合作制"的创造，在市场化改革的制度博弈中获得了先行优势和体制落差，确立了以家庭工业为基础的社会化生产，创

---

[1] 尤利群等. 浙江混合所有制经济的发展现状与对策研究 [DB/OL]. http://www.zj.stats.gov.cn/ztzl/lcpc/jjpc/dyc/1983_ktxb_1985/201408/t20140827_143790.html，2014-08-27.

表 5-2 浙江工业各种所有制经济规模及比重

年份 工业总产值及比重 经济成分	1978 工业总产值（亿元）	1978 占工业总产值的比重（%）	1990 工业总产值（亿元）	1990 占工业总产值的比重（%）
公有制经济	132.11	100	1309.83	91.3
其中：国有企业	81.03	61.33	447.65	31.21
集体企业	51.08	38.66	862.18	60.12
非公有制经济	0	0	124.33	8.7
其中：城乡个体私营工业企业	0	0	93.8	6.5
其他工业	0	0	30.53	2.1

资料来源：《浙江统计年鉴1979》《浙江统计年鉴1991》计算整理所得。

造了由能人带动、以农村集镇为依托的新型产销基地，以专业化市场主导运行机制为特点的"温州模式"。

第二阶段：90年代初至90年代中后期，工业经济以个体私营经济大发展为主要特征，集体经济开始萎缩。1992年邓小平同志"南方谈话"的发表，给浙江工业经济的发展带来了第一次飞跃的机遇。如表5-3所示，1997年与1991年相比，浙江公有制由于改制等原因开始萎缩，公有制工业产值所占比重有大幅度下降，其中国有企业工业产值所占比重从1991年的29.47%下降至9.41%，集体企业工业产值所占比重也从60.95%下降至40.72%。这一阶段，个体私营经济已成为工业经济新的增长点。1991~1997年，全省个体私营经济工业产值由1991年的121.68亿元增至1997年的3972.12亿元，占全省工业总

表 5-3 浙江工业各种所有制经济规模及比重

年份 工业总产值及比重 经济成分	1991 工业总产值（亿元）	1991 占工业总产值的比重（%）	1997 工业总产值（亿元）	1997 占工业总产值的比重（%）
公有制经济	1628.74	90.42	5203.42	50.13
其中：国有企业	530.93	29.47	977.17	9.41
集体企业	1097.81	60.95	4226.25	40.72
非公有制经济	172.66	9.58	5176.54	49.87
其中：城乡个体私营工业企业	121.68	6.75	3972.12	38.27
其他工业	50.98	2.83	1204.42	11.60

资料来源：《浙江统计年鉴1992》《浙江统计年鉴1998》计算整理所得。

产值的比重也从6.75%增加至38.27%。如绍兴，从乡镇集体企业兴办纺织业起步，以织布业为起点，进而带动了个体私营纺织业的迅速扩大，形成了以纺织业为主体的块状经济。

第三阶段：90年代中后期至今，工业经济获得了新一轮的发展，但更多表现为产权多元化的混合所有制形式。如表5-4所示，由于国有、集体企业改制步伐不断加快，2014年相比1998年，浙江公有制形式的工业产值继续保持下降态势，浙江公有制工业产值占工业总产值的比重仅为4.92%。这一阶段，经过若干年积累的个体私营企业达到一定规模后，客观上也产生了生产要素在更大范围内联合、并购、合作的要求，于是产权多元化的有限责任公司等混合工业经济得到了较快发展。另外，外商及港澳台投资企业的工业产值规模增长快速，2014年已上升至15993.63亿元，占全省工业总产值的比重也达到23.86%。如宁波，当时选择的就是国有、集体、民营、外资均衡的四轮驱动混合经济发展模式，以重化工业为特色，形成了石化、能源、造纸、钢铁、汽车、服装、家电和电子信息八大产业基地。

表5-4　浙江工业各种所有制经济规模及比重

经济成分 \ 工业总产值及比重 \ 年份	1998 工业总产值（亿元）	1998 占工业总产值的比重（%）	2014 工业总产值（亿元）	2014 占工业总产值的比重（%）
公有制经济	4419.33	28.04	3299.47	4.92
其中：国有企业	772.69	6.81	3243.64	4.84
集体企业	2406.6	21.23	55.83	0.08
非公有制经济	6918.85	61.02	47566.13	70.95
其中：城乡个体私营工业企业	5110.79	45.08	27270.94	40.68
其他工业	1808.06	15.94	20295.19	30.27
股份合作企业	1240.04	10.94	180.05	0.27
联营企业	76.27	0.00	0.5	0.00
外商及港澳台商投资企业	856.67	7.56	15993.63	23.86

资料来源：《浙江统计年鉴1999》《浙江统计年鉴2015》计算整理所得。

二、工业发展的基本特征

(一) 浙江工业规模特征

浙江的工业强市主要集中在浙东北地区,其中包括工业增加值位列全省前三的杭州、宁波、绍兴,2014年三市的工业增加值分别为3414.9亿元、3533.68亿元和1926.32亿元,占全省工业增加值的比重为20.36%、21.07%和11.49%;嘉兴市2014年工业增加值也有1636.88亿元,占全省比重为9.76%。浙西南地区,工业增加值最大的为温州市,2014年温州工业增加值为1707.25亿元,占全省工业增加值比重为10.18%,其次是台州、金华两地,工业增加值分别为1374.8亿元、1302.05亿元,占全省比重为8.2%、7.76%。而舟山、衢州、丽水三地的工业增加值均不高,均低于500亿元,占全省工业增加值的比重也仅为2%~3%。

从浙江省工业增加值(当年价)的时空变化来看,2005年与2014年的浙江工业增加值地区分布对照结果显示,杭州市与宁波市在工业增加值中依然保持领先地位,工业化程度较高;舟山市、衢州市、丽水市依然处于较为落后的地位,2005~2014年并无明显变化;而温州、台州两市从较高工业产值地区转变为较低工业增加值地区。这一定程度上是由于两市产业结构调整,大力扶持第三产业服务业,从而降低了第二产业在三种产业中的比重,造成了相对工业增加值的下降。

从各市的工业企业数量来看(见表5-5),浙江全省2014年拥有规模以上工业企业数量为40852个,从其地理分布看,主要集中在杭州、宁波、嘉兴、温州、绍兴五市,五市的工业企业数量总数为27685个,占全省工业企业总数的67.8%,这也进一步说明五市在全省工业经济中数量上的绝对优势地位。规模以上工业企业数量丽水、衢州、舟山三市,共有2579个,只占全省工业企业总数的6.3%。

表5-5 2014年浙江省各市工业增加值及占全省工业增加值比重

项目 \ 地区	杭州市	宁波市	绍兴市	嘉兴市	湖州市	舟山市
工业增加值(亿元)	3414.90	3533.68	1926.32	1636.88	901.76	336.20
占全省比重(%)	20.36	21.07	11.49	9.76	5.38	2.00
工业企业单位数(个)	6169	7383	4231	5005	2719	393

续表

项目＼地区	温州市	台州市	金华市	衢州市	丽水市	—
工业增加值（亿元）	1707.25	1374.8	1302.05	481.57	433.37	—
占全省比重（%）	10.18	8.20	7.76	2.87	2.58	—
工业企业单位数（个）	4897	3804	4065	1025	1161	—

资料来源：《浙江统计年鉴2015》。

（二）浙江工业区域特征

浙江"区域块状经济"划分为环杭州湾二岸平原区位型、浙东南沿海"温州模式"型、浙中金衢盆地资源匮乏开拓型和浙西南山区地方资源开发型四大特征分区。

1. 环杭州湾二岸平原区位型

该区位于浙江东北部，紧靠上海市，是我国长江三角洲经济开发区的南翼，主要由连片的杭嘉湖平原、萧绍宁平原和东部沿海岛屿组成，交通发达，经济繁荣，区位优势显著。杭州是明清时代的手工业、商业中心，有独特的工商传统；宁波的"奉帮裁缝"闻名海内外，改革开放以来宁波港口重化工业又得到了快速发展，绍兴的轻纺、酿造行业经久不衰，"染缸、酒缸、酱缸"遍布乡里。

改革开放以后，各市逐渐摒弃了传统落后的手工作坊生产方式和"走村串户"的游商经营模式，办起了使用现代化机器设备的家庭工厂、私营企业和坐地经营的专业化市场。例如，绍兴柯桥的"中国轻纺城"、嘉兴的"中国茧丝绸交易市场"、湖州的"轻纺绣品市场"、杭州的"四季青服装市场"、桐乡的"羊毛衫市场"及海宁的"皮革城"等，都被列为同类市场的全国之最。该区域的"块状经济"正是依托区位优势，在浓厚的工商气息沃土中萌生、发育、生长和壮大的。

2. 浙东南沿海"温州模式"

该区位于浙江东南沿海及主要岛屿，主要由温州、台州两市构成。改革开放以前，温州、台州人多地少，经济社会发展落后，国家投资少，基础薄弱。改革开放以后，一大批温州人背井离乡做小生意、跑供销，家庭工业、联户企业迅速成长起来，一村一品、一乡一业的大型专业市场业迅速崛起，温州走的是"家庭工厂+专业化市场"的小商品、大市场的路子。

经过20多年的发展，温州、台州形成了具有明显区块特色的15大特色工业。即以鹿城、瓯海、瑞安、永嘉、温岭为主产地的制鞋工业，以乐清、瓯海、瑞安、鹿城、永嘉、平阳为主产地的服装工业，以平阳、瑞安、苍南、黄岩、天台、三门为主产地的塑料制品工业，以鹿城为产地的打火机工业，以鹿城、瓯海、龙湾、瑞安、临海为主产地的眼镜工业，以鹿城、瓯海为主产地的民用灯具产业，以永嘉、瓯海、玉环为主产地的阀门产业，以瑞安、温岭为主产地的汽摩配件产业，以永嘉为主产地的纽扣产业，以龙湾为主产地的印刷工业，以及椒江的医药化工和黄岩的精细化工等。

3. 浙中金衢盆地资源匮乏开拓型

该区位于浙江中部，主要由金衢盆地及周边县市组成。本区以低山丘陵为主，自然资源相对匮乏，以"酸、瘦、黏"为特点的红壤土地资源生产力低下。改革开放以前，该区社会经济发展在全省处于中下水平。20世纪80年代以来，金衢人凭着历史上重商的传统，肯吃苦、不服穷、敢闯敢冒的开拓精神，突破资源匮乏的"瓶颈"约束。

义乌人以"鸡毛换糖"的货郎担精神，创造了全国最大的小商品市场的奇迹；永康人有专门走街串户打铁补锅的"百工之乡"的创业意识，建立了全国颇具影响力的中国科技五金城；东阳有做"泥水木匠"的历史沿袭，建筑业在省内外颇具影响力。目前，该区已有规模大小不等的专业集贸市场共计500余个，从业人员达20多万人，专业市场的开拓与发展使劳动力在资源匮乏的情况下得到就业和致富。

4. 浙西南山区地方资源开发型

该区位于浙西、浙南山区，主要包括衢州、丽水两市。由于山多田少、山高坡陡、地势险峻等自然条件的限制，经济发展水平相对落后。改革开放以来，该区挖掘"山"地资源优势，因地制宜，逐步走出了一条充分显示山区特色的发展之路。

该区利用林木水等自然资源和传统工艺，形成了一系列具有地方特色的产业，如云和的木制玩具、衢州的饮料加工业、龙泉的宝剑等。

经过新中国60多年的发展，浙江工业经济实力显著增强，经济地位不断增高。浙江的工业经济发展具有鲜明的浙江特色，尤其是工业规模、民营经济、产业集群、商品市场、开放性经济等更是独树一帜。

(三) 浙江工业企业特征

如图5-2所示，2014年浙江规模以上工业企业的产值构成主要以私营企业为主，比重高达40.68%，外商及港澳台投资的企业所占比重也较高为23.86%，而国有企业仅占4.84%，集体企业、联营企业、股份合作企业三类，则由于工业产值过小，所占比重几乎可忽略不计，其他企业所占比重为30.27%。这说明，民营经济是浙江工业的主要特色，而来浙的外商投资也相当活跃。

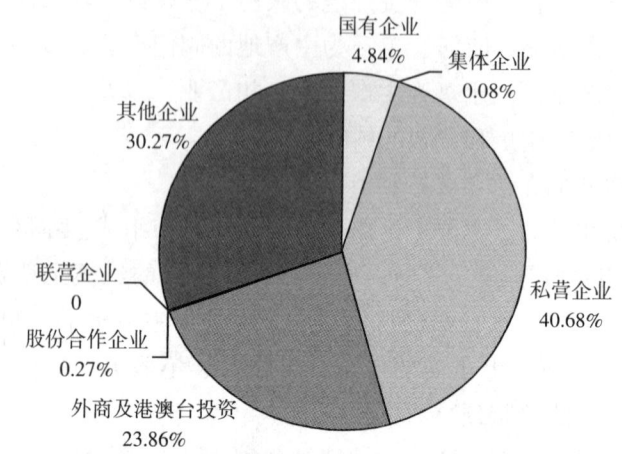

图5-2 2014年浙江规模以上工业企业产值构成

资料来源：《浙江统计年鉴2015》。

如表5-6所示，从浙江各市工业企业构成来看，位于浙东北环杭州湾两岸的杭州、宁波、嘉兴、湖州、绍兴五市，规模以上工业企业中内资企业数量均占该市企业总数量的80%上下，港澳台及外商投资企业则占20%左右；而浙西南地区的温州、金华、衢州、台州、丽水五市内资企业数量占该市企业总数量的比重均高达95%左右，港澳台及外商投资仅占5%左右。这说明浙江工业利用外资存在地区间的不平衡，工业越是发达的地区，利用外资的水平也相应越高，而浙西南地区在利用外资上则非常落后与薄弱。

表5-6 2014年浙江各市规模以上工业企业不同类型企业数量及占比

地区	内资企业 数量（个）	内资企业 占比（%）	港澳台商投资企业 数量（个）	港澳台商投资企业 占比（%）	外商投资企业 数量（个）	外商投资企业 占比（%）
杭州市	5035	81.62	503	8.15	631	10.23
宁波市	5496	74.44	1002	13.57	885	11.99
嘉兴市	3915	78.22	522	10.43	568	11.35
湖州市	2233	82.13	239	8.79	247	9.08
绍兴市	3451	81.56	494	11.68	286	6.76
舟山市	368	93.64	8	2.04	17	4.33

续表

地区	内资企业 数量（个）	内资企业 占比（%）	港澳台商投资企业 数量（个）	港澳台商投资企业 占比（%）	外商投资企业 数量（个）	外商投资企业 占比（%）
温州市	4664	95.24	91	1.86	142	2.90
金华市	3794	93.33	132	3.25	139	3.42
衢州市	970	94.63	21	2.05	34	3.32
台州市	3556	93.48	118	3.10	130	3.42
丽水市	1129	97.24	15	1.29	17	1.46

资料来源：《浙江统计年鉴2015》。

（四）浙江工业行业特征

从图5-3可看出，2012~2014年，浙江规模以上工业企业总产值按生产要素密集度分类，无论是技术密集型，还是资本密集型及劳动密集型，工业总产值均呈逐年上升趋势。其中技术密集型制造业工业总产值最高，2014年达到29620.02亿元，浙江技术密集型制造业主要集中在电气机械和器材制造业、化学原料和化学制品制造业及通用设备制造业等。技术密集型制造业工业总产值高，一定程度上与浙江近些年不断加大研发投入有关，2009~2014年，浙江规模以上工业企业研发经费支出年均增长率达到15.27%，2014年为1109.54亿元。浙江的劳动密集型制造业工业总产值2014年为16951.96亿元，浙江劳动密集型制造业主要集中在纺织业、纺织服装服饰业等。浙江拥有丰富且相对低廉的劳动力，浙江的劳动力大量来自安徽、江西、湖南等经济欠发达省份。据

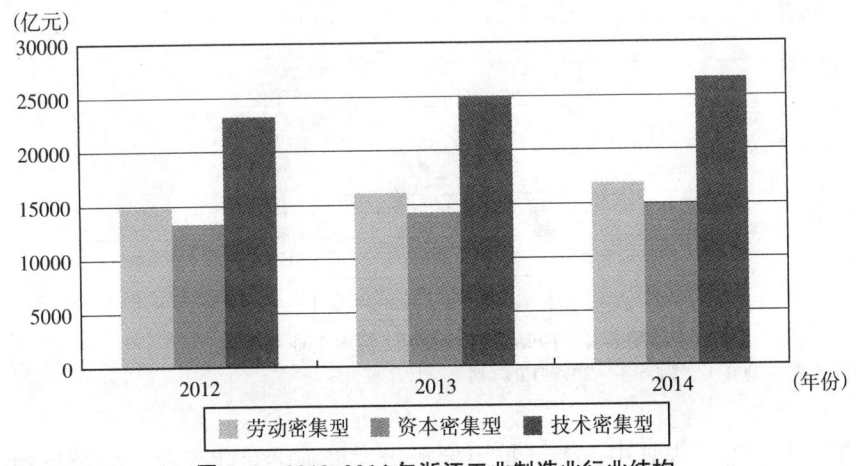

图5-3 2012~2014年浙江工业制造业行业结构

资料来源：《浙江统计年鉴2015》。

国家统计局数据显示，浙江 2014 年制造业城镇就业人员总数为 350.6 万人，制造业城镇就业人员的年平均工资为 51295 元，比全国的制造业城镇就业人员平均工资水平 51369 元要低。浙江的资本密集型制造业的工业总产值是三类中最少的，2014 年仅为 14942.88 亿元，主要集中在金属制品业、黑色金属冶炼和压延加工业等。

从轻重工业角度来看，浙江的工业化与发达国家的工业化道路相似，也是先轻工业化，而后是全面工业化。如图 5-4 所示，2000 年之前，浙江的轻工业工业总产值一直高于重工业工业总产值。如 1998 年，浙江国有及规模以上非国有企业的轻工业工业总产值为 2676.38 亿元，而重工业工业总产值为 2026.06 亿元。2000 年之后，如 2005 年，浙江国有及规模以上非国有企业的轻工业工业总产值为 10626.24 亿元，重工业工业总产值为 12480.52 亿元，之后年份重工业一直高于轻工业，且差距逐渐扩大。这一方面因为发达国家产业转移已从轻加工行业转向重化工行业，另一方面则因为"十五"时期后，我国进入改革开放以来的第三轮经济增长周期，住宅、汽车、城市基础设施、通信等成为新的主导性增长产业，并由此带动了钢铁、机械、建材、化工等重型工业行业的快速发展。

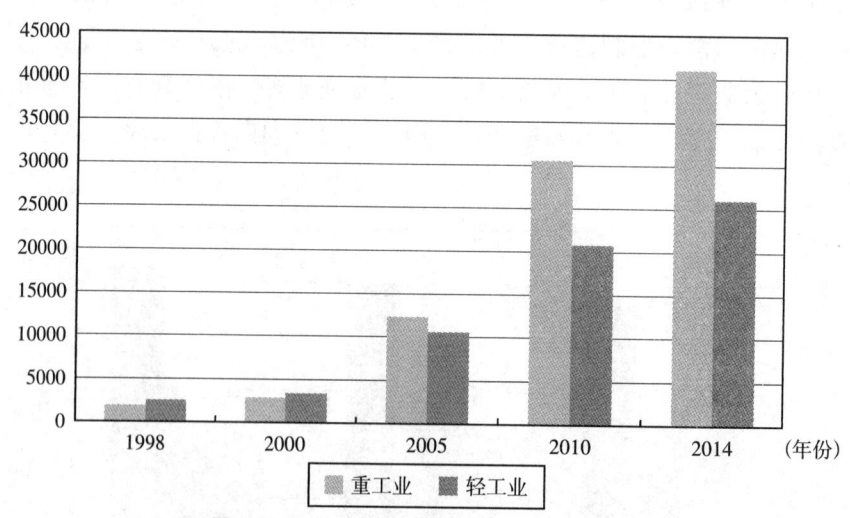

图 5-4 1998~2014 年浙江轻重工业总产值
资料来源：2000 年、2006 年、2015 年的《浙江统计年鉴》。

在"十一五"规划中，浙江提出要积极发展临港重化工业。而环杭州湾与浙东南温台沿海地区在发展重工业上具有明显的先天优势。从港口条件看，宁波北仑港是中国四大国际深水港，2014年吞吐量破5亿吨，居全国第二位；舟山港是一个深水良港，深水岸段有54处，总长279.4千米；嘉兴港紧邻上海、杭州、苏州、宁波，2008年已拥有万吨级以上深水泊位19个，千吨级泊位9个，2014年港口货物吞吐量已达6880万吨；温州港是一个集河口港、海港于一体的综合性港口，是我国25个沿海主要港口之一，2014年港口货物吞吐量达到7901万吨。另外，环杭州湾地区也是浙江滩涂资源分布最集中的区域，这也为新型临港工业建设提供了围涂造地的基础。

（五）浙江工业企业经营绩效特征

以经营绩效指标（利润总额/资产总计）来分析浙江规模以上工业企业的效益。如表5-7所示，2012~2014年，技术密集型制造业、劳动密集型制造业的规模以上工业企业经营绩效较稳定，资本密集型制造业的规模以上工业企业经营绩效上下波动明显。技术密集型制造业中，计算机、通信和其他电子设备制造业的规模以上工业企业经营绩效最高，2014年达到0.090，其次是医药制造业的规模以上工业企业的经营绩效，2014年为0.084。

表5-7　2012~2014年浙江规模以上工业企业经营绩效分析

项目 \ 年份	2012	2013	2014
按生产要素分类			
技术密集型制造业	0.060	0.061	0.060
仪器仪表制造业	0.074	0.076	0.076
医药制造业	0.086	0.078	0.084
专用设备制造业	0.064	0.061	0.059
通用设备制造业	0.064	0.061	0.061
汽车制造业	0.061	0.056	0.067
铁路、船舶、航空航天及其他运输设备制造业	0.013	0.013	0.007
计算机、通信和其他电子设备制造业	0.085	0.091	0.090
电气机械和器材制造业	0.052	0.051	0.054
化学纤维制造业	0.037	0.043	0.052
化学原料和化学制品制造业	0.062	0.070	0.060
资本密集型制造业	0.054	0.056	0.053
农副食品加工业	0.051	0.053	0.045
石油加工、炼焦和核燃料加工业	0.059	0.128	0.079

续表

项目 \ 年份	2012	2013	2014
黑色金属冶炼和压延加工业	0.028	0.038	0.046
有色金属冶炼和压延加工业	0.060	0.050	0.045
烟草制品业	0.058	0.121	0.096
造纸和纸制品业	0.036	0.039	0.037
非金属矿物制品	0.049	0.052	0.058
饮料制造业	0.094	0.092	0.080
金属制品业	0.055	0.057	0.053
劳动密集型制造业	0.058	0.059	0.060
食品制造业	0.109	0.099	0.093
纺织业	0.047	0.053	0.054
纺织服装、服饰业	0.060	0.056	0.062
皮革、毛皮、羽毛及其制品和制鞋业	0.061	0.062	0.067
印刷和记录媒介复制业	0.049	0.045	0.045
木材加工和木、竹、草制品业	0.079	0.083	0.077
文教、工美、体育和娱乐用品制造业	0.062	0.067	0.068
橡胶和塑料制品业	0.059	0.068	0.061
家具制造业	0.059	0.068	0.061
其他制造业	0.045	0.047	0.053
按企业类型分类			
国有企业	0.053	0.035	0.033
私营企业	0.055	0.057	0.056

资料来源：《浙江统计年鉴2015》。

资本密集型制造业中，饮料制造业的规模以上工业企业经营绩效虽然逐年下降，但相对波动幅度较小，2014年经营绩效为0.080。劳动密集型制造业中，食品制造业的规模以上工业企业经营绩效最高，2012年为0.109，2014年则小幅下降至0.093。从企业类型来看，浙江规模以上工业企业中，私营企业的经营绩效要比国有企业的经营绩效高，2014年私营企业的经营绩效为0.056，而国有企业的经营绩效仅为0.033。

（六）浙江工业对外开放特征

浙江是全国外贸大省，2014年出口规模比广东、江苏两省略小，位居全国第三。图 5-5 表明，2012~2014 年，浙江出口总值逐年上涨，2012 年为 2245.18 亿美元，2014 年为 2733.29 亿美元。同期，浙江工业制成品出口也从 2012 年的 2144.32 亿美元，增长至 2014 年的 2640.18 亿美元，浙江工业制成品出口占出口总值的比重三年内均保持在 95%以上。

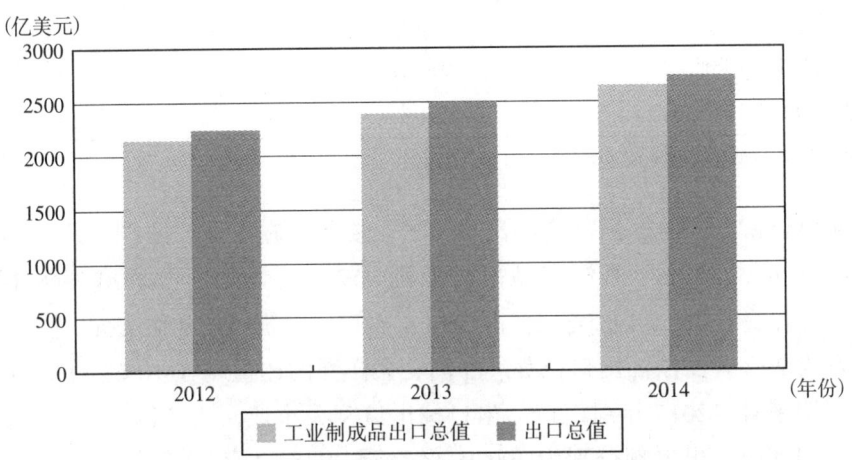

图 5-5 2012~2014 年浙江工业制成品出口总值及出口总值

资料来源：《浙江统计年鉴 2015》。

从出口商品分类来看，浙江出口以机电类、纺织服装类商品为主。如表 5-8 所示，2014 年浙江出口前十大产品中，位居第一的是机电产品，2014 年出口额达到 1124.92 亿美元，占出口总额比重高达 41.16%，远高于其他类产品的出口规模；其次为纺织纱线、织物及制品，出口额为 376.88 亿美元，所占比重 13.79%，同类型的服装及衣着附件出口额也有 332.76 亿美元，比重为 12.17%；近几年浙江高新技术产品出口额增长快速，2014 年出口额为 155 亿美元，占出口总额比重为 5.67%。

表 5-8 2014 年浙江出口前十大产品出口额及占出口总额比重

产品类型	出口额（亿美元）	占出口总额的比重（%）
机电产品	1124.92	41.16
纺织纱线、织物及制品	376.88	13.79
服装及衣着附件	332.76	12.17
高新技术产品	155.00	5.67
家具及其零件	100.95	3.69

续表

产品类型 \ 项目	出口额（亿美元）	占出口总额的比重（%）
鞋类	95.19	3.48
塑料制品	80.74	2.95
汽车零件	69.15	2.53
灯具、照明装置及类似品	57.92	2.12
箱包及类似容器	46.88	1.72

资料来源：《浙江统计年鉴2015》。

从出口市场来看，浙江产品出口市场主要集中在亚洲、欧洲、北美洲。如图5-6所示，2015年浙江产品出口亚洲957.7亿美元，占总出口额比重为35%；出口欧洲702.28亿美元，占25%；出口北美洲536.9亿美元，占总出口额比重为20%。而浙江出口拉美、非洲、大洋洲的比重均在10%以下。从具体出口国别来看，2015年浙江产品出口按出口额大小依次为美国、日本、德国、英国、印度等，出口额分别为490.18亿美元、118.74亿美元、113.56亿美元、108.23亿美元和96.47亿美元。

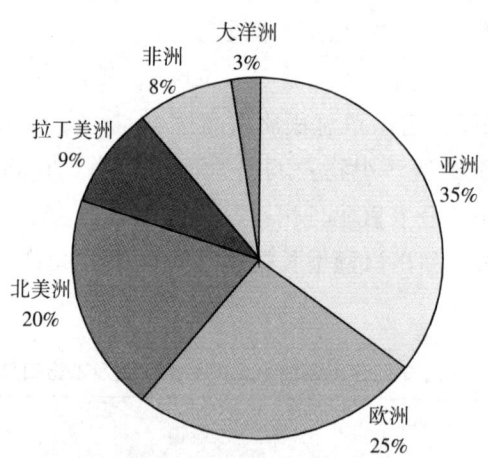

图5-6　2015年浙江产品出口市场结构
资料来源：根据浙江省商务厅统计数据绘制。

近些年，浙江工业利用外资的水平有下降趋势。如表5-9所示，2015年浙江工业实际利用外资为71.42亿美元，占全省实际利用外资总数的42.1%。从具体行业来看，实际利用外资以制造业为主，占全省实际利用外资总数的

40.9%，制造业中主要集中在通用设备制造业，通信设备、计算机及其他电子设备制造业，化学原料及化学制品制造业，医药制造业等，2015 年这些行业的实际利用外资金额分别为 4.88 亿美元、4.71 亿美元、3.89 亿美元和 3.28 亿美元。

表 5-9 2015 年浙江工业实际利用外资情况

行业 \ 项目	实际使用外资金额（亿美元）	占总数的比重（%）
工业	71.42	42.1
制造业	69.43	40.9
纺织业	2.35	1.4
化学原料及化学制品制造业	3.89	2.3
医药制造业	3.28	1.9
通用设备制造业	4.88	2.9
专用设备制造业	1.81	1.1
通信设备、计算机及其他电子设备制造业	4.71	2.8
电力、燃气及水的生产和供应业	1.28	0.8
建筑业	0.51	0.3

资料来源：《浙江统计年鉴 2016》。

从地区来看，如表 5-10 所示，以浙江外商投资最为活跃的五市为例，2014 年工业实际利用外资规模超过 10 亿美元的，依次是宁波、嘉兴和杭州，三市工业实际利用外资金额分别是 18.76 亿美元、16.89 亿美元和 12.77 亿美元。而湖州、绍兴的工业实际利用外资额相对较小，均没有达到 10 亿美元。这也反映出，外商投资通常以经济发达、地理位置优越、工业基础强的地区作为投资目标。

表 5-10 2014 年浙江五市工业实际利用外资规模

项目 \ 地区	杭州	宁波	嘉兴	湖州	绍兴
实际利用外资金额（亿美元）	12.77	18.76	16.89	4.42	6.71

资料来源：根据各地 2015 年统计年鉴，各地 2014 年《国民经济与社会发展统计公报》整理所得。

> **专栏：产业集群**
>
> 　　浙江经济具有明显的区域特色，且各市基本形成具有地方特色的产业集群。根据表5-11中国工业经济研究所从全国近千个上规模产业集群中遴选出的"百佳"产业集群来看，浙江共有36个产业集群入选。其中，温州独占鳌头，有包括鞋业、打火机、汽摩配件、中低压配件、拉链、印刷、塑编包装等10个产业集群入选全国"百佳"，可见温州产业不仅多样化发展，而且都形成了上规模的产业集群；嘉兴、台州均有5个产业集群入选全国"百佳"，如嘉兴的家具、皮革、光机电等，台州的塑料模具、注塑鞋业、缝纫机等；宁波有西服衬衣、模具、家用小电器及文具4个产业集群入选，杭州、绍兴、金华三市均有3个产业集群入选；另外，湖州有2个、舟山有1个产业集群入选全国"百佳"。而衢州、丽水两市则没有产业集群入选全国"百佳"。
>
> 表5-11　浙江各市入选全国"百佳"产业集群情况
>
> | 项目
地区 | 产业集群名称 | 数量 |
> |---|---|---|
> | 杭州 | 中国钢结构产业集群（萧山）、中国制笔产业集群（桐庐）、中国白板纸产业集群（富阳） | 3 |
> | 宁波 | 中国西服衬衣产业集群（宁波）、中国模具产业集群（余姚）、中国家用小电器产业集群（余姚）、中国文具产业集群（宁海） | 4 |
> | 嘉兴 | 中国木业及家具产业集群（嘉善）、中国皮革加工产业集群（海宁）、中国毛衫产业集群（桐乡）、中国光机电产业集群（平湖）、中国紧固件产业集群（海盐） | 5 |
> | 绍兴 | 中国轻纺产业集群（绍兴）、中国领带产业集群（嵊州）、中国制袜产业集群（诸暨） | 3 |
> | 湖州 | 中国童装产业集群（吴兴）、中国竹加工产业集群（安吉） | 2 |
> | 舟山 | 中国渔业加工产业集群（舟山） | 1 |
> | 温州 | 中国皮鞋产业集群（鹿城）、中国打火机产业集群（鹿城）、中国人造革产业集群（龙湾）、中国锁具产业集群（瓯海）、中国汽车摩托车配件产业集群（瑞安）、中国休闲鞋产业集群（瑞安）、中国中低压电器产业集群（乐清）、中国拉链产业集群（永嘉）、中国塑编包装产业集群（平阳）、中国印刷产业集群（苍南） | 10 |
> | 台州 | 中国中低压阀门产业集群（玉环）、中国金属固废处理产业集群（路桥）、中国注塑鞋产业集群（温岭）、中国塑料模具产业集群（黄岩）、中国缝纫机产业集群（台州） | 5 |

续表

项目 地区	产业集群名称	数量
金华	中国小商品产业集群（义乌）、中国木雕产业集群（东阳）、中国五金产业集群（永康）	3
衢州	—	0
丽水	—	0

资料来源：根据中国工业经济研究所公布资料整理所得。

第三节　劳动密集型制造业

浙江作为资源与经济小省，抓住了改革开放初期的发展机遇。基于浙江本身所具备的轻工业发展优势，大力发展劳动密集型制造业，为全国城乡居民提供急需的日用消费品。改革开放以后，浙江制造业经历了数十年的快速发展。表 5-12 表明，1991 年浙江劳动密集型制造业工业总产值占工业总产值比重已高达 41.86%，而后劳动密集型制造业工业总产值占工业总产值比重呈下降趋势，1998 年为 33.49%，到 2014 年则仅为 25.29%。从三年一阶段的劳动密集型制造业的工业总产值年均增长来看，1991~1993 年增长最快，为 39.28%，

表 5-12　浙江规模以上工业企业劳动密集型制造业工业总产值及占工业总产值的比重

项目＼年份	1991	1992	1993	1998	1999	2000
劳动密集型制造业工业总产值（亿元）	563.24	695.41	1006.05	1575.01	1732.4	2113.42
占工业总产值比重（%）	41.86	39.60	38.98	33.49	33.37	32.00
项目＼年份	2005	2006	2007	2012	2013	2014
劳动密集型制造业工业总产值（亿元）	7261.22	8796.39	11870.01	14837.63	16094.33	16951.96
占工业总产值比重（%）	31.42	30.2	32.9	25.1	25.55	25.29

注：1991 年为乡及乡以上工业企业。
资料来源：2000 年、2006 年、2015 年的《浙江统计年鉴》。

1998~2000年增速则仅保持15.25%，2001年中国加入WTO后，给浙江劳动密集型产品出口带来了再次快速增长的契机，2005~2007年为27.73%，而后由于2008年金融危机及国内面临产业结构调整等变革，2012~2014年劳动密集型制造业的工业总产值年均增长率降至6.85%。

如表5-13所示，浙江规模以上工业企业劳动密集型制造业前五大行业分别是纺织业，纺织服装业、服饰业，橡胶和塑料制品业，皮革、毛皮、羽毛及其制品和制鞋业，文教、工美、体育和娱乐用品制品业。浙江劳动密集型制造业呈现如下特点：第一，纺织业一直是浙江第一大劳动密集型产品，不过其占浙江劳动密集型行业总产值的比重则呈下降趋势，1991年纺织业工业总产值为319.64亿元，占浙江劳动密集型制造业工业总产值的比重为56.75%，到2014年纺织业工业总产值为6037.54亿元，占浙江劳动密集型制造业工业总产值的比重仅为35.62%；第二，橡胶和塑料制品业是浙江第二大劳动密集型制造业，其占浙江劳动密集型制造业工业总产值的比重稳中有升，1991年橡胶和塑料制品业工业总产值为69.71亿元，占浙江劳动密集型工业总产值的比重为12.38%，2014年工业总产值为2902.25亿元，占比重为17.12%；第三，纺织服装业、服饰业，皮革、毛皮、羽毛及其制品和制鞋业，文教、工美、体育和娱乐用品制品业，工业总产值规模平稳增长，分别位列浙江劳动密集型产品的第三、第四和第五，2014年三个行业占劳动密集型制造业工业总产值的比重分别为14.74%、9.32%和7.96%。

表5-13　浙江规模以上工业企业劳动密集型制造业前五大行业工业总产值

单位：亿元

年份 项目	1991	1998	2005	2012	2013	2014
纺织业	319.64	685.89	2938.85	5416.9	5855.93	6037.54
橡胶和塑料制品业	69.71	228.72	1145.16	2584.6	2737.21	2902.25
纺织服装业、服饰业	—	272.64	955.72	2189.94	2348.78	2499.31
皮革、毛皮、羽毛及其制品和制鞋业	29.2	175.19	835.02	1433.09	1509.25	1580.41
文教、工美、体育和娱乐用品制品业	37.69	63.44	248.8	978.83	1198.64	1349.46

资料来源：2000年、2006年、2015年的《浙江统计年鉴》。

浙江劳动密集型制造业的发展动力主要源于充裕廉价的劳动力。改革开放初期，数以亿计的农村剩余劳动力面临就业转型的压力，浙江作为全国优先发展起来的沿海省份，吸引了来自安徽、江西、湖南等经济欠发达省份的大量劳动力。如表5-14所示，2012年浙江制造业每小时人工成本仅为2.86美元，远低于美国、日本、德国等发达国家的制造业每小时人工成本，仅占美国的8.01%、日本的8.1%、德国的6.24%。浙江制造业每小时人工成本也低于全国平均水平，但与菲律宾相比，几乎没有劳动成本优势。

表5-14 2012年浙江与各国的制造业每小时人工成本

项目＼地区	浙江	中国	美国	日本	德国	菲律宾
每小时人工成本（美元）	2.86	3.67	35.7	35.3	45.8	2.1
与各国对比（%）	—	77.93	8.01	8.10	6.24	136.19

资料来源：根据《中国统计年鉴2013》《国际统计年鉴2015》计算整理所得（浙江、中国的数据根据分行业城镇职工平均工资÷22×12×8估计计算所得）。

从出口角度来看，如图5-7所示，浙江出口的劳动密集型优势产品主要为服装及衣着附件、纺织纱线、织物及制品、家具及其零件、鞋类和塑料制品六大类，其中尤以服装、纺织制品规模最大。1998年，浙江主要劳动密集型产品出口额为45.78亿美元，之后一路上扬，2014年出口额为986.52亿美元，增长了将近21倍。不过，近些年出口增速有所放缓。

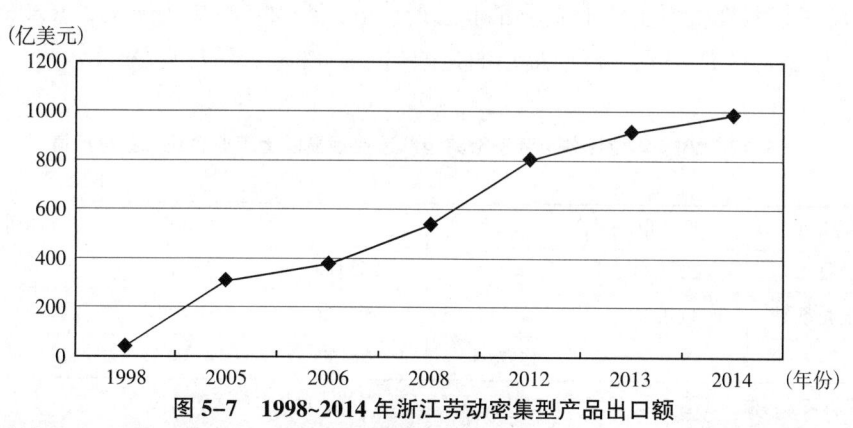

图5-7 1998~2014年浙江劳动密集型产品出口额

资料来源：2000年、2006年、2015年的《浙江统计年鉴》。

从吸引外资角度来看，如图5-8所示，以劳动密集型主要行业纺织业为例，浙江2006年纺织业实际利用外资为7.76亿美元，占制造业实际利用外资总额的11.54%，之后纺织业实际利用外资额一路下滑，2014年仅为2.93亿美元，占制造业实际利用外资总额的比重也降至5.13%。这主要是因为近些年浙江劳动成本上涨，劳动密集型行业逐渐失去成本优势，外资企业开始重视对菲律宾、印尼等劳动成本更加便宜的东南亚国家的投资。

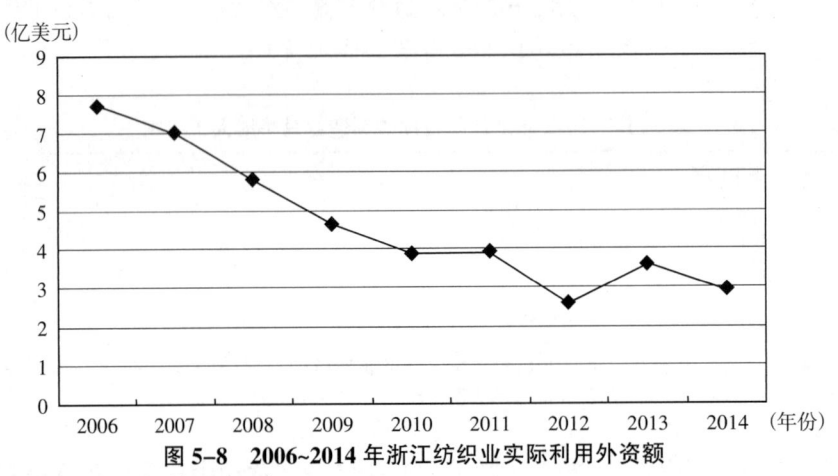

图5-8　2006~2014年浙江纺织业实际利用外资额

资料来源：《浙江统计年鉴2015》。

从各市分布来看，如表5-15所示，浙江劳动密集型规模以上工业企业工业总产值最高的是绍兴市，2014年为3639.9亿美元，这与绍兴市拥有纺织产业集群，生产大量的纺织制品密切相关。其次是杭州、嘉兴、宁波三市，2014年劳动密集型规模以上工业企业工业总产值分别为2952.17亿美元、2630.68亿美元和2274.38亿美元，规模最小的是湖州市，仅为259.78亿美元。

表5-15　2014年浙江各市劳动密集型制造业规模以上工业企业工业总产值

单位：亿美元

杭州市	宁波市	绍兴市	嘉兴市	湖州市	舟山市
2952.17	2274.38	3639.9	2630.68	259.78	264.53
温州市	台州市	金华市	衢州市	丽水市	—
—	—	1557.63	299.87	424.01	—

资料来源：根据各地2015年统计年鉴计算整理所得（温州、台州数据无法查找到）。

第四节 资本密集型制造业

浙江民营经济发达，主要以轻工业中小型企业居多，中小型企业普遍生产规模小，平均成本高，难以形成规模经济效应。同时，浙江本身自然资源贫乏，原材料主要依赖外省或进口。而资本密集型制造业的特征即规模经济，并且主要集中在需要大量资本投入的重工业行业。因此，浙江发展资本密集型制造业并不具备先天优势。表5-16表明，浙江规模以上工业企业资本密集型制造业工业总产值1991年为281.7亿元，之后保持稳定上升态势，2014年资本密集型制造业工业总产值为14942.88亿元。不过，从占工业总产值比重来看，1991~2014年都保持在20%以上，较为稳定。

表5-16 浙江规模以上工业企业资本密集型制造业工业总产值及占工业总产值的比重

项目 \ 年份	1991	1992	1993	1998	1999	2000
资本密集型制造业工业总产值（亿元）	281.7	435.73	614.58	1078.15	1200.2	1528.45
占工业总产值比重（%）	20.94	24.81	23.81	22.93	23.12	23.15
项目 \ 年份	2005	2006	2007	2012	2013	2014
资本密集型制造业工业总产值（亿元）	4783.49	6170.71	9135.76	13282.46	14254.24	14942.88
占工业总产值比重（%）	20.7	21.18	25.32	22.47	22.63	22.29

资料来源：2000年、2006年、2015年的《浙江统计年鉴》。

从具体行业来看，如表5-17所示，浙江规模以上工业企业资本密集型制造业前七大行业分别是黑色金属冶炼和压延加工业，有色金属冶炼和压延加工业，金属制品业，非金属制品业，石油加工、炼焦和核燃料加工业，造纸和纸制品业，农副产品加工业。浙江资本密集型制造业的特点如下：第一，黑色金属冶炼和压延加工业主要指钢铁业，其总产值位列浙江资本密集型制造业第一，2014年为2696.59亿元。浙江钢铁产能不大，以特钢为主，技术装备水平较高，截至2015年12月，浙江具有炼钢产能的钢铁企业34家，其中民营企业32家,国有企业2家,炼钢产能2315万吨,炼钢产能利用率为80.3%[①]。第二,非金属矿物制品业主要包括水泥、石灰和石膏制造,2014年浙江非金属矿物制品业总产值位列全省资本密集型行业总产值第四,但仍未能挤进2014年全国非金属矿物制品制造业企业分布前10强省份名单。第三,造纸业是污染型轻工业的代表,由于近几年政府加大环保力度,通过"腾笼换鸟"等产业转型升级政策将重度污染企业关闭或外移,因此,近几年浙江造纸和纸制品业总产值增长非常缓慢。第四,农副食品加工业增长相对缓慢,1991年其工业产值为80.09亿元,位列资本密集型行业产值规模第一位,但到2005年之后一直位列第七,2014年农副食品加工业产值为1070.19亿元。

表5-17 浙江规模以上工业企业资本密集型制造业前七大行业工业总产值

单位:亿元

年份 项目	1991	1998	2005	2012	2013	2014
黑色金属冶炼和压延加工业	26.43	85.63	623.79	2470.08	2695.02	2696.59
有色金属冶炼和压延加工业	28.21	96.4	750.76	2147.62	2372.66	2532.09
金属制品业	48.1	174.28	839.38	2342.72	2386.26	2566.94
非金属矿物制品业	66.39	183.01	634.12	1690.71	1909.15	2111.96
石油加工、炼焦和核燃料加工业	26.72	117.09	701.24	1663.31	1746.69	1819.57
造纸和纸制品业	27.21	115.95	482.41	1171.22	1207.2	1211.72
农副食品加工业	80.09	149.57	404.58	948.23	1045.48	1070.19

注:1991年的"非金属矿物制品业"一栏为"建筑材料及其他非金属矿物制品业"。
资料来源:2000年、2006年、2015年的《浙江统计年鉴》。

从出口角度来看,如图5-9所示,浙江出口资本密集型产品主要为钢材、钢铁或铜制标准紧固件。2005年,出口资本密集型产品总额为7.23亿美元,而后保持稳定增长,2014年增长至66.27亿美元,比2005年增长了8倍多。

从吸引外商投资角度来看,由于浙江中小企业投资分散,不利于资本的积累,浙江中小企业难以成为国外大公司的合格伙伴。如钢铁业,虽然外资迫切想进入庞大的中国市场,但由于各种原因,外资在投资国内钢铁业时却

---

① 浙江省人民政府办公厅.浙江省钢铁行业化解过剩产能实现脱困发展实施方案[DB/OL]. http://www.zj.gov.cn/art/2016/6/16/art_32432_278462.html, 2016-06-16.

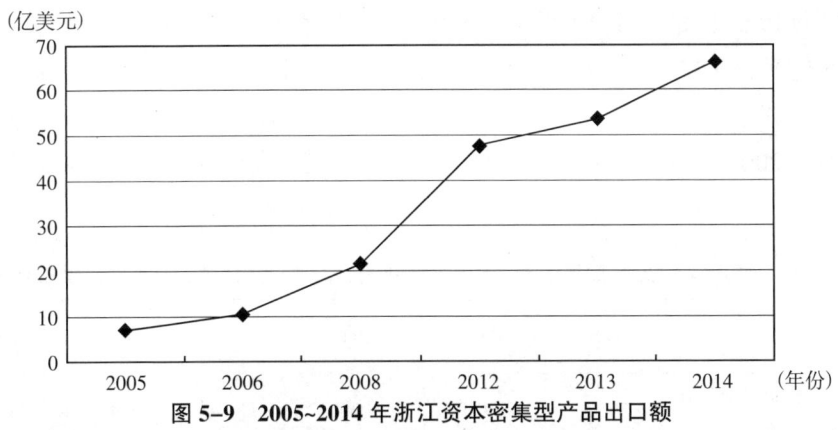

图 5-9　2005~2014 年浙江资本密集型产品出口额

注：此处的资本密集型产品包括"钢材"和"钢铁或铜制标准紧固件"。
资料来源：根据 2015 年、2009 年《浙江统计年鉴》计算整理所得。

屡屡碰壁。

从各市来看，如表 5-18 所示，2014 年浙江资本密集型制造业规模以上工业总产值排前三的城市分别为宁波、杭州、嘉兴，其中宁波为 3827.05 亿元。最低的是湖州、舟山两市，2014 年资本密集型制造业规模以上工业企业工业总产值分别为 160.16 亿元、105.15 亿元。以造纸业为例，其中杭州（包括富阳）、宁波、嘉兴具有很大优势，2010 年三地的纸及纸制品的规模占全国的比重达到 15% 左右。

表 5-18　2014 年浙江各市资本密集型制造业规模以上工业企业工业总产值

单位：亿元

杭州市	宁波市	绍兴市	嘉兴市	湖州市	舟山市
2722.18	3827.05	1417.71	1517.45	160.16	105.15
温州市	台州市	金华市	衢州市	丽水市	—
—	—	1250.64	539.15	765.73	—

资料来源：各地 2015 年统计年鉴。

第五节　技术密集型制造业

浙江规模以上工业企业技术密集型制造业工业总产值近二十多年来，一直保持持续增长。如表5-19所示，1991年，技术密集型制造业工业总产值为395.25亿元，2014年已增长至26656.06亿元，增长了66倍以上。但浙江技术密集型制造业工业总产值占工业总产值的比重，先升后降，2007年比重最高为47.78%，2008年后由于金融危机的影响，比重呈下降趋势，2014年比重为39.76%。

表5-19 浙江规模以上工业企业技术密集型制造业工业总产值及占工业总产值的比重

项目＼年份	1991	1992	1993	1998	1999	2000
技术密集型制造业工业总产值（亿元）	395.25	540.76	803.43	1730.23	1914.43	2518.6
占工业总产值比重（%）	29.38	30.79	31.13	36.79	36.88	38.14

项目＼年份	2005	2006	2007	2012	2013	2014
技术密集型制造业工业总产值（亿元）	9142.32	11942.69	12507.36	23186.08	25008.08	26656.06
占工业总产值比重（%）	39.57	41.0	47.78	39.22	39.71	39.76

资料来源：2000年、2006年、2015年的《浙江统计年鉴》。

从具体行业来看，如表5-20所示，浙江规模以上工业企业技术密集型制造业前六大行业为电气机械和器材制造业，化学原料和化学制品制造业，通用

表5-20 浙江规模以上工业企业技术密集型制造业前六大行业总产值

单位：亿元

项目＼年份	1991	1998	2005	2012	2013	2014
电气机械和器材制造业	70.01	389.1	1794.87	5293.20	5696.59	6018.47
化学原料和化学制品制造业	82.53	302.84	1241.6	4941.27	5635.31	5887.13
通用设备制造业	—	264.4	1628.37	3817.89	4215.76	4533.92
汽车制造业	31.57	188.43	1238.2	2898.53	2323.39	2963.96
计算机、通信和其他电子设备制造业	33.98	216.09	1044.37	2262.65	2522.34	2705.34
化学纤维制造业	20.26	100.54	964.39	2547.47	2448.34	2588.61

注：2006年"汽车制造业"一栏为"交通运输设备制造业"；1998年"通用设备制造业"为"普通机械制造业"，"计算机、通信和其他电子设备制造业"一栏为"电子设备制造业"；1991年"化学原料和化学制品制造业"一栏为"化学工业"。

资料来源：2000年、2006年、2015年的《浙江统计年鉴》。

设备制造业，汽车制造业，计算机、通信和其他电子设备制造业，化学纤维制造业。其中，电气机械和器材制造业是浙江第一大技术密集型行业，2014年工业总产值达6018.47亿元。位列第二的是化学原料和化学制品制造业，2014年该行业工业总产值为5887.13亿元。而汽车制造业，计算机、通信和其他电子设备制造业，化学纤维制造业三个行业的工业总产值规模相对较小，2014年均未达到3000亿元。

从出口角度来看，如图5-10所示，浙江出口技术密集型产品，2005年为376.85亿美元，而后呈增长态势，2014年技术密集型产品出口额为1293.94亿美元。不过，相比2012年之前，近几年的出口增速有所放缓。

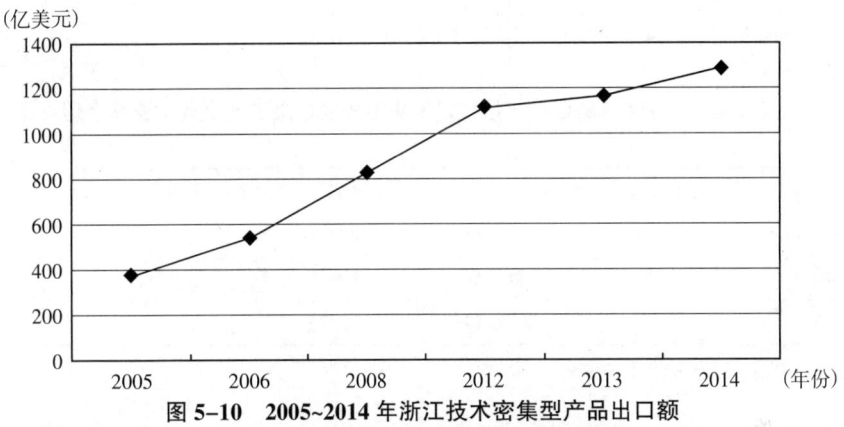

图5-10 2005~2014年浙江技术密集型产品出口额

注：此处技术密集型产品包括"机电产品""自动数据处理设备及其部件""高新技术产品"。
资料来源：根据2015年、2009年《浙江统计年鉴》计算整理所得。

从利用外资角度来看，如图5-11所示，浙江技术密集型制造业与劳动密集型制造业一样，也备受外资青睐。如2007~2013年，浙江技术密集型制造业实际利用外资额稳中有升，2007年为21.85亿美元，2013年为27.14亿美元。但2014年出现较大下滑，浙江技术密集型制造业实际利用外资额为19.47亿美元。

从各市来看，如表5-21所示，2014年浙江规模以上工业企业的技术密集型制造业工业总产值最高的为宁波市，为7948.14亿元，其次是杭州、绍兴两市，分别为6079.11亿元和4207.18亿元。杭州、宁波在电器设备、计算机通信设备等产业的发展上具有明显优势。

图 5–11　2007~2014 年浙江技术密集型制造业实际利用外资额

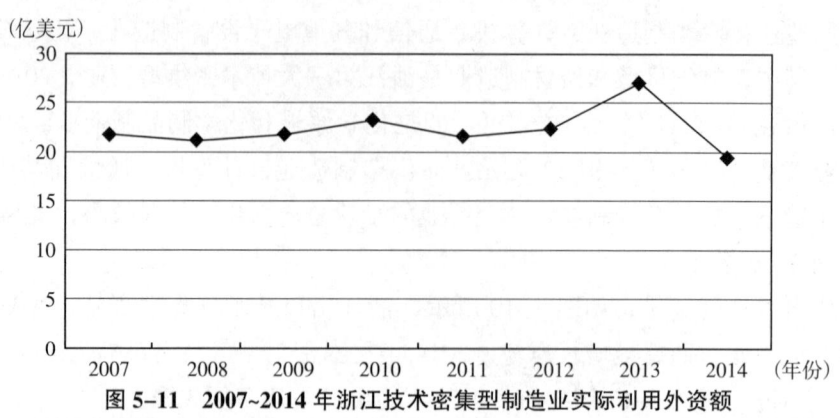

注：此处技术密集型制造业包括"化学原料及化学制品制造业""医药制造业""通用设备制造业""专用设备制造业""通信设备、计算机及其他电子设备制造业"。

资料来源：根据 2015 年、2009 年《浙江统计年鉴》计算整理所得。

表 5–21　2014 年浙江各市按技术密集型规模以上工业企业工业总产值

单位：亿元

杭州市	宁波市	绍兴市	嘉兴市	湖州市	舟山市
6079.11	7948.14	4207.18	2879.13	242.46	994.88
温州市	台州市	金华市	衢州市	丽水市	—
—	—	1553.14	644.76	532.24	—

资料来源：2014 年各地统计年鉴。

参考文献：

[1] 陈建军，胡晨光. 长三角的产业集聚及其省区特征、同构绩效——一个基于长三角产业集聚演化的视角 [J]. 重庆大学学报（社会科学版），2007（4）：1-10.

[2] 张金如. 重塑浙江工业发展新优势 [J]. 今日浙江，2015（4）：28-29.

[3] 兰建平，罗延发. 浙江省工业化发展阶段分析及对策研究 [M]. 北京：经济管理出版社，2012：143-149.

[4] 周必建. 浙江制造的崛起和转型 [M]. 杭州：浙江人民出版社，2010：141-153.

[5] 浙江新闻. "一带一路"浙江大有可为 [EB/OL]. http: //zjnews.zjol.com.cn/system/2015/10/29/020891629.shtml，2015-10-29.

[6] 中共浙江省委党史研究室. 探索求发展，建设新浙江 [DB/OL]. http: //zjrb.zjol.com.cn/html/2011-05/16/content_838915.htm?div=-1，2011-05-16.

[7] 尤利群等. 浙江混合所有制经济的发展现状与对策研究 [DB/OL]. http: //www.zj.stats.gov.cn/ztzl/lcpc/jjpc/dyc_1983/ktxb_1985/201408/t20140827_143790.html.

[8] 中投顾问. 2017~2021 年浙江省基础设施投资分析及前景预测报告 [DB/OL]. http: //

www.ocn.com.cn/reports/2008540zhejiangshengjichusheshi.shtml,2018-06-22.

[9] 安徽发展研究网."十三五"时期我国经济社会发展面临的机遇与挑战 [EB/OL]. http://www.dss.gov.cn/News_wenzhang.asp?ArticleID=367720,2015-06-09.

[10] 胡晨光.产业集聚与集聚经济圈的演进 [M].北京:中国人民大学出版社,2014.

第六章 服务业经济地理

第一节 服务业发展的资源要素条件

一、要素条件

要素条件主要包括资本、人才、资源等。从资本角度来看,浙江经济长达几十年的快速发展,为浙江积累了雄厚的物质资本。浙江典型的民营经济特色,更使得浙江民间资本充裕。从人才角度来看,浙江地处长三角,毗邻上海,其优越的经济条件和地理环境,吸引了不少国内外人才来浙江发展。浙江本身具有不少国内有较高影响力的高校,这些高校也可以为浙江经济发展培养所需的人才。从资源角度来看,浙江拥有优美的自然风光及悠久的历史文化资源。雄厚的资本,丰裕的人才储备以及其独特的自然资源、历史文化资源,都为浙江服务业的发展奠定了坚实的基础。

二、需求条件

随着经济的发展,居民收入水平不断提高,其社会购买力的增强也意味着消费需求层次越来越高级化和多元化。2015年,浙江城镇居民收入为43714元,浙江农村居民收入为21125元,同比增长分别为8.22%和9.04%。2015年,浙江城镇居民生活消费为28661元,农村居民生活消费支出为16108元,同比增长分别为5.21%和11.1%。居民收入水平和消费水平的不断提高,意味着服务业需求潜力巨大,对于金融、信息、房地产、保险、旅游和教育等行业的服务需求不断增加。

三、产业基础

浙江经济具备鲜明的产业集群特色，11个地市不同的产业集群建设为加快浙江服务业发展提供了产业支撑。随着浙江制造业中间投入中对服务投入的不断增加，生产性服务业不断发展，浙江服务业与制造业的关系变得愈加密切，浙江发达的制造业促进了浙江服务业的快速发展。

第二节 服务业发展历史沿革与特征

一、服务业在国民经济中的地位

浙江服务业规模在20世纪90年代以前发展缓慢，1978年浙江服务业增加值为23.11亿元，1990年达到271.47亿元，增加了10倍以上。而20世纪90年代以后，浙江服务业发展快速，并逐渐成为浙江经济发展的主力军。2000年，浙江服务业增加值为2236.12亿元，2014年已高达19220.79亿元。浙江服务业占全省生产总值的比重这三十多年也呈现一个上升态势，尤其是2008年以后，比重攀升至41%，近几年其比重与工业占生产总值的比重之间的差距逐渐缩小，2014年服务业占生产总值的比重比工业占生产总值的比重高0.2个百分点，达到47.9%，完成了浙江"十一五"服务业占生产总值比重要达到45%的目标。这也说明，浙江产业结构从原先的"二三一"，逐渐走向"三二一"。相关数据，可参见表6-1。

表6-1　1978~2014年浙江服务业增加值、服务业从业人员及占全省的比重

项目＼年份	1978	1990	2000	2008	2010	2012	2014
服务业增加值（亿元）	23.11	271.47	2236.12	8799.31	12199.74	16071.16	19220.79
占全省比重（%）	18.7	30.0	36.4	41.0	44.0	46.3	47.9
服务业从业人员（万人）	—	433.7	789.82	649.59	1156.3	1288.31	1366.09
占全省比重（%）	—	17.0	29.0	33.2	34.2	34.9	36.8

资料来源：根据《浙江统计年鉴2015》《中国统计年鉴2015》计算整理所得。

从就业人口角度分析，服务业行业部门众多，也是吸纳就业人口非常重要的部门。1978年以来，浙江服务业从业人员的规模也不断扩大，尤其是2008年以后，随着城市化进程的加快，服务业从业人员规模增长迅速，2014年已有1366.09万人。服务业从业人员占全省比重也稳步上升，2008年以后增加至33%以上，但仍旧低于工业部门的就业人口规模。这也说明，浙江就业结构的变动落后于产值结构的变动，服务业仍有较大吸纳就业人员的空间。

一般来说，经济越发达，服务业占生产总值的比重相应也越高（见图6-1）。浙江、江苏两省的服务业占生产总值的比重与全国平均水平走势基本相同，都呈现一个稳步上升的趋势。而与服务业发达的上海相比，浙江的服务业占生产总值比重明显落后，并且差距逐年加大。不过随着工业品出口增速放缓，浙江省传统制造业面临"去产能化"，浙江工业占生产总值比重呈逐渐走低趋势，这意味着浙江服务业占生产总值的比重将进一步提高，服务业对浙江经济的贡献度将不断加大。

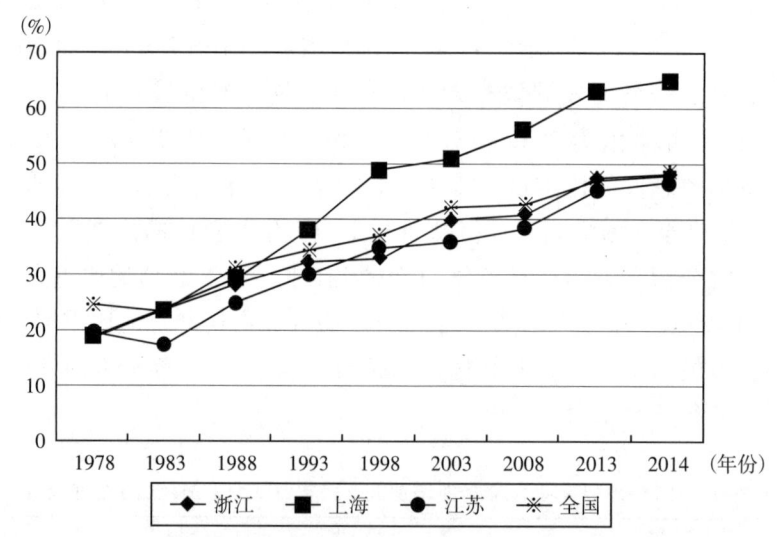

图6-1 1978~2014年服务业占生产总值的比重

资料来源：根据《浙江统计年鉴2015》《上海统计年鉴2015》《中国统计年鉴2015》计算整理所得。

二、服务业发展水平与结构

如图6-2所示，从浙江服务业各行业情况来看，1990年浙江服务业增加值规模最大的前五大行业分别为批发和零售贸易、餐饮业，交通运输和仓储业、邮电通信业，金融保险业，房地产业，国家党政机关和社会团体，这五大行业的增加值分别为91.86亿元、45.01亿元、44.48亿元、17.21亿元、17.21亿元。

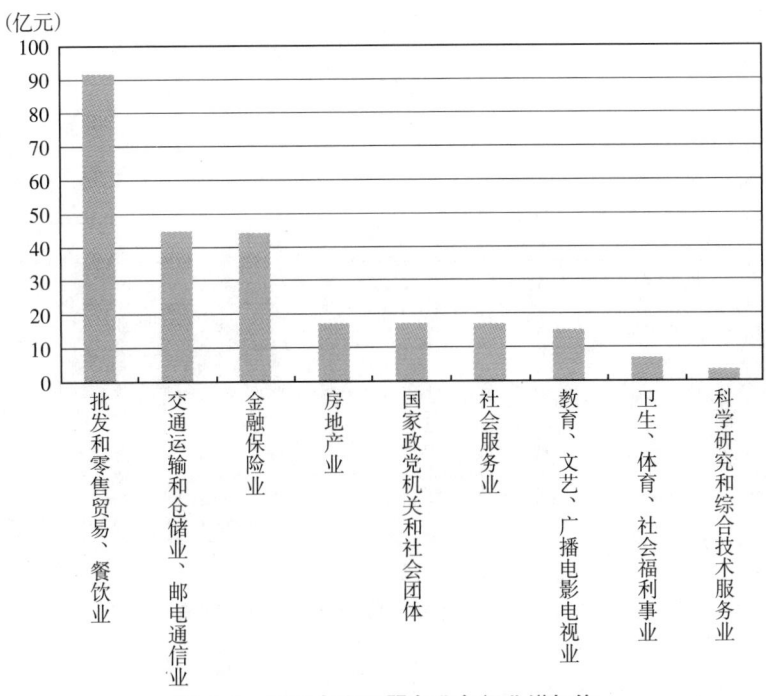

图6-2 1990年浙江服务业各行业增加值

资料来源：《浙江统计年鉴1991》。

而到2014年，浙江服务业增加值规模最大的前五大行业依次为批发和零售业，金融业，房地产业，交通运输、仓储和邮政业，信息传输、软件和信息技术服务业，其增加值依次为4911.71亿元、2767.44亿元、2166.86亿元、1525.93亿元和1355.19亿元（见图6-3）。

从1990年与2014年，浙江服务业各行业增加值对比来看，第一，批发和零售业始终排在浙江服务业的首位；第二，金融业、房地产业近些年已超过交通运输、仓储邮政业，分别居第二位、第三位；第三，作为新兴服务业的信息传输、软件和信息技术服务业增长快速，2014年已上升至第五位；第四，教育，科学研究和技术服务业，文化、体育和娱乐业，始终是浙江服务业发展相对落后的行业。

从服务业增加值角度来看（见图6-4和图6-5），2006~2015年浙江省服务业的结构的改变不大。批发零售贸易业，交通运输、仓储和邮政业以及住宿和餐饮业等传统产业通过积极转变经营方式、创新业态等提升了发展质量；而金融、保险、科技信息、房地产等现代服务业的发展也在不断加速。

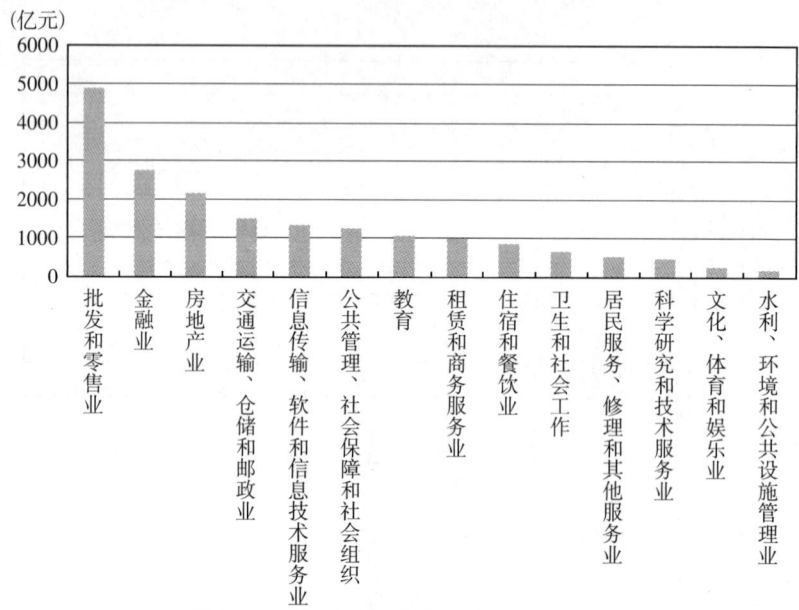

图 6-3　2014年浙江服务业各行业增加值

资料来源：《浙江统计年鉴2015》。

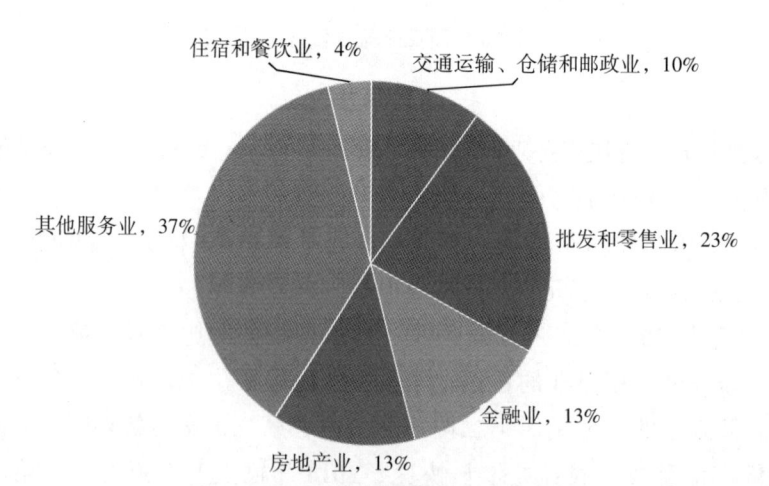

图 6-4　2006年浙江省服务业增加值构成

资料来源：浙江省发展和改革委员会、浙江省服务业工作协调会议办公室：《2007浙江省服务业发展报告》，社会科学文献出版社，2007年。

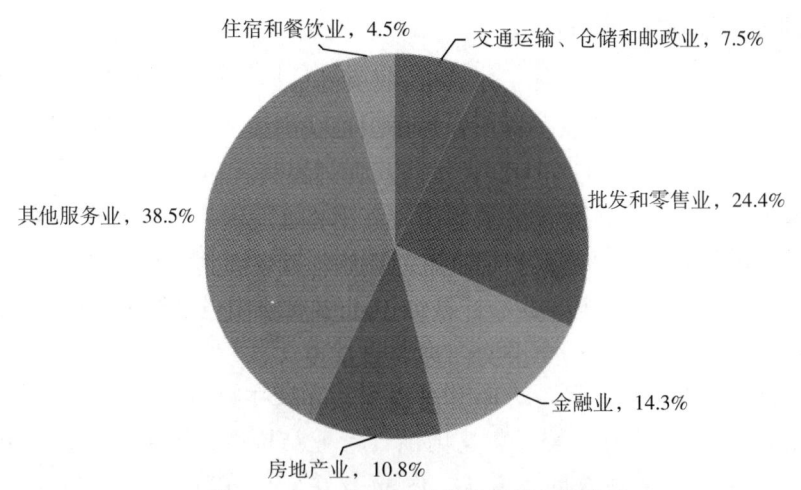

图 6-5　2015 年浙江省服务业增加值构成

资料来源：浙江省人民政府. 2015 年浙江省国民经济和社会发展统计公报 [DB/OL]. http://www.zj.gov.cn/art/2016/3/3/art_961_2061497.html, 2016-03-03.

三、服务业市场开放

服务贸易在最近十多年来发展快速，规模不断扩大，在全省外贸所占比重不断提高（见表 6-2）。1999 年浙江服务贸易出口 5.02 亿美元，进口 3.5 亿美元，顺差额为 1.52 亿美元，占全省同期外贸比重为 3.6%。2015 年浙江服务贸易出口为 284.58 亿美元，比 1999 年增长了将近 57 倍，服务贸易进口额为 157.58 亿美元，增长了 44 倍，服务贸易顺差也进一步扩大为 127 亿美元，服务贸易占全省外贸比重也上升至 11.31%。浙江服务贸易规模已位居全国第四，仅次于北京、上海、广州。

表 6-2　1999 年、2015 年浙江服务贸易进出口情况

年份 项目	服务贸易出口（亿美元）	服务贸易进口（亿美元）	服务贸易差额（亿美元）	服务贸易总额占全省外贸比重（%）
1999	5.02	3.50	1.52	3.06
2015	284.58	157.58	127	11.31

资料来源：浙江省商务厅. 2015 年浙江省服务贸易发展情况 [EB/OL]. http://www.mofcom.gov.cn/article/difang/201601/20160101241043.shtml, 2016-01-22.

从各行业出口情况来看，运输、旅游和建筑等传统型服务业仍占主导地位，但占服务贸易总量的比重在持续下降，进出口增幅也低于服务贸易进出口平均增幅。与此同时，金融、通信、教育、文化等新型服务贸易增长快速，

2015年同比增幅均在20%以上。

从服务贸易出口市场来看，浙江服务贸易出口遍布五大洲200多个国家和地区，主要出口欧美市场，2015年出口额达128.6亿美元，占全省服务贸易总出口额的45.2%。其次是亚洲市场，2015年服务贸易对亚洲市场的出口额为122.83亿美元，占服务贸易总出口额的43.16%。就具体国别而言，浙江服务贸易第一大出口国为美国，2015年服务贸易出口至美国的为40.05亿美元，占浙江服务贸易总出口额的14.07%；其次为中国香港，出口额为39.81亿美元，占浙江服务贸易出口总额的13.99%。[①]

从外商直接投资角度看，2014年浙江服务业实际利用外资额超过第二产业实际利用外资额将近40亿美元，这为浙江产业结构调整提供了非常有利的条件。2014年浙江服务业合同外资为145.34亿美元，实际利用外资97.92亿美元，占外资总额的比重分别为59.54%和61.99%。浙江服务业外商投资规模近年来虽然增长快速，但占外资总额比重低于几个发达城市，如上海（服务业实际利用外资163.85亿美元，占外资比重90.2%）、北京（服务业实际利用外资79.29亿美元，占外资比重79.29%）。

从外商投资的具体行业来看（见图6-6），浙江服务业外商投资主要集中在房地产业，批发和零售业，科学研究、技术服务和地质勘查业，租赁和商务服务业，信息传输、计算机服务和软件业等开放较早的传统性行业，2015年以上五大行业外商投资占服务业外商投资比重高达91.2%。而金融、社会公共服务、教育等行业的外商直接投资规模相对较弱，尤其是教育行业，2015年外商直接投资规模仅为0.0075亿美元，在所有服务业行业中居末位。

四、服务业地区发展差异

浙江各市服务业呈现加快发展态势（见图6-7），浙江省各市2000~2013年服务业占各市GDP的比重虽然有波动，但总体呈上升趋势。杭州的服务业所占比重最高，并与其他各市逐渐拉开差距。

2014年，浙江各市服务业蓬勃发展（见表6-3），11市中有8个市服务业增速超过GDP增速。其中，金华、台州、丽水三个市服务业增速比GDP增速高1.2个百分点。服务业增加值超过1500亿元的依次为杭州、宁波、温州、绍

---

① 浙江省商务厅. 2015年浙江省服务贸易发展情况［EB/OL］. http://www.mofcom.gov.cn/article/difang/201601/20160101241043.shtml，2016-01-22.

兴、台州、金华,形成了以杭州为中心,以宁波、温州、绍兴等为次中心的服务业发展格局。浙江 11 市的服务业占 GDP 比重都超过了 40%,服务业正成为拉动各市经济增长的主导力量。

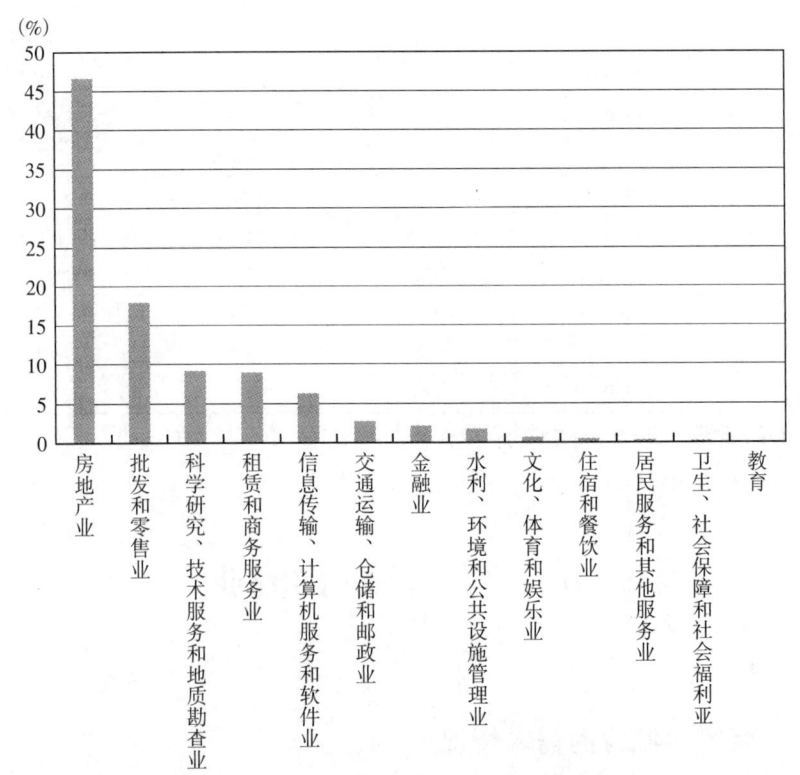

图 6-6 2014 年浙江服务业各行业的外商直接投资

资料来源:根据《浙江统计年鉴 2015》计算整理所得。

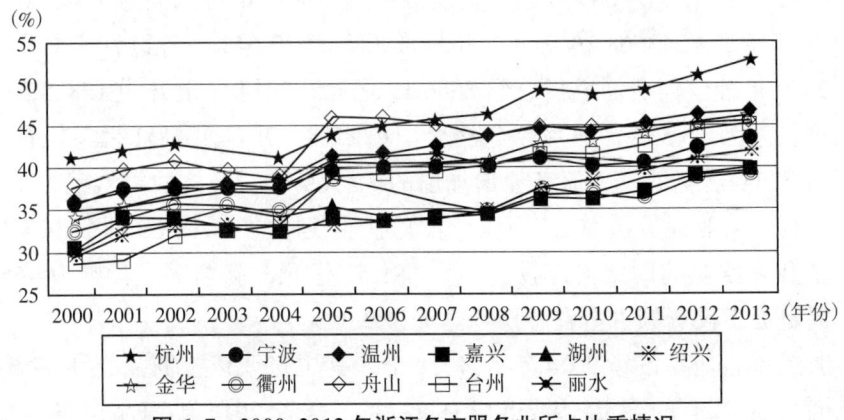

图 6-7 2000~2013 年浙江各市服务业所占比重情况

资料来源:各市历年统计年鉴。

表 6-3 2014年浙江各市服务业发展情况

项目 地区	服务业增加值（亿元）	服务业增速（%）	GDP增速（%）	服务业占GDP比重（%）
杭州市	5067.9	8.5	8.16	55.25
宁波市	3391.76	7.6	7.60	44.07
温州市	2138.66	6.2	7.2	50.09
嘉兴市	1396.35	8	7.52	41.58
湖州市	833.4	8.6	8.42	42.77
绍兴市	1858.07	8.3	7.5	43.56
金华市	1559.2	9.5	8.34	48.67
衢州市	469.34	8.7	7.2	42.47
舟山市	490.77	10	10.2	48.17
台州市	1583.01	8.7	7.5	47.02
丽水市	306739	8.1	7	43.51

资料来源：根据《中国城市统计年鉴2015》、各市2014年《社会发展与统计公报》计算整理所得。

第三节 商贸物流业

一、商贸物流业的需求情况

（一）批零住餐业规模扩大，商品交易市场领跑全国

如图6-8所示，2009年浙江批发零售贸易商品销售总额为17085.65亿元，2014年已增加至43668.16亿元，年均增长率为20.64%，连续9年居全国第五位；2009年社会消费品零售总额8666.19亿元，2014年上升为17835.34亿元，年均增长率为15.53%，连续9年居全国第四位。2014年浙江批零住餐业的增加值为5796.62亿元，占服务业增加值的30.16%，对经济的贡献率为14.43%；批零住餐业从业人员达601.1万人，占总就业规模的16.18%；批发和零售业以及住宿和餐饮业的固定资产投资额为681.51亿元，新增固定投资为466.08亿元，固定资产投资额占全省总投资比重为2.89%。

浙江商品交易市场2014年为4321个，其中亿元以上商品交易市场有225个，百亿元以上的商品交易市场有33个，全省2014年商品市场成交额为19500亿元。表6-4报告了2015年浙江入围"中国商品市场百强"名单，从名

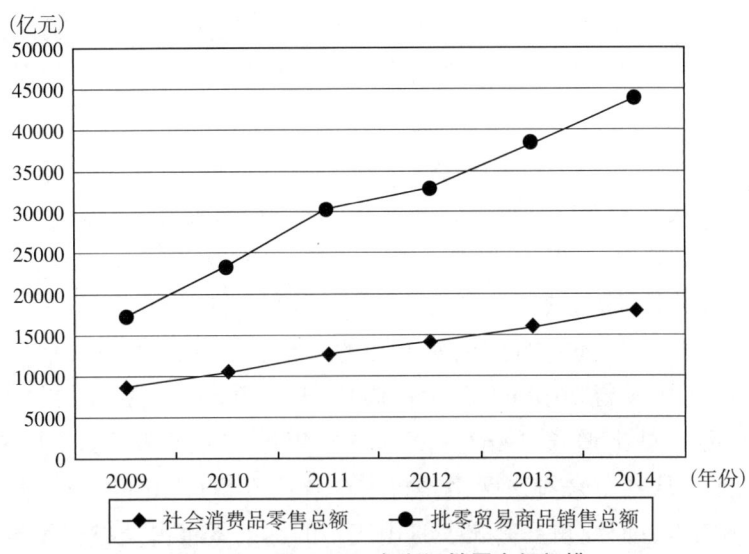

图 6–8　2009~2014 年浙江批零市场规模

资料来源:《浙江统计年鉴 2010~2015》。

表 6–4　2015 年浙江入围"中国商品市场百强"名单

项目 地区	商品市场名称	数量
杭州	萧山商业城、浙江钱江商城、杭州四季青服装市场、浙江亿丰家居建材城、浙江汽配城、杭州汽车城、浙江塑料城网上交易市场、浙江颐高数码连锁广场、杭州农副产品物流中心	9
宁波	宁波华东物资城、宁波中国液体化工产品交易市场、余姚中国塑料城	3
嘉兴	海宁中国皮革城、嘉兴中国茧丝绸交易市场、桐乡市濮院羊毛衫市场	3
绍兴	绍兴中国轻纺城、钱清中国轻纺原料城、诸暨华东珠宝城、浙江石狮商贸城、新昌江南名茶市场	5
湖州	浙江织里童装市场、湖州亿丰建材城、湖州百川世家家私广场	3
舟山	舟山中国国际水产城	1
温州	瑞安商城、温州文化用品市场	2
台州	路桥中国日用品商城、浙江工量刃具市场、台州电子数码城、浙江船舶交易市场、台州松门水产品批发市场	5
金华	义乌中国小商品城、永康中国科技五金城、浙江东阳中国木雕城、义乌家具市场、义乌农贸城	5
衢州	衢州市粮食批发交易市场	1
丽水	庆元县香菇市场	1

资料来源:根据中国社科院公布材料整理所得。

单中可以看到,浙江领跑全国,总共38个商品市场入围。从区域分布看,杭州有9个商品市场入围中国百强商品市场;绍兴、台州和金华,分别有5个商品市场入围;舟山、衢州、丽水则分别有一个商品市场入围。从市场类型看,主要有综合类市场,如义乌中国小商品城、萧山商业城等,也有纺织服装类、五金家居类、汽车及生产资料类、电子类及农副产品类五大类专业市场,浙江每一类专业市场均有入围。

(二)网络消费增长快速,电商示范基地位列全国第一

如表6-5所示,随着新型消费业态的出现,浙江省新型消费增长快速。2015年实现网络零售7610.62亿元,同比增长49.89%,浙江居民网络消费4012.34亿元,同比增长39.63%,网络零售顺差继续扩大,实现顺差达3598.28亿元。从各市来看,网络零售占全省比重超过10%的有杭州、温州、嘉兴和金华四市,而湖州、衢州、舟山三市的网络零售占全省比重虽然很低,但由于基数较小,所以同比增长都保持在80%以上。居民网络消费占全省比重最高的五市分别为杭州、宁波、温州、金华和台州,而湖州、舟山、衢州的居民网络消费同比增长率均超过了50%。2015年,绍兴、衢州和舟山三市的居民网络零售与消费之间呈现逆差,这说明这三市的网络零售服务满足不了当地

表6-5 2015年浙江各市网络零售及居民网络消费情况

项目 地区	网络零售 (亿元)	网络零售 占比 (%)	网络零售 同比增长 (%)	居民网络 消费 (亿元)	居民网络 消费占比 (%)	居民网络消费 同比增长 (%)	顺差 (亿元)
全省	7610.62	100	49.89	4012.34	100	39.63	3598.28
杭州	2679.83	35.31	42.57	1119.1	27.89	38.23	1560.73
宁波	703.94	9.25	59.72	586.86	14.63	33.53	117.09
温州	893.55	11.74	50.32	568.39	14.17	44.05	325.16
嘉兴	835.6	10.96	36.76	311.51	7.76	30.03	524.09
湖州	223.57	2.94	83.99	163.43	4.07	54.7	60.14
绍兴	235.44	3.09	58.58	288.80	7.2	49.8	-53.36
金华	1344	17.66	58.43	394.91	9.84	34.15	949.09
衢州	66.88	0.88	90.15	76.43	1.9	51.12	-9.55
舟山	12.01	0.16	89.54	80.33	2.0	51.08	-68.32
台州	494.37	6.5	45.73	321.65	8.02	41.43	172.72
丽水	121.43	1.6	76.00	100.94	2.52	45.93	20.49

资料来源:浙江省商务厅.浙江省2015年度网络零售统计数据[DB/OL]. http://www.zcom.gov.cn/art/2016/1/18/art_1127_204484.html,2016-01-08.

的居民网络消费。

电子商务产业基地加速了网商集聚、服务集聚和创新整合，也逐渐成为了电子商务服务的枢纽。2014年，浙江已有投入运营的电商产业基地164家，全年实现营业额达6000多亿元，入驻企业近3万家。在电子商务产业基地建设方面（见表6-6），2012年的首批国家电子商务示范基地中，浙江共有2个基地入选，分别是杭州市西湖区文三街电子信息街、金华市电子商务产业基地。而随着2013年"电商换市"战略的实施与推进，浙江电子商务更是蓬勃发展，2016年公布的第二批国家电子商务示范基地中，又新增5个，分别是杭州东方电子商务园、杭州北部软件园、宁波电子商务城、宁波软件与服务外包产业园及义乌中国小商品城——网商服务区。

表6-6 浙江入选国家电子商务示范基地名单

批次 \ 项目	基地名称	个数
首批国家电子商务示范基地	杭州市西湖区文三街电子信息街	2
	金华市区电子商务产业基地	
第二批国家电子商务示范基地	杭州东方电子商务园	5
	杭州北部软件园	
	宁波电子商务城	
	宁波软件与服务外包产业园	
	义乌中国小商品城——网商服务区	

资料来源：根据浙江省商务厅资料整理所得。

（三）进出口增长缓慢，国际物流需求结构进一步改善

近年来，浙江进出口增长趋缓，进出口物流需求呈下降态势（见表6-7）。2015年浙江全省进出口总额为21566.22亿元，同比下降1.1%。从各市来看，宁波的进出口规模最大，2015年进出口总额为6239.9亿元，其次是杭州，为4132.43亿元，但两市的进出口都呈现负增长。在11市中，绍兴的进出口降幅最大，2015年高达12.9%，而金华进出口额则在2015年有了较大幅度的上涨，涨幅为19.5%。

国际物流需求结构不断优化。从出口情况看，浙江2015年出口机电产品7235.76亿元，占出口总额的33.55%，同比增长4.7%，高新技术产品出口4391.99亿元，同比涨幅高达10%。而服装及衣着附件，纺织纱线、织物及制品等劳动密集型产品的出口则出现了下滑，2015年同比分别下降1.8%和2.6%。

表 6-7　2015 年浙江及各市进出口情况

地区	进出口总额（亿元）	同比（%）
全省	21566.22	-1.1
杭州	4132.43	-1.0
宁波	6239.90	-2.9
温州	1208.26	-5.4
嘉兴	1928.38	-6.9
湖州	633.27	3.2
绍兴	1854.8	-12.9
金华	3044.63	19.5
衢州	274.2	0.3
舟山	726.34	-4.1
台州	1313.44	-3.2
丽水	210.56	17.9

资料来源：中华人民共和国杭州海关.2015 年 1~12 月浙江省 11 地市进出口情况表［DB/OL］.http：//hangzhou.customs.gov.cn/publish/portal120/tab60432/info785447.htm，2017-02-06.

二、商贸物流业的现状与特征

（一）商贸物流业总规模稳步增长，但区域间发展不平衡

随着商贸物流需求的快速增长，近年来，浙江现代物流业发展全面提速。如图 6-9 所示，2009~2014 年浙江社会物流总额稳步增长，2014 年社会物流总额为 12.79 万亿元，同比增长 7.7%；物流业增加值为 3930 亿元，同比增长 8.1%，占全省 GDP 比重 9.8%，占第三产业比重 20.4%，与 2013 年基本持平。2015 年全省社会物流总额达 13.26 万亿元，实现物流业增加值 4280 亿元，约占全省 GDP 的 10%、服务业增加值的 20%。

从浙江各市来看，各市物流业发展存在地区间的不平衡。目前，浙江确立了以杭州、宁波、温州、金华—义乌为中心的现代物流枢纽。其中杭州已获批成为全省第一个全国物流标准化试点城市；湖州、舟山两市则成为"城市共同配送工程"试点城市；国家级开发区——宁波保税物流园区在北仑落成，UPS、联邦快递等著名国际快递巨头已经全面入驻，城市配送物流、中转物流、航空物流和物流公共平台运营商的现代物流网已初具规模。浙江省对于地区的现代物流投资颇为重视，2014 年宁波、台州、湖州、嘉兴、丽水等地物流项目投资

进度在100%以上，进展较好。

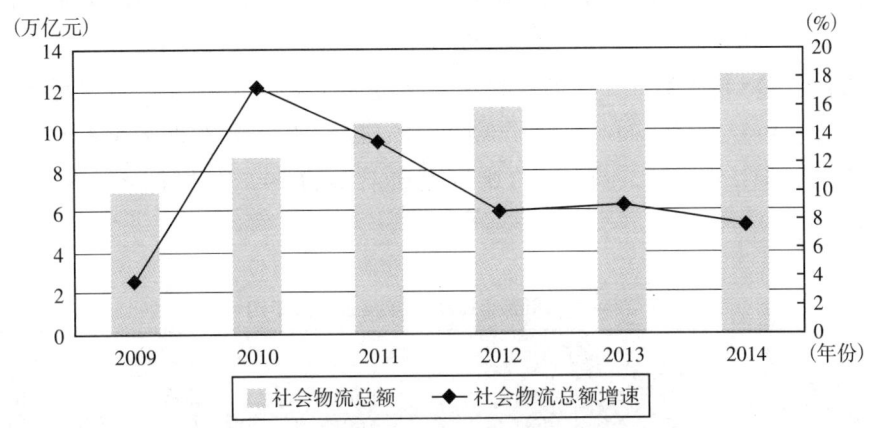

图6-9 2009~2014年浙江物流总额及增长变化情况

资料来源：浙江省发改委. 2014年浙江省物流业监测报告，http: www.zjdpc.gov.cn/art/2015/6/10/art_69_1286054.html.

（二）物流园区应运而生，物流业队伍素质提高

浙江总投资1亿元以上且占地150亩以上的物流园区（物流中心、物流基地）共80个，其中已运营的12个，在建的48个，位居全国第一。以浙江传化物流基地、义乌国际物流中心、宁波梅山保税港区物流园区、嘉兴现代物流园区等为代表的一大批物流园区已初具规模，为全省物流业发展搭建了良好的载体平台。2016年，杭州传化公路港、嘉兴现代物流园、宁波（镇海）大宗货物海铁联运物流枢纽港三家物流园区入选全国首批29家示范物流园区。与此同时，义乌内陆口岸场站物流园、衢州工业新城物流园区、绍兴港现代物流园、嘉兴港区综合物流园、富阳传化公路港、菜鸟网络金义园区六家物流园区被评为国家优秀物流园区。但随着物流园区示范作用凸显，也暴露出诸多约束因素：一是，现有物流基础设施社会化程度较低、布局较为分散，缺乏有效整合；二是，由于土地指标限制和用地价格偏高，造成物流园区用地存在障碍；三是，物流园区具有高投入、低回报的性质，前期利润率较低，资金短缺问题比较突出。

物流业具有产业融合的性质，它覆盖了分销业、运输业、仓储业、保障业、货代业、流通配送业、信息业等，所以物流业需要的人才是多层次的。目前，浙江大学、浙江工业大学、浙江理工大学、浙江工商大学、宁波大学、宁波工程学院、浙江万里学院、浙江大学宁波理工学院、浙江树人大学等一批高

校已相继开设了物流专业,为物流业培养了一大批物流管理人才,提升了物流队伍的整体素质。2008年浙江省物流业从业人员中,研究生及以上学历的有3167人,本科学历的有4850人,大专学历的有6180人,即拥有大学及以上学历的占比已达到54.37%。江苏省物流业从业人员规模比浙江大,但是大学及以上学历所占比重只有48.41%。与上海比,浙江不仅物流业从业人员规模远小于上海,且大学及以上学历的比重也比上海的59.77%要低5个多百分点(见表6-8)。

表6-8 2008年江浙沪物流业学历结构

学历 地区	研究生及以上 人数	比重(%)	本科 人数	比重(%)	大专 人数	比重(%)	高中 人数	比重(%)	初中及以下 人数	比重(%)
浙江	3167	12.13	4850	18.58	6180	23.67	6646	25.45	5267	20.17
江苏	3663	10.91	5174	15.41	7419	22.09	9427	28.07	7896	23.51
上海	8467	19.72	8544	19.90	8653	20.15	8697	20.25	8579	19.98

资料来源:《中国物流业发展研究报告》,中国统计出版社,2011年。

进一步从物流业从业人员的技术职称来看(见表6-9),浙江物流业拥有高级技术职称人数为1354人,中级技术职称为6356人,初级技术职称为10719人,占比分别为7.35%、34.49%、58.16%,可见浙江物流业高级技术职称所占比重相比中初级职称是非常低的。与江苏、上海相比,浙江物流业高级技术职称人数不仅总量小,比重也低于江苏、上海。

表6-9 2008年江浙沪物流业技术职称结构

技术职称 地区	高级技术职称 人数	比重(%)	中级技术职称 人数	比重(%)	初级技术职称 人数	比重(%)
浙江	1354	7.35	6356	34.49	10719	58.16
江苏	3529	10.56	11927	35.69	17962	53.75
上海	1527	7.6	7817	38.92	10742	53.48

资料来源:《中国物流业发展研究报告》,中国统计出版社,2011年。

(三)港口物流发展平稳,多式联运能力增强

浙江交通运输业克服困难,深化改革,提高运输效率和服务质量,运输形势平稳发展。2013年浙江全社会货物周转量铁路运输达272.1亿吨公里,公路

运输达 1322.1 亿吨千米,水运达 7357 亿吨千米,所以可以看出浙江交通运输主要依靠水运,其次是公路运输,而铁路运输相对较少,民航、管道的运输货物周转量所占比重更低。

从水运条件来看(见表 6-10),2013 年浙江沿海码头泊位数有 1050 个,仅次于广东,位列全国第二,沿海码头的货物吞吐量达 100591 万吨,集装箱吞吐量为 1910 万 TEU、19659 万吨;内河码头泊位数有 3935 个,仅次于江苏,位列全国第二,内河码头的货物吞吐量为 37459 万吨,集装箱吞吐量为 23 万 TEU、195 万吨。其中,沿海码头主要分布于宁波、温州、嘉兴、舟山、台州,内河码头则分布于杭州、宁波、嘉兴、湖州、绍兴、金华和丽水。

表 6-10 2013 年浙江港口码头泊位和吞吐量

	码头泊位数(个)	货物吞吐量(万吨)	集装箱吞吐量 箱量(万 TEU)	集装箱吞吐量 重量(万吨)
沿海码头	1050	100591	1910	19659
内河码头	3935	37459	23	195

资料来源:《中国交通年鉴 2014》,中国交通年鉴社,2014 年。

从 2013 年港口货物吞吐量居世界前 10 位的港口来看(见表 6-11),中国占据 6 席,而浙江宁波港排名第 4,吞吐量达到了 495.9 百万吨。浙江以宁波港为节点,依托江海、海公、海铁、海河、海管等复合型多式联运方式,不断

表 6-11 2013 年港口货物吞吐量居世界前 10 位的港口

排名	港口	所属国家	吞吐量(百万吨)	备注
1	上海	中国	775.7	内外贸货物
2	新加坡	新加坡	560.9	内外贸货物
3	天津	中国	500.6	内外贸货物
4	宁波	中国	495.9	内外贸货物
5	广州	中国	455.2	内外贸货物
6	青岛	中国	450.0	内外贸货物
7	鹿特丹	荷兰	440.5	内外贸货物
8	大连	中国	407.5	内外贸货物
9	黑德兰	澳大利亚	372.3	内外贸货物
10	釜山	韩国	313.3	内外贸货物

资料来源:《中国交通年鉴 2014》,中国交通年鉴社,2014 年。

拓展与长江经济带以及丝绸之路经济带、沪昆线经济合作带、沿海经济带、21世纪海上丝绸之路经济带的联系，构建无缝对接的大交通物流网络。

如表6-12所示，浙江港口业以加深参与国际、国内航运市场为导向，以技术进步促进港口发展，以整合岸线资源促进布局和结构优化，形成了可持续发展的港口群。2013年浙江沿海规模以上港口码头包括宁波舟山港、台州港、温州港、嘉兴港，码头泊位数分别为613个、174个和209个。四个港口的货物吞吐量达到87346万吨、6049万吨、7901万吨和6880万吨。

表6-12 2013年浙江沿海规模以上港口码头泊位和吞吐量

港口	码头泊位数（个）	货物吞吐量（万吨）	
		合计	外贸
宁波舟山	613	87346	41882
台州	174	6049	817
温州	209	7901	443
嘉兴	—	6880	901

资料来源：《中国交通年鉴2014》，中国交通年鉴社，2014年。

（四）电商快递高速增长，物流业务链升级

在网购、信息消费等新业态的持续拉动下，电商快递物流继续高速增长。伴随产业结构转型升级的步伐加快，物流业务呈现链条式整合提升。

如表6-13所示，2015年浙江邮政企业收入（不包括邮政储蓄银行直接营业收入）系列完成4533546.2万元，同比增长32.4%；业务总量累计完成8110114.4万元，同比增长50.5%。从各市来看，杭州的快递业务量远大于其他地区，达到125707.3万件，其次是金华市为97095万件。杭州邮政业务累计业务总量为2535213.5万元，累计业务收入为1596883.9万元，其次是金华896673.2万元。由此可见，杭州作为"中国电子商务之都""跨境电子商务综合试验区"，拥有全球知名电子商务企业阿里巴巴，电子商务的发展极大地带动了国内外邮政快递业务的发展。金华义乌拥有全国最大的小商品城，依托义乌国际商贸城发展起来的义乌电子商务更是不容小觑，据统计，2012年义乌注册的淘宝卖家已达10万个，而其开发的"义乌购"电商平台，给商贸城的每个用户都配备了一个专用账号，此平台曾荣获"2015中国电子商务最具创新行业门户"称号。

表 6-13 2015 年浙江邮政快递业务发展情况

地区	快递业务 累计业务量（万件）	快递业务 累计业务收入（万元）	邮政业务 累计业务总量（万元）	邮政业务 累计业务收入（万元）
全省	383145.9	3838082.6	8110114.4	4533546.2
杭州	125707.3	1437542.2	2535213.5	1596883.9
宁波	30496.5	400443.0	679041.9	497929.3
温州	37641.1	354718.4	775237.9	432564.5
嘉兴	23878.7	272519.3	504373.5	320269.7
湖州	11807.2	95225.6	257321.7	121823.0
绍兴	15683.5	157144.9	350983.5	209129.7
金华	97095.0	768336.3	2163718.4	896673.2
衢州	4740.7	45056.2	101461.6	60449.9
舟山	882.4	13977.3	28017.3	27533.8
台州	29479.3	242916.6	579248.3	295932.2
丽水	5734.3	50202.8	135496.8	74357.1

资料来源：浙江省快递行业协会. 2015 年浙江省邮政行业经济运行情况［DB/OL］. http：//www.zjkd.org/documentDetail.jsp?docid=3098，2016-03-02.

进入 21 世纪以来，浙江省专业化、社会化物流企业发展较快，多种经济类型、不同服务方式的物流企业逐步成长壮大。2016 年浙江省审定通过第二十一批 A 级物流企业 232 家，其中 5A 级企业 9 家（包括浙江传化物流基地有限公司、浙江华瑞物流股份有限公司、浙江省八达物流有限公司、义乌市交通发展有限责任公司、浙江顺丰速运有限公司等），4A 级企业 66 家，3A 级企业 111 家，2A 级企业 42 家，1A 级企业 4 家（数据来自浙江省物流与采购协会）。同时，浙江省的物流供应链一体化服务能力不断增强，物流市场细分和专业化发展水平不断提升，供应链一体化综合服务不断推广应用。形成了一批成功的专业物流，如八方物流的橡胶供应链、华瑞物流的纺织化纤供应链、物产物流的钢铁供应链、绍兴集亚的危化供应链、余慈物流的小家电供应链等。但总体看，浙江省多数物流企业仍处于数量扩张阶段，"小、散、差、弱"的状况没有得到根本性改变；专业化程度较低，对一体化物流和供应链管理的应用程度较低，信息化水平不高，公共物流信息平台建设尚处在探索阶段，制造企业物流外包比例仍然较低。这些因素导致浙江省物流社会化需求相对不足，从而影响了物流企业的创新动力和专业化服务能力提升，以及规模化发展。

专栏：义乌小商品市场

义乌小商品市场创建于1982年，是我国最早创办的专业市场之一。从"鸡毛换糖"到"世界超市"，历经30来年，从第一代的"义乌小商品市场"发展到第五代的"义乌国际商贸城"，共经历了五次搬迁八次扩建。义乌国际商贸城现包括国际商贸城一区到五区、篁园服装市场和义乌数码城，拥有营业面积550余万平方米，商位7.5万个，从业人员21万多人，日客流量21万余人次，经营26个大类180万个单品，市场主体27.36万户，占全国市场主体总量的0.35%，浙江省的5.78%。[①]

2015年，义乌国际商贸城成交额为982.2亿元，同比增长14.6%，已连续25年居全国各大专业市场榜首。全市2015年实现进出口总额342.2亿美元，同比增长41.5%，其中，出口338.6亿美元，增长42.8%，进口3.6亿美元，下降25.2%。

义乌国际商贸城的商品主要出口中东、拉美等地区。其中义乌出口的前十大国家和地区包括伊拉克、阿联酋、伊朗、埃及、沙特中东五国，以及巴西、阿根廷、委内瑞拉、古巴拉美四国。出口中东国家的产品集中于服装及附件、餐厨用具、鞋帽伞等，而出口拉美国家的产品则集中在纺织、电子和生活用品。

2011年，义乌成为全国第10个综合配套改革试验区，义乌国际贸易综合改革试点全面启动。试点围绕电商、金融、物流及城市服务等方面展开，一系列的试点改革将为义乌国际商贸城的繁荣发展提供更为有利的条件。

"义乌市场景气指数""全球首个区域电商发展指数"等指数的实行与监测，意味着义乌国际商贸城已成为全国乃至世界贸易、电商发展的一个晴雨表。

---

① 中国小商品城. 义乌中国小商品城［DB/OL］. http://sc.cccgroup.com.cn/html/market/index.shtml, 2016-04-11.

第四节　金融产业

一、金融业的发展历史

浙江金融的起源可以追溯到明清时期，历史上素有"南有浙江钱庄，北有山西票号"的说法。特别是浙江宁波，当时钱庄聚集，数量甚至超过米店，在清末民初，由于"五口通商"，宁波钱庄业更是达到了鼎盛时期，如至今仍保留完好的宁波钱业会馆就始建于清同治三年。

1907年，浙江成立了第一家银行——浙江兴业银行，1909年成立了浙江实业银行，两家银行与1915年成立的上海商业储蓄银行，并称为"南三行"，从此现代银行在浙江兴起。到1927年，浙江已有银行21家，其业务规模居全国前列。1949年新中国成立后，浙江全省各地先后建立起社会主义的人民银行机构，其中中国银行成为社会主义的国际汇兑专业银行。1978年改革开放至今，浙江经济发展突飞猛进，金融发展日新月异。

二、金融业的现状与特征

（一）浙江金融业规模

浙江经济发展迅速，增速名列全国各省市前茅，民营经济比重大、实力强，全省经济活力高，技术创新也较为活跃，这为浙江金融业的发展提供了良好的市场资源。1998年取消贷款规模限额以来，浙江金融业获得了长足进步。1998年浙江金融业增加值占第三产业增加值为10.73%，1998~2004年，呈现平稳上涨态势，2006~2010年则有一个快速拉升的过程，2010年该比重上升到19.29%，之后持续走低，2014年金融业增加值为2767.44亿元，金融占第三产业增加值为14.4%。从金融业占地区生产总值的角度看，趋势跟金融业占第三产业增加值基本相似，只是更为平缓，1998年比重是3.56%，2014年是6.89%（见图6-10）。这说明，金融业产业地位在不断提高，对于拉动经济增长起了重要作用。

从横向比较来看，2014年浙江金融业增加值占第三产业增加值的比重仅为14.4%，略高于广东（13.39%），但低于全国平均水平15.15%，也低于江苏

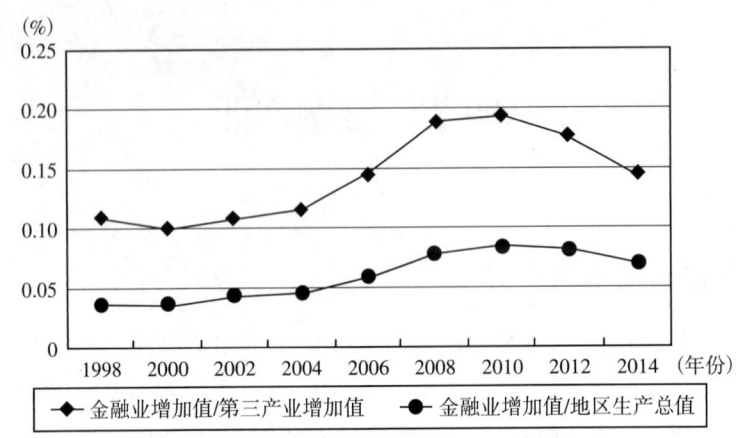

图 6-10 1998~2014年浙江金融贡献度情况

资料来源：国家统计局. 国家数据 [DB/OL]. http://data.stats.gov.cn/easyquery.htm?cn=C01.

(15.44%)，与上海（22.26%）更是存在较大差距。金融业增加值占地区生产总值也呈现同样的情况，2014年浙江为6.89%，低于全国平均水平，也低于江苏、上海（见表6-14）。

表 6-14 2004年浙江与全国及主要几大省市的金融业增加值比重分析

单位：%

项目\地区	全国	浙江	江苏	上海	广东
金融业增加值/第三产业增加值	15.15	14.40	15.44	22.26	13.39
金融业增加值/地区生产总值	7.25	6.89	7.26	14.43	6.56

资料来源：国家统计局. 国家数据 [DB/OL]. http://data.stats.gov.cn/easyquery.htm?cn=C01.

从社会融资规模增量的角度分析（见表6-15），2015年浙江比上海、江苏、广东都要低。其中，浙江仅为6291亿元，江苏有11394亿元，上海有8507亿元，广东有14443亿元。从社会融资规模增量的构成来看，以人民币贷款为主，而外币贷款、未贴现银行承兑汇票则呈负值。

（二）浙江金融业结构

1. 银行业

从1996年以来，浙江银行业运行态势良好，银行的存款、贷款业务呈现稳定上升态势，尤其是2006年后，涨幅加速，2006~2014年年均增长率分别为18.94%、19.98%，远大于经济年均增长率。人民币存款余额一直大于人民币贷款余额，2014年，浙江省人民币存款余额为77145.38亿元，人民币贷款余额为68566.32亿元，位居全国第四、第三（见图6-11）。

表6-15 2015年浙江与其他三个省份的社会融资规模比较

社会融资规模 \ 省份	浙江	江苏	上海	广东
社会融资规模增量（亿元）	6291	11394	8507	14443
其中：人民币贷款	5387	9253	4252	11028
外币贷款	−596	−783	−511	−1373
委托贷款	88	1095	1539	834
信托贷款	131	379	726	175
未贴现银行承兑汇票	−1039	−2043	273	−77
企业债券	1275	2507	1476	2155
非金融企业境内股票融资	749	618	491	1114

资料来源：中国人民银行。

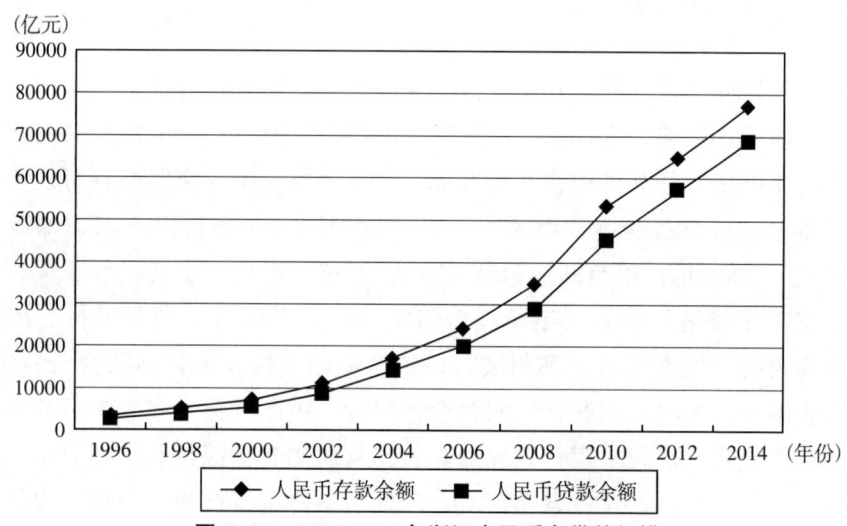

图6-11 1996~2014年浙江人民币存贷款规模

资料来源：《浙江统计年鉴1997~2015》。

从各地人民币存贷款情况来看（见表6-16），2014年浙江存款、贷款余额规模最大的五个市分别是杭州、宁波、温州、绍兴、金华。从表6-16的数据可以看出，一方面说明这些地区的资金来源相对充沛，另一方面也反映了这些地区的资金能较为有效地转化为投资，从而盘活资金，促进当地经济发展。金融机构存贷款差额除宁波显示为负值外，其他地区均有结余。

表 6-16 2014 年浙江各地人民币存贷款余额情况

单位：亿元

城市	金融机构存款余额	金融机构贷款余额	金融机构存贷款差额
杭州市	24450.51	21316.83	3133.68
宁波市	13307.41	13610.61	-303.2
温州市	9127.02	7527.16	1599.86
嘉兴市	5513.87	4393.16	1120.71
湖州市	2756.05	2324.95	431.1
绍兴市	6554.22	5823.39	730.83
金华市	6638.34	5733.36	904.98
衢州市	1624.29	1454.46	169.83
舟山市	1602.70	1416.03	186.67
台州市	6188.65	5429.6	759.05
丽水市	1741.81	1404.49	337.32

资料来源：各市 2015 年统计年鉴。

从银行数量来看（见表 6-17），2014 年末浙江拥有银行业金融机构（含分支机构）达 12072 家，所有政策性银行、国有商业银行和全国性股份制商业银行均在浙江设立了分支机构，并且形成了"来一家，赚一家"的独特现象。属于浙江本地的银行起步晚，数量少，其中股份制商业银行仅 1 家，即浙商银行，成立于 2004 年；城市商业银行 12 家，即杭州银行、宁波银行、宁波通商银行、宁波东海银行、温州银行、台州银行、嘉兴银行、湖州银行、绍兴银行、泰隆银行、民泰银行、稠州银行；农村金融机构 4 类包括联合农商银行、农村商业银行、农村信用联社、农村合作银行。由此可见，多家银行共享金融市场这个大蛋糕，加大了银行之间的竞争，从而提高了银行业整体效率。从银行的地区分布来看，浙江省各市区域金融发展不协调，杭州、宁波、温州、台州等中心城市金融机构聚集度高，丽水、衢州等欠发达地区聚集度不足。

2.证券保险业

目前，浙江金融业发展主要局限于银行业领域，证券业和保险业的发展相对滞后。从业务规模来看，2014 年浙江证券经营机构代理交易额为 208 万亿元，位居全国第四；期货经营机构代理交易额为 621 万亿元，位居全国前列，交易额均占全国总量的 10%以上。2014 年全省保险收入为 1258.04 亿元，发生赔付 474.63 亿元，位居全国第四、第五。2014 年省内金融信托公司、金融租

表 6-17 浙江省本土银行在各市的分布情况

银行类型	银行名称	根据成立地计数
股份制商业银行	浙商银行	杭州（1个）
城市商业银行	杭州银行、宁波银行、宁波通商银行、宁波东海银行、温州银行、台州银行、嘉兴银行、湖州银行、绍兴银行、泰隆银行、民泰银行、稠州银行	杭州（1个）、宁波（3个）、温州（1个）、台州（3个）、嘉兴（1个）、湖州（1个）、绍兴（1个）
农村金融机构	联合农商银行、农村商业银行、农村信用联社、农村合作银行	杭州（8个）、宁波（9个）、温州（11个）、嘉兴（6个）、湖州（5个）、绍兴（6个）、金华（8个）、衢州（6个）、台州（9个）、丽水（9个）、舟山（4个）

资料来源：笔者根据各银行官网及浙江农信网资料整理所得。

赁公司和财务公司资产总额达 1470 亿元，融资性担保机构在保余额 818 亿元，在中国基金业协会登记的私募基金管理人管理资金规模达 780 亿元（源于《浙江省金融产业发展规划》）。

从证券保险企业数量来看，2014 年末浙江拥有证券机构 637 家，但浙江没有一家具有全国实力的证券公司，单个证券公司的综合实力在全国处于落后地位，资金实力、推荐承销上市能力和业务创新能力不足，与上海、广东等省市证券公司的差距较大，省内推荐上市市场也大部分流失。2014 年末浙江拥有各类保险机构 3651 家，但浙江至今尚未设立自己的地方保险公司，省内巨大的保险市场被分割，保险业快速发展带来的巨额保费收入被其他省市保险公司抽走。另外，从区域分布来看，2014 年人寿保险、财产保险的保险公司分支机构最多的是杭州，其次是宁波、温州、嘉兴等市（见表 6-18）。

表 6-18 2014 年浙江各地区保险公司分支机构数量情况

城市	人寿保险 分公司	人寿保险 支公司	人寿保险 营业部	财产保险 分公司	财产保险 支公司	财产保险 营业部
杭州市	42	55	147	35	154	197
宁波市	15	77	81	27	185	221
温州市	—	50	108	4	118	129
嘉兴市	—	44	96	—	101	62
湖州市	—	39	67	—	64	55
绍兴市	—	46	81	—	92	90
金华市	—	56	119	—	116	88

续表

城市	人寿保险			财产保险		
	分公司	支公司	营业部	分公司	支公司	营业部
衢州市	—	35	65	—	37	34
舟山市	—	19	28	—	30	28
台州市	—	55	96	—	103	83
丽水市	—	29	39	—	52	41

资料来源：浙江省统计局。

3. 信托业

浙江省的信托业起步较早，1983年浙江成立了第一家信托投资机构，即浙江省国际信托投资公司。后来一度发展壮大到17家，由于中央银行为规范全国信托机构进行了清理整顿，到目前为止，浙江共有5家信托投资公司。

杭州工商信托股份有限公司，是杭州首家股份制金融企业，1986年成立，2003年增资扩股后完成重新登记，目前注册资本7.5亿元。

昆仑信托有限责任公司，由中油资产管理有限公司做控股股东，1986年成立，2009年增资扩股，目前注册资本30亿元。

万向信托有限公司，1986年成立，公司前身为浙江省工商信托投资股份有限公司，2003年完成变更，目前有中国万向控股有限公司等5大股东。

中建投信托，前身为浙江省国际信托投资公司（简称浙江国投），2007年中国建银投资有限责任公司收购浙江国投的全部股权，2013年引入建投控股有限责任公司成为新股东，注册资本为16.6574亿元。

浙金信托，注册资本5亿元，由浙江省国际贸易集团有限公司持股56%，中国国际金融有限公司持股35%，传化集团有限公司持股9%。

三、金融业的区域创新发展模式

（一）温州金融综合改革试验区

2012年3月28日，国务院批准设立温州市金融综合改革试验区，批准实施《浙江省温州市金融综合改革试验区总体方案》。温州民营经济发达，但存在民间资本多、投资难，中小企业多、融资难的"两多两难"问题。温州金融综合改革有十二项主要任务，目标是引导民间融资规范发展，提升金融服务实体经济能力；要求通过体制机制创新，构建与经济社会发展相匹配的多元化金融体系，使金融服务明显改进，防范和化解金融风险能力明显增强，金融环境明显优化，为全国金融改革提供经验。[1]

（二）丽水的全国农村金融改革试点

2012年3月30日，丽水被中国人民银行批准成为全国农村金融改革试点。丽水森林面积达2100多万亩，素有"浙南林海"之称，但起初山林不能流转和变现，缺乏金融支持，农民贷款难。丽水结合实际，创新农村金融发展，锻造了以"林权抵押贷款""农村信用体系建设""银行卡助农取款服务""三大工程"为特点的丽水模式。2015年，丽水拥有信用村869个、信用乡38个、信用县2个，完成了农户信用等级评价和农村信用体系建设；并在2000多个行政村建立了农村金融服务站，可提供POS机小额取现业务。2014年底，丽水涉农贷款余额达752.12亿元，占全部贷款余额的52%，增速连续6年居浙江首位，同时丽水农村家庭有效信贷需求可及率、可得率均远高于全国平均水平。丽水模式为全国推进农村金融改革、实现普惠金融提供了宝贵的借鉴经验。[2]

（三）义乌的国际贸易综合改革试点金融专项方案

2013年8月23日，《义乌国际贸易综合改革试点金融专项方案》获国务院批准发布。义乌是全球最大的小商品集散中心，2015年义乌实现进出口总额342.2亿美元，增长41.5%，出口338.6亿美元，增长42.8%，进口3.6亿美元，下降25.2%。义乌金融改革的目标是通过加快金融改革创新，积极推动人民币跨境业务、外汇管理和民间资本管理创新，探索贸易金融新模式。2014年是义乌金改启动之年，在实施个人贸易外汇管理改革试点、探索跨境电子商务结汇便利化机制、深化个人跨境人民币试点、推动离岸业务发展、加快贸易融资产品创新、培育供应链金融服务平台、加快集聚各类金融机构、积极探索贸易信用体系建设等方面成果显著。

（四）台州的国家小微企业金融服务改革创新试验区

2015年12月2日，台州获批建设国家小微企业金融服务改革创新实验区，这意味着台州特色的小微金改创新之路走向全国。浙江是民营经济大省，而小微企业又是浙江民营经济的主体，据省工商局注册登记数据显示，截至2015年3月底，浙江市场主体已达430.4万户，而小微企业和个体工商户占97%以上，可见小微企业数量庞大。由于小微企业大多存在"低、散、弱"的特点，

---

[1] 温家宝主持国务院常务会议，决定设立温州市金融综合改革试验区 [DB/OL]. http://politics.people.com.cn/GB/1024/17523807.html, 2012-03-28.

[2] 丽水市被中国人民银行批准成为全国农村金融改革试点 [DB/OL]. http://news.10jqka.com.cn/20150430/c572369117.shtml, 2015-04-30.

对于贷款又呈现"短、频、急",国有及大型股份制银行的很多传统贷款业务、股债券融资方式等均不适合小微企业。台州在小微金融市场创新先行,打造了"一城三行""全国地级市首个小微企业信用保证基金""全省首个官方小微金融指数"及"台州金融服务信用信息共享平台"为特点的台州模式,为广大小微企业解决融资难、融资贵问题提供了值得全省乃至全国借鉴的先行经验。

第五节 旅游业

一、旅游业的规模特征

2007年浙江省旅游业增加值为957亿元,之后一路攀升,2015年浙江省旅游业增加值已达到2875亿元,8年间增长了3倍多。同时,旅游业占服务业的比重呈现小幅波动,但仍可看出旅游业占服务业比重呈上升态势。浙江2007年旅游业占服务业比重为12.6%,2015年增加了将近1个百分点,为13.5%(见图6-12)。这说明,旅游业作为传统服务业,仍旧是推动浙江服务业增长非常重要的支柱行业。

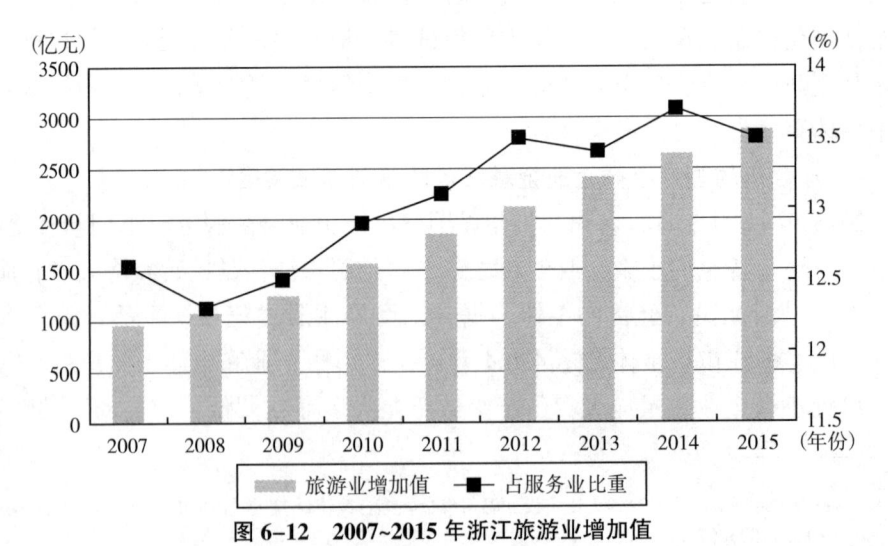

图6-12 2007~2015年浙江旅游业增加值

资料来源:浙江省旅游局. 2015浙江省旅游统计便览[DB/OL]. http://www.tourzj.gov.cn/ShowNew.aspx?id=43385, 2016-04-11.

浙江省旅游总收入也呈稳步上升（见图6-13），1991年，浙江旅游总收入还仅为29.2亿元，而到2015年浙江旅游总收入已增加至7139.1亿元，同比增长13%，14来年上涨了243倍之多，连续8年稳居全国旅游收入大省前三甲地位。从旅游收入构成来看，浙江省旅游收入以国内旅游收入为主，国内旅游收入占比在1999年后一直保持在90%左右。

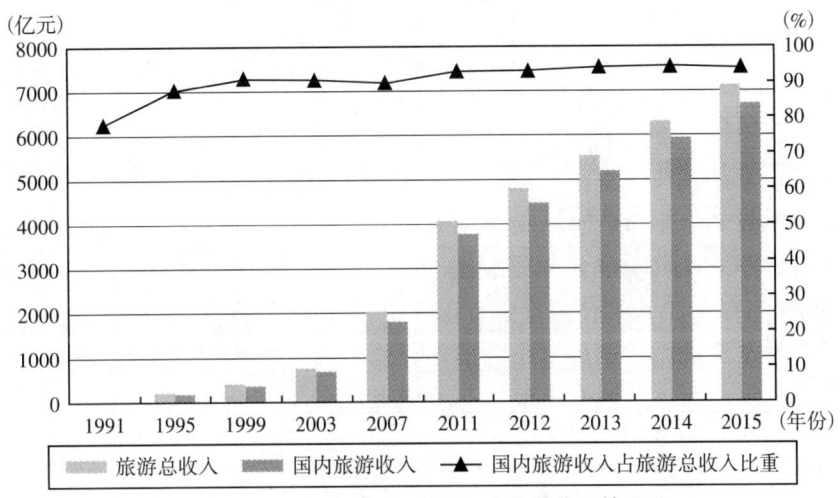

图6-13 1991~2015年浙江省旅游收入情况

资料来源：浙江省旅游局.2015浙江省旅游统计便览[DB/OL].http://www.tourzj.gov.cn/ShowNew.aspx?id=43385, 2016-04-11.

2015年浙江全省接待游客总人数为53544.1万人（见表6-19），同比增长9.7%，接待游客人数突破7000万人次的有七个市，按接待游客规模排序分别为杭州、宁波、温州、台州、绍兴、金华和湖州，而接待游客人数最少的是衢州、舟山两市；但浙江11个市2015年接待游客总人数的同比增速都在10%以上，且台州的同比增速达到了22%。浙江各市的旅游总收入与接待游客总人数基本情况相似，杭州、宁波、温州仍稳居旅游总收入全省前三，2015年三个市的旅游总收入分别为2200.7亿元、1233.3亿元、804.2亿元，2015年旅游总收入增速湖州最快，高达39.1%。这说明，经济发达、交通便利的地区，旅游业的发展也更快速。从全国层面比较来看，根据中国旅游总评榜组委会发布的"2012年度中国旅游百强城市排行榜"，浙江以10个城市上榜居东部省份首位，上榜城市包括杭州、宁波、温州、绍兴、台州、湖州、金华、嘉兴、丽水、舟山。

表 6-19 2015年浙江省各市接待游客总人数和旅游总收入情况

地区	接待游客总人数 绝对量（万人）	增长（%）	旅游总收入 绝对量（亿元）	增长（%）
全省	53544.1	9.7	7139.1	13.0
杭州市	12382.0	13.3	2200.7	16.7
宁波市	8077.8	15.2	1233.3	15.5
温州市	7681.6	16.8	804.2	18.1
嘉兴市	6382.7	18.4	679.4	20.3
湖州市	7070.9	18.7	700.0	39.1
绍兴市	7275.9	15.0	762.4	16.9
金华市	7087.6	18.5	756.6	22.0
其中：义乌市	1536.2	17.0	186.3	23.4
衢州市	4382.2	16.3	287.8	19.7
舟山市	3876.4	14.1	553.6	16.0
台州市	7436.0	22.0	749.3	28.4
丽水市	6301.7	14.9	426.0	25.5

注：全省数据不等于各市简单累加。
资料来源：浙江省旅游局.2015浙江省旅游统计便览［DB/OL］.http://www.tourzj.gov.cn/ShowNew.aspx?id=43385，2016-04-11.

二、旅游业的结构特征

（一）游客结构

从游客来源地来看，来浙游客呈现以下特点：

第一，国内游客比重远高于入境游游客。1991年浙江接待入境游游客为55.41万人，接待国内游客2558万人；2015年接待入境游客1012.04万人，接待国内游客52532.1万人（见图6-14）。虽然浙江国内游客和入境游游客都有大幅上升，但国内游客仍是入境游游客人数的50倍之多。不过，随着2013年杭州航空口岸实行游客72小时过境免签政策，并可以在全省范围内活动，这有效提升了浙江的过境游游客人数。

第二，来浙的入境游游客港澳台比重高，外国游客主要来自亚洲（见图6-15）。2015年浙江入境游游客中，来自港、澳、台三地的游客所占比重为34%，外国游客占比66%。来浙的外国游客中，按地区分，2015年来自亚洲的游客占48.8%，欧洲占24.9%，美洲占12.4%。按国籍分，2015年来浙的外国游客主要来自韩国、日本、美国、意大利和马来西亚，五国来浙游客人数分别为 110.33 万人、53.13 万人、48.5 万人、28.15 万人、25.52 万人。这跟韩、日等国与中国距离近，文化相似有很大关系。

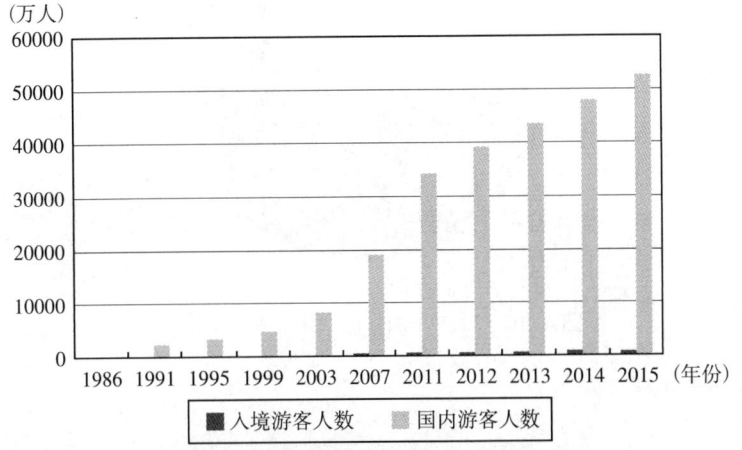

图 6-14　1986~2015 年浙江国内外游客规模

资料来源：浙江省旅游局. 2015 浙江省旅游统计便览 [DB/OL]. http://www.tourzj.gov.cn/ShowNew.aspx?id=43385，2016-04-11.

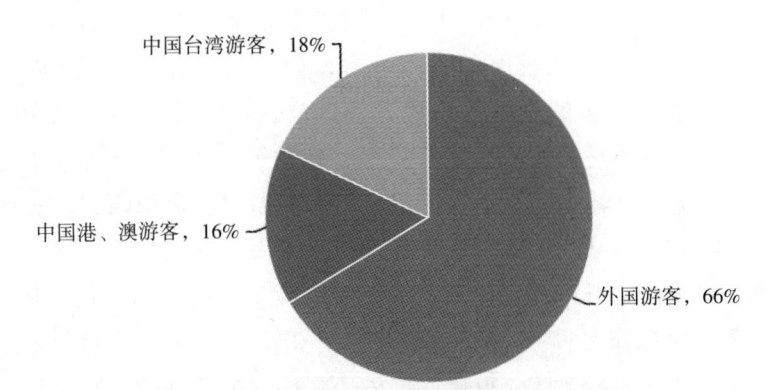

图 6-15　2015 年浙江入境游游客来源地构成

资料来源：浙江省旅游局. 2015 浙江省旅游统计便览 [DB/OL]. http://www.tourzj.gov.cn/ShowNew.aspx?id=43385，2016-04-11.

第三，国内游客中以浙江本省游客为主（见图 6-16）。浙江国内游客中省内客源占到一半，2015 年占比为 50.1%，其次是浙江周边省份如江苏、上海、安徽、江西等省市，2015 年占浙江境内游客的比重分别为 10.1%、8.6%、4.2% 和 3.1%。这说明，目前浙江的国内游客仍以短途游游客为主，而 5 小时高铁圈的建立，将有助于浙江吸引其他高铁圈节点城市的游客客源。

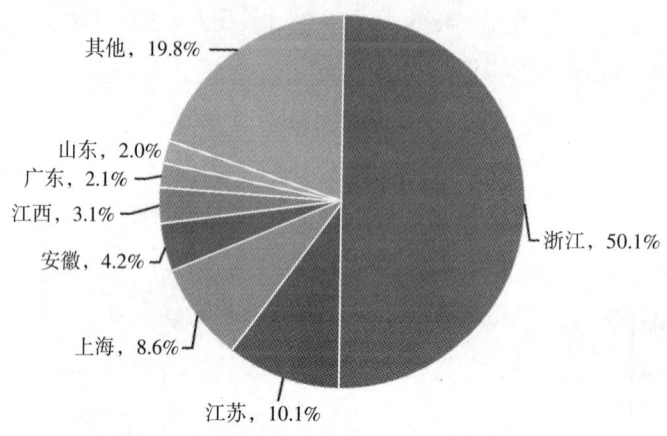

图 6-16　2015 年浙江国内游客来源地构成

资料来源：浙江省旅游局. 2015 浙江省旅游统计便览 [DB/OL]. http: //www.tourzj.gov.cn/ShowNew.aspx?id=43385, 2016-04-11.

　　从来浙游客的目的地来看有以下特点：①国内游客在全省分布比较均匀。国内游客来杭旅游人数最多，2015 年为 12040.4 万人次，衢州、舟山人数相对较少，仅为 4370.2 万人、3844.2 万人，而其他 8 个市的国内游客人数基本在 7000 万人上下。但从国内游客的收入来看，旅游收入与游客规模基本成正相关，但衢州、丽水两市的旅游收入明显偏低，这说明这两市的旅游附加值不高，旅游收入主要还是来源于游览、住宿、餐饮等。②入境游游客在全省分布较为集中。入境游游客主要集中在杭州、宁波、温州、金华四市，2015 年分别有 341.6 万人、157.5 万人、105.8 万人、97.9 万人，这与杭州、宁波、温州等具备较好的国际航空服务有关，其中金华主要源于义乌国际商贸城吸引了大量的境外游客，而台州、衢州的入境游游客明显较少。从入境游游客的收入来看，收入基本也与游客规模成正比，这里值得一提的是丽水，丽水依靠生态资源优势，吸引了 31.3 万名境外游客，并创造了 81956 万美元的旅游外汇收入（见表 6-20）。

表 6-20　2015 年浙江省各市接待国内外游客总人数和旅游总收入情况

地区	国内游客 人数（万人）	国内游客 收入（亿元）	入境游游客 人数（万人）	入境游游客 收入（万美元）
全省	52532.1	6720.0	1012.0	678847
杭州市	12040.4	2019.7	341.6	293065
宁波市	7920.3	1183.9	157.5	80019

续表

地区	国内游客 人数（万人）	国内游客 收入（亿元）	入境游游客 人数（万人）	入境游游客 收入（万美元）
温州市	7575.8	770.3	105.8	54918
嘉兴市	6310	663.8	72.6	25349
湖州市	7000.2	682.1	70.7	29073
绍兴市	7202.5	746.1	73.5	26327
金华市	6989.7	720.8	97.9	57992
其中：义乌市	1458.5	154.4	77.8	51760
衢州市	4370.2	284.4	12.0	5512
舟山市	3844.2	542.0	32.2	18759
台州市	7419.2	745.6	16.9	5876
丽水市	6270.4	375.4	31.3	81956

资料来源：浙江省旅游局.2015浙江省旅游统计便览［DB/OL］.http：//www.tourzj.gov.cn/ShowNew.aspx?id=43385，2016-04-11.

（二）旅游收入结构

从浙江旅游收入结构来看，2015年浙江国际旅游外汇收入占比最高的是长途交通，比重为38.8%；其次是购物收入，占比18%；住宿收入占比12.8%，而游览收入仅占3.7%（见图6-17）。

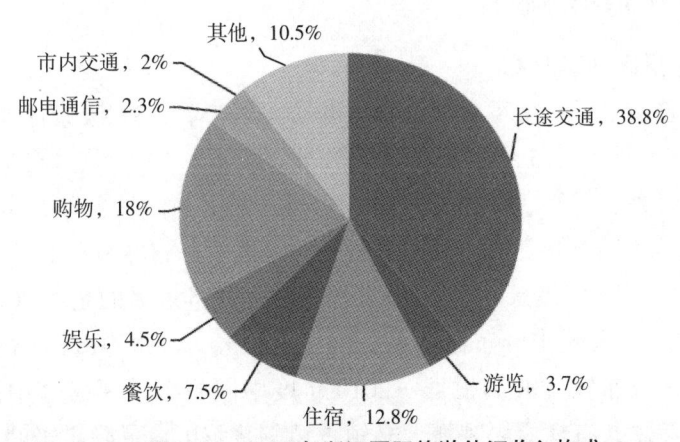

图6-17　2015年浙江国际旅游外汇收入构成

- 长途交通，38.8%
- 购物，18%
- 住宿，12.8%
- 其他，10.5%
- 餐饮，7.5%
- 娱乐，4.5%
- 游览，3.7%
- 邮电通信，2.3%
- 市内交通，2%

资料来源：浙江省旅游局.2015浙江省旅游统计便览［DB/OL］.http：//www.tourzj.gov.cn/ShowNew.aspx?id=43385，2016-04-11.

2015年浙江国内旅游收入构成中，购物收入最高，占33.6%；其次是餐饮收入，占19.6%；住宿收入占17.3%；景区游览所占比重也不高，为6.8%。由此可见，浙江国际国内旅游收入中，购物、住宿、餐饮三项是非常重要的收入来源，这在一定程度上说明，现在的游客越来越关注休闲度假、购物商贸的旅游方式（见图6-18）。

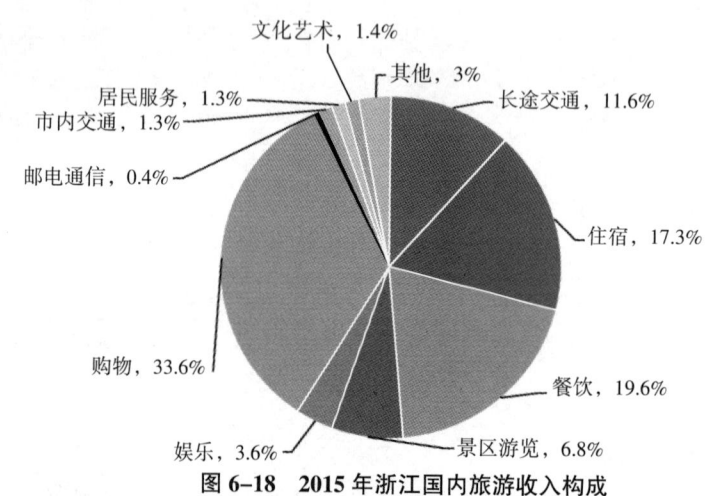

图6-18 2015年浙江国内旅游收入构成

资料来源：浙江省旅游局.2015浙江省旅游统计便览 [DB/OL].http://www.tourzj.gov.cn/ShowNew.aspx?id=43385，2016-04-11.

三、旅游业的地区特征

（一）A级景区地理分布

浙江目前已有5A级景区15个、4A级景区155个、3A级景区87个、2A级景区80个、A级景区5个。从具体区域分布来看，5A级景区分布在杭州、宁波、温州、嘉兴、绍兴、湖州、金华、衢州八个市，台州、舟山和丽水还没有5A级景区；4A级景区，分布在11个市，但集中分布在杭州、宁波，分别达到28个、26个；3A级景区，11个市都有，但数量最多的是绍兴，达到17个；2A级景区，主要集中分布在嘉兴、绍兴、丽水、台州等市；1A级景区全省仅5个，4个分布在宁波。根据"2010年度中国旅游总评榜之中国百强景区"名单，浙江总共有横店影视城、乌镇古镇、普陀山、灵隐飞来峰、杭州宋城、西溪湿地、西塘、雁荡山、千岛湖9个景区入选（见表6-21）。

表 6-21 浙江 A 级以上景区的地理分布

项目等级	景区名称	景区分布
AAAAA	西湖风景名胜区、西溪国家湿地公园、杭州西溪湿地——洪园、千岛湖、溪口、滕头生态旅游区、雁荡山、南湖、乌镇、南浔古镇、鲁迅故里、沈园、横店影视城、根宫佛国文化旅游区、普陀山	杭州（4个）、宁波（2个）、温州（1个）、嘉兴（2个）、绍兴（2个）、湖州（1个）、金华（1个）、衢州（1个）、舟山（1个）
AAAA	清河坊历史街区、京杭大运河——杭州景区等；天一阁博物馆、宁波海洋世界等；印象南塘、江心屿等；梅花洲、西塘等；太湖旅游度假区、莫干山风景区；兰亭、会稽山等；双龙风景旅游区、清水湾沁温泉；桃源七里景区、天脊龙门等；桃花岛、朱家尖；台州海洋世界、大鹿岛景区等；东西岩、古堰画乡等	杭州（28个）、宁波（26个）、温州（12个）、嘉兴（7个）、湖州（11个）、绍兴（12个）、金华（16个）、衢州（13个）、舟山（2个）、台州（10个）、丽水（18个）
AAA	西湖灵山、江南水乡文化博物馆；东钱湖南山、庆安会馆等；瑶溪、仙岩景区等；嘉欣丝绸园、莲泗荡等；新市古镇、城山沟等；名人故居、中国轻纺城市场等；金华动物园、武义郭洞等；大陈古村、醉美碗窑等；秀山岛；海门老街、台州国际塑料城等；清真禅寺、中国竹炭博物馆等	杭州（12个）、宁波（9个）、温州（8个）、嘉兴（7个）、湖州（5个）、绍兴（17个）、金华（9个）、衢州（3个）、舟山（1个）、台州（9个）、丽水（7个）
AA	马寅初纪念馆；中国红木博物馆、天柱、石聚堂等；浙北桃花岛、吴镇纪念馆等；陆羽茶文化、含山等；印山越国王陵、诸葛仙山等；九峰山风景区、黄大仙故里等；烂柯山、九龙湖等；马岙旅游区、六横镇旅游区等；飞跃工业城、宝石工业园等；大山峰森林公园、漂流乐园等	杭州（1个）、宁波（1个）、温州（8个）、嘉兴（15个）、湖州（3个）、绍兴（17个）、金华（3个）、衢州（8个）、宁波（3个）、台州（10个）、丽水（11个）
A	桃花源；小沙旅游区等	衢州（1个）、宁波（4个）

资料来源：浙江旅游 [DB/OL]. http://www.tourzj.gov.cn/NewWeb/bgsx_Search.aspx?leftType=6.

（二）五大旅游经济圈

（1）浙北旅游经济圈。以杭州、绍兴、嘉兴和湖州为主体，该旅游经济圈具备典型的江南水乡风情，如杭州有西湖、千岛湖，嘉兴有南湖，湖州有仙山湖、下渚湖等；也拥有浓厚的历史文化底蕴，综合了运河古镇文化、吴越文化和太湖文化，如杭州有京杭大运河，嘉兴有乌镇、西塘古镇，绍兴有鲁迅故居、沈园等。该旅游经济圈的旅游产品以都市休闲、古镇休闲、乡村旅游和滨湖度假为特色。

（2）浙东旅游经济圈。主要包括宁波、舟山，该旅游经济圈凸显了宁波港口城市和舟山群岛新区的优势，主打海洋海岛旅游和都市休闲旅游的品牌，是浙江旅游的海上门户。素有"中国渔都"之称的舟山，现已提供了海岛民宿体验、海岛骑行、露营、帆船、海钓、禅修和海洋探险等旅游服务，并将进一步发展运动休闲、航空旅游等新型旅游产品。

（3）浙东南旅游经济圈。主要包括温州、台州，该旅游经济圈具备山海并举的资源优势、工商繁荣的产业优势、民营企业发达的资本优势，形成了以温州的雁荡山—楠溪江、百岛洞头和台州的天台山旅游风景区、仙居国家公园为核心板块，向两地辐射，形成了休闲度假、工贸旅游为一体的旅游模式。

（4）浙中旅游经济圈。该旅游经济圈，旅游业态丰富，金华主打生态休闲文化旅游区，义乌依托国际商贸城发展商贸购物旅游，横店依靠影视城资源发展影视文化旅游，武义则以温泉资源发展温泉养生旅游。

（5）浙西南旅游经济圈。该旅游经济圈，最大的亮点就是生态环境优势，以丽水、衢州的山水资源保护良好，主要发展生态旅游业。[①]

四、旅游业的服务企业与人才

（一）住宿设施

星级数量和多样化是衡量住宿设施的重要指标。从星级酒店的数量来看，目前浙江有五星级酒店69家，四星级酒店189家，三星级酒店280家。其中，杭州、宁波的五星级酒店最多，分别有21家、20家，而金华、舟山、丽水均只有1家，衢州目前暂无五星级酒店；四星级酒店，杭州有45家，宁波、温州、金华都有20家以上，丽水、舟山则不到10家；三星级酒店，杭州依旧领先于其他各市，达到60家，温州、湖州也有40家以上，而宁波、绍兴则不到10家（见表6-22）。这从一定程度上说明，杭州、宁波两市在提供优质住宿及星级服务上要优于其他各市。从多样化角度来说，浙江目前不仅具备各式星级度假酒店，且经济型快捷酒店遍地开花，还有结合各地旅游特色的特色文化主题酒店、中高端民宿酒店和乡村农家住宿等，为来浙游客提供了更多的选择。

表6-22　浙江省星级酒店分布

地区＼等级	五星级	四星级	三星级
全省	69	189	280
杭州市	21	45	60
宁波市	20	22	5

---

① 浙江省发改委社会处.浙江省旅游产业发展规划（2014~2017）[DB/OL].http://www.zjdpc.gov.cn/art/2015/1/19/art_342_704234.html，2015-01-19.

续表

等级 地区	五星级	四星级	三星级
温州市	6	22	45
嘉兴市	5	12	19
湖州市	2	15	42
绍兴市	10	13	3
金华市	1	23	23
衢州市	0	10	15
舟山市	1	8	23
台州市	2	14	25
丽水市	1	5	20

资料来源：浙江旅游［DB/OL］．http：//www.tourzj.gov.cn/NewWeb/bgsx_Search.aspx?leftType=6.

（二）旅行社

目前，浙江全省约有2380家旅行社。根据国家旅游局2014年公布的"全国百强旅行社"名单，浙江共有4家旅行社入围，分别是浙旅控股股份有限公司、浙江省中国旅行社集团有限公司、浙江省中青国际旅游有限公司、浙江飞扬国际旅游集团有限公司。

根据《浙江省旅游产业发展规划（2014—2017）》，以下22家旅游集团，拟培育成年产值超10亿元的大型旅游集团。名单包括：浙江旅游集团、杭州商贸旅游集团有限公司、浙江开元旅业集团有限公司、杭州宋城集团有限公司、浙江世贸君澜酒店集团、浙江国大雷迪森旅业集团有限公司、浙旅控股股份有限公司、宁波南苑集团股份有限公司、奉化溪口旅游集团有限公司、浙江飞扬国际旅游集团有限公司、宁波城旅投资发展有限公司、浙江泰普森休闲用品有限公司、浙江银润天使乐园管理有限公司、海宁皮革城股份有限公司、绍兴市旅游集团有限公司、浙江横店影视城有限公司、义乌商城集团、舟山普陀山旅游发展股份有限公司、舟山群岛旅游投资公司、舟山海中洲旅业集团、浙江曙光酒店集团有限公司、远洲集团股份有限公司。

（三）旅游业从业人员

浙江旅游业从业人员规模居全国前列，2013年浙江星级酒店的从业人员有118870人，旅行社从业人员有27543人，旅游景点从业人员有15402人。相比江苏、山东、广东三个旅游大省，浙江的旅游景点从业人员是最少的，但在星级酒店、旅行社的从业人员仅次于广东，在四省中居第二位（见表6-23）。

表6-23　2013年浙江与其他旅游大省的旅游业从业人员情况

省份	星级饭店	旅行社	旅游景点
浙江	118870	27543	15402
江苏	100615	20906	17957
山东	100601	18809	16962
广东	151190	44142	20441

资料来源：中华人民共和国国家旅游局.中国旅游统计年鉴2014.北京：中国旅游出版社，2015.

浙江2013年拥有旅游专业院校数大概位居全国第8（见表6-24），其中高等院校27所，中等职业院校69所。培养的旅游专业学生数，高等院校有20414人，中等职业学校有25551人。相比江苏、山东、广东，浙江无论从院校数量还是学生规模来讲，都相对较少。

表6-24　2013年浙江与其他旅游大省的旅游院校基本情况

省份	旅游院校数		旅游院校学生数	
	高等院校	中等职业院校	高等院校	中等职业院校
浙江	27	69	20414	25551
江苏	66	46	34060	9893
山东	—	—	37453	17571
广东	77	138	57449	36186

资料来源：中华人民共和国国家旅游局.中国旅游统计年鉴2014.北京：中国旅游出版社，2015.

第六节　文化教育产业

一、文化产业的现状与特征

（一）文化产业规模

浙江于1999年率先提出建设"文化大省"的目标，之后出台了一系列的文化产业政策，不断推进了浙江文化产业的发展，并逐渐成为浙江省国民经济的支柱产业（见图6-19）。2010年，浙江文化产业增加值为1056.09亿元，占全省GDP比重为3.88%；2015年浙江文化产业增加值已上涨至2490亿元，占全省GDP比重也增加至5.81%，6年间年均增长率为15.37%。

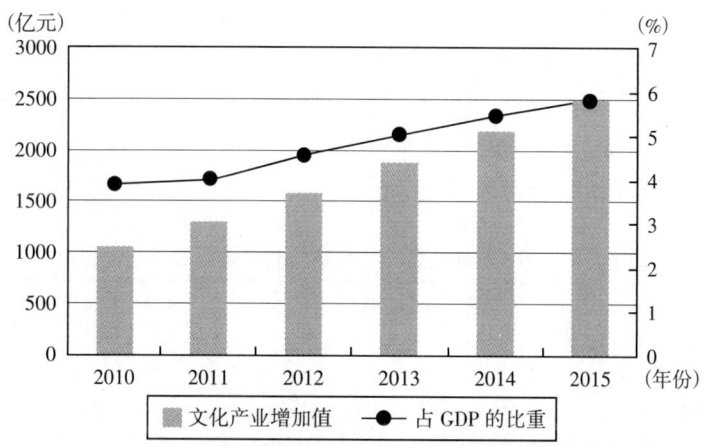

图6-19 2010~2015年浙江文化产业增加值及占GDP比重

资料来源：浙江省政府办公厅. 浙江省文化产业发展"十三五"规划.

从政府对文化产业扶持的力度来看，2003年浙江省文化事业费为70075万元，而后逐年上涨，2015年已增加至379174万元，但文化事业费占浙江省财政支出的比重呈现上下波动态势，不过基本保持在0.73%~0.87%，文化产业的财政支出占财政总支出的比重非常小（见表6-25）。

表6-25 2003~2015年浙江文化事业费及占财政支出比重

年份	文化事业费（万元）	占财政总支出比重（%）
2003	70075	0.75
2005	110397	0.87
2007	149211	0.80
2009	210702	0.79
2010	242002	0.75
2011	288595	0.75
2012	357095	0.86
2013	360199	0.76
2014	379174	0.73
2015	488225	0.73

资料来源：浙江省文化厅. 历年浙江文化事业费主要指标 [DB/OL]. http://www.zjwh.gov.cn/zwxx/2016-08-05/202435.htm，2016-08-05.

浙江各市对文化产业的财政扶持力度存在差异,2015年,杭州、宁波、温州三个市的文化事业费最大,分别为82268万元、58897万元和49876万元,而文化事业费最少的是衢州、舟山、丽水三市,仅为10655万元、16535万元和19000万元。但从人均文化事业费指标来衡量,却是舟山排第一位,2015年有143.54元,其次是杭州有91.23元,丽水排在第三位,有88.83元。再进一步从文化事业费占财政支出比重来分析,则是温州、嘉兴、绍兴三市最高,都在0.8%以上。三个指标的观察结果显示,衢州的文化产业在获得财政支持上最弱（见表6-26）。

表6-26 2015年浙江各市文化事业费及占财政支出的比重

地区	文化事业费（万元）	人均文化事业费（元）	文化事业费占财政支出的比重（%）
杭州	82268	91.23	0.68
宁波	58897	75.27	0.47
温州	49876	54.71	0.88
嘉兴	36109	78.76	0.85
湖州	18795	63.71	0.69
绍兴	33568	67.57	0.80
金华	33070	60.63	0.71
衢州	10655	49.95	0.46
舟山	16535	143.54	0.69
台州	31574	52.20	0.69
丽水	19000	88.83	0.68

资料来源:浙江省文化厅.各市主要经济社会发展指标与文化发展指标[DB/OL]. http://www.zjwh.gov.cn/zfxx/tjsj.htm.

2015年浙江省文化文物机构数总共16938个,其中文化站占比最高,全省有1315个,其次是艺术表演团体,有1024个,而艺术表演场馆、公共图书馆、文化馆分别为308个、100个和102个,艺术展览创作机构最少,仅为10个。2015年浙江省文化文物机构的从业人员总共有166063人,艺术表演团体所占人数最多,总共有31525人（见表6-27）。

2005年浙江城镇居民人均每年在文化娱乐服务上支出465元,之后逐年增长,2014年增加至1272元。从文化娱乐服务占消费总支出的比重来看,呈上升趋势,2005年比重为37.95%,2014年的比重已升至46.69%（见图6-20）。这说明,随着收入水平的不断提高,浙江城镇居民对文化娱乐的需求不断上升。

表 6-27 2015年浙江省文化文物机构数和从业人员情况

类别	机构数	人数
艺术表演团体	1024	31525
艺术表演场馆	308	4374
公共图书馆	100	3577
文化馆	102	2194
文化站	1315	4804
艺术展览创作机构	10	137

资料来源：浙江省文化厅. 2015年浙江省文化文物机构数和从业人员数综合情况 [DB/OL]. http://www.zjwh.gov.cn/zwxx/2016-08-04/202398.htm, 2016-08-24.

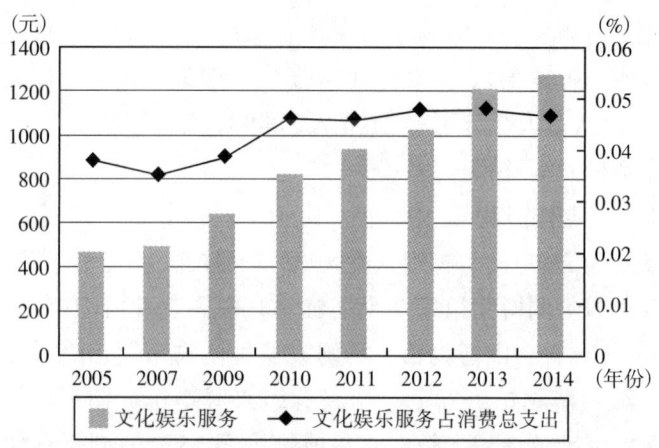

图 6-20 2005~2014年浙江城镇居民文化娱乐服务每人每年消费情况
资料来源：《浙江统计年鉴 2006~2015》。

（二）文化产业具体行业

1. 艺术事业

浙江的艺术表演团体，1978~2015年，机构数呈 U 形，1979 年浙江共有161个艺术表演团体，而后一路下降，2003年降至谷底，仅为77个，2004年之后则一下攀升至257个，之后呈稳定上升趋势，2015年浙江共有1024个艺术表演团体。而每年全省艺术表演团体的演出场次、国内演出观众人次和演出收入，存在较大波动，这跟当年的经济景气情况有很大关系，但从2012年至今三个指标都有不同程度的增长。2015年全省的艺术表演团体演出场次为21.8万场次，获得演出收入157500万元，国内演出观众为15337万人次。浙江省的艺术表演团体种类丰富，有戏剧团、舞蹈团、声乐团、民族乐团、交响乐团、合唱团及杂技团等。浙江艺术表演团体创造了不少经典的大型实景表演剧目，如杭州的宋城千古情、印象西湖，横店影视城的汴梁一梦等。浙江的戏剧更是种类丰富，底蕴深厚，本土戏剧有越剧、婺剧、绍剧、甬剧、新昌调剧、宁海平调、杭剧、姚剧、瓯剧等。

2. 公共文化服务

提供公共文化服务的主体主要包括公共图书馆、文化馆、乡镇文化站、农村文化活动场所等。浙江的图书馆从1979年的69个，增长至2015年的100个，从业人员有3577人。2014年浙江省公共图书馆的总藏书量为5634万册件，书刊文献外借人次达1953万人次。各市依据人均拥有图书馆藏书量，排名依次为嘉兴（1.63册）、杭州（1.48册）、舟山（1.43册）、温州（1.02册）、宁波（0.98册）、丽水（0.87册）、湖州（0.78册）、绍兴（0.77册）、衢州（0.74册）、台州（0.63册）、金华（0.58册）。2015年浙江省有文化馆102个、文化站1315个，从业人员分别有2194人和4804人。

3. 文化遗产保护工作

浙江2015年共有博物馆108个，比2011年增加了19个，藏品863491件，其中一级品为2549件，参观人数为3871万人次。其中，省级博物馆有浙江省博物馆、中国丝绸博物馆等7个，杭州有中国茶叶博物馆、杭州历史博物馆等19个，宁波有天一阁博物馆、河姆渡遗址博物馆等10个，温州有中国鞋文化博物馆、温州博物馆等6个，绍兴有绍兴博物馆、绍兴鲁迅纪念馆等13个，嘉兴有嘉兴南湖革命纪念馆、嘉兴博物馆等16个，湖州有湖州市博物馆、安吉竹子博物馆等5个，金华有义乌博物馆、东阳木雕博物馆等9个，衢州有衢州市博物馆、龙游县博物馆等3个，台州有临海市博物馆、黄岩博物馆等7个，舟山有舟山博物馆、普陀山文物馆等4个。全省的文物保护管理单位2015年为94个，比2011年增加3个，藏品有102618件/套，其中一级品为232件/套，参观人数有1645万人次[①]。

浙江省的非遗项目品种繁多，包括民间文学、传统音乐、传统舞蹈、传统戏剧、曲艺、传统体育、游艺与杂技、传统美术、传统技艺、传统医药和民俗。截至2015年5月，浙江共有中国传统蚕桑丝织技艺、中国皮影戏（海宁）、中国活字印刷术（瑞安）等11项联合国非遗项目；共有蓝印花布印染技

---

① 浙江省文化厅. 2011~2015年浙江博物馆、文物保护管理单位主要指标[DB/OL]. http://www.zjwh.gov.cn/zwxx/2016-08-08/202520.htm, 2016-08-08.

艺、梁祝传说（宁波）、木偶戏（廿八都）、东阳木雕、青田石雕等235项国家级非遗项目；共有金华道情、浦江板凳龙、婺剧、林城狮舞等526项省级非遗项目。

4. 文化传播

2015年，全省14家图书出版社，共出版图书14139种，总印数3.9亿册，同比增长5.4%；公开发行报纸69种；出版期刊227种，涉及综合、哲学、社会科学、自然科学技术、文化教育、文学艺术、画刊等类型。

2015年，浙江共有影视制作机构1435家，其中上市公司32家。全省有线广播电视用户数1538万户，同比增长2.6%；广播、电视人口综合覆盖率分别为99.6%和99.7%。全年制作电视剧66部2906集；制作影片57部，同比增长50%；制作动画片55部27256分钟，部数和时长同比增长34.1%和43.3%（《2015浙江省国民经济和社会发展统计公报》）。2015年，浙江全省的电视剧、动画片、电影产量分别居全国第1位、第2位和第3位，浙江出版联合集团、宋城演艺、华策影视三家企业入选全国文化企业30强；全省涌现出《温州一家人》《国家命运》《西游记之大圣归来》《主义之花》等一大批文化精品，荣获全国"五个一工程"等各类国家级奖项的精品数量位居全国前列（参考《浙江文化产业发展"十三五"规划》）。浙江已有两家影视基地入选"中国十大影视城"，分别是横店影视城、象山影视城。

浙江有国际级动漫产业园区两个，分别是杭州滨江、宁波鄞州动漫产业园区。2015年国产优秀动画获奖名单公布，横店影视制作有限公司的《西游记之大圣归来》获"优秀国产动画电影"一等奖，浙江蓝巨星国际传媒有限公司制作的《地道战之英雄出少年》荣获"优秀国产电视动画片"特等奖。

（三）文化服务贸易

从贸易规模看，2015年浙江文化服务进出口总额5.03亿美元，同比增长15.1%。2016年上半年在2015年基础上进一步加速发展，文化贸易进出口总额达15.37亿元，占服务贸易进出口总额的1.11%，其中文化服务出口达3.65亿元，同比增长166.42%，文化服务进口11.5亿元。

从出口结构看（见图6-21），2016年上半年文化创意和设计服务的出口额为22731.19万元，占文化服务出口总额的比例为62.17%；广播影视服务出口达5625.34万元，占比15.38%；文化艺术服务出口达4972.83万元，占比13.6%；新闻出口服务出口达1053.44万元，占比2.88%；其他文化服务出口达2182.2万元，占比5.97%。

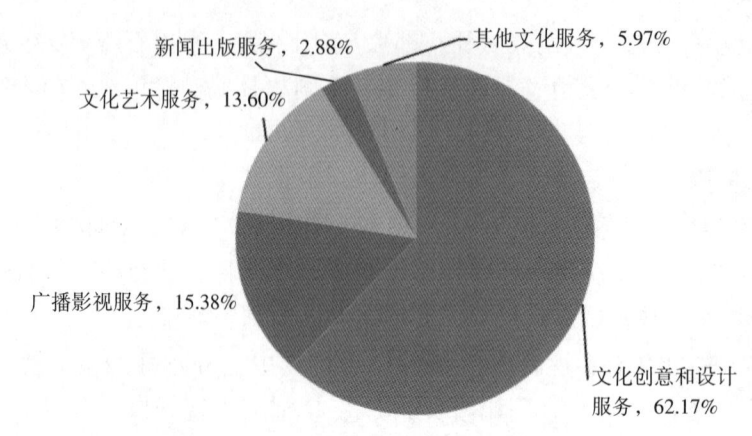

图 6-21　2016 年上半年浙江文化服务出口结构

资料来源：浙江省商务厅. 2016 上半年浙江省文化服务贸易加速发展 [DB/OL]. http://www.zcom.gov.cn/art/2016/6/28/art_1102_224510.html，2016-06-28.

从出口市场看，浙江文化服务出口市场前十位分别是美国、中国香港、阿尔及利亚、日本、英国、法国、韩国、意大利、吉尔吉斯斯坦和尼日利亚。其中 2016 年上半年，文化服务出口美国达 7817.29 万元，占比 21.45%；出口中国香港达 5427.96 万元，占比 14.89%；出口阿尔及利亚达 4562.99 万元，占比 12.52%。

从出口主体看，2016 年上半年浙江文化服务出口主体排前三的市分别是宁波、金华和杭州，出口额分别为 12208.94 万元、7231.71 万元和 6136.56 万元，三市占全省文化服务出口总额的 70.14%。

从出口企业角度看，浙江共有 15 家企业入选"2013~2014 年度国家文化出口重点企业目录"，包括浙江少年儿童出版社有限公司、浙江教育出版社有限公司、华谊兄弟传媒股份有限公司、华策影视股份有限公司、浙江横店影视公司等。并且动漫影视企业走出去步伐加快，如杭州夏天岛动漫制作有限公司已在日本投资 20631.71 万元，浙江天鹏传媒有限公司分别在美国、韩国、瑞士投资设点，投资总计 7205 万元。

二、教育产业的现状与特征

（一）教育规模

浙江教育总产值的规模逐年稳步增长，2008 年为 523.63 亿元，2014 年已增加至 1076.58 亿元（见图 6-22）。

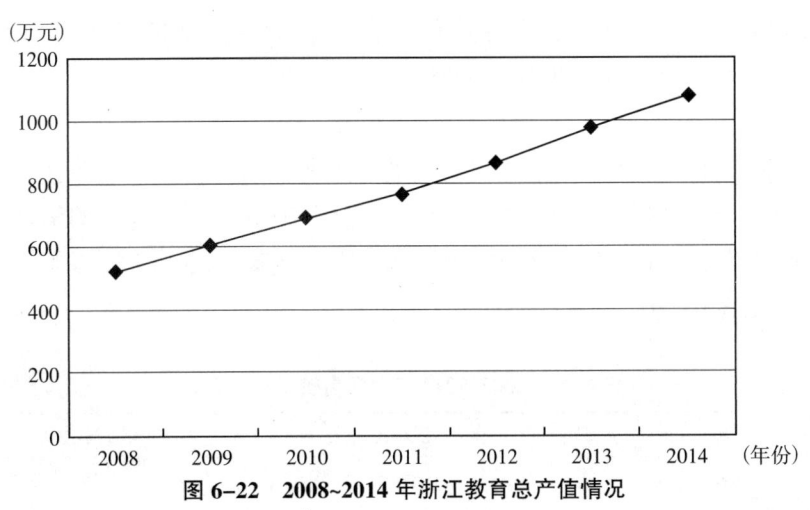

图 6-22　2008~2014 年浙江教育总产值情况

资料来源：《浙江统计年鉴 2009~2015》。

（二）教育具体行业

根据受教育的阶段和类型不同，教育主要分为义务教育（包括小学、初中）、学前教育（幼儿园）、特殊教育学校、高中段教育（普通高中、中等职业教育）、高等教育（见表 6-28）。2015 年浙江共有小学 3303 所，初中 1712 所，小学无论招生人数还是在校生人数都远大于初中，而从生师比来看，小学高达 18.3∶1，初中 12.3∶1；全省拥有 8908 所幼儿园，在校生人数为 190.16 万人，专任教师 11.64 万人；全省的特殊教育学校总共有 86 所，在校生人数为 1.62 万人；普通高中 563 所，中等职业教育 357 所，普通高中的学生规模和教师规

表 6-28　2015 年浙江各阶段教育指标一览

教育阶段和类型	学校数	招生人数（万人）	在校生人数（万人）	专任教师数（万人）	生师比
小学	3303	59.88	356.99	19.48	18.3∶1
初中	1712	48.88	147.94	12.02	12.3∶1
幼儿园	8908	—	190.16	11.64	—
特殊教育学校	86	—	1.62	—	—
普通高中	563	25.99	77.34	6.64	11.7∶1
中等职业教育	357	22.95	64.62	4.1	15.6∶1
高等教育	108	30.93	103.09	8.87	11.6∶1

资料来源：浙江省教育厅. 2015 年浙江教育事业发展统计公报［DB/OL］. http：//www.zjedu.gov.cn/news/146094110060740317.html，2016-04-18。

模都远大于中等职业教育；高等教育的学校有 108 所，招生人数 30.93 万人，在校生人数 103.09 万人，生师比 11.6∶1。

（三）教育服务贸易

浙江留学生教育发展迅速，以高等教育为例，2005 年浙江高校留学生人数是 3732 人，同比增长 43.3%，之后逐年上升，2015 年来浙高校的留学生人数已达 25964 人，同比增长 9%，2005~2015 年，增长了将近 7 倍，年均增长率为 19%（见表 6-29）。

表 6-29　2005~2014 年浙江高校留学生人数

年份	总人数	增长率（%）
2005	3732	43.3
2006	4270	14.4
2007	6278	47.0
2008	7394	17.8
2009	8217	11.1
2010	10571	28.6
2011	13004	23.0
2012	17549	35.0
2013	20978	19.5
2014	23817	13.5
2015	25964	9.0

资料来源：数据来源于浙江省教育厅 2012~2015 年留学生统计数据，2005~2011 年的数据源自浙江省商务厅.浙江省国际服务贸易发展报告 2012 [M].杭州：浙江工商大学出版社，2012.

浙江高校招收的外国留学生生源很广，2015 年有 176 个国家和地区，留学生前 5 大生源国分别是韩国、美国、印度尼西亚、泰国和英国，来浙留学人数分别为 3401 人、1314 人、1140 人、817 人、752 人。与此同时，浙江高校也派出学生参与国际交流，2015 年共派出交流生、交换生 15330 人，相当于来浙外国留学生总数的 59.12%。

根据 2015 年浙江省高等教育国际化发展年度报告显示，浙江高校国际化水平前 10 位，分别是浙江大学（综合得分 66.85 分）、宁波诺丁汉大学（36.67 分）、浙江师范大学（27.42 分）、宁波大学（26.73 分）、浙江科技学院（25.12 分）、浙江工业大学（24.77 分）、温州医科大学（23.29 分）、温州大学（20.67

分)、中国美术学院（15.37 分）、浙江越秀外国语学院（14.69 分）。

第七节 健康产业

2013 年国务院出台《关于促进健康产业发展的若干意见》（下称《意见》），明确了健康服务业的内涵和外延。《意见》规定健康服务业包括医疗服务、健康管理与促进、健康保险以及相关服务，涉及药品、医疗器械、保健用品、保健食品、健身产品等支撑产业。早在 2012 年，浙江省政府工作报告就提出要制定实施"健康浙江"发展战略。2014 年 5 月，《浙江省人民政府关于促进健康服务业发展的实施意见》正式印发实施。2015 年，浙江省政府工作报告提出加快发展七大产业，健康产业赫然在列。2016 年 1 月，浙江省发改委下发《浙江省健康产业发展规划（2015~2020 年）》，提出到 2020 年，浙江基本形成覆盖全生命周期、内涵丰富、特色鲜明、布局合理的健康产业体系，形成万亿元级朝阳产业。

一、健康产业的现状与特征

（一）健康产业规模

浙江省健康产业发展走在全国前列，2014 年浙江省健康产业总产出 4958 亿元，增加值 1764 亿元，同比增长 12.1%，占 GDP 比重约 4.4%。但与发达国家仍存在非常大的差距，健康产业在许多发达国家均已成为国民经济的重要支柱，如美国健康产业增加值占 GDP 比重为 17%以上，加拿大、德国、日本等国健康产业增加值占 GDP 比重也超过 10%。

（二）健康产业结构

1. 医疗服务

2014 年浙江共有医疗卫生机构 30358 个，其中综合医院 444 个，中医医院 132 个，专科医院 319 个，基层医疗卫生机构 28673 个，社区卫生服务中心 6166 个，乡镇卫生院 1139 个，村卫生室 12042 个，专业公共卫生机构 577 个。医疗卫生机构床位数为 24.58 万张，每万人医疗机构床位数为 44.62 张，其中城市每万人医疗机构床位数 80.47 张，农村每万人医疗机构床位数 35.69 张；每万人拥有卫生技术人员 68 人，其中每万人拥有城市卫生技术人员 116 人，每万人拥有农村卫生技术人员58人。

2. 健康养老

浙江省近些年的老龄人口逐年攀升,2015年浙江省60岁及以上人口已达984.03万人,占总人口比重为20.19%,浙江省的老龄比重超过全国4个百分点。从浙江各地区来看,杭州、宁波、湖州、嘉兴、绍兴、舟山等市的老龄化程度超过20%,平均为22.27%,而温州、金华、衢州、台州、丽水等市,老龄化程度平均为18.06%[①]。浙江的养老产业发展位居全国前列,2016年有望实现每千名老年人拥有机构床位数不少于36张,创建100家智慧养老社区。

3. 健康旅游和文化

浙江素有"七山二水一分田"之称,有山岳、森林、海滨、盆地、草原等丰富的自然资源,浙江有自然保护区50多个,省级以上森林公园78个。浙江的健康旅游产品丰富,如临安打造的"健康休闲之城"、武义的温泉养生旅游、富阳的休闲运动旅游等。2016年浙江成立了省医疗健康集团,这是全国首家医疗健康产业发展平台,该集团将借助世界医疗旅游协会的平台,整合全球医疗旅游资源,大力发展医疗旅游。

4. 健康保险

目前,浙江主要有职工医疗保险、城镇居民医疗保险、城镇灵活就业医疗保险及农村村民医疗保险、商业健康保险等。2015年1~11月,浙江省保费收入1322.36亿元,其中健康险为102.04亿元,占保费总收入的比重为7.72%,同比增长48%。而西方发达国家的健康险保费收入占保费总收入比重已达30%左右。

二、健康产业的区域特点

浙江省的健康产业发展具有明显的区域特征:浙西、浙南发展健康养生,浙东沿海发展健康制造,浙北平原发展健康休闲。

浙西浙南包括衢州、丽水、杭州西南地区、温州文成、泰顺等,主要以山区为主,生态环境优良,健康养老、健康旅游与文化等是该地区的发展亮点。如淳安依托千岛湖生态区建设的健康旅游区,桐庐依托富春山水建设的健康小镇。

浙东沿海地区包括绍兴、宁波、舟山、台州、温州,在生物医药和化学原

---

① 资料来源:杭州日报,2016-04-20.

料药制造业的基础上，结合海洋生物资源优势，大力发展以海洋生物为特色的药品和健康食品研发和制造，同时开发海滨健康休闲旅游产业，如奉化滨海养生小镇。

浙北平原包括杭州、湖州、嘉兴，利用其长三角的地理优势，发展高端化、国际化的健康养老产业。如杭州未来科技城已集聚了100多家生物医药类企业，将成为健康产业的高地。

第八节　政府创新与服务业发展

一、服务业发展中的政府作用

(一) 发展战略分析

20世纪50年代初期至70年代末期，浙江处于工业化初期，全省集中力量进行工业化建设，对服务业的人、财、物投入相对较少，重工轻商、重积累轻消费的传统经济增长方式，限制了服务业的发展。改革开放后的20年，服务业发展步伐有所加快，但三次产业中仍以工业为主导。直到进入21世纪以来，尤其是"十二五"以来，中央层面支持服务业发展的政策纷纷出台，服务业发展环境才得以改善。2005年8月，在浙江省服务业发展工作会议中，浙江首次提出要推动服务业大发展、大开放、大提高，使服务业成为浙江经济增长的新引擎。2008年浙江省政府出台了《关于进一步加快发展服务业的实施意见》，将发展服务业作为加快推进产业结构调整、转变经济发展方式的重要途径；紧接着又出台了《浙江省服务业发展规划（2008~2012年）》，该规划中确定了2012年要实现服务业增加值占GDP比重达到47%，生产性服务业增加值占服务业比重达到55%左右，杭、宁、温三个中心城市的服务业增加值占GDP比重分别要达到58%、53%和54%左右的目标。2009年，由浙江省经贸委、发改委、财政厅、地税局和国税局五部门联合发布《关于推进企业分离发展服务业的实施意见》，提出要以生产性服务业集聚区为载体，分离融合发展一批生产性服务业企业和一批现代服务业集聚区，并确立在2009年实现新增不少于1000家企业分离发展服务业。2009年，浙江省政府还出台了《关于加快服务业品牌建设的实施意见》，确定了到2012年要在全省培育200个左右省级以上服务业品牌，一批服务产品或企业跻身国家乃至国际知名品牌行列。2010年，《关于创建浙江省现代服务业集聚示范区的意见》中，进一步明确到2012年全省创建100家左右现代服务业集聚示范区的目标；为加大服务业人才培养和引进的力度，浙江制定出台了《浙江省现代服务业高端人才培养计划》，提出用五年时间培养现代商贸、金融服务、现代物流等领域1000名高素质、高水平的现代服务业国际化人才。2016年，浙江省政府发布《浙江省服务业发展"十三五"规划》，规划中提出打造现代服务业新引擎、形成服务业主导的产业结构，是浙江"十三五"时期加快转型升级、高水平全面建成小康社会、建设"两富""两美"现代化浙江的重要战略举措。

(二) 产业和贸易政策分析

近年来，浙江省出台了许多促进现代服务业和服务贸易发展的政策措施，涉及健康服务业、科技服务业、旅游业、商贸物流业和文化教育产业等领域。产业政策的实施主要通过税收、财政拨款、信贷、投资以及工商行政措施等手段。从财政拨款的角度来看，浙江省政府制定了《浙江省服务业发展引导财政专项资金管理办法》。办法中提到，省服务业引导资金将通过贷款贴息、补助、奖励等方式被用于浙江省服务业发展薄弱环节、关键领域、新兴行业和高端企业，从而促进服务业的市场化、社会化、产业化和产业集聚发展；从信贷角度来看，政府鼓励金融机构按照风险可控、经营可持续原则创新金融产品和金融服务，为服务业企业提供信贷，支持服务业企业开展股权融资，鼓励符合条件的服务业企业上市融资。如2011年在《关于进一步加快发展服务业的若干政策意见》中提出，要积极拓展服务业企业融资渠道，即实施"服务业企业上市助推计划"、鼓励银行金融机构扩大贷款抵质押品范围和支持优质服务业企业通过发行债券、票据等进行融资。2014年浙江省服务业贷款新增3310亿元，其贷款余额超过制造业贷款。从行政措施的角度，如2015年推进简政放权放管结合，改变了政府包揽公共服务的局面，推动了基础设施、咨询、文化等公共服务业发展，也使得教育服务、医疗卫生和社区服务等需求较大的公共服务市场化[1]。从税收的角度，为了进一步解决货物与劳务税制中的重复征税问题，支持现代服务业发展，2012年9月1日起浙江同北京、江苏等八个省市的交通运输业和部分现代服务业开始实行"营改增"试点，2014年"营改增"服务业

---

[1] 潘毅刚. 顺应动力切换新变化，强化转型战略新引擎——当前浙江服务业发展的变动特点和战略应对[J]. 决策咨询，2015 (3): 14.

范围增加铁路运输、邮政电信行业，2016年"营改增"试点全面推开，建筑业、金融业、房地产业和生活服务业纳入试点范围。服务业税负的降低，实现了服务业与工业税负公平，进而极大地调动服务业发展的内在动力。

改革开放之前，浙江乃至全国的服务贸易程度都很低。加入WTO后，根据《服务贸易总协定》，成员国之间通过具体的承诺谈判，来履行市场准入和国民待遇义务，开放服务市场。2016年《浙江省开放型经济发展"十三五"规划》中提出，浙江以"一带一路"和长江经济带战略为契机，实施扩大服务业开放以及贸易便利化等政策。在加快服务贸易新发展方面，要求做好四项服务贸易改革试点城市创新工作和六项服务贸易发展重点工程；在拓展服务领域开放新空间方面，要求加快金融业对外开放，加强国际科技与人才合作，深化对外经贸人文交流，推进服务业重点领域的对外开放等。

（三）市场制度建设

计划经济体制下，劳动、资金和资源的配置依靠的是政治机制和政府安排。该时期，一方面，第三产业通常被看成是非生产性部门，所以无法得到政府充分的重视和足够的资源；另一方面，实物生产部门（第一、第二产业）也主要依计划行事，市场化、商品化程度极低，这就导致第三产业发展的契机和空间都显得不足，也使得第三产业发展长期远低于应有的正常水平。[①] 1952~1978年，浙江省服务业年均增速仅为5.6%，低于地区生产总值年均5.7%的增速，更远低于第二产业年均增长11.1%的速度。1979年中国体制改革开始，浙江在全国率先推进市场取向的改革，市场机制的引入为第三产业的培育和发展带来了前所未有的发展机会，饮食、商业、邮电、物资、运输等流通及运输部门的服务业首先成长壮大，1980~1990年，浙江省服务业增加值年均增速为13%，1987年服务业占地区生产总值的比重首次超过第一产业。1992年以后，市场改革进一步深入，计划体制与市场体制并存现象逐步消除。交通通信、金融保险、科教文卫等服务业逐渐放宽投资主体，并鼓励经营方式多样化、服务价格多样化、服务贸易开放化以及公共服务规范化。1990~2002年，浙江服务业增加值年均增速为14.8%。2005年以后，工业化、城镇化进程不断加快，但市场体制安排从总体上看是与传统大工业安排相适应的。所以"十三五"提出要继续全面深化改革，发挥服务业稳增长、转方式、调结构的主要作用，服务业发展需要进一步打破垄断和市场管制、放宽服务业市场准入、开放服务业市

[①] 李江帆.中国第三产业发展研究 [M].北京：人民出版社，2005：508.

场、加强市场监管、完善政府规制等。2016年浙江省服务业增加值为24001亿元，占全国服务业总量的比重已达6.2%。

（四）服务业公共投资

一方面，浙江省从2009年起开始实施全省服务业重大项目计划，2009年推出服务业重大项目159个，总投资达2283亿元。2015年，全省服务业重大项目实际完成投资353.3亿元，共有62个项目新开工，15个项目竣工。另一方面，从2010年起，浙江省大力推进现代化公共服务平台建设，重点在物流、科技、金融、信息、营销、人才六大领域选择了一批产业集群区域生产性公共服务平台加以培育，并着力抓好一批跨区联动、资源共享、层次较高的生产性公共服务平台建设[1]。2016年浙江省政府相关机构发文，支持试点市、县（市、区）围绕当地产业特点发展生产性服务业，鼓励开发区、产业集群、服务业集聚区、发展示范区等各类区域建设研发设计、第三方物流、绿色物流、信息技术服务、节能环保服务、检验检测认证、商务咨询、售后服务等生产性服务业集聚平台，建立专业化社会化生产性服务业体系，推动当地产业发展水平明显提高[2]。

二、发展服务业面临的机遇与问题

"十三五"时期，浙江省服务业发展拥有以下机遇：一是在"一带一路"和长江经济带战略、扩大服务业开放以及贸易便利化等政策推动下，浙江省服务业"引进来"和"走出去"潜能将大幅释放，服务贸易的规模和水平将得到质的提升。二是浙江省人均地区生产总值由1.28万美元向更高水平迈进，新型城镇化深入推进，制造业向智能化、柔性化、服务化发展，为浙江省服务业发展创造新的需求。三是信息经济、健康、旅游、金融等七大万亿元级产业发展，杭州国家自主创新示范区、舟山江海联运服务中心、钱塘江金融港湾等大平台建设，大数据、云计算、物联网、跨境电商等新技术、新业态的崛起，为浙江省服务业发展带来巨大空间[3]。

当前浙江省服务业发展面临的主要问题有：第一，供给能力和水平有待进

---

[1] 俞奉庆，朱正浩.浙江省发展现代服务业的现状、问题和对策研究[J].科技管理研究，2012（8）：68-69.

[2] 省发改委，省财政厅.关于组织开展2016年度浙江省服务业发展重点领域试点工作的通知[DB/OL].http://www.zjdpc.gov.cn/art/2015/10/30/art_8_1553417.html，2015-10-30.

[3] 浙江省服务业发展"十三五"规划.

一步提高。生产性服务业发展滞后于产业转型升级需要、生活性服务业发展滞后于消费结构升级需要，服务业有效供给需进一步增加。我国服务业发展起步低，2015年服务业增加值占GDP比重为50.5%，而美、德、法、英、日等发达国家服务业增加值占GDP比重已达70%以上。第二，结构素质有待进一步优化。需要引入民间资本、外资，鼓励服务业的竞争，应用"互联网+"等新技术改造提升传统服务业。我国服务业贸易逆差严重，国际竞争力不高，2015年我国服务贸易逆差为1366亿美元，中国的服务贸易竞争力RCA指数在2000~2013年仅为0.5左右。我国新兴和高端服务业发展速度虽快，但总量规模不大、发展不够充分。第三，人才要素支撑有待进一步强化。特别是拥有国际视野、复合背景的现代服务业高层次人才缺乏。

三、持续推进现代服务业发展的对策建议

（一）优化服务业结构，提高服务业发展质量

首先，政府部门应进一步优化服务业管理体制，探索新型的行业监管模式，落实服务业发展政策，为服务业发展营造良好的发展环境。其次，大力推进生产性服务业的发展，可降低民间资本、外资等进入服务行业的门槛，打破市场垄断，通过引入竞争机制激发行业活力。最后，加大体育健身设施、公共文化设施、教育基础设施、基础医疗设施等城乡居民生活所需的服务设施的建设力度，提高服务业质量，满足居民不断增长的生活性服务业的消费需求。

（二）扩大开放合作，提升服务业对外开放水平

首先，以"一带一路"和长江经济带战略为契机，搭建服务业合作平台，释放服务业发展潜能。其次，深化服务业对外开放，开展浙港、浙澳、浙台以及长三角区域服务业合作，吸引国内外著名服务业企业来浙设立地区总部和功能总部，促进服务业规模化、品牌化、国际化发展。最后，积极推进服务贸易线上线下对接交易平台建设，在巩固扩大国际旅游、运输等传统领域服务出口的同时，着力推进服务外包、对外文化、国际海事、国际教育、中医药、创意设计等附加值较高的新兴领域。

（三）加大服务业人才培养力度，强化人才支撑

首先，通过每年选拔一批优秀服务业人才参加培训提升等内部培养的方式，加大服务业发展人才储备。其次，可以通过高端人才引进计划及创建各类招才引智平台，多渠道引进国内外高层次、复合型现代服务业人才。再次，大力发展人力资源服务业，积极推进人力资源服务基地、街区以及各类海外高层

次人才创新创业基地、留学人员创业园等平台建设。最后，优化服务业人才评价体系，应适当放宽学历、学位等条件限制，而更加注重实践经验、创新思维、贡献程度等方面。

参考文献：

［1］沈毅，胡国良等.浙江服务业发展现状与对策研究［J］.浙江统计，2003（10）：10-12.

［2］潘毅刚.顺应动力切换新变化，强化转型战略新引擎——当前浙江服务业发展的变动特点和战略应对［J］.决策咨询，2015（3）：14.

［3］金晓燕.基于发达国家经验的我国服务业发展现状及对策研究［J］.科技创业月刊，2015（9）：31-32.

［4］俞奉庆，朱正浩.浙江省发展现代服务业的现状、问题和对策研究［J］.科技管理研究，2012（8）：68-69.

［5］姜长云，洪群联等.服务业大趋势［M］.杭州：浙江大学出版社，2015：16-18，156.

［6］李江帆.中国第三产业发展研究［M］.北京：人民出版社，2005：507-543.

［7］李强.中国服务业统计与服务业发展［M］.北京：中国统计出版社，2015：42-61.

［8］胡晨光.产业集聚于集聚经济圈的演进［M］.北京：中国人民大学出版社，2014：42-47.

［9］浙江省商务厅.2015年浙江省服务贸易发展情况［DB/OL］.http：//www.mofcom.gov.cn/article/difang/201601/20160101241043.shtml，2016-01-22.

［10］中国小商品城.义乌中国小商品城［EB/OL］.http：//sc.cccgroup.com.cn/html/market/index.shtml.

［11］浙江省人民政府.关于进一步加快发展服务业的若干政策意见［EB/OL］.http：//www.zj.gov.cn/art/2011/6/21/art_12460_7428.html，2011-06-21.

［12］浙江省统计局.服务业发展充满活力——新中国65年浙江经济社会发展成就［EB/OL］.https：//wenku.baidu.com/view/c9456464866fb84ae45c8da1.html，2015-01-28.

［13］浙江省发改委社会处.浙江省旅游产业发展规划（2014-2017）［EB/OL］.http：//www.zjdpc.gov.cn/art/2015/1/19/art_342_704234.html，2015-01-19.

［14］省发改委，省财政厅.关于组织开展2016年度浙江省服务业发展重点领域试点工作的通知［EB/OL］.http：//www.zjdpc.gov.cn/art/2015/10/30/art_8_1553417.html，2015-10-30.

［15］省政府办公厅.浙江省服务业发展"十三五"规划［EB/OL］.http：//xxgk.zjhy.gov.cn/005_1/02/04/5/201609/t20160912_158164.html，2016-09-12.

第三篇 区域与城市经济地理

第七章 区域经济地理

在本书前面各章中分析了浙江省总体的资源环境状况，以及在这基础上工业、农业、服务业、海洋产业等方面的发展状况。那么这些资源在省内各个区域是如何分布的？省内各区域的产业发展有何特点？各区域的产业发展与本区的资源环境之间有何内在联系？本章将对这些问题作出回答。

本章从浙江省经济区域的形成、演变入手，分析影响经济区域演变的因素，以及各区域的资源环境与产业发展状况，并力求揭示各区域产业发展与区内资源环境的内在联系。

第一节 区域经济地理的演变与特征

一、基本概念：经济区域、区域空间结构、地理因素、资源环境

首先对本篇所使用的一些基本概念作一界定。

不同学科从不同角度定义"区域"。经济学研究的是"经济区域"。李小建认为，经济区可以分为经济类型区（功能区）、综合经济区等不同的类型。[1] 本篇所研究的区域，如没有特别说明就是指综合经济区，以下简称为"经济区域"。

笔者认为，经济区域就是指人们在社会生产活动中，围绕经济中心而形成的相对独立的经济综合体。当人类社会出现商品交换与商品生产，特别在出现社会化大生产后，一个完整的经济区域由两个部分构成：一是生产要素集聚度很高的区域经济中心，这是区域经济的"极化点"；二是经济中心影响的空间范围，可以将其称为"经济腹地"（或称为"外围""边缘"等）。相对于经济

---

[1] 李小建.经济地理学 [M].第二版.北京：高等教育出版社，2006.

中心而言，经济腹地的要素集聚度较低。经济中心、经济腹地之间则通过各类"线"状基础设施进行连接。这样，"点（经济中心）、面（经济腹地）、线（线状交通设施）"就构成了经济区域的基本要素。

区域经济空间结构就是生产要素在区域空间上分布的形态与相互关系。著名经济学家克鲁格曼用严密的逻辑揭示了在一个原始的均质空间，在内在经济规律的作用下必然形成一个"中心·外围"的空间结构。因而，现代经济意义上的经济区域就是一个"中心·腹地"结构的"极化区域"。经济区域范围的大小就取决于经济中心"集聚·扩散"力的强弱。

区域经济空间结构的状态、演变受到两大方面因素的影响，一是区域的经济社会因素，如区域的人均收入水平、产业结构状况、交通等基础设施状况等，它在区域经济空间结构的形成与演变中起着主导性作用；二是区域的自然地理因素，即资源环境因素。它在区域经济空间结构的形成与演变中起着基础性因素。

本篇所分析的资源环境，是"自然环境、自然资源"的简称。其中"自然环境"是指人类活动周围的各种自然因素的总称，包括大气、水、土壤、岩石、各种生物、各种矿藏、自然地理位置等。自然环境是人类赖以生存和发展的物质基础。根据自然环境各个部分对人类的不同作用，可以将其分为两个部分：一是还没有被人类有效利用的自然因素，如雷电、台风等。二是已经被人类有效利用，能够产生经济价值、提高人类当前和未来福利的自然环境因素，包括土地资源、水资源、气候资源、生物资源、矿产资源和能源等。这部分自然环境称为"自然资源"。因此，"自然资源"是自然环境的各种因素中，能够被人类有效利用的那部分物质因素，它是自然环境的重要组成部分。随着人类社会的发展，自然环境中越来越多的物质因素被纳入自然资源之中。

按照对经济区域、区域空间结构、资源环境等概念的以上理解，本节就以浙江经济区域的萌发、形成、演变为主线，展开对改革开放以来浙江省区域经济地理的演变与特征的分析。

二、从"均质区域"到"板块式"的区域空间结构

20世纪70年代末到90年代末，是浙江省经济区域的萌发阶段，区域空间结构经历了从均质空间到板块式空间结构的演变。

（一）20世纪70年代末：非经济性的"均质区域"

在市场经济条件下，生产要素在区域的空间分布遵循经济效率的原则，并

在区域经济发展水平的不同阶段中,呈现出不同的空间结构。但在计划经济时代,生产要素空间分布所依据的原则主要不是经济效率原则,而是其他一些非经济的原则。因此从经济学的视角分析,计划经济时代的区域空间(包括自然经济时代的区域空间)就是一种"无序状态"的、非经济的"均质空间"。在这个"均质空间"中,所有的经济地理运行规律均难以发挥应有的作用。

在新中国成立后至20世纪70年代末的这一段时期中,我国在计划经济体制下,所有的经济关系,包括"条条"(中央与地方)"块块"(地方与地方)都由中央政府决定。产业结构及其区域布局也由政府决定,因而不存在现代经济意义上的区域空间结构。浙江省也一样,整个省域就是一个生产要素非经济分布的"均质空间"。

在20世纪70年代末改革开放后,虽然各级政府对区域经济活动的直接控制减弱了,区域内在的市场化的经济活力开始出现,但区域之间的经济联系还十分微弱,城市的"集聚—扩散"机制没有得到发挥。整个浙江省域的区域划分主要是一个由自然地理分区和行政区划混合而成的经济地理单元,现代意义上的经济区域还处于萌发之中。

根据浙江省在计划经济时代所形成的行政区划,再考虑20世纪80年代初期的地区经济特点,陈桥驿将20世纪80年代初的浙江省域划分为五个经济地理区[①]。

1. 杭州—新安江经济区

本区位于浙江西部,本区东部属"杭嘉湖平原"的一部分,西部为浙西山地。本区域包括杭州市及市属的萧山、余杭、富阳、临安、桐庐、建德、淳安7个县。

2. 嘉兴—湖州经济区

本区位于浙江省北部,整个地区在自然地理上大部分属于杭嘉湖平原。

杭嘉湖平原地理范围大致包括太湖以南、钱塘江和杭州湾以北、天目山以东、东海以西的广大地区,地理上为长江三角洲的组成部分。因行政范围属于杭州、嘉兴、湖州而得名。

杭嘉湖平原是浙江最大的堆积平原,地势低平,平均海拔3米左右。地面形成东、南高起而向西、北降低的以太湖为中心的浅碟形洼地。平原上江河纵横,湖泊星罗棋布,河网密度平均12.7千米/平方千米,为中国之冠,是典型

---

① 陈桥驿等. 浙江省地理[M]. 杭州:浙江教育出版社,1985.

的"江南水乡"。有京杭大运河穿过。杭嘉湖平原是中国历史上至今为止始终保持高度发达的三个平原富庶地区之一,一直以来都是我国重要的商品粮基地之一。此地又以丝绸生产加工而闻名。杭州、湖州是著名的生丝产地和丝绸加工地点。历史上,该地区被称为"鱼米之乡、丝绸之府"。

嘉兴—湖州经济区从行政区划上包括嘉兴和湖州两市及长兴、安吉、德清、嘉善、平湖、海盐、海宁、桐乡八个县。

3. 宁波—绍兴—舟山经济区

本区位于浙江省东北部,其主体部分在自然地理上属于"宁绍平原"。

宁绍平原,是中国浙江东北部一片东西向的狭窄海岸平原,由钱塘江、浦阳江、曹娥江及甬江等河冲积而成,在地理形式上自成格局。宁绍平原西起钱塘江南岸,东至东中国海海滨,其中段向北突出于杭州湾中,因东为宁波、西为绍兴而得名。

宁绍平原地势低平,江河密布,气候温和,土地肥沃,十分有利于农业生产,是浙江省重要的商品粮、棉、麻、油、鱼的生产基地之一。南部多低山丘陵,自然环境和生产内容比较复杂,是全省茶、桑、毛竹的主要产区。沿海的舟山群岛则为我国最大的海洋渔业基地。

本区域包括宁波、绍兴、舟山三个地级市及绍兴、上虞、诸暨、嵊州市、新昌、余姚、慈溪、镇海、鄞州市、奉化、宁海、象山、定海、普陀、岱山、嵊泗等16个县(市)。

4. 金华—衢州经济区

本区位于浙江省西南部,自然地理上属于"金衢盆地"。

金衢盆地是浙江省最大的走廊式盆地,面积2980平方千米。盆地沿着东北—西南方向横贯浙江东部,东起东阳巍山镇,西至衢州市柯城区沟溪乡,长200多千米,南北宽度变动在3~35千米。盆地底部海拔50米左右,边界线海拔多在100~200米,边缘与山地界限清晰,四周为500~1000米的山地,河流从四面八方向盆地中心汇聚。丘陵是金衢盆地内的主要地貌类型。盆地内部地形多样,随着从盆底到盆缘高度的逐级提高,地形类型也发生了相应的变化。金衢盆地内的块状山地金华山,山北有墩头盆地与龙门山地。

该经济区域包括金华和衢州两市及浦江、义乌、东阳、磐安、兰溪、永康、武义、开化、常山、江山、龙游11个县。

5. 温州—台州—丽水经济区

该区位于浙江省东南部,包括温州和椒江两市及天台、三门、仙居、黄岩、临海、温岭、玉环、乐清、洞头、永嘉、青田、瓯海、瑞安、平阳、苍南、文成、泰顺、丽水、缙云、遂昌、松阳、云和、景宁、龙泉、庆元 25 个县。本区自然条件复杂，大致可以分为两个部分，东部为狭长而不连续的滨海平原，西部则是群山盘结的山区，是浙江地势最高的地区。区内温州、台州沿海相连，溯瓯江、椒江而上，与丽水地区可取得密切联系，结成统一的经济区域。

（二）20 世纪 80 年代：板块式的区域空间结构

整个 20 世纪 80 年代，是浙江乡村工业化的高潮时期。随着浙江省农业、农村改革逐步深入，农村劳动力开始从农业向非农产业转移，但是由于传统计划经济时代所形成的户籍制度的束缚，劳动力的跨区域流动仍然受阻，农民只能"离土不离乡、进厂不进城"，就地办企业。从而导致乡镇企业遍地开花，呈散状分布，各类工业企业如"天女散花"般地分布在浙江的乡村大地上。"村村点火、乡乡冒烟"是对这一时期乡镇企业空间分布的形象描述。

在这时期，区域之间的经济联系主要局限于县域范围内，大范围的、跨县域行政区的要素流动仍然不畅，中心城市的集聚扩散作用没有得到发挥。农民主要通过遍地开花的"专业市场"购买原材料、销售产品，获取生产经营所需要的各种市场信息。因此浙江省总体的区域经济格局并没有发生大的变化。经济要素在区域空间呈扁平化分布，区内经济联系增强而跨区域经济联系较弱。"块状经济"成为各地经济要素空间集聚的主要形式，各个经济区域形成"板块式"的区域经济空间结构。

林国铮将这时期的经济地理区域分为杭州（浙北区域）、宁波（浙东区域）、温州（浙南区域）和金衢（浙西区域）四个部分[①]。

1. 浙北区域（杭嘉湖地区）

浙北经济区以杭州市为中心，嘉兴、湖州为次中心，包括杭州、嘉兴、湖州三个市和所属 15 个县。

2. 浙东区域

浙东经济区以宁波市为中心，绍兴、舟山市为次中心，包括三个市所辖的 18 个县（市）。

3. 浙南区域

浙南经济区以温州市为中心，包括温州市和台州、丽水两地区所辖的 24

---

① 林国铮. 浙江省经济地理 [M]. 北京：新华出版社，1992.

个县。

4. 浙西区域

浙西片即金衢盆地经济区，以金华市为中心，衢州市为次中心，范围为金华、衢州市所辖的15个县（区）。

三、从"点—轴"形态的区域空间结构到"网络"形态的区域空间结构

20世纪90年代后期开始，浙江省区域空间结构经历了从"点—轴"形态的区域空间结构到"网络状"形态的区域空间结构的演变。

（一）2000~2010年："点—轴"形态的区域空间结构

20世纪90年代后期开始，随着我国改革开放的不断深入特别是城乡二元管理体制的突破，市场化条件下的工业化、城市化得到持续推进，要素在市场机制的作用下冲破了行政区划的分割，逐步向交通干线与区域经济中心集聚，区域经济空间格局由此发生了重大变化，以重要城市与交通干线为基础的"点—轴"特征的经济地理区域开始形成。

第一，沿沪杭甬高速公路的"环杭州湾产业集聚带"形成，并成为浙江省最具经济实力的经济带。沪杭甬高速公路是浙江开建的第一条高速公路，途经嘉兴、杭州、绍兴、宁波四个地市，全长248千米。于1991年开工建设，1995年12月起分段陆续建成交付使用，1998年底全线建成通车。它不仅是浙江接轨大上海的"黄金通道"，还是"宁波舟山港"、绍兴中国轻纺城货物集疏运输的"主渠道"。沿线还分布着萧山、海宁、余姚等浙江2/3的全国社会经济综合百强县（区）。高速公路开通后，产业不断向杭州、宁波以及沿线区域集聚，形成环杭州湾区域的产业带。

第二，东部沿海地区的温州市、台州市的经济迅速崛起，成为浙江经济的重要地带。如上文所述，由于特殊的地理环境，新中国成立以来，温台地区经济发展一直较为滞后。但改革开放以后，以家庭工业为基础的民营经济迅速发展。在经过20世纪80年代的快速发展后，整体经济实力大大增强，到90年代后期，已经成为浙江区域经济中最具活力的经济区域之一。

第三，以新兴区域经济中心义乌为核心的浙江中部地区，依托专业市场带动农村工业的迅速发展，脱颖而出形成浙江经济的重要一极。

就在以上新的区域增长空间的推动下，区域经济格局发生了重大变化，形成了三大经济区域、三大产业集聚带的区域空间格局。

1. 三大经济区域概况

一是环杭州湾经济区，即杭州湾二岸区域，包括杭州、宁波、嘉兴、湖州、绍兴、舟山六市及所属各县市。这是在原来浙东、浙北区域基础上形成的。

二是温台沿海地区，包括温州市、台州市所属的沿海县市。

三是浙西南地区，包括金华市、衢州市、丽水地区，以及温州市所属义成县、泰顺县、永嘉县和台州市所属仙居县、天台县。

2. 三大产业带概括

在集聚经济的作用下，三大区域的产业越来越多地向重要城镇与交通线分布，形成"点—轴"布局态势，成为带动"三大区域"发展的产业主轴线。这三大产业带是：

一是沪杭甬沿线（杭州湾V形）产业带，包括嘉兴市全境，杭州市区及余杭、萧山，绍兴市区及绍兴县、上虞，宁波市区及余姚、慈溪、鄞州市。

二是温台沿海（沿海I形）产业带，包括温州市区、瑞安、乐清和台州市区、温岭、玉环。

三是浙赣和金温铁路沿线（沿线T形）产业带，包括诸暨、金华市区及兰溪、义乌、金东区，衢州市区及江山、衢江区、龙游。

（二）2010年至今：以区域中心城市为节点的网络状区域空间结构

2010年以后，在区域间通达性不断改善、区域整体经济发展水平进一步提高、经济密度持续提升、区域之间的经济联系不断增强的基础上，使得区域经济融合发展的趋势日益明显。

首先，在2010年前后，"杭新景""杭金衢""甬台温""诸永""甬金""台金""黄衢南"等省内多条高速公路相继开通，在省内各重要城市之间形成密集的交通网，区域的经济通达性得到进一步改善。

其次，随着工业化、城市化进程的进一步推进，经济发展水平不断提高，区域中心城市在经济集聚的同时，扩散效应也日益明显。通过中心城市"集聚—扩散"作用的进一步发挥，经济区域内部的经济融合度得到提升。不但经济区域内部"点（经济中心）""面（经济腹地）"的特征十分明显，而且"点"与"面"之间的各种经济联系日益紧密，出现了"中心—腹地"经济融合发展的趋势。

最后，在杭州、宁波、温州、金华—义乌为节点的各大经济区域之间的要素流动十分频繁，并在区域经济专业化分工的基础上，区域之间的产业特色日益显现，如杭州的信息产业、宁波的临港型产业、温州的轻工业、金华—义乌的生活日用品工业。区域之间的相互经济联系日益密切。

整个省域就在以上这种经济密度不断提高、区域经济产业分工日益密切的推动下，区域空间结构得到进一步的演化，由原来的"点—轴"空间结构逐步演化到"网络状"的空间结构，并形成了以四大经济"节点"为中心的四个经济区域。

1. 以杭州城区为节点的浙西北经济区域

杭州市区作为省城，在市场与政府的共同推动下，其城市的经济集聚与辐射能力不断增强，逐渐成为浙北区域的经济中心，其经济腹地不但涉及传统的腹地杭嘉湖平原，而且还包括宁绍平原的绍兴市，从而逐步形成了以杭州市区为核心的杭州都市圈。

该区域2015年末区域总人口2152.05万人，地区生产总值20122亿元，人均地区生产总值93497元。①

2. 以宁波城区为节点的浙东北经济区域

宁波经济区域是以宁波城区为经济中心，宁波城区经济影响所及的区域。从行政区域看，包括宁波、舟山、台州三市。

2015年宁波、舟山、台州三市合计人口1502.6万人，地区生产总值12664.63亿元，人均地区生产总值84285元。②

3. 以温州城区为节点的浙东南经济区域

温州经济区域是由温州城区为经济中心的区域，即温州市范围。随着杭州、宁波、金华—义乌经济中心的迅速崛起，温州城市的"集聚—扩散"功能下降，导致温州经济区域的缩小。

2015年温州常住人口911.7万人，全市地区生产总值4618.08亿元，人均地区生产总值50809元。③

4. 以金华—义乌城区为节点的浙西南经济区域

本区域以金华—义乌城区为经济中心，包括金华、衢州、丽水三个市。浙西南地区2015年末常住总人口972.6万人，地区生产总值5654.98亿元。人均GDP 58142元。④

通过以四大节点城市为核心的四大区域之间的经济联系，整个省域形成一个网络状的区域经济空间结构。

---

①②③④ 资料来源：浙江省统计局.浙江统计年鉴2016.浙江统计信息网。

四、简要的结论

从以上浙江省经济地理区域演变过程的简要分析中可以发现：

（1）改革开放以来，浙江的区域经济空间结构随着经济体制改革的深化、区域经济发展水平的提高而显示出明显的阶段性：

第一阶段是非农产业散状分布，县域内经济联系密切、跨县域行政区经济联系弱，没有明显区域经济中心的"板块式"空间结构。

第二阶段是"点—轴"式结构。在产业、人口在向杭州、宁波、温州、义乌等区域经济中心集聚的同时，也向连接各区域中心之间的交通干线集聚，因而沿沪杭甬交通干线的环杭州湾地区、沿甬温交通干线的沿海地区、沿金衢丽交通干线的金衢盆地也成为产业与人口集聚的重要地带，从而使以浙江省域的空间结构显示出"点—轴"结构的特征。

第三阶段是"网络状"。当区域经济发展水平进入更高阶段后，区域间经济联系更加紧密，杭州、宁波、温州、金华—义乌等区域经济中心在集聚作用的同时，扩散作用也日益明显，区域经济的节点在增多，逐步显示出"网络状"的空间结构。

（2）区域的资源环境因素决定了一个城市的成长空间与经济实力的强弱、"集聚—扩散"能力的大小，并进一步影响到了该城市腹地与经济范围的大小。

第一，杭州城区的地理区位决定了其在省域经济的作用力不断增大，导致以杭州城区为经济中心的区域范围不断扩大。

第二，宁波城区由于港口城市的巨大辐射带动作用，不仅使其在浙江省东北部起着经济核心的作用，而且逐渐将原属温州经济区域的台州市域纳入自身的区域范围，同时通过甬—义—金交通干线，对浙西南地区的金华市域、衢州市域的辐射作用也在不断增强。

第三，在浙西南区域的义乌市，行政级别上是个县级市，但由于小商品市场对周边县（市）产业发展的辐射带动作用不断增强，义乌作为整个浙西南区域新兴经济中心的地位得到确立，历史上的经济中心金华城区的作用相应下降。区域经济中心的地位由原来金华城区逐渐改变为金华—义乌所形成的组合城市。

第四，温州城区由于自然地理环境因素，导致城市经济发展不快，其对整个浙江南部地区的影响力不断下降，温州经济区域的区域范围也相应地不断缩小。

第二节 浙西北区域经济地理

一、资源环境与经济概述

浙西北地区的范围，包括杭州、嘉兴、湖州、绍兴等四个地级市，即《长三角城市群发展规划》中的"杭州都市圈"的范围。本区域位于浙江省的西北部、长三角南翼。北部是上海、江苏，西部是安徽。

该地区就是以杭州市区为极核的"杭州都市圈"。该都市圈以杭州市域网络化大都市为主体，以湖州、嘉兴、绍兴三市的市区为副中心，德清、安吉、海宁、桐乡、柯桥、诸暨等杭州相邻六县（市、区）为紧密层，联动湖州、嘉兴、绍兴市域。历史上，杭湖嘉绍地区地域相邻、人缘相亲、习俗相近、文化相融，经济社会联系紧密。进入21世纪以来，随着交通通信的日益便捷，为经济合作向纵深推进，进一步联合发展、培育都市经济圈奠定了坚实的基础。

2005年12月，杭州市首次提出了建设杭州都市经济圈的建议。该建议得到了浙江省委省政府的高度赞同，也得到了省级相关部门的大力支持和湖州、嘉兴、绍兴三城市的热烈响应，从此，杭、湖、嘉、绍四座城市，紧紧"铆"在了一起。2010年10月，浙江省政府正式批复《杭州都市经济圈发展规划》。[①]

2014年3月，杭州都市圈转型升级综合改革试点获国家发改委正式批复，成为全国首个都市圈转型升级的综合改革试点，在长三角地区的经济地位进一步提升。

2016年6月，国务院公布了《长江三角洲城市群发展规划》，杭州都市圈成为长三角五大都市圈之一。

近十年来，杭州都市圈深入贯彻落实国家和省重大发展战略，以"规划共绘、交通共联、市场共构、产业共兴、品牌共推、环境共建、社会共享、机制共创"为重点，以项目合作为主线，推动杭州都市圈在健全创新驱动、完善产业转型升级、推进统筹城乡区域发展、加快优化发展环境等方面深化改革，先

[①] 资料来源：杭州都市经济圈合作发展协调会办公室，杭州市人民政府国内经济合作办公室.杭州都市经济圈发展规划，2011-05.

后经历了"启动建设、建立模型、全面融合和转型升级"四个阶段[①]，走出了一条富有创新特色的区域融合发展新路子。该都市圈正在为实现基础设施、区域市场、产业布局、区域旅游、生态环境和民生保障"六个一体化"目标而努力。据2015年的统计，杭州都市圈综合发展指数位居全国18个都市圈第四。

以下分别分析本区域中的杭州、嘉兴、湖州、绍兴四个市的经济状况。

二、杭州市域经济

（一）资源环境与经济特色

1. 地理位置与行政区划

杭州市地处东南沿海的长江三角洲南翼。市区地处钱塘江下游，京杭大运河南端，杭州市区是浙江省省会，全国15个副省级城市之一，是中国东南部的重要交通枢纽，被国家列为全国历史文化名城、全国文明城市和重点风景旅游城市。

杭州市辖上城区、下城区、江干区、滨江区、萧山区、余杭区、富阳区、临安区等10个区，建德1个县级市，桐庐、淳安2个县。2015年全市总面积16596平方千米，其中市区面积4879平方千米。至2015年末，全市常住人口901.8万人，其中城镇人口679.06万人，占比75.3%。

2. 资源与环境

杭州市资源环境具有两个明显的特点。一是地貌类别多样。杭州市地处我国长江中下游平原与我国东南丘陵的交界处，形成多样化的地形地貌。西部、中部和南部属浙西中低山丘陵，东北部属浙北平原。东北部的平原地势低平，海拔仅3~6米，是杭嘉湖平原和萧绍平原的组成部分。二是地表江河纵横，湖泊星罗棋布，是典型的"江南水乡"。较大河流有钱塘江、东苕溪和大运河。杭州特有的自然地理环境，形成了杭州独特的自然风光，西湖、千岛湖、钱塘江、富春江、新安江等湖光山色，美不胜收。

西湖，是杭州自然与人文交相辉映形成的重要资源。西湖因位于杭州市区西面而得名，湖面面积5.68平方千米，南北长约3.2千米，东西宽约2.8千米，绕湖一周近15千米。西湖周围的群山，内峙外耸，构成了优美的杭城空间轮廓线。优美的自然风光，吸引了众多文人雅士，在杭州留下了众多的人文

---

① 宋珏. 杭州都市圈转型升级正当时 [N]. 杭州日报，2016-05-20.

印记，积累起了深厚的人文底蕴。唐长庆年间，白居易守杭。他赞美西湖、杭州的新词艳曲迭出不穷，其《湖上春行》《春题湖上》《余杭形胜》诸诗，已曲尽风物之胜。其后，杭州遂为四方文士胜流好游赏者所麇集。北宋熙宁、元祐年间，苏轼两任杭州，篇什之丰，超过白居易。特别是其《饮湖上初晴后雨二首》中对西湖的描述，"水光潋滟晴方好，山色空濛雨亦奇。欲把西湖比西子，淡妆浓抹总相宜。"成为千古绝唱。为此，人们常用"人间天堂"来赞美杭州。1982年11月8日，国发〔136〕号文件，确定西湖为国家重点风景名胜区。

千岛湖，位于浙江省杭州市淳安县境内，是为建新安江水电站拦蓄新安江下游而成的人工湖。1955年始建，1960年建成，是我国东部沿海地区最大的水库，库区面积570多平方千米。由于水域内有大小岛屿1078个，因而称"千岛湖"。

京杭大运河，是杭州一项重要的人文资源。杭州作为"京杭大运河"南段起点，其城市的繁荣发展与大运河息息相关。南北运河的贯通，使得杭州通过大运河连接起了江淮流域的诸多地区，大大增进了杭州与中原各地经济文化的交流。杭州是在隋开通江南运河之后，才走上了快速发展的道路。至唐时成为"东南名郡，咽喉吴越，势雄江海，骈樯二十里，开肆三万室"[1]，成为当时南方地区的商业大都会之一。

3. 经济特色

传统名优特产众多，最著名有杭州丝绸、西湖龙井茶。

杭州现代经济中最著名的是旅游休闲经济与信息经济。旅游休闲经济是杭州具有很强区域竞争力的产业。杭州众多的自然、人文资源为杭州旅游休闲业的发展奠定了基础。2015年全市实现旅游产业增加值719.68亿元。旅游总收入达到2200.67亿元，其中旅游外汇收入29.31亿美元。接待入境旅游者342万人次；接待国内游客1.2亿人次。"十二五"期间，全市旅游总收入年均增长16.5%。

信息经济是杭州经济的又一大经济亮点，以阿里巴巴、海康威视、网易等一大批国际知名企业为代表的信息产业发展迅速。信息经济成为杭州新经济的重要支柱。2015年全市信息经济实现增加值2313.85亿元，占全市GDP的23%，其中电子商务、数字内容产业分别增长34.5%、35.5%，云计算与大数据、物联网、互联网金融和智慧物流分别增长29.6%、12.7%、33.5%和8.4%。

---

[1] 曹寅. 全唐诗[M]. 北京：中华书局，1960：1416.

全市跨境电商进出口总额 34.64 亿美元，其中，进口 11.91 亿美元，出口 22.73 亿美元。

（二）经济总量与结构[①]

1. 地区生产总值与三大产业结构

2015 年，全市实现生产总值 10053.58 亿元，人均生产总值 112268 元。按国家公布的 2015 年平均汇率折算，为 18025 美元。"十二五"期间，全市生产总值年均增长 9.1%。从三大产业看，杭州 2015 年第一产业增加值 287.69 亿元，第二产业增加值 3910.60 亿元，第三产业增加值 5855.29 亿元。三次产业结构由 2010 年的 3.5∶47.3∶49.2，升级为 2015 年的 2.9∶38.9∶58.2。

2. 国内贸易

2015 年，全市实现批发和零售业增加值 815.29 亿元。全市社会消费品零售总额 4697.23 亿元，其中商品零售额 4241.5 亿元，餐饮收入 455.73 亿元。全市网络零售额 2679.83 亿元，比 2014 年增长 42.6%，全市居民网络消费额 1119.1 亿元，比 2014 年增长 38.2%。

3. 对外经济

全市货物进出口总额 665.66 亿美元。其中进口总额 165 亿美元，出口总额 500.67 亿美元。出口总额中，机电产品出口 201.92 亿美元，高新技术产品出口 63.6 亿美元。按贸易方式分，一般贸易出口 433.78 亿美元，进料加工贸易出口 60.95 亿美元。全市服务贸易进出口 190.33 亿美元。

对外合作。至 2015 年末，全市设立各类境外投资企业（机构）1341 个，其中非贸易企业 491 个。境外合同投资 26.49 亿美元。对外承包工程和劳务合作营业额 17.69 亿美元。离岸服务外包合同执行额 51.94 亿美元。

利用外资。全市批准外商直接投资 475 项，实到外资 71.13 亿美元。新批总投资 3000 万美元以上项目 130 个，总投资 140.09 亿美元，占新批外商项目总投资的 84.9%。"十二五"期间，全市累计实到外资 284.07 亿美元，年均增长 10.3%。

[①] 资料来源：杭州统计局. 2015 年杭州市国民经济和社会发展统计公报.

三、嘉兴市域经济

(一) 资源环境与经济特色

1. 地理位置与行政区划[①]

嘉兴市位于浙江省东北部、长江三角洲平原的腹心地带。东临大海，南倚钱塘江，北负太湖，西接天目之水，大运河纵贯境内。市城处于江、海、湖、河交会之位，扼太湖南走廊之咽喉，与沪、杭、苏、湖等城市相距均不到100千米，尤以在人间天堂苏杭之间著称。市境陆域东西长92千米，南北宽76千米，陆地面积3915平方千米，其中平原3477平方千米，水面328平方千米，丘陵山地40平方千米，市境海域4650平方千米。

嘉兴市辖南湖、秀洲两个区，平湖、海宁、桐乡三个县级市，嘉善、海盐两个县。2015年末全市户籍人口349.48万人。根据全国1%人口抽样调查结果，结合相关部门人口数据推算，2015年常住人口总量458.5万人，其中城镇人口达到279.23万人，人口城镇化率达到60.9%。

2. 资源与环境[②]

嘉兴市地处杭嘉湖平原的北部。地势低平，平均海拔3.7米（吴淞高程）。平原被纵横交错的塘浦河渠所分割，田、地、水交错分布，形成"六田一水三分地"，旱地栽桑、水田种粮、湖荡养鱼的立体地形结构，人工地貌明显，水乡特色浓郁。

该市海洋资源较丰富。深水岸线较长，其中平湖市的金丝娘桥至独山段，岸线长12千米，前沿水深12米，乍浦岸线25千米，前沿水深10米，均适宜建深水泊位。海洋能源蕴藏量大，具有丰富的潮汐能、潮流能、波浪能、温差能、盐差能和风能等海洋能源，开发潜力很大，其中海宁钱江潮闻名天下。

海宁钱江潮。由于嘉兴沿海特殊的地理环境，形成了闻名中外的"海宁钱江潮"。"八月涛声吼地来，头高数丈触山回，须臾却入海门去，卷起沙堆似雪堆。"天下奇观的海宁潮自古有之，也是世界一大自然奇观。由于杭州湾至钱塘江口外宽内窄，呈喇叭口状，出海口宽度达100千米，江潮以每秒10米的流速向前推进。此时涌潮受到两岸急剧收缩的影响，水体涌积，夺路叠进，潮波不断增高，潮头便形如立墙，势若冲天，举世闻名的海宁潮由此而成。钱江

[①] 资料来源：嘉兴统计局. 嘉兴统计年鉴2016，嘉兴统计信息网.
[②] 嘉兴档案馆，中共嘉兴党史研究室，嘉兴市地方志办公室.嘉兴志鉴篇，嘉兴市档案史志网.

潮一日两次，昼夜间隔12小时。每月农历初一至初五，十五至二十，均为大潮日，故一年有120天的观潮佳日。每年的农历八月十八为传统的"观潮节"，民间奉为"潮神"生日，人们按照传统习俗，祭奠"潮神"。

南湖红船，是嘉兴最著名的人文资源。1921年7月底，中国共产党第一次全国代表大会由上海转移到嘉兴南湖一艘丝网船上继续举行并闭幕，庄严宣告了中国共产党的诞生。这艘画舫因而获得了一个永载中国革命史册的名字——红船，成为中国革命源头的象征。

3. 经济特色

嘉兴历来轻纺工业较为发达。在轻纺工业发展的基础上，专业市场应运而生，著名的有海宁皮革市场、桐乡濮院羊毛衫市场。现代经济有互联网经济。

海宁中国皮革城，1994年建成开业，目前是中国规模最大、最具影响力的皮革专业市场，中国皮革业龙头市场，中国皮革服装、裘皮服装、毛皮服装、皮具箱包、皮毛、皮革、鞋类的集散中心，也是皮革价格信息、市场行情、流行趋势的发布中心。目前市场总部总建筑面积约130万平方米，经营户5900家，已开业连锁市场建筑面积约280多万平方米。

桐乡濮院羊毛衫市场。位于浙江省桐乡市濮院镇，曾经是中国摊位最多、出货量最大的毛衫市场。濮院是"濮绸"的发源地和明清时期江南著名的"五大名镇"之一，历史悠久，人文荟萃，有着悠久的纺织业织造传统。从20世纪80年代初开始，经过多年的发展，濮院已形成完整的市场体系，从毛纱原料、针织机械、技术开发、物流检测、外贸服务到人力资源、配套设施，功能齐全。濮院集聚着5000多家羊毛衫企业，构成了完整的毛衫产业链。据不完全统计，2007年仅濮院的羊毛衫成品销售就达20多万吨，成交额突破200亿元。濮院是国内摊位最多、出货量最大的毛衫专业市场，稳居中国最大的羊毛衫集散中心和中国羊毛衫信息中心的地位。

乌镇互联网大会与互联网经济。世界互联网大会由国家互联网信息办公室和浙江省政府共同主办。自2014年首届世界互联网大会·乌镇峰会召开以来，峰会的磁吸效应和辐射效应不仅给乌镇，也给嘉兴带来了重大发展机遇。为抢抓机遇，嘉兴提出打造互联网经济强市的战略目标，将互联网经济作为"首位经济"、互联网产业作为"一号产业"。

(二) 经济总量与结构①

1. 地区生产总值与三大产业结构

2015年，全市生产总值3517.06亿元。按常住人口计算，全年人均生产总值76834元（按年平均汇率折算为12336美元）。

在三大产业中，第一产业增加值140.09亿元，第二产业增加值1850.04亿元，第三产业增加值1526.93亿元。三次产业结构调整为4.0：52.6：43.4。

2. 国内贸易

2015年，全市社会消费品零售总额1494.57亿元。从行业看，批发零售业零售额1345.54亿元，住宿餐饮业零售额149.03亿元。全市电子商务网络零售额835.6亿元，比上年增长36.8%。2015年末，全市拥有各类商品交易市场300个（将全年无成交额的市场剔除计算市场总数），全年成交额1663.58亿元。

3. 对外经济

2015年，全市进出口总值310.85亿美元，其中出口总值229.27亿美元，进口总值81.58亿美元。机电、服装及纺织类产品等居出口主导地位，机电产品出口57.9亿美元，占全市出口比重33.5%；服装产品出口29.7亿美元；纺织品出口32.1亿美元，占比18.6%。高新技术产品出口8.14亿美元。

全市新批外商投资项目249个，比上年增加3个。合同利用外资48.72亿美元；实际利用外资26.84亿美元。新批境外投资项目49个，对外直接投资额6.22亿美元，比上年增长99.6%。全市引进内资项目1325个，实际到位内资306.90亿元。

四、湖州市域经济

(一) 资源环境与经济特色

1. 地理位置与行政区划②

湖州地处浙江东北部，东邻嘉兴，南接杭州，西依天目山，北濒太湖，与江苏省的无锡市、苏州市隔太湖相望，是环太湖地区唯一因湖而得名的城市。湖州市东西长度126千米，南北宽90千米。面积5818平方千米。湖州离杭州75千米、上海130千米、南京220千米，是连接长三角南北两翼和东中部地区的节点城市，地处长三角经济区的核心腹地。

---

① 资料来源：《浙江统计年鉴2016》。
② 资料来源：湖州统计局.湖州统计年鉴2016，湖州统计信息网。

湖州下设德清、长兴、安吉三县和吴兴、南浔两区，全市 2015 年末户籍人口 263.71 万人，其中城镇人口 122.81 万人。

2. 资源与环境[①]

湖州地处杭嘉湖平原北部，80%以上的耕地是旱涝保收的高产田，是浙江省和全国粮食、蚕茧、淡水鱼、毛竹的主要产区和重要生产基地。南浔区菱湖镇是全国三大淡水鱼养殖基地之一，安吉县居全国十大"毛竹之乡"之首。湖州市东部河网平原及沿太湖的滨湖平原基本上能适应粮食三熟制的种植。

市内山地面积较大，地形起伏，垂直气候差异较明显。这种差异首先表现在季节的分布上。一般随高度升高，夏季缩短，冬季延长。因此山区具有冬长、夏短的特点。如莫干山的冬季比德清长 30 天，夏季比德清短 56 天。其次，随高度升高气温降低，积温减少。因此，该市山区从低到高经历着温、凉、冷的变化，同地异季。即便是同一高度，也还会因坡向、坡度及山峰、山谷、岗地、盆地等不同地形而有局地气候的差异。再次，山区有丰富的降水资源，一般随着海拔高度升高，降水量增加。丰富多样的山地气候，为众多的生物提供了广泛的适生生态条件，为择优发展多种经营，搞活山区经济提供了有利的农业气候条件。

综上所述，湖州自然条件有利于稻、麦、油、桑、鱼、茶、竹、果、木等多种类型的种植业、养殖业的发展。

3. 经济特色

传统名优产品有：双林绫绢、善琏湖笔。

双林绫绢。有 1800 多年历史，素以轻如蝉翼，薄如晨雾，质地柔软，色泽光亮著称，被誉为丝织品中的奇葩。双林绫绢主要用于装裱书画，具有装裱平挺、不皱不翘的特点。名贵书画一经装裱，更显得雍容华贵、古朴文雅，给人以完美的艺术享受，身价大增。国内著名书画社荣宝斋、朵云轩、西泠印社等十分赞誉和推崇双林绫绢。

善琏湖笔。湖笔是"文房四宝"之一，发源于湖州善琏。据传秦代大将军蒙恬始创湖笔，善琏有笔祖蒙恬庙。善琏湖笔选料精细，制作精湛，具有尖、齐、圆、健四大特色，称湖颖四德，誉为笔颖之冠。湖笔种类繁多，分羊毫、狼毫、紫毫、兼毫四大类，200 多个品种，深受政界和书画名人、广大书法爱好者青睐。

---

① 资料来源：湖州统计局.湖州概况—湖州历史，湖州统计信息网.

现代特色经济。湖州市经济也是以轻纺工业为主导。湖州市销售收入超10亿元的块状经济有34个，实现规上销售收入1925亿元，占全市规上销售收入的60%以上。34个块状经济中有四个省级产业集群示范区和四个市级产业集群示范区，德清生物医药、长兴蓄电池及新能源、南浔木地板、安吉椅业、织里童装、吴兴金属材料、南浔节能电梯和安吉竹业。[①]

湖州安吉县余村的"绿色发展模式"，近年来得到广泛传播。青灰的山石曾是余村最重要的创富资源，采石企业曾让村经济独领风骚十余年，也曾因环境污染、生态破坏、安全事故多发而成为山间疮疤。2005年8月15日，时任浙江省委书记的习近平在余村考察时得知村里痛下决心关停矿山和水泥厂、探寻绿色发展新模式，给予了高度评价，认为是"高明之举"，并首次提出了"绿水青山就是金山银山"的科学论断。

(二) 经济总量与结构[②]

1. 地区生产总值与三大产业结构

2015年实现地区生产总值（GDP）2084.3亿元。按户籍人口计算的人均GDP为79025元，增长8.1%，折合12688美元；按常住人口计算的人均GDP为70899元，折合11383美元。分产业看，第一产业增加值122.4亿元；第二产业增加值1026.7亿元，其中工业增加值926.2亿元，增长6.3%；第三产业增加值935.1亿元。三次产业结构比例为5.9∶49.2∶44.9。

2. 国内贸易

2015年实现社会消费品零售总额963.9亿元。其中，批发零售业863.6亿元，住宿餐饮业100.3亿元。限额以上批发零售贸易企业全年实现零售额372.7亿元。

3. 对外经济

2015年外贸进出口总额102.6亿美元。其中，出口89.0亿美元，进口13.5亿美元。按出口贸易方式分，一般贸易出口80.8亿美元，加工贸易出口7.7亿美元。按主要出口产品分，机电产品出口29.8亿美元，纺织原料及纺织制品出口28.2亿美元。

全年新批准及增减资利用外资项目185个。其中，外商投资企业107家，全年合同外资16.6亿美元，全年实到外资9.4亿美元。

---

① 资料来源：潘百翔.湖州块状经济转型升级路径初探[J].中小企业管理与科技，2012（12）.
② 资料来源：湖州统计局.湖州统计年鉴2016，湖州统计信息网.

五、绍兴市域经济

(一) 资源环境与经济特色

1. 地理位置与行政区划[①]

绍兴市位于浙江省中北部、杭州湾南岸。东连宁波市，南临台州市和金华市，西接杭州市，北隔钱塘江与杭州湾、嘉兴市相望。市境东西长130.4千米，南北宽118.1千米，海岸线长40千米，陆域总面积为8273.3平方千米。绍兴市区面积2942平方千米。

绍兴下辖越城区、柯桥区、上虞区、诸暨市、嵊州市、新昌县。2015年底，绍兴市有户籍人口443.11万人。据绍兴市统计局1%人口变动抽样调查，年末常住人口496.8万人。

2. 资源与环境[②]

地形地貌。绍兴全境处于浙西山地丘陵、浙东丘陵山地和浙北平原三大地貌单元的交接地带，境内地貌类型多样，西部、中部、东部属山地丘陵，北部为绍虞平原，地势总趋势由西南向东北倾斜。全市地貌可概括为"四山三盆两江一平原"，即会稽山、四明山、天台山、龙门山、诸暨盆地、新嵊盆地、三界—章镇盆地、浦阳江、曹娥江、绍虞平原。

绍兴地表江河纵横，湖泊密布，素以"水乡泽国"之称而享誉海内外。主要河流有曹娥江、浦阳江和浙东运河。主要湖泊有30多个，尤以鉴湖最为著名，水域面积294.8万平方米，蓄水量875.90万立方米，为绍兴黄酒制作的唯一水源，是中国东南地区最古老的著名水利工程和旅游胜地，现已开发成国家AAAA级风景旅游区。

3. 经济特色

传统名优特产业是酿酒业。绍兴酒以其悠久的传统制作工艺和用鉴湖水酿酒的独特优势，历来名酒迭出，不乏朝廷贡品。中华人民共和国成立后，绍兴酒以自身特有的优良品质，在历届名酒评比中，先后7次荣获国际金奖，5次荣获国家金奖，列为全国八大名酒之一，产品丰富可观。2015年产黄酒378179.15千升，约占全国黄酒总产量的1/10；外贸出口8000余千升，居全国黄酒出口量首位。绍兴成为中国最大黄酒生产和出口基地，被中国酒文化节委员会授予

[①] 资料来源：绍兴统计局.绍兴统计年鉴2016，绍兴统计信息网.
[②] 资料来源：绍兴统计局.绍兴概括，绍兴统计信息网.

"中国酒文化名城"荣誉称号。

现代产业有纺织服装业、家具、医药、化工、装备制造。

绍兴的纺织服装业。20世纪70年代后期起，绍兴纺织工业迅速发展，毛、麻纺织，针织，合成纤维业兴起，新昌毛纺织厂、诸暨毛纺织厂、绍兴市麻纺织厂、绍兴市毛麻纺织厂、绍兴市麻棉纺织总厂、绍兴弹力丝厂和浙江涤纶厂陆续建成投产。棉纺织企业规模扩大，引进国外成套棉纺设备，生产能力成倍提高。以绍兴县为代表的乡镇企业化纤布生产全国闻名。到20世纪80年代后期全市纺织业就已形成棉、毛、麻、化纤门类，纺纱、机织、针织、印染、整理配套的纺织工业体系。2010年以来，全市大力实行制造业与信息化的融合发展，推动纺织服装业的转型升级。

绍兴"中国轻纺城"。绍兴在纺织服装产业广泛发展的基础上，纺织服装市场也得到发展。在这些市场中，以"中国轻纺城"最为著名。中国轻纺城坐落于浙江省绍兴市柯桥区柯桥街道。市场集聚了各类纺织服装面料、家居用纺织品和产业用纺织品，是目前全球规模最大、经营品种最多的纺织品集散中心。中国轻纺城始建于20世纪80年代，是全国首家冠名"中国"的专业市场。目前，中国轻纺城拥有市场建筑面积320多万平方米，传统区营业房2万多间，注册经营户（公司）2万余家，总建筑面积达326万平方米，商行1.6万余家，营业用房1.9万间。场内经营人员5万余人，经营面料3万余种，日客流量10万人次，日成交额1.8亿元，市场区金融网点76个，日存款额20多亿元。市场常驻国（境）外采购商近5000人，国（境）外代表机构近千家，全球每年有1/4的面料在此成交，与全国近一半的纺织企业建立了产销关系。是目前全国规模最大，设施齐备，经营品种最多的纺织品集散中心，也是亚洲最大的轻纺专业市场。

进入21世纪以来。绍兴传统产业得到改造，新兴特色产业得到发展。2014年，绍兴市经信委制定出台《绍兴市两化深度融合示范试点工作实施方案》，对纺织服装、家具、医药、化工、装备制造等五大行业进行"工业化、信息化"两化融合试点，提升行业整体水平。

（二）经济总量与结构[①]

1. 地区生产总值与三大产业结构

2015年全市生产总值（GDP）4466.65亿元。GDP总量列全省第四位。常

[①] 资料来源：绍兴统计局.绍兴统计年鉴2016，绍兴统计信息网.

住人口人均 GDP 为 90017 元。在三大产业中，第一产业增加值 199.09 亿元，第二产业增加值 2253.41 亿元，第三产业增加值 2014.15 亿元。第一、第二、第三产业的结构为 4.5∶50.4∶45.1。

2. 国内贸易

2015 年全年社会消费品零售总额 1621.06 亿元。按商品分类分，粮油、食品、饮料、烟酒类零售额 58.16 亿元，金银珠宝类零售额 33.77 亿元，石油及制品类零售额 91.54 亿元，汽车类零售额 301.53 亿元。分行业看，批发零售业零售额 1488.11 亿元，住宿餐饮业零售额 132.95 亿元。

2015 年末有商品交易市场 424 个。其中成交额超亿元市场 71 个，超十亿元市场 26 个，超百亿元市场 9 个。全年商品市场成交额 3123.84 亿元，其中消费品市场成交额 1947.03 亿元；生产资料市场成交额 1176.79 亿元。中国轻纺城总成交额 1381.85 亿元，其中中国轻纺城成交额和钱清轻纺原料市场成交额分别为 865.83 亿元和 516.02 亿元。

3. 对外经济

全年货物进出口总额 299.02 亿美元，其中出口总额 271.42 亿美元，进口总额 27.60 亿美元。全市有进出口国家和地区 210 个。全市机电产品出口 491919 万美元；高新技术产品出口 76080 万美元；化工产品出口 189885 万美元；纺织服装出口 1786509 万美元。有出口实绩企业 8710 家。出口超 1000 万美元企业 571 家。

2015 年全年新批外资项目 196 项。合同利用外资 15.76 亿美元；实际利用外资 9.42 亿美元。新批（含增资）总投资 1000 万美元以上大项目 74 项。全市开发区完成合同外资 10.22 亿美元；实际利用外资 6.72 亿美元，分别占全市总量的 64.8%和 71.3%。

全年新批境外投资企业 48 家。境外投资企业总投资额 171559 万美元，其中中方投资额 164897 万美元，比上年增长 171.4%。全市境外工程营业额 18758 万美元，比上年增长 24.4%。

第三节　浙东北区域经济地理

一、资源环境与经济概述

浙东北地区的范围，包括宁波、舟山、台州三市。本区域位于浙江省的东北部，北靠上海，西接绍兴，南邻温州。该经济区域是随着宁波城区"集聚—辐射"力量的增强以及整个浙江区域经济发展格局的变化而逐步形成的。

2016年6月，国家发改委发布《长江三角洲城市群发展规划》，提出将构建"一核五圈四带"的网络化空间格局，其中"宁波都市圈"是"五圈"之一。该规划中的"宁波都市圈"的范围包括宁波、舟山、台州三市的市域。

宁波、舟山、台州三市同处浙江沿海经济带，港口条件优良，临港工业基础雄厚，是长三角重要的先进制造业基地。三市产业具有相近的指向性、产业链上下关联，长期以来有着密切的合作关系。其中，宁波具有国际大港资源和开放型经济优势，教育、创新、金融等服务功能相对突出；舟山港口岸线、旅游资源丰富，旅游、海运、渔业等产业发达；台州汽车摩托车、医药、塑料、家电等产业集群特色明显。三市经济发展既有一定的相似性，又有很强的互补性，具有进一步开展经贸合作的客观条件。

目前宁波舟山港货物吞吐量已跃居全球第一，通过整合港口资源，统一规划，合理分工，连同上海、南通等港口，将形成全球独一无二的国际航运和港航物流中心。通过统筹规划布局海洋经济产业带，推动临港工业向舟山、台州转移，协同开发区域海洋旅游资源，将成为国内一流、有国际影响力的海洋经济发展示范区，打造国家级海岸公园和浙东海洋风情旅游带。

作为宁波都市圈中的舟山，需要探索建立舟山自由贸易港区。依托舟山港综合保税区和舟山江海联运服务中心建设，率先建立与国际自由贸易港区接轨的通行制度。高起点推进中意宁波生态园等的建设。加快各类海关特殊监管区域整合优化和开放平台创新升级，逐步将各类海关特殊监管区域整合为综合保税区。

宁波都市圈最大的特色优势在于港口和海洋，未来的发展方向是陆海统筹，协调推进海洋空间开发利用、陆源污染防治与海洋生态保护。合理开发与保护海洋资源，积极培育临港制造业、海洋高新技术产业、海洋服务业和特色农渔业，推进江海联运建设，打造港航物流、重化工和能源基地，有序推进滨海生态城镇建设，加快建设浙江海洋经济示范区。

为了加快三市的融合，宁波、舟山、台州三市需要大力推进同城化发展，高起点建设浙江舟山群岛新区和江海联运服务中心、宁波港口经济圈、台州小微企业金融服务改革创新试验区。高效整合三地海港资源和平台，打造全球一流的现代化综合枢纽港、国际航运服务基地和国际贸易物流中心，形成长江经济带龙头龙眼和"一带一路"倡议的支点。

二、宁波市域经济

（一）资源环境与经济特色

1. 地理位置与行政区划[①]

宁波地处我国海岸线中段，长江三角洲南翼。东有舟山群岛为天然屏障，北濒杭州湾，西接绍兴市的嵊州、新昌、上虞，南临三门湾，并与台州市的三门、天台相连。全市陆域总面积9816平方千米，其中市区面积为2462平方千米，海域总面积为8355.8平方千米，岸线总长为1594.4千米，约占全省海岸线的24%。全市共有大小岛屿614个，面积255.9平方千米。

宁波辖海曙、江北、镇海、北仑、鄞州、奉化六个区，宁海、象山两个县，慈溪、余姚两个县级市。截至2015年底，全市拥有户籍人口586.6万人，其中市区232.1万人。依据所在区域的城乡划分标准划分，城镇人口379.0万人，占64.6%，乡村人口207.5万人，占35.4%。

2. 自然资源与环境[②]

宁波市地势西南高，东北低。市区海拔4~5.8米，郊区海拔3.6~4米。地貌分为山地、丘陵、台地、谷（盆）地和平原。全市山地面积占陆域的24.9%，丘陵占25.2%，台地占1.5%，谷（盆）地占8.1%，平原占40.3%。

河流有余姚江、奉化江、甬江，其中余姚江发源于上虞市梁湖，奉化江发源于奉化市斑竹。余姚江、奉化江在市区"三江口"汇成甬江，流向东北，经招宝山入东海，是浙江省八大水系之一。

港口是宁波最重要的资源。中华人民共和国成立之初，宁波港仅是年货物

[①] 资料来源：宁波统计局. 宁波统计年鉴2016，宁波统计信息网.
[②] 资料来源：宁波市政府. 宁波区域概况，宁波市政府网站.

吞吐量4万吨的内河小港，目前，宁波港已发展成为年货物吞吐量超5亿吨的国际大港。宁波港水深流顺风浪小，进港航道水深在22.5米以上，30万吨船舶可自由进出港。可开发的深水岸线达120千米以上，具有广阔的开发建设前景。2015年9月，宁波舟山港集团有限公司正式成立，宁波舟山港实现以资产为纽带的实质性一体化，从而为港口资源更好地利用创造了条件。

专栏：杭州湾跨海大桥

杭州湾跨海大桥是一座横跨杭州湾的跨海大桥，该桥北起浙江省嘉兴市海盐郑家埭，南至宁波市慈溪水路湾。大桥于2003年11月开工，2008年5月通车。全长36千米，双向六车道高速公路，设计时速100千米。杭州湾跨海大桥深刻地影响了浙江经济区域空间结构。

首先，大桥的建成使得宁波成为连接上海、苏南和台州、温州乃至福建南部的枢纽城市，宁波城区不仅在浙江省而且在长三角经济区的重要性凸显。建桥前，由于受杭州湾的阻隔，以往从宁波到上海、苏南等地必须绕道杭州的V字形走向，从而使宁波长期处于端点城市的地位。杭州湾跨海大桥的建成，打开了宁波的北大门，使以往从宁波到上海、苏南必须绕道杭州的V字形走向，改变成为A字形走向。从宁波到上海的陆路距离缩短120千米，宁波到上海由4个多小时缩短为2个多小时。从而从根本上改变了宁波在全国交通路网布局中长期处于端点城市的不利地位，使之成为连接上海、苏南和台州、温州乃至福建南部的枢纽城市，成为全国路网布局中的重要节点。现在杭州湾跨海大桥是国道主干线——同（黑龙江省同江）三（海南省三亚）线跨越杭州湾的便捷通道，向北贯通京津唐环渤海湾地区，向南贯通珠三角地区。杭州湾跨海大桥成为连接上海和苏南，纵贯我国南北的重要通道。

其次，杭州湾跨海大桥大大改善了宁波舟山港后方的集疏运系统，为宁波舟山港全面建成国际一流深水枢纽港和国际集装箱远洋干线港创造了基础性条件。港口城市的发展与其后方集疏运系统的发展状态密切相关，完善和便捷的集疏运网络，是现代港口物流中心联系周边腹地、沟通国内外港口、保证各类货物集散的必要条件，而腹地提供的稳定货源和高效的航运服务是港口物流发展的重要保证。由于宁波长期处于交通的末梢，因此港口腹地及后方集疏运网络，特别是纵深腹地的对外交通能力严重不足，这极大地阻碍了宁波港的发展。大桥建成后，这一障碍被突破，宁波港口腹地将从原来的浙东地区不断向苏、皖乃至长江中下游流域扩张。宁波港的腹地得到大范围拓展,港口优势得到了更大的发挥。

最后,杭州湾跨海大桥也有利于浙江经济,特别是浙江省东部沿海地区的经济更好地融入了以上海为龙头的长三角经济圈。现在从温州、台州到上海的陆路通行距离比原来缩短了150千米,温州到上海由6小时缩短为4小时。

3. 经济特色

临港型经济是宁波经济最大的特色与亮色。

首先是港口经济。宁波港是一个集内河港、河口港和海港于一体的多功能、综合性的现代化深水大港。主要经营进口铁矿砂、内外贸集装箱、原油成品油、液体化工产品、煤炭以及其他散杂货装卸、储存和中转业务。宁波港已基本形成高速公路、铁路、航空和江海联运、水水中转等全方位立体型的集疏运网络。截至2015年底宁波港有港口泊位331个,其中万吨级及以上105个,码头前沿最大水深27.5米。2015年新开及恢复集装箱航线28条,现共拥有航线236条,其中远洋干线118条,近洋支线66条,内支线20条,内贸线32条。海铁联运业务发展快速,全年共完成海铁联运17.1万标箱,比上年增长26.2%。2015年"宁波舟山港"货物吞吐量8.9亿吨,居全球港口首位,其中宁波港部分货物吞吐量5.1亿吨。[①]

其次是石化经济。现代的大型石化产业由于需要大运量,一般都布局在港口地区。宁波拥有深水良港,自然成为石化产业的优选区位。宁波石化产业主要集聚在宁波石化经济技术开发区。宁波石化经济技术开发区地处杭州湾南岸,是浙江省唯一的石化和化工专业型开发区,总体规划面积为40平方千米。自2003年园区大规模开发建设以来,园区坚持按照"规划先导、基础先行、内外资并举、可持续发展"的要求,本着"外向型、高起点"和"持续、快速、安全、健康"的发展理念,充分发挥园区临海区位、原料丰富、设施齐备、物流便捷和贴近市场等方面的独特优势,通过完善基础设施配套、稳步推进产业链招商、全面提升管理服务水平,宁波石化区发展成为了国内重要的石化和化工新材料产业基地之一。2010年12月30日,经国务院批准,宁波化学

---

① 资料来源:宁波舟山港网站。

工业园正式升格为国家级经济技术开发区，定名为宁波石化经济技术开发区。2015年宁波石化园区销售16337597万元，规上工业产值16337597万元，出口总额55513万美元。[①]

最后是钢铁经济。钢铁企业的布局指向已经从原来的靠近原料地、燃料地转变为靠近消费地。但由于需要考虑环境与运量等因素，因而需要布局经济发达地区的港口地。宁波成为浙江省钢铁企业发展的最佳区位。宁波钢铁有限公司（简称宁钢）位于宁波市北仑区。宁钢是杭州钢铁集团公司下属杭州钢铁股份有限公司的全资子公司，是一家从原料到炼铁、炼钢、连铸、热轧等工序配套齐全、生产装备水平国内领先的大型钢铁联合企业。公司依海临港，陆运海运交通便利，区位优势十分明显，是国内沿海具有先进制造能力的热轧商品卷生产基地。公司产品规模为年产热轧卷400万吨，主要产品包括碳素结构钢、低合金结构钢、汽车结构用钢、优质中高碳钢、冷成型用钢、电工钢、耐候钢等16个产品系列，100余个钢种牌号。[②]

（二）经济总量与结构[③]

1. 地区生产总值与三大产业结构

2015年全市实现地区生产总值8011.5亿元。按常住人口计算，全市人均地区生产总值为102475元（按年平均汇率折合16453美元）。2015年宁波第一产业增加值285.2亿元，第二产业增加值3924.5亿元，第三产业增加值3801.8亿元。三次产业之比为3.6∶49.0∶47.4。

2. 国内贸易

2015年全市商品销售总额1.78万亿元。全年完成社会消费品零售总额3349.6亿元；年末全市限额以上贸易企业达3709家，全年实现营业收入11144.5亿元，实现利润总额103.8亿元。

3. 对外经济

2015年全市口岸进出口总额1936.4亿美元。外贸自营进出口总额1004.7亿美元，其中出口714.3亿美元，进口290.4亿美元。

2015年全市新批外商投资项目444个，合同利用外资76.5亿美元；实际利用外资42.3亿美元，其中制造业实际利用外资22.2亿美元，占全部外资的

---

① 资料来源：宁波石化经济技术开发区网站。
② 资料来源：宁波钢铁有限公司网站。
③ 资料来源：宁波统计局.宁波统计年鉴2016，宁波统计信息网。

比重高达 52.5%，比上年提高 7.2 个百分点。第三产业实际利用外资 19.4 亿美元，其中房地产业实际利用外资 10.0 亿美元。

2015 年全市新批境外投资企业和机构 226 家；核准中方投资额 25.1 亿美元，实际中方投资额 12.8 亿美元。完成境外承包工程劳务合作营业额 19.1 亿美元。全年承接服务外包执行额 186.2 亿元，其中离岸服务外包执行额 12.8 亿美元。年末全市服务外包企业 1201 家，从业人员 4.7 万人。

三、舟山市域经济

（一）资源环境与经济特色

1. 地理位置与行政区划[①]

舟山市位于浙江省舟山群岛，地处我国东南沿海，长江口南侧，杭州湾外缘的东海洋面上，是我国第一个以群岛建制的地级市。舟山拥有 1390 个岛屿和 270 多千米深水岸线，区域总面积 2.22 万平方千米，其中海域面积 2.08 万平方千米，陆域面积 1440 平方千米，是中国第一大群岛和重要港口城市。

舟山市背靠上海、杭州、宁波等大中城市和长江三角洲等辽阔腹地，面向太平洋，具有较强的地缘优势，踞我国南北沿海航线与长江水道交汇枢纽，是长江流域和长江三角洲对外开放的海上门户和通道，与亚太新兴港口城市呈扇形辐射之势。舟山市下辖定海、普陀两区和岱山、嵊泗两县，2015 年末常住人口 114.6 万人。

2011 年 6 月 30 日，国务院正式批准设立浙江舟山群岛新区，新区范围与舟山市行政区域一致。舟山群岛开发开放上升为国家战略，成为我国继上海浦东、天津滨海、重庆两江之后的第四个国家级新区，也是我国第一个以海洋经济为主题的国家战略层面新区。2013 年 1 月 17 日，国务院又批复了《浙江舟山群岛新区发展规划》。该规划明确了舟山的战略目标定位：舟山群岛新区未来要成为浙江海洋经济发展的先导区、海洋综合开发试验区、长三角地区经济发展的重要增长极；要建成我国大宗商品储运中转加工交易中心、东部地区重要的海上开放门户、重要的现代海洋产业基地、海洋海岛综合保护开发示范区和陆海统筹发展先行区，努力打造面向环太平洋经济圈的桥头堡。

---

① 资料来源：舟山统计局. 舟山统计年鉴 2016，舟山统计信息网.

2. 自然资源与环境[①]

深水良港。舟山拥有得天独厚的深水港口和航道资源优势，岸线总长2444千米，全市主要深水岸段有38处，水深在15米以上的有200.7千米，其中水深在20米以上的有103.7千米，是中国东南沿海建设大型深水港的理想港址。航道众多，水深流稳，终年不冻，主航道可通行20万~30万吨级巨轮。港内锚泊水面1000多平方千米，遮蔽性能好。

著名渔都。舟山渔场是世界著名的渔场之一，与千岛渔场、纽芬兰渔场、秘鲁渔场齐名为世界四大渔场，素有"东海鱼仓"和"祖国渔都"之美誉。有各种鱼类317种，虾类33种，蟹类55种，藻类131种，海水鱼年产量约占全国的1/10、浙江省的一半。全市有浅海滩涂400余万亩，海水养殖开发潜力巨大。外海远洋捕捞不断发展，主要在西非、印尼、阿根廷和北太平洋等海域生产作业。舟山的水产品远销日本、韩国、美国、欧盟和东南亚等50多个国家和地区。

"海天佛国"普陀山。普陀山为舟山群岛的一个小岛，面积近13平方千米，与山西五台山、四川峨眉山、安徽九华山并称为中国佛教四大名山，是观世音菩萨教化众生的道场，素称海天佛国。

3. 经济特色

舟山的资源与环境造就了海洋经济是舟山经济的主体。2015年舟山海洋经济总产出2653亿元，海洋经济增加值766亿元，海洋经济增加值占GDP比重达到70.0%。舟山的海洋经济包括四大支柱产业：

一是海洋渔业经济。2015年，全市水产品总产量176.46万吨。远洋渔业产量比重不断上升。国家远洋渔业基地建设推进，远洋渔业总产量46.52万吨，远洋渔业产量占全部产量的比重由上年的23.6%提高到26.4%。国内捕捞生产情况较为稳定，国内捕捞产量114.98万吨。主要捕捞水产品产量：带鱼增长8.4%，墨鱼、鱿鱼、章鱼增长16.7%，虾类增长9.7%，小黄鱼增长6.7%，蟹类下降13.0%。

二是临港型经济。2015年，全市规模以上工业总产值1681.93亿元，其中临港工业总产值1420.03亿元，增长13.0%，占规模以上工业总产值的比重为84.4%。船舶修造业总产值859.98亿元，造船完工量422万载重吨，占全国的10.1%，新承接订单397万载重吨，占全国的12.7%，手持订单1601万载重

[①] 资料来源：舟山市人民政府.新区概况，舟山市人民政府网站。

吨，占全国的13.0%；石油化工业总产值269.53亿元；水产品加工业总产值182.56亿元。

三是港口航运经济。2015年，舟山港域完成港口货物吞吐量3.8亿吨。全市水路货运周转量2369.68亿吨千米。

四是海洋旅游经济。舟山大力推进海岛休闲旅游基地建设，大力开发海岛民宿、运动休闲、海鲜美食、渔家风情等旅游特色产品，拓展休闲旅游业态，旅游业得到了较快的发展。2015年，全市旅游接待人数3876.22万人次，旅游总收入552.18亿元。

（二）经济总量与结构[①]

1. 地区生产总值与三大产业结构

2015年全市地区生产总值1095亿元。全年海洋经济总产出2653亿元，海洋经济增加值766亿元。海洋经济增加值占全市GDP的比重为70.0%。在舟山地区生产总值中，第一产业增加值112亿元；第二产业增加值453亿元；第三产业增加值529亿元。三次产业比重为10.2∶41.4∶48.4。按常住人口计算，人均地区生产总值95272元，约15296美元。

2. 国内贸易

2015年全市社会消费品零售总额415.52亿元。分行业看，批发业零售额45.58亿元；零售业零售额308.33亿元；住宿业零售额15.86亿元；餐饮业零售额45.75亿元。全年全市实现网络零售额12.01亿元，比上年增长89.5%；居民网络消费总额80.33亿元，增长51.1%。

大宗商品交易中心、综保区等重点交易平台发展较快。大宗商品交易所全年完成网上电子交易额13916.33亿元，入驻企业完成现货贸易额400亿元。2015年，全市保税燃料油直供量94.2万吨，调拨量289万吨，结算量346万吨，直供量居全国关区第三、港区第二。

2015年末全市有商品交易市场132个。其中，消费品市场126个，生产资料市场6个。全年商品交易市场成交额233.93亿元。其中，水产品类市场成交额120.05亿元；船舶交易市场成交额35.12亿元；船用商品交易市场成交额3.57亿元。

3. 对外经济

2015年全年全市外贸进出口总额（含保税仓库货物）726.34亿元，其中，

[①] 资料来源：《浙江统计年鉴2016》。

进口总额342.39亿元，出口总额383.95亿元；全年水产品出口额48.42亿元；造船出口额144.06亿元；修船出口额41.29亿元；油品出口额97.23亿元。

全年新批设立外商投资企业19家，投资总额5.05亿美元，合同外资金额3.82亿美元，实际使用外资金额0.78亿美元。新批境外投资企业9家、增资项目1个，中方投资额0.40亿美元；境外承包工程劳务合作营业额5.55亿美元。新引进市外企业486家。

全年舟山口岸进出口货运量10611万吨。其中，进口货运量9999万吨，出口货运量612万吨。全市进出口货运总值1528.84亿元。其中，进口货运值1337.13亿元，出口货运值391.71亿元。

四、台州市域经济

(一) 资源环境与经济特色

1. 地理位置与行政区划[①]

台州市地处浙江省沿海中部，东濒东海，南邻温州，西连丽水、金华，北接绍兴、宁波。陆地总面积9411平方千米，领海和内水面积约6910平方千米。台州市行政区辖椒江、黄岩、路桥三个直属区与临海、温岭两个县级市和玉环、天台、仙居、三门四个县。2015年末，全市户籍总人口597.49万人。户籍总人口中市区人口159.29万人。据2015年全省1%人口变动抽样调查，年末全市常住人口604.9万人，城镇人口比重为60.3%。

2. 自然资源与环境[②]

台州具有"山海水城"的自然风貌的特点。该市三面环山、一面临海，平原丘陵相间，山地、丘陵占全市陆域面积的70.4%，是浙江"七山一水两分田"的缩影。

本市是海洋大市，9个县（市、区）中有6个濒临海洋，海域面积约8万平方千米。大陆海岸线长约740千米，岛屿928个，海岛岸线长约941千米，岛陆域面积约273.76平方千米，主要有台州列岛和东矶列岛等。最大岛屿为玉环岛，现与大陆相连。地势由西向东倾斜，南面以雁荡山为屏，有括苍山、大雷山和天台山等主要山峰，其中括苍山主峰米筛浪高达1382.4米，是浙东最高峰。

[①] 资料来源：台州统计局.台州统计年鉴2016，台州统计信息网。
[②] 资料来源：台州市政府.走进台州，台州市政府网站。

市境内最大河流为椒江，其水系由西向东流经市区入台州湾。沿海区域有温（岭）黄（岩）平原为本市主要产粮区。

3. 经济特色

台州是全国闻名的"制造之都"，以制造业为主的民营经济创新发展，一直是台州最大的优势、最亮的特色、最重的底牌。

台州的自然资源、自然环境的特点造就了台州的"制造之都"。台州作为一个沿海城市，缺乏深水良港，又缺乏广阔的平原与腹地，使得台州难以形成较大规模的城市。没有较大规模的城市，就缺乏吸引、集聚人才等高端要素的极核。自然高端的生产性服务业就难以形成发展，只能依托于区外，如温州市区、宁波市区，本地的产业选择就是制造业。从而造就了"制造之都"的经济特色。

台州制造业门类齐全，配套能力强。台州已形成汽摩配、医药化工、家用电器、缝制设备、塑料模具等20多个规模上百亿元的块状特色经济，"中国汽车及零配件出口基地""医药产业国家级新型工业化示范基地"等51个国家级产业基地落户台州，74个工业产品国内市场占有率第一。

(二) 经济总量与结构[①]

1. 地区生产总值与三大产业结构

2015年实现生产总值3558.13亿元。人均生产总值为59570元，按年平均汇率折算达9564美元。第一产业增加值230.63亿元、第二产业增加值1573.41亿元、第三产业增加值1754.09亿元。三次产业结构为6.5∶44.2∶49.3。

2. 国内贸易

2015年全市实现社会消费品零售总额1826.68亿元。全年网络零售额494.37亿元，比上年增长45.7%。

3. 对外经济

2015年全年外贸进出口总额211.66亿美元，其中出口总额188.29亿美元，进口总额23.37亿美元。

全年新批外商投资企业17家，总投资3.03亿美元，合同利用外资1.83亿美元，实际利用外资1.16亿美元。全年新批境外投资企业34家，中方投资额13693万美元，累计境外投资项目547个，累计投资额8.0亿美元。累计已注册服务外包企业68家。服务外包离岸合同额4180万美元，离岸合同执行额

[①] 资料来源：浙江统计局.浙江统计年鉴2016，浙江统计信息网.

4180万美元。

第四节 浙东南区域经济地理

一、资源环境与经济概述

(一) 地理位置与行政区划[①]

温州市位于浙江省东南部，东濒东海，南毗福建，西及西北部与丽水市相连，北和东北部与台州市接壤。全市陆域面积12065平方千米。海域面积约11000平方千米。

温州市现辖鹿城、龙湾、瓯海、洞头四区，瑞安、乐清两市（县级）和永嘉、平阳、苍南、文成、泰顺五县。温州市人民政府驻地鹿城区。温州市2015年末全市户籍人口811.21万人，常住人口911.7万人。

(二) 资源与环境

温州境内地势，从西南向东北呈现梯形倾斜。东部为狭长的沿海平原，西部、南部、西北部为山区，绵亘有洞宫、括苍、雁荡诸山脉，泰顺的白云尖，海拔1611米，为全市最高峰。主要水系有瓯江、飞云江、鳌江，境内大小河流150余条。温州陆地海岸线长355千米，有岛屿436个。海岸线曲折，形成磐石等天然良港。

温州自然资源的突出特点是：土地资源匮乏，待开发的海洋资源相对丰富。

土地资源匮乏。温州有着"三面环山，七山一水二分田"的地形环境特征，地形复杂，山地众多，温州的土地资源中平原面积仅占15%，这直接导致平原土地匮乏，从而极大地制约了非农产业的发展与城市规模的扩展。

矿产资源总体特点是金属矿产资源贫乏、非金属矿产较为丰富，其中明矾石（主要产地在苍南矾山镇）、叶蜡石（主要产地在泰顺仕阳镇）矿藏量巨大，素有"世界矾都""世界蜡都"之称，伊利石、花岗岩石材、高岭土、矿泉水和地热资源在全省占有重要地位；金属矿产中永嘉石染钼矿有少量开发利用，

[①] 资料来源：温州统计局.温州统计年鉴2016，温州统计信息网.

其他金属矿种规模小、品位低，暂未达到经济开发利用价值。[①] 矿产资源的贫乏也影响了采掘工业与原材料工业等重化工业的发展。

海洋资源较为丰富。在温州地区海域内，海洋鱼类有带鱼、黄鱼、鳗鱼等370余种、贝类有430余种。沿海滩涂养殖面积达6.5万公顷，养殖蛏、蚶、虾、蟹、蛤等。用材林有松、杉、栎等280余种。温州港口岸现有生产性泊位239个，其中万吨级以上深水泊位18个，最大靠泊能力10万吨级。温州以东近海大陆架盆地蕴藏着丰富的石油和天然气资源，具有较大的开发潜力。为此，温州未来海洋经济发展潜力很大。

（三）经济特色

温州经济的重要特点："轻、小、民、市"。

1. 工业特别是轻工业比重大，服务业比重相对较低

温州产业结构的特点，一是三大产业结构中，与浙江省内的杭州、宁波等大城市比，温州市工业所占的比重相对较大，服务业特别是高端服务业不发达；二是在工业内部结构中，与浙江其他地区比，轻工业所占比重大，重工业比重较低。

工业产品以轻工业的小产品为主。工业主要门类（产品）有：电器（开关电器、继电器、断电器等低压电器）、鞋革、服装、汽车摩托车配件、塑料制品、泵阀、家具、锁具、印刷、合成革、个人护理电器（电动剃须刀、电推剪、电吹风、按摩器等）、制笔、金融设备（点钞机等）、眼镜、纽扣、拉链、打火机等行业。至2015年末，温州市获得43个国家级行业协会（商会）颁发的"国字号""特色工业基地"称号[②]。如中国鞋都、中国剃须刀生产基地、中国锁都、中国拉链之乡、中国纽扣之都、中国制笔之都等。

2. "小"既是指产品小，更是指企业规模小

长期以来，温州小型家庭工业企业和专业化分工的制造企业集群占据绝大部分，其中更以服装、打火机、皮鞋等传统制造企业为主。但是无论是小型家庭工业还是企业集群模式，一个突出的特点就是规模小。据2011年的相关统计，温州市工业企业总数为145345家，中等规模以上的企业数量仅有3997家，占总数的2.75%；大型企业只有18家，所占比例忽略不计；而产值上亿元的企业仅占总数的0.06%，产值十亿元级别的企业比例更只有区区的0.03%。而

[①] 资料来源：温州统计局.温州统计年鉴2016，温州统计信息网.
[②] 资料来源：温州市政府网站.温州统计年鉴2016，温州人民政府网站.

产值达到百亿元级别的企业为零。

3. 民营经济为主体

温州经济的腾飞主要依靠民营经济的推动。不但在计划经济时代国家投资少，而且改革开放以来，国家投资仍然很少，因此温州国有经济比重一直很低。集体经济也不像苏南、浙北那样发达。温州经济是以个体私营企业、股份合作企业以及在股份合作制基础上组建的企业集团为主体。温州民营经济数量及所占比重极大。温州民营经济起步早，发展快，实力强，已成为温州经济发展的支柱力量。

4. 拥有庞大的市场体系

温州中小企业为主体，中小企业无法建立自己的原材料采购体系与产品销售体系，于是温州的专业市场应运而生。温州民营企业与专业市场相互依存，密不可分。企业所需的原料、燃料、资金、劳力、技术、信息以及产品销售都依赖市场，市场的繁荣又促进了民营经济的快速发展。

经过改革开放以来的市场发育和完善，温州已经形成完整的市场体系。温州市场分为商品市场和生产要素市场两大类。

一是产品市场。温州的产品市场包括工业品市场、农副产品市场、生产资料市场等，其中最引人瞩目的是工业品市场。工业品市场是在"一村一品、一乡一品"的基础上形成和发展起来的，因此大多表现为专业市场形式。温州工业市场既是专业产品的生产基地，又是产品销售的集中场所。所以在这里以产销直接见面，既可节省交易费用，降低价格，又能使企业及时了解市场行情。

二是生产要素市场。温州的生产要素市场包括金融市场、劳动力市场、技术市场、信息市场、房地产市场等。其中最受人关注的是民间金融市场。温州金融市场分为银行金融市场和民间金融市场两大体系，其中又以民间金融市场最为发达。由于温州民营企业规模小难以得到正规的银行金融体系的融资支持，只得依赖民间金融经济得以生存发展。

温州民间金融市场特别繁荣。温州早期的民间金融市场，除了私人之间的直接借贷外，还有私人钱庄和名目繁多的"会"等。

私人钱庄是直接开展存贷业务的私人机构，最著名的是1984年苍南钱库方培林创办的"方兴钱庄"，存款利率活期月息10‰，定期月息15‰~20‰。贷款月息15‰~20‰。

"会"作为群众性自我调节资金供求的普遍形式，对温州民营经济和农业生产及百姓生活曾起到积极作用。1986年以来，温州城乡创办了51家股份制城市信用社和农村金融服务社，这类民间金融机构产权清晰，权责明确，政企分开，又能在人民银行的指导和监督下进行规范管理和运行，从而成为温州民间金融市场最为有效的组织形式。

（四）形成温州经济特色的自然地理因素

历史上温州与浙江大部分地区一样，由于人多地少，为了谋生，传统手工业十分发达。新中国成立后，我国进入了国家主导的现代工业化阶段，但是由于温州地处海防前线，国家很少投资，因此，温州工业落后的局面一直到20世纪70年代末都没有改变。20世纪70年代末实行改革开放，温州的工业化开始进入了快速发展阶段。温州的自然地理条件造就了温州经济发展格局的基本特点。

温州城市与产业发展受到地理因素制约。首先温州市域离杭州、福州、宁波等大城市远，难以接受大城市的辐射，影响温州企业的转型升级。同时，温州本身又难以发展成为大城市，这是因为：

首先，温州平原土地面积小，制约城市空间的扩大。由于平原狭小，发展工业、城市的土地空间有限，土地供给严重不足。特别是在进入21世纪后，温州主要工业园区的企业密度就几近饱和状态，导致温州工业用地价格昂贵，达到北京、上海等一线城市的一流价格。温州经济的先发优势已经丧失，外地很多城市大有后来居上之势，它们凭借廉价的地价、强劲的智力支持、良好的接待、优良的服务和完善的招商引资管理体制吸引温州企业大量外迁。因此，温州大中型企业外迁现象普遍而严重，很多企业总部也外迁外地。近十年温州企业外迁的对外投资额至少为1025.6亿元，相当于温州本地限额以上工业投资的52%。例如，温州有30余家市化学工业协会成员的化工企业外迁到沪、苏、鲁、闽、赣、川、湘、皖和省内丽水、杭州等地，化工企业在外征地超过2000亩。再如，温州21家中国民营企业500强中有8家企业总部迁往外地，总部仍留在温州的只有13家。温籍25家上市企业中，有15家在外地，只有10家仍留在温州本土。因此，温州土地空间狭小，地价昂贵，这是影响温州工业发展的"瓶颈"和致命的弱点。

其次，温州缺矿产，缺能源，工业原料和燃料短缺。原料和燃料是工业生产和布局的物质基础和必备条件。一个地区原料和燃料的种类、丰歉、质量以及分布状况，对工业的发展方向、结构、规模和布局都有重要的影响。温州除了明矾石、叶蜡石、伊利石和高岭土"三块石头一把土"之外，几乎没有金属矿产资源和一次能源，所以发展工业，特别是重工业缺乏原料基础，缺乏燃料和能源基础，这长期困扰着温州工业的发展。温州在交通落后的计划经济年代，缺原料、缺燃料、缺国家投资造成温州工业长期落后，发展缓慢；在交通日趋发达的今天，原料和燃料靠外地长距离输入，造成工业成本增加，经济利润降低，这是温州重工业不发达的根本原因。

最后，温州城市规模小，难以集聚高端人才，从而影响科技进步与产业转型升级。在同样的经济发展水平与经济结构下，城市规模越大，集聚效应越明显，基础设施、公共服务水平越高，就越有利于集聚高端人才。由于温州城市规模小、基础设施相对落后，就难以集聚人才，从而导致科学技术水平发展相对滞后，技术创新能力薄弱。科学技术水平高低的主要标志是高等院校和科研院所的数量和质量。温州高等院校不多，科研院所稀少，高水平的科研院所更是缺乏。温州人口文化素质构成中，高学历人数少，科技人员更少。据"六普"数据，温州平均每10万人中大学毕业生人数仅7625人，只占7.63%，比成人文盲率还低0.61个百分点，远低于全国和全省的平均水平，还达不到世界低收入国家的平均值。2012年底，温州在职的科技人员4.86万人，比上年增长7.2%，增幅居浙江末位；平均每万人口科技人员53.22人，居浙江省倒数第三位，只有杭州的28%、宁波的38%。此外，温州本地人才大量外流，外地引进人才又留不住，这就造成了温州科技人才匮乏。

二、经济总量与结构[①]

（一）地区生产总值与三大产业结构

2015年温州全市生产总值4618.08亿元。按常住人口计算，人均地区生产总值50809元（按年平均汇率折算8158美元）。地区生产总值中，第一产业增加值123.24亿元；第二产业增加值2101.53亿元；第三产业增加值2395.07亿元。三次产业结构比例为2.7∶45.5∶51.8。

（二）国内贸易

2015年社会消费品零售总额2674.38亿元。全市网络零售额893.55亿元，同比增长50.3%。2015年末全市已登记商品交易实体市场466家，交易额为1157.17亿元，其中超亿元市场75个，年成交额851.81亿元。

[①] 资料来源：温州统计局.温州统计年鉴2016.

(三) 对外经济

2015年货物进出口总额194.78亿美元，其中进口23.63亿美元，出口171.15亿美元。民营企业出口148.88亿美元，占全市货物出口总额的87.0%。外贸依存度为26.2%，其中出口依存度为23.0%。至年末，与温州市建立出口和进口贸易关系的国家和地区共计209个，有进出口业务的企业6239家。

2015年新批外商直接投资项目44项，实际利用外资3.01亿美元。全年境外中方投资总额9.73亿美元，新批境外投资项目31个，增资项目2个。

第五节 浙西南区域经济地理

一、资源环境与经济概述

浙西南地区位于浙江省的西南部，北邻杭州市、绍兴市，西毗江西，东连温州，南接福建，其范围包括金华、衢州、丽水三个地级市。

本地区是浙江省资源开发相对滞后、未来发展潜力较大的区域。

（1）本区域地区经济社会发展总体水平与浙西北、浙东北相比有较大差距。2015年本区域人均GDP只有浙西北的62%、浙东北的69%。

（2）区内发展不平衡性较大。金华与衢州、丽水两市比较，经济社会发展水平相对较高。金衢丽地区各县（市、区）发展不平衡性更为突出，人均GDP高低相差近4倍，经济密度高低相差近30倍。

（3）区内待开发资源较为丰富、发展潜力很大。该地区具有相对丰富的自然资源、十分优越的生态环境。该地区是钱塘江、瓯江、曹娥江、飞云江、椒江等水系的源头，森林覆盖率高，环境资源条件好，水资源、森林资源、矿产资源较为丰富。丽水市人均水资源拥有量是全省和全国的3倍多，可开发水电装机容量占全省的1/3以上；丽水、衢州二市是浙江省重点林区，森林覆盖率分别达79.1%和70.9%；本地区的叶蜡石、萤石、石灰石、珍珠岩、建筑凝灰岩等非金属矿产储量比较丰富。

该地区同时拥有相对丰富的劳动力资源，金衢盆地土地资源也较为丰富。随着交通区位优势的提升和投资环境的改善，发展潜力较大。

随着人们对高品质生态环境需求的快速增长，生态环境的资源价值将不断提升，金衢丽地区的生态环境优势将逐步显现。在浙江进入加快全面建设小康社会、率先基本实现现代化的发展阶段，本地区的资源环境将成为推进区域快速发展的重要依托。本区域在未来发展上，应以新发展理念为指引，根据该地区的资源禀赋，将地区总体定位为"经济走廊、生态屏障"。

（1）经济走廊。这一区域经济发展的空间布局主要集中在杭金衢、金丽温高速公路和铁路沿线交通走廊地带；该地带具有承东启西的经济传导功能，是长三角和东南沿海向中西部地区经济辐射的重要通道。

（2）生态屏障。浙江省八大水系中有五大水系发源于金衢丽地区。尤其是由于处于钱塘江和瓯江两条主要江河的中上游，本地区需要承担特殊的生态功能，在全省生态安全体系中具有十分重要的战略地位。该地区能否成为浙江的"绿色之肺"，关系到浙江全省乃至周边省市人与自然的和谐发展。

根据以上资源环境特点，该区域需要遵循新发展理念的要求，处理好经济发展与资源适度开发、环境有效保护之间的关系。

以下分别分析金华、衢州、丽水三市的经济发展状况。

二、金华市域经济

(一) 资源环境与经济特色

1. 地理位置与行政区划[①]

金华位于浙江省中部，东邻台州，南毗丽水，西连衢州，北接绍兴、杭州。南北跨度129千米，东西跨度151千米，面积10942平方千米。市区位于东阳江、武义江与金华江交汇处，土地面积2049平方千米。

金华市设婺城、金东两个区，辖浦江、武义、磐安三个县，代管兰溪、东阳、义乌、永康四个县级市。2015年全市年末常住总人口545.4万人，其中市区96.10万人；城镇人口210.90万人，其中市区45.70万人。

2. 资源与环境[②]

金华市地处金衢盆地东段，市域西至兰溪市游埠镇，略呈S形，长100多千米，面积约1500平方千米，占金衢盆地总面积的一半稍多。为浙中丘陵盆地地区，地势南北高、中部低，"三面环山夹一川，盆地错落涵三江"是金华地形地貌的基本特征。

[①] 资料来源：金华统计局. 金华统计年鉴2016，金华统计信息网.
[②] 资料来源：金华市人民政府. 走进金华——金华概览，金华市人民政府网站.

市境东、东北有大盘山、会稽山，南属仙霞岭，北、西北接龙门山及千里岗山脉。市境的中部以金衢盆地东段为主体，周边镶嵌着武义盆地、永康盆地、南马盆地、浦江盆地、墩头盆地等盆地。盆地底部是宽阔不一的冲积平原，地势低平。

上游东阳江自东向西流经义乌，在金华市区汇合武义江汇入金华江。金华江向西北流往兰溪，在兰溪城区汇入兰江。

3. 经济特色

金华市域传统手工业十分发达，昔时称"百工之乡"，这是当地资源环境的产物。在传统经济时代人们以传统农业为主体。金华市由于地处红土丘陵，土地较为贫瘠，一直以来粮食产量不高。人们虽然以农业为主，但为了维持生存，就得在农闲时间外出从事手工业或走街串巷的传统商业。因而传统手工业、传统商业得以发展。早在唐、宋渐趋发达的陶瓷、丝织、印刷、棉纺、铁器、造纸、五金、铸造等业，至明、清发展成为多种手工业工场。金、石、泥、木、竹、棕、织、酿，百工争巧；瓷、陶、纸、油、布、绸、糖、酒，万商云集。到了近代，金华各县逐渐形成了各具特色的手工业与传统商业。

"永康一只炉（锻造炉），义乌一只鼓（拨浪鼓），东阳一把刀（泥工刀），浦江一串珠（水晶珠）"是对金华地区各县传统手工业与商业的高度概括。

20世纪70年代末我国进入改革开放的新时代，金华各地各具特色的手工业、传统商业得到了发扬光大，造就了金华市各县（市）现代形态的产业集群（块状经济），如永康的五金产业、义乌的小商品市场、东阳的建筑产业、浦江的水晶珠产业等。其中最为著名的是义乌小商品市场（见专栏：义乌小商品城）。

（二）经济总量与结构

1. 地区生产总值与三大产业结构

2015年全市实现生产总值3406.48亿元，人均生产总值达到71478元，按2015年年均汇率折算为11476美元。在金华三大产业中，第一产业增加值为141.21亿元，第二产业增加值为1538.94亿元，第三产业增加值为1726.33亿元。三次产业比例为4.1∶45.2∶50.7。

2. 国内贸易

2015年全市实现社会消费品零售总额1783.10亿元。按消费类型分，餐饮收入162.61亿元；商品零售1620.49亿元。在限额以上批发零售业零售额中，金银珠宝类、药品类、粮油食品类消费增长较快；烟酒类、服装类、化妆品类、汽车类消费稳步增长。

全年实现网络零售额1344亿元，同比增长58.4%，占全省网络零售额的17.7%，网络零售额居全省第二。其中居民网络消费额394.91亿元，同比增长34.2%，实现顺差949.09亿元。"跨境通"平台通关量持续增加，金义"跨境通"平台最高日通关量突破7.2万票，货物出口目的地国达117个。跨境电商园区和公共海外仓建设培育工作居全省前列，已建成省级跨境电子商务园区5家，公共海外仓14家。义乌自6月1日起获批设立国际邮件互换局和交换站。

全市共有各类市场458个，市场总成交额为2725.84亿元。其中年成交额超亿元的市场有73个，总成交额为2564亿元；商品交易市场446个，年成交额为2449.26亿元；生产要素市场5个，年成交额3.3亿元；7家网上市场成交额273亿元。

3. 对外经济

2015年全市完成进出口总额490.6亿美元。其中，出口总额476.7亿美元，进口总额13.9亿美元。进出口、出口增幅均居全省首位，规模均创历史新高。出口有效主体增加，全年新增备案企业1980家。

全市新批外商投资企业190家，合同利用外资3.5亿美元，实际利用外资2.74亿美元。其中，制造业实际利用外资1.28万美元，但仍然是实际利用外资主力，占全市实际利用外资总额的46.69%。商贸类项目实际利用外资4333万美元，占全市合同利用外资总额的15.8%。中国香港是外资的主要来源地，实际利用外资22031万美元，占全市实际利用外资总额的80.31%。

全市新批核准境外投资项目48个，境外投资总额11.38亿美元，中方投资8.32亿美元。全市完成对外承包工程劳务合作营业额4.5亿美元。全年设立境外营销网络（贸易公司、办事处等）36家，占全市项目总数的80%。截至2015年末该市企业在境外投资、经营的各类营销网络（贸易公司、办事处等）达372个，涉及69个国家和地区，遍布美国、日本、德国、俄罗斯、阿联酋和中国香港等主要出口市场。

专栏：义乌小商品城[①]

中国小商品城坐落于浙江省义乌市，创建于1982年。

小商品城是从小商品市场发展而来，而小商品市场则起源于义乌农民摇着拨浪鼓走街串巷"鸡毛换糖"的历史。在历史上，当地存在着用鸡毛做成鸡毛掸子用于出售的手工业。由于义乌当地鸡毛有限，农民们便用本地所产的红糖制成糖饼，摇着拨浪鼓，去外地走街串巷用糖饼换取鸡毛。这个"鸡毛换糖"的历史可以追溯到明末清初。随着时间的推移，义乌小贩们用来换鸡毛的，除了糖饼外还逐渐增加了针线、发夹、手帕、头巾之类的日用小商品。

改革开放以后，一些从事"鸡毛换糖"的小贩们专门采购小商品，并长途贩运。同时，一些人自发摸索着搞点加工小商品，在集市上交易，这样一来，小商品市场就逐渐形成了。

1982年9月，义乌县政府正式开放城镇小百货市场，并投资了9000元钱，为露天市场铺设水泥板，摊位共700个。当年，小商品市场的成交额就达到了392万元。义乌小商品市场的发展历程大致可分为四个阶段。

1978~1985年为义乌小商品市场第一个发展阶段——"萌芽创建"阶段，大致经历了两代市场的更替。自1978年十一届三中全会召开，改革开放的逐步推进，促成了政策环境的改变。在义乌浓厚商业文化的影响下，义乌人民的经商活动快速发展。在这一阶段，义乌县委、县政府经过反复讨论协商，达成了同意开放小商品市场的共识。

1986~1991年为第二个阶段——"形成发展"阶段。随着1986年第三代小商品市场建成，这一阶段的场地规模、摊位总数、商品种类、年交易额等继续稳步增长。1991年，市场年成交额突破1亿元关口，跃居全国同类市场第一，成为全国首位的小商品市场。由于其在北方地区也产生了巨大的影响力，因此被称为"三北市场"。

1992~2001年为第三个阶段——"全面拓展"阶段。1992年，篁园小

[①] 主要参考文献：
a. 陆立军，王祖强，杨志文. 义乌模式 [M]. 北京：人民出版社，2008.
b. 陆立军，白小虎，王祖强. 市场义乌——从鸡毛换糖到国际商贸 [M]. 杭州：浙江人民出版社，2003.
c. 浙江省统计局. 浙江统计年鉴 2004~2016 [M]. 北京：中国统计出版社，2004~2016.

商品市场一期工程建成，实现了由"以场为市"向"室内市场"的转变。同年8月，国家工商总局批准义乌小商品市场更名为"义乌小商品城"。此后，二期市场和宾王市场相继建成，市场总体功能逐步健全、市场主体日益多元化，形成了"买全国货，卖全国货"的大格局。与国内同类市场相比，义乌市场的核心地位日益凸显，市场规模和辐射能力开始逐步超越其他市场。

2002年至今是第四个阶段——"国际化"阶段。自2002年开始，义乌市明确提出了建设国际性商贸城市的总体目标，并于同年建成了国际商贸城一期市场，使义乌市场开始步入国际化的新阶段。以国际贸易、电子商务、洽谈订单、商品展示、现代物流等为主的新型流通方式迅速发展，会展、金融、购物旅游、中介等现代服务业蓬勃兴起，使市场的现代化服务和管理体系日益完善。

经过四个阶段的发展，义乌已经形成以中国小商品城为核心，多个专业市场、多条专业街相支撑，运输市场、产权市场等要素市场相配套，多个国内外分市场相呼应的较为完善的市场体系，"小商品的海洋，购物者的天堂"已成为义乌小商品市场的代名词。

2006年以来，国家商务部先后发布了义乌中国小商品城指数和《小商品分类与代码》行业标准，从而使义乌市场这个"世界超市"取得了全球小商品贸易定价、定标话语权，实现了由输出商品到输出标准和规则的飞跃。

"义乌小商品市场"现称为"义乌小商品城"，拥有营业面积470余万平方米，商位7万个，从业人员21万多人，日客流量21万余次，经营16个大类、4202个种类、33217个细类、170万个单品。是国际性的小商品流通、信息、展示中心。被联合国、世界银行与摩根士丹利等权威机构称为"全球最大的小商品批发市场"。2011年中国小商品城市场成交额515.12亿元，连续21年居全国各大专业市场榜首。

中国小商品城是我国最大的小商品出口基地之一，商品已出口到219个国家和地区，年出口57万多个标准集装箱，外贸出口占65%，外国企业常驻代表机构数达3059家居全国县域首位，常驻外商达1.3万名，联合国难民署、外交部等机构在义乌建立采购信息中心，有83个国家和地区在市场设立进口商品馆，"买全球货、卖全球货"的格局初步形成。

三、衢州市域经济

(一) 资源环境与经济特色

1. 地理位置与行政区划[①]

衢州位于浙江省西部，钱塘江上游，金衢盆地西端，南接福建南平，西连江西上饶、景德镇，北邻安徽黄山，东与省内金华、丽水、杭州三市相交。"居浙右之上游，控鄱阳之肘腋，制闽越之喉吭，通宣歙之声势。"川陆所会，四省通衢，是闽、浙、赣、皖四省边际的中心城市。

衢州市辖柯城区、衢江区、江山市、龙游县、常山县和开化县。2015 年末户籍总人口 256.38 万人。根据全市 5‰人口抽样调查结果推算，全市常住人口为 213.3 万人，城市人口占总人口比重为 50.2%。

2. 资源与环境[②]

衢州地貌类型以山地丘陵为主。境域为金衢盆地西段，北东向延伸的走廊式盆地奠定了地貌的基本格局。其特征为以衢江为轴心向南北对称展布，海拔高度逐级提升。相江两侧为河谷平原，外延为丘陵低山，再扩展上升为低山和中山。东南缘为仙霞岭山脉，有境内最高峰大龙岗，海拔 1500.3 米。西北及北部边缘为白际山脉南段与千里岗山脉的部分。西部多丘陵低山。中部河谷平原，低丘岗地交错分布。东部以河谷平原为主，地势平缓，有境内最低处龙游县下童村，海拔 33 米。

境内非金属矿产资源、土地资源、水资源优势显著。非金属矿产贮存种类多，全境探明矿产 50 余种，已开发利用 30 多种。石煤和石灰石储量分别约占全省的 3/5 和 1/3，建材资源、化工资源都颇丰富，也有部分有色金属、稀有金属矿资源。土地资源人均占有量居全省前位，耕地面积人均占有量略高于全省水平。森林资源丰富，是浙江省的主要林区之一。水资源总量近 100 亿立方米，人均水资源为 4039 立方米，为浙江省人均水资源的两倍。水力资源理论蕴藏量约 66 万千瓦，可开发利用的约 25 万千瓦。境内植物区兼有南北相承的特征，动植物种类多，属国家保护的珍稀树种和野生动物各有 20 余种。

3. 经济特色

衢州市域经济有三大特色：浙、闽、赣、皖边际贸易中心，浙西生态大

[①] 资料来源：衢州市统计局.衢州统计年鉴 2016，衢州市统计局网站.
[②] 资料来源：衢州市人民政府.走进衢州——衢州概况，衢州市人民政府网站.

市，国家化学工业基地。

衢州位于浙、闽、皖、赣四省交界，是浙、闽、赣、皖四省边际的中心城市，素有"四省通衢、五路总头"之称，历来是四省边际交通枢纽和物资集散地、商贾云集地。早在明清时期，这里就有与徽商、晋商并为全国十大商帮的龙游商帮。如今，由浙赣电气化铁路，杭金衢、黄衢南等五条高速公路，至北京、上海、深圳、厦门等航线，直达杭州的内河航线等构成的立体交通体系，更促进了衢州现代物流业的蓬勃发展，使衢州成为浙江经济向内陆拓展的桥头堡，成为联接长三角经济区、海峡西岸经济区和泛珠三角经济的重要节点城市。

衢州是一座环境优良的生态之城。衢州地处浙江母亲河钱塘江的源头，是一半浙江人生活、生产的水源地。衢州多年来重视生态环境建设，是浙江省首个国家级生态示范区城市，同时属于全国生态保护纲要确定的9个全国性生态良好的地区之一和全国12个具有国际意义的生物多样性分布中心之一。境内有1个国家级自然保护区、2个国家级和3个省级森林公园、34个省级自然保护区，全市森林覆盖率71%，空气质量常年保持在优良级以上，有"森林氧吧"之称；水资源总量近100亿立方米，占全省10%，地表水常年保持一级水质，有"浙江绿源"之称，是浙江省的生态屏障。

衢州是国家重要的化学工业基地。依托区内的矿产资源，衢州在1958年5月创建了衢州化工厂。1984年8月更名为衢州化学工业公司。1993年经国家经贸委批准组建巨化集团公司。公司化工主业涵盖氟化工、氯碱化工、石化材料、电子化学材料、精细化工等。公司拥有国家级企业技术中心、国家氟材料工程技术研究中心、中国化工新材料（衢州）产业园、浙江巨化中俄科技合作园、企业博士后工作站等创新创业载体。公司是全国最大的氟化工先进制造业基地和浙江省最大的化工基地。

(二) 经济总量与结构[①]

1. 地区生产总值与三大产业结构

2015年全市生产总值1146.16亿元。全市人均生产总值按户籍人口计算为44767元，合7188美元；全市人均生产总值按常住人口计算为53848元，合8646美元。在三大产业中，第一产业增加值84.42亿元，第二产业增加值537.34亿元，第三产业增加值524.4亿元。三次产业增加值结构为7.4∶46.9∶45.7。

---

① 资料来源：衢州市统计局.衢州统计年鉴2016，衢州统计局网站.

2. 国内贸易

2015年实现社会消费品零售总额550.98亿元。全市限额以上批发零售业实现零售额159.75亿元。按消费形态分，餐饮收入5.39亿元，商品零售154.37亿元。

全市共有成交额超亿元的各类市场22个，摊位数7473个，实现成交额268.53亿元。成交额超十亿元市场有9家。

全市共培育电子商务产业基地27个，入驻电商企业419家，其中限额以上企业29家。全年共实现网络零售额66.88亿元，增长90.2%；居民网络消费76.43亿元，增长51.1%。

3. 对外经济

2015年实现进出口总额44.13亿美元。其中，出口32.92亿美元，进口11.21亿美元。全市有出口实绩的企业789家。全年出口额在100万美元以上的企业323家，其中1000万美元以上的企业71家。在主要商品出口中，机电产品出口10.30亿美元，高新技术产品出口2.2亿美元，化工医药产品出口8.23亿美元，服装、纺织品出口3.33亿美元。

全年新批外商投资企业11家，合同利用外资1.01亿美元，实际利用外资0.6亿美元。

四、丽水市域经济

（一）资源环境与经济特色

1. 地理位置与行政区划[①]

丽水市处浙江省西南、浙闽两省结合部，东南与温州市接壤，西南与福建省宁德市、南平市毗邻，西北与衢州市相接，北部与金华市交界，东北与台州市相连。市政府驻莲都区，距温州126千米，距金华市122千米，距杭州292千米，距上海512千米。市域面积1.73万平方千米，占浙江省陆地面积的1/6，是全省面积最大的地级市。

丽水市设莲都区1个市辖区，辖青田、缙云、遂昌、松阳、云和、庆元、景宁7县，代管辖龙泉1市。景宁是全国唯一的畲族自治县和华东地区唯一的少数民族自治县。2015年末全市常住人口213.9万人。

---

① 资料来源：丽水统计局.丽水统计年鉴2016，丽水统计信息网.

2. 资源与环境[①]

丽水是个"九山半水半分田"的地区。境内以中山、丘陵地貌为主，地势由西南向东北倾斜，西南部以中山为主，有低山、丘陵和山间谷地，东北部以低山为主，间有中山及河谷盆地。全市土地面积 17298 平方千米，其中山地占 88.42%，耕地占 5.52%，溪流、道路、村庄等占 6.06%。

境内江溪湖泊众多，有瓯江、钱塘江、飞云江、灵江、闽江、交溪水系，与山脉走向平行。各河流两岸地形陡峻，江溪源短流急，河床切割较深，水位暴涨暴落。由于落差大，水力资源蕴藏丰富。瓯江是该市第一大江，发源于庆元县与龙泉市交界的洞宫山锅帽尖西北麓，自西向东蜿蜒过境，流经温州市区出海。干流长 388 千米，境内长 316 千米，流域面积 12985.47 平方千米，占全市总面积的 78%。

以上自然地理条件造就了丽水市较为丰富的资源物产。

一是生态资源。生态环境优越，被誉为"浙江绿谷"。生态环境质量全省第一、全国前列，生态环境质量公众满意度继续位居全省首位。2004 年，全国生态环境质量评价研究报告显示，丽水市 9 县（市、区）均为优秀，列全国前 50 位，被称为华东地区最大的"天然氧吧""全国生态环境第一市"，其中 4 个县列前 10 位，庆元县列第一位，成为"中国生态环境第一县"。

二是土地资源。据全国第二次土地调查，全市土地面积 172.75 万公顷，其中耕地 16.41 万公顷，山地 156.31 万公顷。人均土地面积 0.68 公顷，人均耕地面积 0.06 公顷，人均山地面积 0.62 公顷。可以充分利用山地小气候较佳的自然条件，发展多层次、多品种的立体农业。

三是森林资源。丽水市素有"浙南林海"之称。全市林业用地面积 146.24 万公顷，其中有林地 134.19 万公顷。活立木总蓄积量 5899.78 万立方米，毛竹立竹量 31915.02 万株。森林覆盖率 80.79%，林木绿化率 81.62%。森林资源的特点是，针叶树最多。全市有省级重点林业自然保护小区 81 片，总面积 13457.4 公顷。2010 年 12 月 23 日，省关注森林组委会正式发文授予丽水"浙江省森林城市"称号。

四是水力资源。丽水水电资源十分丰富，全市可供开发常规水电资源 327.8 万千瓦，约占浙江省可开发量的 40%。2004 年，景宁县被水利部授予"中国农村水电之乡"称号。2006 年 11 月，丽水市被水利部授予"中国水电第一市"

[①] 资料来源：丽水市人民政府.秀山丽水，丽水市人民政府网站。

称号。"丽水水电"已成为丽水的一张金名片。至2010年底，已投产水电装机246.35万千瓦，其中农村水电站装机148.55万千瓦，水电资源开发率80%以上，2010年，全市发电量近68亿千瓦时。

3. 经济特色

丽水传统名优产品有"丽水三宝"，即龙泉青瓷、龙泉宝剑、青田石雕。丽水三宝被列入第一批国家级非物质文化遗产名录。龙泉青瓷，始于1700多年前的三国两晋，是我国制瓷史上历时最长、规模最大、影响最深的窑系之一，不仅是中国的文化符号，更是世界级的文化瑰宝。龙泉宝剑始于春秋战国时期，锻制历史长达2600多年，被誉为"中华第一剑"。青田石雕始于南北朝，距今1600多年，青田石是"四大国石"之一，被誉为"印石之祖"，多次被选为国礼，价值堪比黄金。

丽水现代产业主要是生态旅游产业。优越的生态环境，使生态旅游产业成为丽水市最具有竞争力的产业。丽水拥有"国家级生态示范区""中国摄影之乡""中国民间艺术之乡""中国长寿之乡""中国气候养生之乡""国际休闲养生城市""中国优秀旅游城市""国家森林城市""国家园林城市""国家卫生城市"10张金名片，摄影文化、华侨文化、畲族文化等具有鲜明地方特色的文化在发展中提升，在传承中创新，不断展现出独特的魅力。习近平主政浙江期间，曾用"秀山丽水、天生丽质"赞美丽水，并八次深入丽水调研，指出"绿水青山就是金山银山，对丽水来说尤为如此"，推动丽水逐步成为名副其实的"秀山丽水、养生福地、长寿之乡"。

2015年共接待国内旅游者6270.35万人次。实现旅游总收入426.02亿元。

（二）经济总量与结构

1. 地区生产总值与三大产业结构

2015年全年地区生产总值1102.34亿元。在三大产业中，第一产业增加值91.42亿元，第二产业增加值502.99亿元，第三产业增加值507.93亿元。人均生产总值51632元（按年平均汇率6.2284折算为8290美元。三次产业结构比例为8.3∶45.6∶46.1。

2. 国内贸易

2015年社会消费品零售总额519.28亿元。分行业看，批发零售业零售额456.97亿元，住宿餐饮业零售额62.31亿元。全市限额以上社会消费品零售总额161.79亿元。

2015年末全市共有商品交易市场105个，全年商品交易市场成交额364.69

亿元。成交额超亿元的市场 23 个，全年成交额 209.48 亿元，其中，超十亿元的市场 7 个，全年成交额 165.72 亿元。

3. 对外经济

2015 年全市进出口总额 33.64 亿美元。其中，出口 31.44 亿美元，进口 2.20 亿美元。

全市新批准设立外商直接投资企业 18 个，与上年持平。外商直接总投资 3.88 亿美元；合同利用外资金额 2.87 亿美元，实际利用外资金额 2.19 亿美元。

参考文献：

［1］陈桥驿等. 浙江省地理［M］. 杭州：浙江教育出版社，1985.

［2］林国铮. 浙江省经济地理［M］. 北京：新华出版社，1992.

［3］浙江省统计局. 浙江统计年鉴 2016，浙江统计信息网.

［4］杭州都市经济圈合作发展协调会办公室，杭州市人民政府国内经济合作办公室. 杭州都市经济圈发展规划 2011 年，2011.

［5］宋珏. 杭州都市圈转型升级正当时［N］. 杭州日报，2016-05-20.

［6］杭州统计局. 杭州统计年鉴 2016，杭州统计信息网.

［7］嘉兴统计局. 嘉兴统计年鉴 2016，嘉兴统计信息网.

［8］嘉兴档案馆，中共嘉兴党史研究室，嘉兴市地方志办公室. 嘉兴志鉴篇，嘉兴市档案史志网.

［9］湖州统计局. 湖州统计年鉴 2016，湖州统计信息网.

［10］湖州统计局. 湖州概况——湖州历史，湖州统计信息网.

［11］潘百翔. 湖州块状经济转型升级路径初探［J］. 中小企业管理与科技，2012（12）.

［12］绍兴统计局. 绍兴统计年鉴 2016，绍兴统计信息网.

［13］绍兴统计局. 绍兴概括，绍兴统计信息网.

［14］宁波统计局. 宁波统计年鉴 2016，宁波统计信息网.

［15］宁波市人民政府. 宁波区域概况，宁波市人民政府网站.

［16］"宁波舟山港"网站.

［17］"宁波石化经济技术开发区"网站.

［18］宁波统计局. 宁波统计年鉴 2016，宁波统计信息网.

［19］舟山统计局. 舟山统计年鉴 2016，舟山统计信息网.

［20］舟山市人民政府. 新区概况，舟山市人民政府网站.

［21］台州统计局. 台州统计年鉴 2016，台州统计信息网.

［22］温州统计局. 温州统计年鉴 2016，温州统计信息网.

［23］温州市人民政府. 温州统计年鉴 2016，温州人民政府网站.

［24］金华统计局. 金华统计年鉴 2016，金华统计信息网.

［25］金华市人民政府. 走进金华——金华概览，金华市人民政府网站.

［26］陆立军，王祖强，杨志文. 义乌模式［M］. 北京：人民出版社，2008.

［27］陆立军，白小虎，王祖强. 市场义乌——从鸡毛换糖到国际商贸［M］. 杭州：浙江人民出版社，2003.

［28］浙江省统计局. 浙江统计年鉴 2004~2016 年［M］. 北京：中国统计出版社，2004~2016.

［29］衢州市统计局. 衢州统计年鉴 2016，衢州市统计局网站.

［30］衢州市人民政府. 走进衢州——衢州概况，衢州市人民政府网站.

［31］丽水统计局. 丽水统计年鉴 2016，丽水统计信息网.

［32］丽水市人民政府. 秀山丽水，丽水市人民政府网站.

第八章 城市经济地理

城市是区域的核心,区域中心城市的发展状态与区域城镇的空间结构既是区域整体经济发展状态的反映,同时又强烈地影响着整个区域的未来发展。区域城镇的规模结构、职能分工直接影响到区域经济活动的有序性。在上一章分析浙江省各个区域经济总量与结构的基础上,本章进一步分析浙江城市化以及城镇空间结构的演变过程。

第一节 浙江城镇化的总体进程与空间结构演变

一、区域城镇化的影响因素

城镇化就是在区域工业化的推动下,农村人口不断由农村向城镇地区集中的社会经济现象。随着城镇化的发展,城镇人口在总人口中所占比重不断上升,城市规模不断扩大,城市数量不断增加;城市经济在国民经济中逐渐占主导地位;城市的经济关系和生活方式广泛渗透到农村,使农村的经济关系和生活方式逐步城市化。区域城镇化受多种因素的影响。

第一,工业化所导致的非农产业发展是影响城镇化的首要因素。城镇化的基础是工业化所导致的现代非农产业(现代制造业、现代服务业)的发展。农业生产由于依附于土地,因而在以农业为主体的社会中,劳动等生产要素的空间布局特点是分散。现代非农产业在集聚效应的作用下,其空间布局特点是集聚,这样,在一个区域的工业化过程中,随着非农产业的发展、非农产业的比重不断提高,在劳动等要素不断地从农业流向非农产业的同时,在空间上也就必然表现为从农村流向城镇。在工业化的初期与中期,现代制造业是引起城镇化的主导因素。而到了工业化的后期,现代服务业接替制造业成为城镇化的主导因素。因此，工业化是城镇化的基础。区域工业化的特征决定了城镇化的特征，工业化所导致的非农产业的发展速度、非农产业结构与空间布局特点决定了城镇化速度与空间形态。

第二，区域城镇化状况也与区位条件有关。工业化决定了劳动等要素必然从农村流向城镇，但是劳动等要素流向哪个区域、哪个城镇却与区位条件有关。城镇的土地资源、水资源、地形地貌等自然环境因素，以及区域交通等社会经济因素等都强烈地影响着非农产业集聚的规模、集聚的类型，从而影响劳动力的流向，并最终决定区域城镇的发展规模以及城镇的空间布局形态。

第三，区域人口的流向与城镇化的速度、形态也深受体制、政府政策（规划）的影响。在市场经济条件下，由于集聚效应与城镇规模正相关，因此在城镇化的前期阶段产业、劳动等要素首先流向集聚效应最为明显的大城市，只有到了城镇化的后期，人口的流向才会出现明显的变化。但是如果劳动等生产要素的流动受到制度性因素的制约难以自由流动，就会偏离市场机制所决定的一般流向，从而影响城镇化的空间结构与城镇的布局形态。

下面几个部分将分析浙江省各个区域在工业化、区位条件、体制与政府政策（规划）等因素影响下所发生的城镇化状态。

二、新中国成立至20世纪70年代末：城镇化基本停滞阶段

中华人民共和国成立之初，浙江省城市化水平很低，1949年为11.15%[1]。在新中国成立至20世纪70年代末的计划经济时期，区域工业化发展以及城镇建设全部来自于国家的投资。国家投资的产业选择与区域选择决定了城镇化的速度、形态与区域差异。

浙江省地处东南沿海，在当时的国际环境下，准备打仗是国家的重要战略之一。浙江省由于地理位置靠近台湾海峡，国家投资很少。改革开放以前近30来年国家对浙江省的投资不到100亿元，全国倒数第二[2]。在整个计划经济时期，总体上浙江城市化水平进程是相当缓慢的，且随国民经济的剧烈波动而时涨时落。到1978年，全省城市化水平仅14.05%，全省设市的城市为3个，城镇数量为167个。[3]

---

[1] 资料来源：王嗣均.中国人口（浙江分册）[M].北京：中国财政经济出版社，1988：192.
[2] 朱蓉.温台模式发展动因及出路探究[J].特区经济，2011（7）.
[3] 刘亭，倪树高.试论浙江城市化进程[J].浙江社会科学，1996（4）.

浙江省这一时期的城镇化也存在着明显的区域差异,这和国家投资的区域选择有关。在整个50年代、60年代,极少的国家投资主要集中在省会城市杭州以及浙江内陆的一些城市。而地处沿海海防前线的宁波、温州等区域的新建工业项目和投资都很少,因而城市发展也几乎处于停滞状态。

到了20世纪70年代,为配合"小三线"建设和发展县级支农工业的需要,国家有一定的资金开始投向浙江内陆(浙西南地区)的一些县城,使浙江内陆部分县城以及县级工业获得了较快发展,工业布局也由点向面逐步推开,区域交通(主要是公路)建设也为工业向县级中心布局提供可能,从而反过来也有力地推进了县城建设的发展。[①]

20世纪70年代末开始的改革开放,揭开了浙江省城镇化发展的崭新一页。在政府投资、民间投资、外商投资三轮驱动下,城镇化在浙江大地如火如荼地展开了。

三、20世纪80年代:乡村工业化与小城镇迅速发展阶段[②]

在20世纪80年代的浙江城镇化的空间结构,可以用"走过一村又一村,村村像城镇;走过一镇又一镇,镇镇像乡村"来描述,在乡村工业化蓬勃发展的基础小城镇遍地开花。

工业化可以分为乡村工业化与城市工业化。乡村工业化就是非农产业发展引起的要素流动主要集聚在县城,特别是县城以下的农村。城市工业化就是非农产业发展引起的要素主要集聚在大中城市。两者的制度背景与非农产业投资主体存在重大差别。

20世纪70年代末改革开放以后,浙江省在农村逐步推行联产承包责任制。这改变了农民在生产中的地位,使农民获得了自主发展的机会,有了更大的生产选择的自由,农民开始自己投资办企业从事非农产业的经济活动,从而促使农村生产要素(劳动力、资本)从农业向工业、服务业转移。同时,这些从传统农业中分离出来的生产要素(劳动力、资本)还需要有一个集聚的地域空间。但在80年代,由于在计划经济时期形成的城乡隔离的户籍制度并没有改变,阻止了这些非农生产要素按集聚效应的原则自然地流向城市,大部分只能

[①] 林国铮.浙江省经济地理 [M]. 北京:新华出版社,1992.
[②] 本部分参考了史晋川、钱陈专著的一些内容。史晋川,钱陈.空间转型:浙江的城市化进程 [M]. 杭州:浙江大学出版社,2008.

在农村的空间范围内集聚,即农民办的企业只能办在自己户籍所在地的农村。这就导致了乡镇企业的兴起和迅猛发展。

这个时期的一部分乡镇企业为集体性质的企业(也包括戴着集体企业这顶"红帽子"的私营企业),因为这类企业具有很强的农村社区属性,即企业资产(主要为土地或部分生产资料)全部或部分为村镇集体所有,其劳动力大多为本地或周边村镇上的农民,其经营管理或利润分成多少要受到村镇集体组织的影响或干预。正是因为乡镇集体企业具有很强的社区属性,所以绝大部分的乡镇企业都分散在各个自然村落或乡镇里。这种分散的布局对后来的农村工业发展形成了极强的路径依赖。虽然在1992年以后集体经济大多为私营经济所取代,乡镇企业的社区属性已逐步消除,企业向中心城镇的流动迁移变得更加自由,但是仍然难以改变农村工业极度分散的总体格局,直到2000年末,浙江仍还有108.15万家乡镇企业(绝大多数已为私营),其中办在乡镇所在地及其以上城镇工矿区和大中城市的只占总数的30%左右,办在村庄以下的比例仍高达70%。[①]

在浙江"村村点火、乡乡冒烟"的乡村工业化发展的基础上,在一些乡镇企业集聚比较多的村,服务业得到了相应的发展,基础设施也得到了改善,从而逐渐出现了小城镇的形态。

随着浙江省乡村工业化的不断推进,以县以下小城镇为主体的乡村城镇化进程也得到了迅猛的发展。从20世纪80年代初到90年代初,是全省乡村工业化发展最为迅速的时期,也是小城镇快速扩张的主要阶段。1990年,全省县级以上城市为25个,建制镇数量达到750个,比1984年增加了1.94倍,年均增加19.7%。从城镇规模结构来看,浙江省小城镇比重偏高的特征十分明显。据1990年底对全省478个镇的统计分析,3万人口以上的大型镇48个,占10%;1万~3万人口的中型镇365个,1万人口以下的小型镇65个,合计占76%。集镇人口规模一般平均在3000人左右,据抽样调查分析,其中人口规模在5000人以上的占20%,2000~5000人的占40%,1000~2000人的占20%,其余的20%为1000人以下的集镇,规模最小的集镇仅百余人。[②]

随着乡村工业化的推进和小城镇数量的快速增加,城镇在全省经济社会发展中的地位也有了明显的提高。1990年城镇职工人数和工业总产值在全省的比重已分别增长到63%和58.9%,比1986年分别提高了2个和15.6个百分点,

---

[①][②] 资料来源:史晋川,钱陈.空间转型:浙江的城市化进程[M].杭州:浙江大学出版社,2008:55.

许多小城镇不仅人口和用地规模迅速扩大，而且成为乡镇企业集聚、商业兴旺的中心城镇，其中一部分还发展成为特色专业化城镇，如以生产经销五金和低压电器为主的乐清柳市镇，以生产经销塑料编织品为主的瑞安塘下镇，以生产经销腈纶纺织品为主的苍南宜山镇和以制作徽章、票券、证册、商标等"四小商品"为主的金乡镇，以纽扣市场为主的永嘉桥头镇，以眼镜市场为主的临海杜桥镇等。以这些小城镇为依托、以"五小工业"（"五小工业"指小五金、小化肥、小水泥、小矿山、小机械）为主要产业的农村工业产值已占全省全部工业产值的 55.83%（1987年）。由于以农村工业为主的小城镇经济发展活跃，全省的县域经济实力明显要强于市区经济，中心城市的集聚和辐射作用相对较弱。[1]

四、20世纪90年代后期开始：产业集聚与大中城市快速发展阶段[2]

在进入20世纪90年代以后，随着社会主义市场经济体制的逐步确立和城乡集体企业改制的大规模推进，浙江的乡镇企业进入了一个兼并重组和优化升级的"二次创业"阶段，产业布局也由遍布乡村的分散格局向依托中心城镇的园区集聚布局转变。至2001年底，在浙江省88个县市区中，有85个县市区形成了块状经济（或称特色产业区），年产值超亿元的区块519个，广泛分布在工业中的175个大小行业；所涉及的中小企业23.7万家，吸纳就业人员380.1万人。[3]

乡镇工业布局的变化必然引起城镇格局的相应变化。随着企业向园区集聚数量的不断扩大，工业园区的数量和规模迅速增加，吸引了大量非农劳动人口向新的园区或邻近的城镇地区转移，从而推动了全省城市化进程从小城镇快速发育时期进入到了中心城镇加速成长时期。在这一时期，浙江省中心城市和中心镇的人口规模和建成区面积呈迅速增加，吸引了大量非农劳动人口向新的园区或邻近的城镇地区转移，从而推动了全省城市化进程进入到了中心城镇加速成长时期。在这一时期里，浙江省中心城市和中心镇的人口规模和建成区面积呈迅速增长的势头。从人口规模来看，与1996年相比，2002年浙江省100万

---

[1] 马裕祥.省域城市化研究的先导[J].浙江经济，2001（9）.
[2] 本部分参考了史晋川、钱陈的专著的一些内容。史晋川，钱陈.空间转型：浙江的城市化进程[M].杭州：浙江大学出版社，2008.
[3] 资料来源：史晋川，钱陈.空间转型：浙江的城市化进程[M].杭州：浙江大学出版社，2008：60.

人以上的大城市数量由原来的1个上升到11个，50万~100万人口的大城市由原来的2个增加到17个。城镇人口规模的迅速增加也引起了城镇建成区面积的不断扩大。根据有关部门的监测，与1996年相比，到2002年全省县级以上城镇建成区面积增加了约1.3倍；在这七年间，全省监测到的61个县（市、区）中有33%的县（市、区）建成区面积提高了100%以上。[①]

1997年金融危机后，我国外贸需求出现了较大幅度的下滑。浙江省作为外贸出口大省更是深受影响。传统的以价格低廉为主要竞争力的出口模式难以持续，产业的转型升级十分迫切。

通过区域经济空间结构的调整带动产业转型升级是区域产业升级的重要途径。针对全省城市化相对滞后于工业化，大中城市的要素集聚和经济辐射功能较弱，小城镇规模偏小、建设水平较低的特点，1998年12月浙江省第十次党代会提出"不失时机地加快城市化进程"的战略决策，并先后出台了《浙江省城市化发展纲要》《浙江省城镇体系规划》《关于加快推进浙江城市化若干政策的通知》和《关于公布浙江省中心镇名单的通知》等一系列重要文件，把发展大城市、加快推进城镇化作为加快经济结构调整和启动新一轮经济发展的突破口。

在集聚效应的作用下，产业、人口本来就有向集聚效应明显的大中城市集聚的内在要求，政府的政策适应了这一趋势，并出现了城镇化与产业高度化相互促进、相辅相成的良性互动发展。

2000年以来，全省城镇人口年均增长3%，城镇平均人口规模也不断扩大，年均提高6.9%；城镇基础设施投资力度不断加大，建设不断加快，其中2000~2006年全省城镇铺设道路面积年均增长高达17.7%。随着全省经济规模的不断扩张和向中心城镇的加快集聚，全省城市规模也进入了加速扩张的阶段。在这一时期里，全省城镇总人口每年增加约66万人，城市化水平年均提高1.3个百分点；全省城镇的平均规模也从2000年的2.08万人，提高到了2006年的3.10万人，年均增长6.9个百分点。[②]

随着城市人口规模的扩大，全省城镇建成区的面积也呈加速扩张的趋势。据对全省69个县级以上建成区（以2005年行政区划为准）近10年建成区规模扩展情况的动态监测，发现在1996~2005年，全省县级以上城镇建成区面积增加了约2.5倍；其中，1996~2002年的6年时间里，增加了1.3倍，年均增

---

① 戴韫卓，丁菡. 浙江省县级以上城镇建成区规模扩展研究[J]. 浙江国土资源，2007（9）.
② 资料来源：史晋川，钱陈. 空间转型：浙江的城市化进程[M]. 杭州：浙江大学出版社，2008：70.

长4.5%；而2002~2005年的短短3年时间里，全省县级以上城镇建成区面积却又增加了近一倍，年均增速高达24.4%。进一步从1996年初、2002年末和2005年末三个时期的动态监测示意图的比较中发现，小型建成区（小于20平方千米）数量呈略微减少，中型建成区（20~40平方千米）数量变化不大，而大型建成区（大于40平方千米）的数量不断增多；1996年全省大型建成区仅有杭州市一个（注：缺宁波市的数据），到2002年增加了宁波、温州和金华三个，而到了2005年又增加了湖州、诸暨、余姚—慈溪三个地区，大型建成区数量达到了七个左右。[①]

在全省城镇人口集聚规模、建成区规模不断扩大的进程中，大城市规模扩大速度更快。在2006年，全省城镇总人口达到2600多万人，城市化水平为56.5%；其中，杭州、宁波、温州和金华—义乌等四大都市区人口已达到200万人以上，人均GDP均超过3000美元。从建成区看，杭州、宁波、温州和金华—义乌四大都市区，在这三年期间的建成区面积增加了约304.3平方千米，占全省建成区增量的58.4%；同时，这四个都市区的GDP增量也占到了全省GDP增量的59.1%。[②]

这一切都表明浙江省城市化进程逐渐进入到了以大城市为中心的大都市化发展阶段，人口和经济向区域中心城市集聚的趋势相当明显。

五、2010年以来：大城市的集聚扩散与城镇群的形成阶段

根据城镇化发展速度的快慢与城镇化率的高低可以把整个区域城镇划分为三个阶段：第一阶段是起步阶段。这个阶段城镇化率提高的速度较为缓慢，人口主要流向大城市。第二阶段是加速阶段。一般区域城镇化率到达30%以上的时候，城镇化就进入加速阶段。在这一阶段，区域城镇化率提高的速度明显加快，人口流向仍然以大城市为主，大城市的集聚效应十分明显，规模不断扩大。第三阶段是成熟阶段。当区域城镇化进入70%以上时，就进入成熟阶段。在这个阶段城镇化提高的速度缓慢甚至停滞。在人口的流向上，不但整个区域流向中小城镇的人口明显增加，而且在大城市本身也出现了所谓的"逆城市化"，即城市核心区人口开始流向郊区以及周边的中小城镇。

从以上城镇化发展的阶段可以看出，在区域城镇化发展的前期（起步阶段、加速阶段），区域非农人口的基本流向是：小城镇→中等城市→大城市，

---

①② 资料来源：史晋川，钱陈.空间转型：浙江的城市化进程 [M].杭州：浙江大学出版社，2008：70.

因而在城镇空间结构上,就表现为区域大城市的率先发展。但是到了区域城镇化发展的后期,区域各城镇之间的人口等经济要素开始双向流动,各城镇之间的产业分工、职能分工日益显现,经济联系不断加强。区域城镇的空间形态也从单中心向城市群的空间形态转变,城市群、都市圈、都市区等城镇化发达阶段的空间形态开始出现。浙江省改革开放以来的城镇化进程基本符合这一进程。

在20世纪90年代后期以来,特别是进入21世纪以来,随着我国经济体制改革的深入,区域之间、城乡之间要素流动的障碍逐步减少。一方面,原来布局在中小城镇的一些大型规模的民营企业,随着企业规模的扩大与国际化发展,开始将自己的企业总部搬到杭州、宁波这样区位条件优越的大城市。另一方面,大城市产业转型升级,纷纷推进产业的"退二进三",即在大力发展第三产业并不断高端化的同时,将自己的一些传统制造业(第二产业)扩散到周边的中小城镇,因而大城市的"扩散效应"日益显现。同时,由于大城市进入门槛高,中小型规模的民营企业难以承受大城市较高的运营成本,因而规模中小型的民营企业的总部大都集中在中小城镇。产业、人口的不同流向不但促进了区域核心城市规模的扩大,而且也促进了中小城镇的快速发展与合理城镇体系的形成。

2015年末浙江省常住人口城镇化率为65.8%。[①]这表明浙江省城市化即将进入成熟阶段。在城市空间结构上,城市群正逐步成为城镇空间结构的主要形态,现在已经形成了三大城镇群。一是环杭州湾城镇群包括杭州、嘉兴、湖州、绍兴的浙西北地区,与包括宁波、舟山、台州的浙东北地区。二是温州沿海城镇群就是温州市行政区范围。三是浙中城市群的主体是以浙西南地区中的金华市行政区范围为核心,还包括衢州市、丽水市的部分县(市)。

这三大城市群是组织省域城镇空间发展的主体形态。大力培育和发展城市群中的各级中心城市,包含城市新区和战略发展地区等,作为浙江产业扩展和升级的主要空间载体。

六、浙江城镇体系的规模结构与职能结构

当前,浙江省城镇空间结构的特点是,形成了以主要交通、信息通道等基础设施为支撑,以"三大城镇群"为基础,以中心城市为主体的"四区、七

[①] 资料来源:浙江统计信息网.2015年浙江省1%人口抽样调查主要数据公报.

核、五级、网络化"的城镇空间结构[1]。

"四区"是指浙西北地区的杭州都市区、浙东北地区的宁波都市区、浙东南地区的温州都市区以及浙西南地区的金华—义乌都市区，这四个都市区是长江三角洲地区城市群参与全球竞争的国际门户地区，是带动全省率先发展、转型发展的重要地区，也是全省加快创新体系、文化服务体系和综合交通枢纽建设的重点地区。[2][3][4]

"七核"是指浙东北地区的嘉兴、湖州、绍兴，浙东北地区的舟山、台州，浙西南地区的衢州、丽水等中心城市。由于这七个市中的一些区域中没有包括在以上"四区"中，因此需要将这七个城市逐步建成综合服务能力强和产业集聚度高的大城市或特大城市，并连同周边城镇形成特色城乡网络发展片区，以促使省域城镇空间多极化、多样化发展。

"五级"是指由浙江省内的长三角区域中心城市、省域中心城市、县（市）域中心城市、重点镇和一般镇构成的五级城镇体系，它们是支撑全省城乡统筹发展的重要空间节点。需要提升和发挥各级城镇的经济实力和服务职能，完善重大公共服务设施和各类市政基础设施的配置。

"网络化"是指以航空、轨道交通为主的人流网，以铁路、高速公路、海港和航空交通为主的物流网，以宽带、电信为主的信息网，以电力、燃气管网为主的能源网为支撑；以山海联通的生态廊道为纽带，形成串联"四区""七核"的城乡网络化发展格局。以长三角区域中心城市、省域中心城市和县（市）域中心城市为主体，依托交通、信息、能源通道形成具有辐射带动能力的中心城市网络体系。

进一步分析规模结构、职能结构，可以看到，杭州、宁波是浙江省两个最大规模的城市，其职能分工也十分鲜明。杭州市不但是浙江的政治中心、文化中心、金融中心，还是电子商务中心、智造制造中心、科技创新中心。宁波是浙江省的航运中心、贸易中心、临港型制造业中心。温州市是浙江省第三大城市，是浙江省重要的国际商贸平台和对台合作门户，东南沿海重要的中心城

---

[1] 资料来源：浙江省人民政府.浙江城镇体系规划 2011~2020 [EB/OL].浙江城乡规划信息网，2012-09-24.

[2] 方臻子.一体两翼，四大都市区精确定位.浙江省委城市工作会议布局"十三五"浙江城市发展 [EB/OL].浙江在线——浙江日报，2016-05-19.

[3] 吴可人.浙江走向都市区经济 [EB/OL].浙江在线——浙江日报，2016-02-25.

[4] 马剑.浙江推动都市区经济发展 2020年实现城市设计全覆盖 [EB/OL].新华社网站，2016-10-09.

市。金华、义乌作为组合城市，构成浙西南的经济中心。

在下面第二节，将对浙江城镇空间结构的主体，即杭州、宁波、温州、金华义乌这四大都市区进行分析。

第二节 四大都市区的功能定位与空间结构

上文分析了浙江省城镇化的总体进程与空间演变的历史与现状。由于在浙江省城镇化发展的当前阶段，城市群已经成为城市化空间组织的重要形态，而城市群的基本组成单元是大都市区。[①] 因此，在本节将着重分析浙江省的四大都市区。

都市区指一个大的城市人口核心以及与其有着密切社会经济联系的、具有一体化倾向的邻接地域的组合，都市区组织形态是大城市发展的高级形态。都市区在西方国家的发展已有近百年的历史，是目前国际上通用的进行城市统计和城市研究的基本地域单元[②]。

一、杭州都市区的功能定位与空间结构[③][④]

（一）都市区范围

杭州都市区是以浙西北区域的中心城市杭州城区为核心形成的城市化了的区域。根据与杭州城区经济联系的强度、各县市之间的交通联系时效以及行政区划界线相对完整，可以将整个浙西北区域分成三个部分：一是"核心区域"，它是与杭州城区经济联系最为密切的区域。二是"规划区域"，受到杭州城区直接辐射、与杭州城区经济联系较为紧密的区域。三是"协调区域"，是受到上海、苏南、杭州共同辐射影响的区域，包括湖州市区、长兴、嘉兴市区、嘉善、平湖和海盐等，把这部分区域作为杭州都市区的"协调区域"。

杭州都市区是浙江省四大都市区中发育最好、结构体系最完整、发展程度

[①] 宁越敏. 中国都市区和大城市群的界定——兼论大城市群在区域经济发展中的作用 [J]. 地理科学，2011（3）.
[②] 谢守红. 都市区、都市圈和都市带的概念界定与比较分析 [J]. 城市问题，2008（6）.
[③] 李良管等. 同在钱塘造繁华 浙江都市经济圈发展巡礼之杭州篇 [N]. 浙江日报，2013-09-05.
[④] 佚名. 杭州都市区规划纲要 [J]. 城市规划，2015-12-09.

最完善的都市区。当前，杭州中心城市已经进入功能提升外溢，结构优化重组的新阶段。建设杭州都市区、推进杭州与周边县市资源共享、优势互补、共赢发展，是整个区域经济走向新阶段、加速创新驱动、推进新型城镇化、建设世界级城市群的重大举措，也是整合提升发展优势，推进区域一体化、特色化、国际化，打造长三角"金南翼"的有效途径。

(二) 功能定位

为了充分发挥杭州都市区在长三角经济区"南翼"的引领、示范、带动作用，可以将杭州都市区的功能定位如下：

(1) 国际旅游休闲中心。依托江南田园风光、"名山、森林、湿地""江、河、湖、海、溪、潮"等自然景观，挖掘名城古镇、历史遗迹、宗教文化、先贤名士、民俗节庆、特色物产等人文资源，联手沪苏共建长三角一体化旅游体系，融入国际休闲旅游网络，推动旅游全域化、国际化，建设国际旅游休闲中心。

(2) 国际电子商务中心。依托发展基础好、体制机制活、创新环境优等优势，鼓励电子商务服务创新、商业模式创新以及多层次的协同创新。依托中国（杭州）跨境电子商务试验区，探索跨境电商支付和结算业务，建设"网上丝绸之路"，深化中国快递示范城市建设，发展智慧仓储物流，打造国际电子商务中心。

(3) 亚太重要的智造基地。整合都市区内高新技术产业平台和先进制造业基地，落实国家"2025制造业发展纲要"要求，积极吸纳国家先进制造生产要素，加快制造业高端化、智能化、服务化发展，推动"制造"向"智造"转变。依托院校集中、智力密集、投资区位等优势，进一步培育现代服务业，不断强化服务全省的中心功能，构建现代产业体系，成为亚太重要的智造基地。

(4) 亚太重要的贸易基地。呼应长三角国际航运中心和国际海港、空港群建设，发挥地缘优势和空港作用，积极参与国际经济分工协作，吸纳国际先进要素，努力成为我国参与全球合作和对外交流的主要区域之一，通过降低流通成本，提高流通效率，建立现代流通体系，成为亚太地区重要的贸易基地。

(5) 国家创新创意中心。依托杭州国家自主创新示范区，借助"互联网"产业的优势，以智慧城市建设为载体，突出产业智慧化、智慧产业化两个重点，发展信息经济、智慧经济，带动城市转型发展，推进治理体系和治理能力现代化，打造国家创新中心。充分发挥都市区文化、人才、环境等优势，进一步推进文创产业集聚、文创与科技深度融合，利用加入全球创意城市网络平台优势，吸引和集聚全球创意资源，全面提升文创产业国际化水平，建设全国创意中心。

（6）国家新型金融服务中心。依托民营经济主导、区位和发展基础好等优势，与上海全国金融中心错位发展，建设以互联网金融为特色、国内一流的民间财富管理中心，打造新型金融服务中心。

（7）长三角世界城市群的重要组成部分。主动服务上海"四大中心"建设，强化与长三角城市群的分工协作，增强中心城市集聚与辐射功能。以增强功能国际化为载体提升要素资源的国际吸引力，建立适应国际竞争、符合国际惯例的管理体制和运行机制，以国际化带动城市现代化，打造具有较强国际竞争力的长三角副中心。

（三）空间格局

杭州都市区的发展趋势是形成"两带、一环、三区"的总体格局。

"两带"：沿钱塘江发展带和沪杭甬发展带。

"一环"：沿杭州城区周边的海宁、桐乡、德清、临安、诸暨、绍兴城区形成的杭州城区"二绕发展环"。

"三区"：指杭州西部的山区生态旅游功能区、平原城镇综合功能区和沿杭州湾产业功能区。

（四）发展战略

（1）优化功能配置，增强都市区竞争力。基于不同地域主体的资源禀赋与要素价值，重新梳理杭州都市区发展主体之间的功能配置与联系方式。重点强化杭州极核中心的高端服务功能，一般性功能向外疏散；着力提升绍兴副中心功能；积极培育各县市中心特色化功能；重点打造五大产业平台，使其成为新增长极。最终通过高端要素集聚、功能分工合作，带动整个都市区功能提升，增强区域竞争力。

（2）实施 TOD 发展，[①] 优化都市区空间秩序。一方面，通过划定城市增长边界，倒逼城市从传统的以增量为主导的蔓延扩张模式转变为有限增量与存量挖潜并重的紧凑发展模式；另一方面，依托轨道交通站点集中开发、紧凑布局产业和城镇发展空间，形成 TOD 空间格局，实现集约高效的空间增长，促进建成空间与生态空间的和谐共存。

（3）优化空间布局，创造都市区空间价值。合理组织空间要素，促进"生

---

① TOD，是英文"Transit-Oriented Development"的缩写，即指以公共交通为导向的发展模式。

产空间集约高效，生活空间宜居适度，生态空间山清水秀"，使城市"望得到山、看得见水、记得住乡愁"。提升空间环境品质，使自然环境、人文资源优势顺利转化为发展优势，创造都市区空间价值。

（4）加强区域协作，推动都市区协调发展。以都市区各项设施的规划布局与建设、公共服务的共享和环境共保为抓手，加强区域资源配置、设施建设及利益的协调，促进区域分工合作，协同发展。

二、宁波都市区的功能定位与空间结构[1][2][3]

（一）都市区范围

宁波都市区是以浙东北区域的中心城市宁波城区、舟山城区、台州核心城区为核心形成的城市化了的区域。按照区域功能联系密切、基础设施共享程度高、生态环境保护密切相关以及行政区划界线相对完整等原则，宁波都市区范围以县（市、区）行政区范围为单位进行划定。因此，宁波都市区范围与国家《长三角城市群规划》中的宁波都市圈的范围一致，即包括宁波、舟山、台州三个市的市域。

由于宁波都市区自然地理条件复杂、产业类型多样、经济发展水平差异大，为此综合考虑都市区核心功能分布、人口集中度、建设连续度、要素密集度以及交通网络程度等因素，需要将宁波都市区分成三个部分：一是宁波都市区的"核心区域"，其范围为宁波市区、舟山市区及奉化区域。该区域是宁波都市区城市化水平最高，经济密度最大的区域。二是宁波都市区的"规划区域"，其范围为整个宁波市域、舟山市域、台州市域。三是宁波都市区的"协调区域"，其范围是绍兴市的新昌县、嵊州市和上虞区。其选定的依据是考虑宁波都市区对外经济联系密切程度和重要流域、海湾及风景名胜区的区域保护要求与边界协调要求，以及为更好地体现港口经济圈的区域互联互通的要求。

（二）功能定位

以建设宁波港口经济圈和舟山江海联运服务中心为重点，围绕国际门户型、港群联动型、海湾生态型、陆岛一体型、海洋经济集聚型五个方面，综合

---

[1] 邓崴，陈纪蔚，夏芬娟.浙江都市经济圈发展巡礼之宁波篇 走出三江是大洋[N].浙江日报，2013-09-05.
[2] 贺剑颖.加快宁波都市区发展思路和对策研究[J].中外企业家，2016（10）.
[3] 王益澄，马仁锋，孙东波.宁波—舟山都市结构的多维测度[J].宁波大学学报（理工版），2015，28（2）.

区域发展背景与宁波、舟山、台州城市总体规划要求，确定宁波都市区发展定位为现代化国际港口大都市、国际先进制造业基地与贸易物流基地、长三角中心城市与开放创新中心。具体内涵包括：

（1）具有国际国内影响力和竞争力的区域创新中心。完善区域协同创新体系，强化企业创新主体地位，培育具有国际竞争力的创新型领军企业，推动高校、科研院所与企业加强产学研合作，建设重大创新平台，完善科技创新体制。推动制造业迈向中高端，深入推进信息化与工业化、制造业与服务业融合发展。实施制造业重大技术、生产方式和组织模式创新。创新发展服务经济，积极推进农业现代化，加快发展新经济新业态新模式。大力推进制度创新，加快转变政府职能，深化改革，推动民营经济创新发展，推进金融创新发展，将宁波都市区打造成具有国际国内影响力和竞争力的区域创新中心。

（2）具有国际国内影响力和竞争力的重要战略资源配置中心。宁波都市区作为长江经济带与海上丝绸之路重要的极点城市与复合型门户地区，对接上海国际航运和国际贸易两大中心功能，发挥宁波—舟山组合优势，以港口经济圈为重点结合国家战略的集成实施，打造"一带一路"海洋金融创新服务中心和特色财务管理中心，建设区域性金融中心，进一步提升都市区的航运职能、现代物流职能、国际贸易职能、金融服务职能以及江海陆联运服务中心职能，突出宁波都市区在打造海上丝绸之路的门户作用，建设海上丝绸之路极点城市，打造具有国际国内影响力和竞争力的重要战略资源配置中心。

（3）具有国际国内影响力和竞争力的国际贸易和港航服务中心。突出长三角南翼陆海联动的现代化、网络化智慧型国际港口城市的地位，构建"一带一路"倡议的支点，扩大与"一带一路"沿线港口的资本经营合作，建立国际港口联盟。积极参与长江经济带建设，促进与长江中上游和中西部地区合作交流，打造具有国际影响力的港口经济圈和江海联运服务中心。突出建设以全球一流现代化枢纽港为重点的综合交通体系，创建国家海铁联运综合试验区，积极推进多式联运发展，拓展内陆无水港，加快建设宁波—华东地区集装箱海铁联运通道和"甬新欧"贸易物流线。建设具有国际影响力的港航物流服务中心，统筹港口物流园区功能布局，大力发展保税物流、冷链物流、智慧物流等新型物流模式，拓展国际中转配送、流通加工等功能，健全港航物流供应链管理体系。积极打造具有国际国内影响力和竞争力的国际贸易和港航服务中心。

（4）具有国际国内影响力和竞争力的国家海洋经济和海洋文化中心。以宁波舟山港海域、海岛及其依托城市为核心区，围绕增强辐射带动和产业引领作用，打造宁波港口经济圈，继续推进宁波舟山港口一体化，积极推进宁波、舟山区域统筹、联动发展，形成我国海洋经济参与国际竞争的重点区域和保障国家经济安全的战略高地。推动海洋经济与湾区经济联动发展，加快海洋经济核心示范区建设，推进海洋经济创新发展区域示范，打造海工装备及高端船舶等海洋特色产业基地，发展海洋智能制造、海洋生物医药、海洋应用材料等新兴产业。统筹推进杭州湾、三门湾、象山港湾、海岛保护与开发建设，实现海港、海湾、海岛"三海联动"，加快形成全省一流的湾区经济发展新格局。突出宁波都市区作为中国滨海生态环境优越的宜居都市区和海上花园城，发挥国家级历史文化名城效应，成为长三角地区的文化会展、休闲度假基地和旅游目的地、现代化的智慧都市区，加强海洋文化引领，推进海上丝绸之路申遗，打造具有国际国内影响力和竞争力的国家海洋经济和海洋文化中心。

(三) 空间格局与区域一体化发展

1. 核心区空间结构

以强化甬舟中心城市功能为重点，以甬舟协同空间建设为要点，依托西部山体生态屏障和东部海洋生态屏障，以港口一体化为原则，以资源共建共享、区域合作、产业高端集聚、空间宜居宜业为导向，规划宁波都市区核心区形成"双城、双廊、三组群"的空间结构。其中：

"双城"为宁波中心城和舟山花园城。双城联动，成为都市区的极核，加强一体化协同建设，发挥综合服务中心作用，打造高端服务平台，构建创新驱动引擎，强化区域中心城市功能，增强集聚辐射能力，带动都市区全面提升发展。

"双廊"为甬舟北部、南部综合走廊，是都市区核心联动的重要依托，以基础设施、生态保护、重大功能空间协调布局为导向，以深水岸线与航道保护、城市空间协调为重点。

"三组群"分别为北仑—金塘岛合作组群、梅山—六横岛合作组群和山海协作国际旅游休闲组群。其中北仑—金塘岛合作组群重点培育国际江海陆联运服务功能，加强物流集装箱中转贸易；梅山—六横岛合作组群突出国际海洋生态科技产业城建设，加强港口物流贸易，加快转型，集聚新兴产业。建设岛岛组群是都市区内部功能联动、设施共建共享的重要依托空间，是甬舟一体化深度协同合作的核心产业平台，是都市区特色经济空间的创新引领区域。

2. 加快推进台州融入宁波都市圈

根据《长三角城市群规划》构建的"一核五圈四带"网络化空间格局，宁波都市圈空间范围包括宁波、舟山、台州三市。因此需要加快台州市与宁波都市区的一体化发展，当前迫切需要做的工作是：

一是海湾联动。高效整合三地港口、湾区资源，形成海湾联动，打造全球一流的现代化综合枢纽港、国际航运服务基地和国际贸易物流中心，形成长江经济带龙头龙眼和"一带一路"支点。

二是强化网络。以共守区域生态网络安全为前提，强化大型公共服务设施网络和交通、能源等大型基础设施网络的区域协调，打造三地开放型、一体网络化空间格局。

三是产业合作。依托浙江舟山群岛新区和江海联运服务中心、宁波港口经济圈、台州小微企业金融服务改革创新试验区等重要平台，打造三地优势产业，加快推进三地跨区产业合作与分工，共同构建服务经济主导、智能制造支撑的现代产业体系。

四是旅游共兴。充分挖掘三地山、海、湾等自然资源和宗教、海防、商帮等文化旅游资源，发挥各地旅游资源优势，打造三地旅游共同体，共建国际化旅游目的地，实现区域旅游共兴。

（四）发展战略

（1）融合推进一圈与一中心建设战略。服务服从于国家"一带一路"和长江经济带战略，主动融入和参与上海世界级城市群和上海国际航运中心建设，深入打造港口经济圈建设，积极建设江海服务中心是宁波都市区建设的主要抓手，港口经济圈建设突出以港口枢纽为先导，以江海陆联运为纽带，以港口贸易与物流为重点，以区域合作为载体，突出枢纽与腹地的经济关系，形成港口经济的核心圈、覆盖圈、辐射圈、互联互通圈四大辐射拓展圈层，辐射"一带一路"沿线国家与地区及长江经济带沿线城市，成为宁波都市区未来的核心战略。

（2）核心城市提升战略。核心城市提升发展是宁波都市区建设的内涵战略。核心城市的提升重点以现代化国际港口城市为目标加快提升城市功能，以宜居宜业、品质城市为导向大力推进城市结构优化，以城市特色与城市文化为抓手不断拓展城市影响力，使之成为宁波都市区内涵发展的重要基础。

（3）产业高端化与差异化战略。产业高端化与差异化发展战略是宁波都市区经济发展的必然要求，也是甬舟一体化的重要工作。依托两大国家战略的深入推进，以新型工业化与信息化深度融合为导向，大力发展新兴战略产业，突出都市区产业高端化和差异化发展，推进都市区经济结构的战略性调整。

（4）一体化与网络化战略。一体化与网络化是宁波都市区建设的基本目的。通过港口一体化、基础设施一体化、城乡一体化等，达到生态本底网络化、公共服务网络化、交通设施网络化和市政设施网络化，全面提升都市区集聚能力和辐射能力。

（5）国际化和创新驱动战略。着力建设创新型城市、着力打造港口经济圈、着力推动国际化发展是宁波都市区的主要方向，也是实现高水平全面建成小康社会目标的重要体现。

三、温州都市区的功能定位与空间结构[①]

（一）都市区范围

温州都市区范围为温州市行政辖区范围，包括鹿城、瓯海、龙湾、洞头四个市辖区，瑞安、乐清两个县级市，以及永嘉、平阳、苍南、文成、泰顺五个县，总面积22784平方千米，其中陆域面积12065平方千米。温州都市区可以分为"核心区域""规划区域"与"协调区域"。

"核心区域"范围以温州市域中沿海平原的城镇连绵区为主，东至洞头，北至乐清清江镇，西到永嘉桥头镇，南至苍南金乡镇，涉及四区两市三县，陆域面积约4842平方千米。

"规划区域"范围为整个温州市域。

"协调区域"范围为与温州相毗邻的台州市的玉环、温岭，丽水市的青田，福建省的福鼎等周边11个市县，陆域面积约1.5万平方千米。

（二）功能定位

温州都市区是全国金融改革试验区和海洋经济发展示范区，浙江省重要的国际商贸平台和对台合作门户，民营经济创新发展示范城市、东南沿海重要中心城市。

（三）空间结构

温州都市区基于西部山区生态发展区、中部沿海平原城镇密集区和东部海岛生态发展区"平行三区"的总体格局，构建以温瑞平原一体化为主中心，以乐清和平阳—苍南（以下简称平苍）为副中心，以永嘉、文成、泰顺县城为山区发展带动极，以中心镇为城市化重要节点的"一主、两副、三极、多点、三

[①] 翁浩浩. 浙江都市经济圈发展巡礼之三·温州共筑滨海繁华梦 [EB/OL]. 浙江在线——浙江日报，2013-09-09.

区"的都市区空间结构,并通过沿海、沿江以及沿主要交通走廊形成的综合发展廊道,串联和促进"平行三区"山海城之间的融合发展。

"一主"是指以温瑞平原为都市区主中心,包括温州市区(洞头区不含大小门、鹿西)、瑞安市区、永嘉瓯北。形成都市区国际化和区域服务功能、创新型产业和市级公共服务集聚的核心,对外综合交通枢纽,生态、文化可持续发展的都市区主中心。

"两副"为乐清副中心和平苍副中心。乐清副中心包括乐成、虹桥—淡溪和柳市—北白象,是都市区高端制造业转型发展的重点区域,承担生产服务和港口物流功能,与都市区主中心密切联系并辐射环乐清湾地区。平苍副中心包括龙港、鳌江、昆阳和灵溪等,是传统优势制造业、精品农业和商贸功能提升发展的重点区域,是浙江对台合作示范区,浙闽省际边贸中心。

"三极"是指永嘉县城、文成县城、泰顺县城。这三个县域大都为山区,山区要以县城为增长极,带动整个山区发展。

"多点"是指县以下众多的中心镇。

"三区"是指西部山区生态发展区、中部沿海平原城镇密集区和东部海岛生态发展区。

(四)发展战略

(1)创新户籍管理制度。温州外来的打工者较多,需要建立健全积分落户制度,引导农业转移人口在城镇落户的预期和选择;建设城乡统一的户口登记制度,逐步消除城乡区域间户籍壁垒;建立居住证制度,实施与居住年限相挂钩的基本公共服务提供机制;建立人口信息管理制度,全面准确地掌握人口规模、人口结构、地区分布等情况。完善政府购买就业培训服务制度,开展农业转移人口综合素质培训,全面提升农业转移人口的思想素质、人文素质、科技素质和技能素质。

(2)完善土地管理机制。严格划定城镇建设拓展边界、永久性基本农田、生态用地保护三条红线,以"管住总量、严控增量、盘活存量"为原则,切实加大土地用途管制。推进更加市场化的土地配置方式改革。加大城乡建设用地市场建设,推进不动产统一登记制度建设,逐步建立城乡统一的建设用地市场。推进征地制度改革,逐步缩小征地范围,严格限定公益性征地范畴。深化集体土地制度改革,推进集体经营性建设用地入市,扩大集体建设用地使用范围,改革农村住房保障及宅基地管理,落实集体农用地和土地承包经营权的流转,促进家庭农场发展。进一步完善海域使用政策。

(3) 完善产业合作发展机制。完善都市区的产业合作发展机制，如联合招商、异地开发、利税共享等，推动产业转移，优化产业结构。

(4) 建立城市化投融资保障机制。尽快建立与完善政府投入和市场补偿相结合的投融资体制，引导企业和民间资本投向城市建设，创新城市化发展相关金融服务和产品，多渠道推动股权融资、PPP模式，如发行市政债券等，提高直接融资比重。

(5) 完善都市区基础设施市场化机制。系统推出加快市政公用事业市场化政策措施，规范市政公用事业特许经营活动，加强市场监管，保障社会公共利益和公共安全；建立都市区交通设施建设和管理一体化制度，推动公共交通跨市经营、营造区域一体化的换乘体系，制定机动车异地处理、多方式联运和高速公路统一收费等政策。

(6) 建立区域生态共保共建机制。建立和完善自然资源利用和生态环境保护的补偿机制，促进温州都市区环境的整体优化和可持续发展。建立环境保护重大决策听证、重要决议公示和重点工作通报制度。加强"过程严管"的体制机制建设，建立健全严格监管所有污染物排放、独立进行环境监管和行政执法的环境保护管理制度；深化资源要素市场化配置改革，完善排污权有偿使用和交易制度，积极开展用能量（权）、碳排放权及水权交易；完善资源有偿使用和生态补偿制度，加快推进生态环保专项转移支付改革；建立完善协同治理机制，完善环境保护区域协调和跨区域综合治理机制。

四、"金华—义乌"都市区的功能定位与空间结构[①][②][③]

（一）都市区范围

"金华—义乌"都市区简称"金义"都市区，其范围为金华市行政管辖区，包括金华市区、义乌市、东阳市、永康市、兰溪市、浦江县、武义县、磐安县八个县市区，土地总面积1.09万平方千米，重点协调区内的各城镇功能、重大基础廊道控制、重要交通通道建设和生态环境保护等内容，同时考虑与周边其他地区的发展协调与衔接。都市区可以分为三个部分：

---

① 周少华，白丽媛，徐晓恩.浙江都市经济圈发展巡礼之四·金义篇 [EB/OL].浙江在线——浙江日报，2013-09-10.
② 白聪霞，安旭，郑晓燕.同城化视角下的金义都市区发展对策研究 [J].浙江师范大学学报（自然科学版），2014，34（3）.
③ 编辑部.金义都市区：引领浙中崛起 [J].今日浙江，2014（10）.

一是"核心区域"。根据交通联系强度、城市高端服务业分布的区域、经济人口集中度等情况来确定的核心区范围是金华市区、义乌市。土地总面积0.32万平方千米,并将都市区核心区作为规划的重点,对核心区的功能定位及核心功能的整合提升,空间资源组织,基础设施和公共设施支撑,生态文明建设,规划实施保障等具体规划内容作出重点安排。

二是"规划区域"。是整个金华市域。

三是"协调区域"。考虑都市区功能的完整性,将丽水市的缙云县、衢州市的龙游县和绍兴市的诸暨南部作为本次规划的影响协调区,强化其空间、产业、设施与都市区的统筹协调,土地总面积0.41万平方千米。

(二)功能定位

浙江省西南地区是省内的欠发达地区,为了培育区域核心带动功能,打造浙江省带动浙西部发展的重要增长极,就需要依托都市区在"一带一路"倡议中的节点地位,积极融入国际区域合作,推动"义新欧"班列常态化,以都市区专业化、特色化的国际商贸和陆港物流功能链接进全球城市网络,打造新丝绸之路战略示范区,形成长三角世界级城市群的重要节点区域。为此,确定金华—义乌都市区的功能定位为,"一带一路"示范区、国际商贸试验区、先进制造集聚区、信息科技引领区、影视休闲旅游区。具体可以阐述如下:

(1)"一带一路"示范区。以"一带一路"倡议为契机,积极融入国际区域合作,推动"义新欧"班列常态化,以都市区专业化、特色化的国际商贸和陆港物流功能链接进全球城市网络,打造新丝绸战略起点,成为我国建设"新丝绸之路"自由贸易区的试验区和枢纽城市。

(2)国际商贸试验区。结合义乌国际贸易综合试点、金华国家现代服务业综合试点、永康五金产业集群转型升级示范区试点等工作,突出小商品贸易、五金贸易专业化特色,并整合都市区其他资源,打造具备特色化功能的国际商贸试验区。

(3)先进制造集聚区。积极推动新能源汽车产业园、现代农机产业园等我省重要产业平台建设,进一步做大做强汽车及零部件、农业机械、机电设备、新能源新材料等高新制造业,打造长三角重要的先进装备制造业集聚区。

(4)信息科技引领区。积极促进实体市场和网上电子商务的融合发展,大力发展电子商务、信息软件、通信服务、电商物流、互联网金融等网络产业,重点培育物联网、服务外包等网络经济,积极推动中欧科技园、国际科技城等创新平台建设,将都市区建成我国现代信息科技、网络经济和电子商务发展的引领区。

（5）影视休闲旅游区。依托横店国家级影视文化产业基地，优化延伸文化产业链，积极培育影视制作、影视旅游、创意设计、时尚文化等产业，打造全国乃至全球著名的"东方好莱坞"影视文化旅游区。

（三）空间格局

以构建网络型都市区为目标，坚持共建共融共享共赢理念，发挥金华—义乌都市区内城镇各具特色的优势，加强分工协作、产业共创、资源共享、设施共建、生态共保，促进都市区一体化发展，形成"一圈、一轴、两带、多组团"的网络化空间发展框架。

"一圈"是指依托高速公路、轨道交通、快速路、BRT等交通环线，围绕中部生态绿心建设紧密型的都市区核心功能圈层。把都市区核心功能圈层的培育作为重要纽带，以此为基础带动都市区内各城镇组群建设，促进都市区融合发展。都市区核心功能圈层上的各主要节点城市，应加大城市综合服务功能、特色功能建设力度。

"一轴"是指连接金华与义乌的交通干线。以金华市区和义乌为核心，以金义都市新区为战略节点，推进金华、金义都市新区、义乌聚合发展，作为培育网络型都市区核心功能的载体，并可向两端延伸。

"两带"包括金兰永武发展带、义东浦磐发展带。重点强化统筹协作，提升要素沿发展带纵深配置功能。各主要节点城市应加大城市综合服务功能、特色功能建设力度，进一步做强东阳影视、永康五金、浦江水晶等优势产业集群，与金义主轴线共同组成"工"字形结构，构筑优势突出、层次分明、协作高效、配套完善的区域产业体系。

"多组团"是指围绕都市区核心功能圈构筑四大区域功能组团，分别为：①西北部城镇组团，由金华、兰溪二城市和汤溪、诸葛、游埠等中心镇共同组成；②西南部城镇组团，由永康、武义二城市和古山、芝英、桐琴等中心镇共同组成；③东北部城镇组团，由浦江、义乌、东阳三城市和佛堂、苏溪、横店、巍山、郑家坞、黄宅等中心镇组成；④东南部生态型城镇组团以磐安等城镇为中心。各组团内的城镇应优先实现一体化发展，积极推进同城化建设。

（四）发展战略

（1）尊重都市区内各城市特色，强化多中心、网络化的空间功能组织。以"产城一体"发展、促进城镇空间与生态空间和谐共生为目标，发挥金华—义乌都市区内城镇各具特色的优势，促进都市区一体化发展与分工协作，强化多中心、网络化的空间功能组织，构建各具特色、协作共生、层次分明的网络型城镇体系，提升整体竞争力。

（2）以金华、义乌为核心，带动都市区功能提升。落实浙中城市群规划确定的都市区建设要求，协调发展金华、义乌中心城市，聚合金义主轴线，培育都市区核心区域。把金义都市新区的培育，作为都市区发展的重要合作平台，加快都市区融合，并以此为基础，强化横贯都市区的金义主轴线，形成都市区核心区域，为提高都市区的凝聚力和竞争力，提升都市区的整体功能，提供强大的空间平台和服务基地，为带动浙西南地区加快发展、促进产业升级转型，加快要素集聚，保护生态环境奠定了良好的基础。

（3）以两个省级产业集聚区为依托，打造金华、金义都市新区、义乌三大核心区产业发展平台。以金华新兴产业集聚区和义乌商贸服务业集聚区这两个省级产业集聚区为依托，整合核心区产业资源，打造金华、金义都市新区、义乌三大核心区产业发展平台，提升核心区的整体竞争力。

（4）以金华—义乌聚合发展、金义都市新区一体化发展为重点，推进核心区一体化进程。以金华—义乌聚合发展、金义都市新区一体化发展为重点，通过空间接轨、产业整合、交通复合、设施协同、资源共享、生态融合等发展策略，打造集群化的生产基地、同城化的生活服务、网络化的基础设施、一体化的生态格局和休闲空间，推进核心区一体化进程，促进核心区的协调发展。

（5）建设都市区基础设施网络、公共服务网络、生态休闲网络，提升都市区设施和资源共享水平。通过基础设施网络、公共服务网络、生态休闲网络等统筹安排，积极推进城乡一体化进程。发挥中心镇作为连接城乡的节点、纽带作用，加强城市基础设施向乡村延伸和公共服务向乡村覆盖，逐步缩小城乡之间基本公共服务水平的差异。同时，通过跨界重大设施平台的统筹共建，提升都市区设施和资源共享水平。

参考文献：

[1] 王嗣均.中国人口（浙江分册）[M].北京：中国财政经济出版社，1988：192.
[2] 朱蓉.温台模式发展动因及出路探究[J].特区经济，2011（7）.
[3] 刘亭，倪树高.试论浙江城市化进程[J].浙江社会科学，1996（4）.
[4] 林国铮.浙江省经济地理[M].北京：新华出版社，1992.
[5] 史晋川，钱陈.空间转型：浙江的城市化进程[M].北京：浙江大学出版社，2008.
[6] 马裕祥.省域城市化研究的先导[J].浙江经济，2001（9）.

[7] 戴韫卓,丁菡.浙江省县级以上城镇建成区规模扩展研究[J].浙江国土资源,2007(9).

[8] 浙江统计信息网.2015年浙江省1%人口抽样调查主要数据公报.

[9] 浙江省人民政府.浙江城镇体系规划2011—2020[EB/OL].浙江城乡规划信息网,2012-09-24.

[10] 方臻子.一体两翼,四大都市区精确定位[EB/OL].转引自浙江省委城市工作会议布局"十三五"浙江城市发展.浙江在线——浙江日报,2016-05-19.

[11] 吴可人.浙江走向都市区经济.浙江在线——浙江日报,2016-02-25.

[12] 马剑.浙江推动都市区经济发展 2020年实现城市设计全覆盖[EB/OL].新华社网站,2016-10-09.

[13] 宁越敏.中国都市区和大城市群的界定——兼论大城市群在区域经济发展中的作用[J].地理科学,2011(3).

[14] 谢守红.都市区、都市圈和都市带的概念界定与比较分析[J].城市问题,2008(6).

[15] 李良管等.同在钱塘造繁华 浙江都市经济圈发展巡礼之杭州篇[N].浙江日报,2013-09-05.

[16] 佚名.杭州都市区规划纲要[J].城市规划,2015-12-09.

[17] 邓崴,陈纪蔚,夏芬娟.浙江都市经济圈发展巡礼之宁波篇 走出三江是大洋[N].浙江日报,2013-09-05.

[18] 贺剑颖.加快宁波都市区发展思路和对策研究[J].中外企业家,2016(10).

[19] 王益澄,马仁锋,孙东波.宁波—舟山都市区结构的多维测度[J].宁波大学学报(理工版),2015,28(2).

[20] 翁浩浩.浙江都市经济圈发展巡礼之三·温州共筑滨海繁华梦[EB/OL].浙江在线——浙江日报,2013-09-09.

[21] 周少华,白丽媛,徐晓恩.浙江都市经济圈发展巡礼之四·金义篇[EB/OL].浙江在线——浙江日报,2013-09-09.

[22] 白聪霞,安旭,郑晓燕.同城化视角下的金义都市区发展对策研究[J].浙江师范大学学报(自然科学版),2014,34(3).

[23] 《今日浙江》编辑部.金义都市区:引领浙中崛起[J].今日浙江,2014(10).

第九章 资源环境与区域经济协调发展

本篇前面两章分析了浙江省内四大经济区域以及四大经济区域内部各市的资源环境与经济发展状况，本章将进一步分析各个区域之间经济的协调发展问题。

资源环境是影响浙江区域经济发展各种因素中的最大短板，也是影响浙江区域经济协调发展的基础性因素。本章从探讨浙江区域经济差距入手，分析了缩小区域经济差距、实现区域经济协调发展的资源环境制约，并进一步分析在资源环境约束条件下，为实现区域经济协调发展所需要的国土空间开发导向。

第一节 区域经济协调发展与资源环境约束

一、浙江区域经济差距

虽然浙江省经济发展在总体上走在全国前列，但是在省域内部各个区域之间发展很不平衡，存在着较大的经济差距。浙江四大经济区域以及11个地级市之间的发展水平如表9-1所示。

表9-1 浙江四大经济区域经济发展水平比较

区域	地区生产总值（亿元）	三大产业比重（%）	城市化率（%）	人均GDP（元）
1.浙西北经济区域	20121.59	3.7：44.9：51.4	67.23	93497
杭州市	10053.58	2.9：38.9：58.2	75.30	112268
嘉兴市	3517.06	4.0：52.6：43.4	60.90	76834
湖州市	2084.30	5.9：49.2：44.9	59.20	70899
绍兴市	4466.65	4.5：50.4：45.1	63.20	90017

续表

区域	地区生产总值（亿元）	三大产业比重（%）	城市化率（%）	人均 GDP（元）
2. 浙东北经济区域	12664.63	4.3∶48.1∶47.6	66.43	84285
宁波市	8011.50	3.6∶49.0∶47.4	71.10	102475
舟山市	1095.00	10.2∶41.4∶48.4	66.90	95272
台州市	3558.13	6.5∶44.2∶49.3	60.30	59570
3. 浙东南（温州）经济区域	4619.84	2.7∶45.5∶51.8	68.00	50809
4. 浙西南经济区域	5654.98	5.6∶45.6∶48.8	59.58	58143
金华市	3406.48	4.1∶45.2∶50.7	64.50	71478
衢州市	1146.16	7.4∶46.9∶45.7	50.20	53848
丽水市	1102.34	8.3∶45.6∶46.1	56.40	51632

资料来源：《浙江统计年鉴2016》。

从表9-1可以知道，浙江省区域之间经济发展水平有很大的差距。从四大区域的人均GDP看，最高的是浙西北区域为93497元，最低的是浙东南区域只有50809元。从11个地级市看，人均GDP最高的杭州市为112268元，而最低的丽水市只有51632元，不到杭州市的一半。

巨大区域经济差距的存在不利于资源在全省范围内的优化配置，不利于全省整体经济的持续稳定增长。因此，促进区域经济协调发展是浙江经济未来发展的重要课题。

二、区域经济协调发展的资源环境制约

（一）区域经济协调发展与资源环境问题

什么是区域经济协调发展？学术界对此尚未形成统一的概念解释[①]。笔者认为，首先需要区分"区域协调发展"与"区域经济协调发展"这两个概念。区域协调发展是指区域之间在政治、经济、社会、文化等各个方面的协调发展，因而涉及公共服务、政府转移支付等方面的问题，而区域经济协调发展是指在区域之间在经济方面的协调发展。本篇主要分析区域经济的协调发展。

区域经济协调发展的核心是各区域之间人均收入差距的不断缩小。显然，区域经济差距的缩小不能通过抑制发达地区的经济发展来达到，而只能在发达

---

① 胡军，覃成林.中国区域协调发展机制体系研究［M］.北京：中国社会科学出版社，2014：14.

地区与欠发达地区都得到发展的基础上逐步实现。因此，各个区域经济的持续发展是实现区域经济协调发展的重要途径。但是，浙江的区域经济发展正受到资源环境的严重制约。

经济发展从两个方面与资源环境发生联系：一方面经济发展需要消耗各种自然资源，从而影响环境；另一方面经济发展会向自然界排放各种当前难以利用的废弃物，从而对环境产生污染与破坏。经济发展与资源环境的内在联系说明，如果经济发展方式不当，超越了资源环境的承载能力就会产生"资源环境问题"。

所谓"资源环境问题"就是指由于自然资源的短缺和耗竭、环境污染和生态破坏，使得人类的生存与发展难以持续的问题。[1] 浙江省由于资源环境禀赋以及经济发展方式的特点，更易于产生资源环境问题。

(二) 资源环境问题已构成浙江区域经济协调发展的关键制约

1. 浙江是个自然资源禀赋严重不足的地区

浙江省是一个自然资源小省。除了对经济增长影响不大的森林资源以及非金属矿产资源较为丰富外，那些直接影响经济增长的水资源、矿产资源、土地资源、能源等都较为短缺，供求矛盾突出。

浙江是一个水资源小省。虽然水资源总量较丰，但由于人口密度高，人均水资源低，2005~2015年这11年人均水资源仅2012.1立方米/人，为世界人均水平的28.6%，逼近世界缺水警戒线（人均水资源量少于1700立方米）。[2]

浙江省陆域燃料（煤炭、石油）矿产贫乏；金属矿产多为小矿、贫矿，其中铁矿资源储量较小，铜、钼矿质优，但后备储量不足，铅、锌资源储量较大，但以贫矿为主；非金属矿产，如明矾石、叶蜡石、萤石、伊利石等较为丰富；由于客观地质条件的限制以及地勘投入所限，浙江省矿产资源形势较严峻，大部分矿产保有储量不能满足开采需要。[3]

浙江人口密度大，人多地少的矛盾突出。浙江省的土地面积中，山地和丘陵占70.4%，平原和盆地仅占23.2%。"七山一水两分田"的土地资源与庞大的经济活动人口之间形成矛盾，耕地资源十分紧缺。但浙江又是我国经济大省之

---

[1] 鲁传一. 资源环境经济学 [M]. 北京：清华大学出版社，2004.
[2] 据2014年国家环境公报，长江、黄河、珠江、松花江、淮河、海河、辽河、浙闽片河流、西北诸河和西南诸河等十大流域的国控断面中，Ⅰ~Ⅲ类水质断面占63.1%，Ⅳ~Ⅴ类水质断面占27.7%，劣Ⅴ类水质断面占9.2%。
[3] 浙江省统计局. 浙江统计年鉴2016，浙江统计信息网.

一，经济的快速增长，城市空间的扩张，资源的低效使用加剧了土地等自然资源短缺的矛盾。

浙江省能源供需矛盾突出。一方面，浙江省能源消费需求庞大，能源消费总量近二十年来不仅一直保持持续增长的趋势，能源消费从1990年的2732.86万吨标准煤增加到2014年的18826万吨标准煤，增加了五倍多。现在浙江省能源消费总量居全国第四，人均用电量高出全国平均50%多，已接近中等发达国家水平。但另一方面，浙江是典型的能源资源小省，煤炭、石油、天然气等能源基本没有，全省能源消费总量的95%以上依靠从省外输入。[1]

2. 浙江传统的经济发展方式更易产生资源环境问题

改革开放以来浙江的经济发展是从农村工业化、乡镇企业发展起步的，并形成了以加工工业的"小产品"为主导、以中小企业为主体、以"一村一品""一乡一业"为空间布局特征的区域特色经济。这种"村村点火、乡乡冒烟"的个体分散经营的经济发展方式在富裕了千百万民众的同时也造成了严重的环境污染。如以低压电器为特色优势产业的乐清市，作为配套行业的电镀加工业主要集中在柳市、北白象、乐成、虹桥等工业强镇，镀种有锌、镍、铜、锡、银、铬等。大多数电镀企业工艺落后，设备简单，基本上沿袭传统的人工操作工艺。即使在有证的电镀企业里，也只运用简易的处理池，把废水简单分类汇集和处理。自动化控制程度差，废水不能稳定达标排放。而在无证的小电镀厂中，生产工艺、设备更是落后，基本没有电镀废气、废水处理装置，任凭污染随意排放，使城乡环境遭到破坏。[2] 温州、嘉兴、绍兴、台州等地区的制革、印染、机电、医药、化工、固废拆解等行业也都严重污染了当地的生态环境。

正是浙江省以上这种传统的经济发展方式，导致在经济飞速发展的同时也付出了沉重的资源环境代价。以2003~2014年为例，能源消费总量由9522.56万吨标准煤增长到18826万吨标准煤，增长了近1倍；工业废水排放量曾一度升为21.74亿吨，到2014年才降为14.94亿吨，但是仍居全国前列；工业废气排放量更是从10432亿标立方米增长至26958亿标立方米，增长了超1倍；工业固体产生量也是有增无减，从1976万吨增长至4699.64万吨。[3] 虽然近10多年来浙江省强力实施"生态省建设"战略，启动"811"美丽浙江建设行动，

---

[1] 浙江省统计局. 浙江统计年鉴2016, 浙江统计信息网.
[2] 郑恒. 生态工业园区模式在浙江产业集群中的运用 [J]. 浙江经济, 2015 (11).
[3] 薛笑笑. 浙江省经济与生态环境耦合关系的演变特征 [J]. 当代经济, 2017 (7): 12-85.

"五水共治"等一系列环境治理行动，环境污染得到了一定程度的控制，但是鉴于生态环境自身的复杂性和脆弱性，生态环境的污染、资源的高消耗仍是经济发展过程中亟须解决的重大问题。

以上说明，浙江的区域经济发展已经受到资源环境的严重制约，难以在传统的发展模式下实现区域经济的协调发展。

三、基于资源环境承载力的区域经济协调发展

面对资源环境的制约，要实现区域经济的协调发展，首先需要根据浙江各个区域的资源环境承载能力、区域发展基础以及在不同层次区域中的战略地位等因素，制定空间规划，确定各个区域不同的空间开发导向，形成全省布局合理的空间开发结构。

（一）浙江区域空间开发面临的问题

根据对浙江土地资源、水资源、环境容量、生态系统脆弱性、生态重要性、自然灾害危险性、人口集聚度、经济发展水平、交通优势度等指标的综合评价，从工业化城市化开发角度，浙江的国土空间开发面临许多新情况、新问题，呈现许多新特点。

（1）资源短缺且空间分布不均衡。全省的水资源、土资地源空间分布不均衡，适宜建设用地主要分布在浙西北、浙东北、温州沿海平原和浙西南的金衢盆地一带。而水资源储量相对丰富的地方却在靠近安徽南部、江西北部、福建北部的地区，水资源、土资源空间不匹配的格局对浙江经济发展的制约已日益凸显。

（2）生态环境局部脆弱。全省整体生态环境虽然正在逐步改善，但存在局部生态脆弱地区，主要为水土流失，面积约为1.01万平方千米，分布在浙西南、浙西北和浙东北等地区。

（3）局部地区自然灾害多发。浙江自然灾害频发，危害最大的为台风，以及由此引发的海洋灾害和地质灾害，地震、洪水、赤潮、地面塌陷和地面沉降等自然灾害也有发生。部分区域存在遭受破坏性地震、水库地震和地质灾害的隐患。

（4）经济布局和人口分布不合理。人口转移总量和结构不尽合理，部分地区人口数量超过资源环境承载能力，城乡之间和不同区域之间的公共服务水平存在差距。

（5）经济发展与环境保护的矛盾突出。浙江生态保护和节能减排任务十分

艰巨。部分流域特别是平原河网和城市内河污染比较突出，近岸海域水质状况较差，大气环境状况不容乐观，农村生态保护和环境整治相对滞后。经济总量不断增加与环境容量相对不足的矛盾将会更加突出，环境质量现状与人民群众的期望仍然存在较大的差距。

面对以上十分复杂的区域空间特点，就需要根据各地区的资源环境状况，确定区域主体功能定位，明确开发方向，控制开发强度，规范开发秩序，完善开发政策，逐步形成人口、经济、资源环境相协调的空间开发格局。

（二）确定国土空间开发导向的基本原则

根据新发展理念，为了形成人口、经济、资源环境相协调的空间开发格局，在制定空间开发导向的时候，就需要遵循以下原则：

（1）尊重自然，保护生态。根据国土空间的不同特点，以保护自然生态为前提、以资源环境承载能力和环境容量为基础进行有限、有序的开发。强化工业、城镇开发的资源环境承载能力评价。加强对陆域生态重要区域以及生态敏感脆弱区域的保护修复。积极维护好海域、海岛、海岸线、湾区自然状况，强化海洋保护区、水产种质资源保护区等建设，保护好海洋生物多样性，打造浙江蓝色生态屏障。走人与自然和谐发展的道路。

（2）陆海统筹，联动发展。把海洋资源与陆域资源有机结合起来，统筹海洋空间格局与陆域发展布局，促进陆地国土空间与海洋国土空间协调开发，实现海陆产业联动发展、基础设施联动建设、资源要素联动配置，统筹陆源污染防治与海洋生态环境保护和修复。

（3）优化结构，集约开发。按照新发展理念的要求，调整国土空间开发模式，把握开发时序，提高国土空间利用效率。坚持资源的集聚集约开发，积极推进以都市区为主体形态的城市化，控制城市无序蔓延，确保农业用地和生态用地，引导产业集聚发展和人口集中居住。优化产业结构，推进产业结构转型升级，加快以粗放外延扩张为主向优化存量结构为主转变。

根据以上原则，在下文的第二节、第三节将分别分析浙江省陆域、海洋的空间开发导向。

第二节 基于资源环境承载力的陆域空间开发导向

一、功能分区

针对区域经济协调发展的资源环境制约，需要以新发展理念为引领，加快转变经济发展方式，积极推进杭州、宁波、温州和金华—义乌四大都市区的建设，构建高效、协调、可持续的国土空间开发格局。为此，就需要在全省国土空间综合评价的基础上，按照是否适宜进行大规模高强度的工业化城市化开发为标准，划分优化开发区域、重点开发区域、限制开发区域和禁止开发区域四类主体功能区。

优化开发区域是经济比较发达、人口比较密集、开发强度较高、资源环境问题更加突出，从而应该优化进行工业化城市化开发的区域。

重点开发区域是有一定经济基础、资源环境承载能力较强、发展潜力较大、集聚人口和经济条件较好，从而应该重点进行工业化城市化开发的区域。

限制开发区域是指关系生态安全和农产品供给安全、不适宜大规模高强度工业化城市化开发的区域，根据限制开发区域的功能属性，进一步划分为农产品主产区、重点生态功能区和生态经济地区。

禁止开发区域是依法设立的各类自然文化资源保护区域，以及其他禁止进行工业化城市化开发、需要特殊保护的生态区域。

二、优化开发区域

优化开发区域是指具备以下条件的城市化地区：综合实力较强，能够体现区域竞争力；经济规模较大，能够支撑带动区域经济发展；城镇体系比较健全，有条件形成具有影响力的都市区；内在经济联系紧密，区域一体化基础较好；科技创新实力较强，能引领并带动区域自主创新和结构升级。

（一）区域范围

浙江省域范围的优化开发区域是长三角国家级优化开发区域的重要组成部分，主要分布在浙西北地区杭州、嘉兴、湖州、绍兴的部分县（市、区），以及浙东北地区宁波、舟山市的部分县（市、区）。

(二) 功能定位

(1) 带动全省经济社会发展的龙头区域。该区域要在继续壮大经济总量的同时，着力转变经济发展方式，率先形成以先进制造业和现代服务业为主体的经济结构，各项社会事业全面发展，实现经济与社会、人与自然和谐发展，形成全省加快建设现代化的引领区。

(2) 提升地区竞争力的核心区域。该区域要依托科技人才和区位优势，加快实施创新驱动战略，提高产业市场竞争力，加快产业结构从劳动密集、资源密集型向资本和技术密集型转变，加快产品结构从价值链低端向价值链中高端转变，发挥承接国际高端产业转移和对内扩散辐射的作用。

(3) 集聚人口和经济的重要区域。该区域要高质量推进新型工业化和新型城市化，提升产业发展的层次和水平，加快构筑以都市区为核心、以区域中心城市为节点的城市连绵带，完善小城市和中心镇功能，不断提升人口和经济的集聚能力。

(三) 开发方向

(1) 转变发展方式。把提高经济增长质量和改善生态环境放在首位，改变依靠大量占用土地、消耗资源和排放污染的发展模式，率先实现经济发展方式的根本性转变。

(2) 强化创新驱动。把创新驱动发展摆在核心战略位置，坚持以优化产业结构为主攻方向打造浙江经济"升级版"，推进产学研协同创新，加强创新团队和创新人才队伍建设，全面提高创新能力。

(3) 优化产业结构。推动产业结构向高端、高效、高附加值转变，加快构建现代产业体系，增强战略性新兴产业、先进制造业、高新技术产业和现代服务业对经济增长的带动作用。

(四) 空间管制

(1) 优化空间结构。适度减少工矿空间和农村生活空间，扩大服务业、交通、城市居住、公共设施和绿色生态空间。控制城市粗放扩张，优化产业布局，进一步推动产业向开发区和园区集中。集约利用滩涂资源，科学有序地拓展沿海发展空间。

(2) 优化城镇布局。进一步健全城镇体系，着力推进都市区建设。推进城镇有机更新，合理控制城镇建设用地的规模，加大城中村改造力度，促进新区产城融合，引导人口从分散居住点逐步向城镇居住区集中。

(3) 优化基础设施布局。完善交通、能源、水利、通信、环保、防灾等基础设施布局,提高基础设施的区域一体化和网络化程度。

(4)优化农业生产布局。加快培育发展都市型、外向型等农业特色功能产区,建设城郊蔬菜基地和养殖基地,保障区域内基本农产品供给。

(5)优化生态系统格局。加强环境治理和生态修复,严格保护耕地、水面、湿地、林地和自然文化遗产,保护好城市之间的绿色开敞空间,改善人居环境。

三、重点开发区域

重点开发区域是指具备以下条件的城市化地区:具有较强的经济基础,一定的科技创新能力和较好的发展潜力;城镇体系初步形成,有条件形成新的区域性城镇群;能够带动周边地区发展,促进全省区域协调发展。

(一)区域范围

浙江省域的重点开发区域范围主要分布在浙西北、浙东北、浙东南地区的滨海平原地区,以及舟山群岛新区和浙西南的丘陵盆地地区。

(二)功能定位

(1)支撑全省经济持续发展的新增长极。该区域要依托现代产业集聚区和各类产业功能区,促进战略性新兴产业、先进制造业、现代服务业和高效生态农业联动发展,加快培育新的产业集群,发挥对全省经济发展的引擎作用。

(2)打造全省先进制造业、高新技术产业和现代服务业的重要基地。该区域要充分发挥经济基础较好、科技创新能力较强和可利用土地资源相对丰富的优势,聚集创新要素,构建区域创新体系,增强产业集聚能力,打造全省重要的现代产业基地。

(3)承接人口和产业转移的重要区域。该区域要发挥资源环境承载力较强的优势,提升区域中心城市等级规模,培育小城市和中心镇,完善人口集聚和产业发展的联动机制,积极承接限制开发区域、禁止开发区域的人口和优化开发区域的产业转移。

(三)开发方向

(1)构筑现代产业体系。着力推进产业转型升级,培育发展战略性新兴产业,加快发展先进制造业,大力发展现代服务业,建设一批国际化现代产业集群,增强产业竞争力。

(2)提升城市功能。增强中心城市综合服务功能,加快构建都市区,积极推进小城市和中心镇培育,提高城市集聚和辐射能力。

（3）促进人口合理集聚。加快户籍制度改革，完善城市基础设施和公共服务，加强现代产业体系建设与人才结构优化互动，进一步提高城市的人口承载能力。

（四）空间管制

（1）有序拓展发展空间。适度扩大制造业、服务业和城市居住等建设空间，有序减少农村生活空间，增加绿色生态空间，统筹规划滩涂围垦和低丘缓坡开发。

（2）加快建设产业集聚区。推进产业转型升级和空间集聚，培育一批战略性新兴产业，整合提升开发区（园区），高标准、高水平地建设产业集聚区。

（3）培育建设中心城市和城市新区。增强中心城市服务功能，拓展城市新区，统筹建设市政基础设施和公共服务设施，提高城市人居环境质量。

（4）保护农业和生态空间。加强基本农田、林地保护，避免土地过多占用和水资源过度开发等问题，着力提高生态环境质量。大力建设城郊蔬菜基地和养殖基地，保障区域内基本农产品供给。

（5）保护和预留未来发展空间。科学开发滩涂资源，合理划分岸线功能，严格保护自然岸线，为未来发展预留空间。目前尚不具备开发条件的区域要作为预留发展区域予以保护。

四、限制开发区域

限制开发区域可以进一步分为农产品主产区、重点生态功能区和生态经济地区。

（一）农产品主产区

农产品主产区是指具备较好的农业生产条件，以提供农产品为主体功能，以提供生态产品（生态产品特指维系生态安全、保障生态调节功能、维护良好人居环境的自然要素，包括清新空气、清洁水源、宜人气候和舒适环境等）、服务产品和工业品为辅助功能，在国土空间开发中限制进行大规模高强度工业化城市化开发，以保持并提高农产品生产能力的区域。

1. 区域范围

浙江省域范围的农产品主产区主要为国家确定的产粮大县，由嘉兴部分和衢州部分组成，分别包括嘉兴市的海盐县、平湖市和衢州市的衢江区、江山市、龙游县五个国家产粮大县。

2. 功能定位

农产品主产区的功能定位是：保障农产品供给安全的重要区域，社会主义新农村建设的示范区，农村居民安居乐业的美好家园。

3. 开发方向和空间管制

农产品主产区要严格保护耕地，尤其是基本农田，稳定粮食生产，增强农业综合生产能力，保障农产品供给，确保粮食和食物安全，发展现代农业，增加农民收入。农产品主产区的主要开发方向和空间管制原则是：

（1）调整农业开发方式。积极推进农业规模化、产业化，发展农产品深加工。控制开发强度，优化开发方式，发展循环农业，促进农业资源的永续利用。鼓励和支持农产品、畜产品、水产品加工副产物的综合利用。加强农业面源污染治理。

（2）优化农业生产布局。搞好农业布局规划，科学确定不同区域农业发展的重点，形成优势突出和特色鲜明的产业带。

（3）加大农业基础设施建设。推进土地整理，加强农田水利、路渠、电力配套设施，强化耕地重金属污染监测。深入实施标准农田质量提升工程，通过增施有机肥、农艺修复、农牧结合等地力培肥措施，加大中低产田改造力度，提高耕地地力。鼓励和支持利用新能源开展农业生产。强化人工影响天气基础设施和科技能力建设，提高人工增雨防雹作业保护效益。

（二）重点生态功能区

重点生态功能区是指生态敏感性较强，生态系统十分重要，关系到全省乃至更大区域范围的生态安全，需要在国土空间开发中限制进行大规模高强度工业化城市化开发，以保持并提高生态产品供给能力的区域。

1. 区域范围

浙江省域范围的重点生态功能区包括浙西山地丘陵重点生态功能区、浙南山地丘陵重点生态功能区和浙中江河源头重点生态功能区。

2. 功能定位

（1）提供多种生态服务功能的重要区域。该区域在突出主导服务功能的同时，要充分发挥生物多样性维持、水源涵养与饮用水水源保护、洪水调蓄等多种生态服务功能，确保重点生态功能区生态系统结构的典型性和服务功能的稳定性。

（2）保障全省生态安全的重要屏障。该区域要以维持生态服务功能为出发点，强化江河源头地区的生态环境保护与建设，限制导致生态功能退化的开发活动，形成以提供生态产品为主体功能的区域，确保全省生态安全。

3. 开发方向

（1）提高水源涵养能力。推进天然林保护和围栏封育，严格保护具有水源涵养功能的自然植被，加大江河源头和上游地区的植树造林力度，禁止过度无序采矿、毁林开垦、侵占湿地等行为，切实保护流域水资源环境。

（2）维护生物多样性。加强生物资源的保护，保持和恢复野生动植物物种种群的平衡，加强防御外来物种入侵的能力，维护生态环境和生物多样性安全。

（3）发展适宜产业。在不损害生态服务功能的前提下，科学开发矿产资源，适度发展生态农业、生态工业和生态旅游业，促进城乡居民收入稳步提高。

4. 空间管制

（1）严格控制开发强度。划定生态红线，逐步减少各类建设和开发活动占用的国土空间，保障生态系统的良性循环。严格控制区域人口总量和密度，促进人口向其他区域有序转移。

（2）加强生态环境修复。加大对生态环境建设的投资力度，加强生态公益林建设，进一步提高森林覆盖率，逐步降低生态退化国土面积比例，加强水土流失治理，降低自然灾害损失。

（3）保持生态系统的完整性。加强新增公路、铁路等建设项目的生态影响评价，尽可能减少对生态环境的影响和破坏。在有条件的重点生态功能区之间，要通过水系、绿带等构筑生态廊道，避免个别地区成为"生态孤岛"。

（三）生态经济地区

生态经济地区是指生态服务功能较为重要，具有一定的资源环境承载能力，在保护生态的前提下可适度集聚人口和发展适宜产业的地区。

1. 区域范围

浙江省域范围的生态经济地区包括浙西山地丘陵生态经济地区、浙南山地丘陵生态经济地区、浙中、浙东山地丘陵生态经济地区和浙东海岛生态经济地区。

2. 功能定位

（1）适度推进工业化城市化的地区。该区域要按照集中、有序、合理的原则，依托资源环境承载能力相对较强、发展潜力相对较好的平原、盆地和台地，集中布局，据点式开发，推进城镇建设和工业开发。

（2）重点发展生态经济的地区。该区域要根据区域资源禀赋和生态环境承载力，大力发展生态工业、生态农业和绿色服务业，构建生态产业体系，着力提高生态产业在产业结构中所占的比重。

（3）保障农产品和生态产品供给的地区。该区域要把发展农业和生态建设、环境保护作为重要任务。切实保护耕地，提高农业综合生产能力，保障农产品供给安全。加大生态环境建设力度，增强水源涵养、水土保持和维护生物多样性等功能，提高生态产品供给能力。

3. 开发方向

（1）积极发展生态产业。调整优化产业结构，在不损害农业和生态功能的前提下，因地制宜适度开展资源开采、农林产品生产和加工、观光休闲农业、生态工业和绿色服务业，严格控制污染排放，形成以生态产业为主的经济结构。

（2）有序引导人口转移。控制区域人口的总量和密度，促进城镇和村庄适度发展，实施生态移民工程，鼓励和引导人口向重点开发区域和优化开发区域有序转移，缓解区域人口增长与生态环境保护之间的矛盾。

（3）改善公共服务设施。加强道路、给排水、清洁能源、垃圾处理等设施建设，改善教育、医疗、文化等公共服务设施条件，提高基本公共服务供给能力和水平。

4. 空间管制

（1）适度控制开发强度。加强各类开发活动的控制和监管，逐步减少农村居民点占用的空间，加大生态建设空间。合理控制开发区（园区）规模，现有的工业园区要改造成低消耗、可循环、少排放、零污染的生态型工业园区。

（2）推进点状集约开发。集中资源建设县城、中心镇和中心村，加强土地资源的集约利用，城镇建设与工业开发要集中布局在资源环境承载能力相对较强的区域，限制成片蔓延式扩张。保有大片开敞生态空间，逐步扩大水面、湿地、林地等绿色空间。

（3）严格保护生态空间。加强生态环境修复，扩大公益林面积，提高森林覆盖率，有效控制水土流失和生态退化，加大江河源头及主要流域的污染治理力度，进一步改善生态环境。

五、禁止开发区域

禁止开发区域是指有代表性的自然生态系统、珍稀濒危野生动植物物种的天然集中分布地、有特殊价值的自然遗迹所在地和文化遗址以及具有重要生态安全价值的区域等，需要在国土空间开发中禁止进行工业化城市化开发的区域。

（一）区域分布

浙江省域范围的禁止开发区域分为国家禁止开发区域和省级禁止开发区域。国家禁止开发区域包括世界遗产、世界地质公园和国家级自然保护区、国家级风景名胜区、国家森林公园、国家地质公园；省级禁止开发区域包括与国家禁止开发区域对应的省级及以下自然保护区、风景名胜区、森林公园、地质公园等各类自然保护区域，文物保护区、重要湿地及湿地公园、饮用水水源保护区和海洋保护区等区域，以及省人民政府根据需要确定的其他禁止开发区域。

（二）功能定位

禁止开发区域的功能定位是：自然资源的保护区域，生态环境涵养区域，历史文化传承区域。

（三）空间管制

全省禁止开发区域根据法律法规规定和相关规划，按照严格保护、严禁开发、严控建设、严抓管理的原则实行空间管制。严格保护禁止开发区域的自然资源、生态环境、文化遗迹，严格禁止一切不符合主体功能区定位的开发活动，严格控制区域内符合功能定位的建设活动，严格监管开发、建设、保护和利用等各个环节。

第三节 基于资源环境承载力的海洋空间开发导向

一、功能分区

浙江是海洋大省。浙江虽然海洋资源丰富，但也存在着海洋生态环境承压严重、海洋空间资源"后劲不足"、海洋基础支撑滞后等问题。为了促进海洋经济与资源环境的协调发展，需要根据海洋资源环境承载能力、现有开发强度和发展潜力，确定不同区域的海洋主体功能，科学谋划开发内容，规范开发秩序，提高开发能力和效率，保护海洋生态环境，实现可持续开发利用，构建陆海协调、人海和谐的海洋空间开发格局。因此，需要根据各个区域海洋资源环境的承载力确定空间开发导向。

根据浙江省海域资源环境承载能力等综合评价和全省海域在全国主体功能

区规划中的定位，海洋主体功能区划分为优化开发区域、限制开发区域、禁止开发区域三类，不划定重点开发区域。

二、优化开发区域

海洋优化开发区域是指现有开发强度较高、资源环境约束较强、产业结构亟须调整和优化的海域。

（一）区域范围与功能定位

包括杭州市的萧山区，宁波市的北仑区、镇海区、象山县、余姚市、慈溪市，温州市的鹿城区、龙湾区、洞头区、瑞安市，嘉兴市的海盐县、海宁市、平湖市，绍兴市的柯桥区、上虞区，舟山市的定海区、普陀区、岱山县，台州市的椒江区、路桥区、玉环县、三门县、温岭市、临海市毗邻海域，共24个县（市、区），面积3.13万平方千米。

浙江省的优化开发区域处于浙江海洋经济发展示范区的重要位置，是全省海洋经济规模最大、发展水平最高、毗邻陆域城市最发达的区域。该区域总体定位为海洋强国和海洋强省的战略支点、海洋经济转型升级的引领区、湾区经济发展的引擎区、海域集约节约利用的示范区、人海和谐相处的样板区。

（二）总体开发导向

优化近岸海域空间布局，合理调整海域开发规模和时序，控制开发强度，严格实施围填海总量控制制度，严格控制新增围填海，积极盘活存量围填海、存量已开发岸线；积极提高产业准入门槛，推动海洋传统产业技术改造和优化升级，大力发展海洋高技术产业、临港先进制造业和海洋新兴产业，积极发展现代海洋服务业，推动海洋产业结构向高端、高效、高附加值转变；推进海洋经济绿色发展，积极开发利用海洋可再生能源；加强海岛资源的保护与合理利用，推进重点开发的海岛集约生态化开发，其余海岛注重生态环境保护，严格保护海洋生物资源和非生物资源，尽可能减少对自然生态系统的干扰，在不影响区域生态环境稳定性的条件下，允许开展少量利用活动，并实行分类开发，按照资源禀赋开发旅游岛、渔业岛、能源岛等。加强传统渔场、海水养殖区和水产种质资源的保护；严格控制陆源污染物排放，加强重点河口海湾污染整治和生态修复，规范入海排污口设置；有效保护自然岸线和典型海洋生态系统，提高海洋生态服务功能，增强海洋碳汇功能。

三、限制开发区域

海洋限制开发区域是指以提供海洋水产品为主要功能的海域，包括用于保护海洋渔业资源和海洋生态功能的海域。

（一）区域范围与功能定位

包括宁波市的宁海县、鄞州区、奉化区，温州市的平阳县、苍南县、乐清市，舟山的嵊泗县等毗邻海域，共计七个县（市、区），区域面积1.12万平方千米。

浙江省的限制开发区域处于浙江沿海的重要港湾及重要渔业供给基地，是全省海洋生态环境保护较优、生态经济发展前景较好的区域。该区域总体定位为浙江海产品安全保障区、浙江蓝色生态屏障区、海洋生态保护和生态经济示范区。

（二）总体开发导向

优化近岸海域涉海产业空间布局，严格控制开发强度，严格限制新增围填海，积极盘活存量围填海、存量已开发岸线，在不影响主体功能定位的前提下，保障港口航运需求；积极保障海产品供给，完善渔业基础设施，积极实施人工鱼礁工程，鼓励发展休闲渔业、水产品精深加工业、冷链物流，推动渔民转产转业、渔业转型升级；加强海岛资源的保护与合理利用，推进重点开发的海岛集约高效生态化开发，其余海岛注重生态环境保护，严格保护海洋生物资源和非生物资源，尽可能减少对自然生态系统的干扰，在不影响区域生态环境稳定性的条件下，允许开展少量对环境影响较小的利用活动，并实行分类开发，按照资源禀赋开发旅游岛、渔业岛、能源岛等。保障海洋生态安全，严格限制陆源污染物排放，加强海域环境保护和生态修复，维持海洋生态系统功能、满足人类发展对海洋生态环境需求，限制海洋空间开发中大规模破坏生态环境的工业开发，保持并提高海洋生态产品供给能力，实现人与海洋和谐发展。

四、禁止开发区域

海洋禁止开发区域是指维护生物多样性、保护典型海洋生态系统以及维护国家主权权益具有重要作用的海域，包括国家和省级海洋自然保护区等。该区域包括海洋自然保护区、海洋特别保护区、领海基点保护范围。海洋生态红线原则上按禁止开发区域的要求管理，根据海洋生态红线区类型进行分类基本管控和开发行为管控。

（一）区域范围与功能定位

包括韭山列岛国家级海洋生态自然保护区、南麂列岛国家级海洋自然保护区、五峙山省级海洋鸟类自然保护区；马鞍列岛国家级海洋特别保护区、中街山列岛国家级海洋特别保护区、渔山列岛国家级海洋生态特别保护区、西门岛国家级海洋特别保护区、大陈省级海洋生态特别保护区、披山省级海洋特别保护区、洞头南北爿山省级海洋特别保护区、温州洞头国家级海洋公园、铜盘岛省级海洋特别保护区、七星列岛省级海洋特别保护区；海礁、东南礁领海基点保护范围，两兄弟屿领海基点保护范围，渔山列岛领海基点保护范围，台州列岛（1）、台州列岛（2）领海基点保护范围，稻挑山领海基点保护范围。区域面积 0.2 万平方千米。

（二）管制措施

1. 海洋自然保护区

其中，海洋自然保护区的核心区、缓冲区面积 0.02 万平方千米。制定实施海洋自然保护区规划，按核心区、缓冲区和实验区分类管理。核心区内禁止任何人进入，因科学研究的需要，必须进入核心区从事科学研究观测、调查活动的，必须经省级以上人民政府有关自然保护区行政主管部门批准；其中，进入国家级自然保护区核心区的，必须经国务院有关自然保护区行政主管部门批准。缓冲区内严格控制旅游和生产经营活动，只允许经自然保护区管理机构批准后，在缓冲区开展以科学教研为目的的非破坏性的科学研究、教学实习、标本采集活动以及生态旅游活动。实验区内可以适度进行以科学试验、教学实习、参观考察、旅游以及驯化、繁殖珍稀、濒危野生动植物等为目的的活动。无居民海岛根据其所在核心区、缓冲区、试验区管控要求管控。

2. 海洋特别保护区

其中海洋特别保护区的重要保护区、预留区面积 0.09 万平方千米。严格限制海洋特别保护区内的采砂、围填海等严重影响海洋生态环境、改变海岸和海底地形地貌的开发利用行为。严禁在海洋特别保护区内进行狩猎、采集、买卖保护对象，加强对海洋环境的执法检查，加大污染物偷排、超排行为的查处力度。严格保护珍稀、濒危海洋生物物种、"三场一通道"、生物栖息地等重要生境。注重协调保护与开发利用的关系，根据无居民海岛及周边海洋生态及资源的特点，尊重自然、科学布局，实行合理的开发利用，适度发展海洋生态科教、海洋生态旅游，注重保护海洋资源的可持续开发利用能力，加快优化海洋生态环境。

3. 领海基点保护范围

领海基点保护区面积 6.03 平方千米，占比 0.3%。禁止在领海基点保护范围内进行工程建设以及其他可能改变该区域地形、地貌的活动。确需进行以保护领海基点为目的的工程建设，应严格科学论证，报国家后依法办理审批手续。对于在领海基点保护范围内进行工程建设或者其他可能改变该区域地形、地貌的活动，毁损或者擅自移动领海基点标志，以及其他活动致使领海基点受到破坏的，应严格依法处置。

参考文献：

［1］范恒山，孙久文，陈宣庆.中国区域协调发展研究［M］.北京：商务印书馆，2012.

［2］胡军，覃成林.中国区域协调发展机制体系研究［M］.北京：中国社会科学出版社，2014.

［3］鲁传一.资源环境经济学［M］.北京：清华大学出版社，2004.

［4］浙江省统计局.浙江统计年鉴 2016，浙江统计信息网.

［5］浙江省人民政府.浙江省国民经济和社会发展第十三个五年规划纲要，2016-03.

［6］浙江省发展和改革委员会，浙江省住房和城乡建设厅.浙江省新型城市化发展"十三五"规划，2016-08.

［7］浙江省人民政府.浙江主体功能区规划，2013-08.

［8］浙江省发展和改革委员会，浙江省海洋与渔业局.浙江省海洋主体功能区规划，2017-04.

第四篇 发展战略与展望

第十章 发展战略与展望

"十三五"以及今后更长一段时期,是浙江省强化创新驱动、完成新旧发展动力转换的关键期,是深化供给侧结构性改革、推进经济转型升级、全面提升产业竞争力的关键期,是协同推进"两富""两美"建设、增强人民群众获得感的关键期。因此,必须进一步明确新时期发展的指导思想和发展目标,坚定不移沿着"八八战略"指引的路子走下去,确保2020年高水平全面建成小康社会,并在此基础上高水平推进社会主义现代化建设。展望浙江的明天,必将更加美好。

第一节 发展机遇与挑战

今后一段时期,浙江既面临着重大的发展战略机遇,也面临着诸多严峻的挑战。

一、战略机遇分析

(一)全面深化改革为浙江再创体制机制新优势提供了根本保证

中共浙江省委十三届四次全会,认真学习贯彻党的十八届三中全会精神,做出《关于认真学习贯彻党的十八届三中全会精神 全面深化改革再创体制机制新优势的决定》(以下简称《决定》)。

《决定》指出:改革开放35年特别是党的十六大以来,全省各级党组织和广大干部群众坚持解放思想,实事求是,锐意改革,开拓创新,积累了丰富的实践经验。一是坚持人民主体,尊重基层首创,鼓励和支持人民群众改革创新、创业发展、共享成果,注重在先行先试中积累经验,善于把实践经验转化为制度设计。二是坚持市场取向,充分激发市场主体活力,大力发展民营经济，注重市场配置资源和政府积极有为有机结合，不断完善社会主义市场经济体制。三是坚持全面改革，整体推进"五位一体"各领域和党的建设制度改革，注重各项改革的相互协调、良性互动。四是坚持统筹兼顾，正确处理改革中的重大关系，把改革的力度、发展的速度和社会可承受的程度统一起来，在促进社会和谐稳定中不断推进改革发展。五是坚持党的领导，增强政治定力，结合浙江实际创造性地贯彻落实中央精神，作出实施"八八战略"，推进创业富民、创新强省，干好"一三五"、实现"四翻番"等一系列重大战略决策，坚持一张蓝图绘到底，扎实推进中国特色社会主义在浙江的实践。这些做法和经验，必须在实践中长期坚持、不断完善。

《决定》明确全面深化改革的目标和路线。全面深化改革目标：深入推进中国特色社会主义在浙江的实践，努力在推进治理体系和治理能力现代化上走在前列，再创浙江体制机制新优势。按照"一三五"时间表分步推进，到2015年，本《决定》提出的一批改革具体项目取得了突破性进展；到2017年，在重要领域和关键环节改革上取得了决定性成果，基本完成本决定提出的改革任务，为到2020年形成系统完备、科学规范、运行有效的制度体系打下了坚实的基础。

全面深化改革路线："八八战略"是事关浙江现代化全局的重大战略，是"五位一体"总布局在浙江的生动实践。全面深化改革必须贯彻中央提出的"六个紧紧围绕"路线图，深入实施"八八战略"，进一步发挥优势、创新举措，更加注重改革的系统性、整体性、协同性，让一切劳动、知识、技术、管理、资本的活力竞相迸发，让一切创造社会财富的源泉充分涌流，让发展成果更多更公平地惠及全省人民，并从着眼于使市场在资源配置中起决定性作用、着眼于推动结构调整和产业升级、着眼于培育开放型经济新优势、着眼于推进城乡发展一体化、着眼于推进海洋强省建设、着眼于开拓文化发展新境界、着眼于促进社会公平正义、着眼于建设美丽浙江八个方面明确了改革的方向和重点，这就从创新体制机制、释放制度红利方面为浙江经济长期、持续发展提供了根本保障。

（二）国家重大战略为浙江经济发展创造了良好的宏观条件

首先，"一带一路"倡议为浙江经济发展拓展国际空间创造了条件。国际金融危机以来，美欧日等发达国家市场出现一定收缩，但金砖国家、东南亚国家、非洲大陆等保持较快的发展势头。非洲大陆拥有10亿人口，比欧美人口总和还多，正处于工业化起飞阶段，对轻工产品及基础设施建设有着旺盛的需求，东南亚、西南亚、中亚等国家对基础设施的需求和市场需求的潜力也很大，"一带一路"倡议又将在"十三五"期间得到进一步推进，这有利于浙江在巩固提升传统市场的同时，积极开辟扩大新兴市场，保持对外贸易和投资的持续增长。国内"一带一路"的沿线省份，发展阶段和资源禀赋差异也很大，在大开放格局下积极参与并主导经济全球化的分工，首先要在国内形成区域和省域的协调与分工，在"一带一路"的联结下形成国内若干省份的合理分工，可以抱团形成"一带一路"的主导力量。

其次，"长江经济带"战略为深化国内合作创造了良好条件。"长江经济带"以沿江综合运输大通道为支撑，促进上中下游省域要素合理流动、产业分工协作，着力推进信息化与工业化深度融合，促进沿江城镇布局与产业发展有机融合，充分发挥两种资源、两个市场。东部的开放要为中部开放提供门户服务；中部开放要借助东部的服务，经由"一带一路"和长江通道，主动出击；西部要形成新的开放枢纽，扩大开放格局，扩展经济发展空间。要素和商品要在大开放的格局下形成东中西充分流动，这种外部大开放、内部融合协调和内外互动，为浙江企业提供了广泛的发展空间和用武之地。

最后，新型城镇化不仅要积极推进城镇化，以城镇化来重整山河，促进城乡结构、区域结构、产业结构、空间结构、人与自然结构的优化调整，释放出巨大的内需潜能，而且要全面实施创新驱动发展战略，以科技创新破解资源要素的"瓶颈制约"，为经济发展注入可持续的动力。

（三）新一轮技术革命孕育有利于浙江培育新的经济增长点

在全球新一轮技术革命孕育在即的背景下，信息、能源、生物、材料及其交叉融合的领域都在酝酿重大的技术突破。据权威机构预测，未来5~10年将产生重大技术突破和创新的领域主要集中于移动互联网、物联网、云计算、先进机器人、下一代基因、储能、3D打印、先进材料、可再生能源等领域，涵盖了新一代信息技术、智能制造、生命健康、新能源、新材料及其交叉融合产业等。从我国"十二五"时期来看，钢铁、建材、船舶及交通运输设备制造等传统行业增速普遍下滑，规模以上工业增加值增速持续回落，而节能环保、新一代信息技术、生物、智能制造、新能源等行业的增速却连续几年保持两位数增长势头。浙江省近年来在全国率先举起以互联网为核心的信息经济大旗，2013年浙江被国家确定为全国第一个两化深度融合示范省，2014年浙江制定了全国省区第一个信息经济发展规划，成功承办了首届世界互联网大会，以阿里巴巴为核心的互联网产业生态圈举世瞩目，2016年8月浙江宁波又成为全国第一个"中国制造2025试点示范城市"。因此，浙江产业基础好，制度创新快，新一轮技术革命的孕育，为浙江培育新的经济增长点提供了重大机遇。

（四）消费结构升级为浙江调整产业结构创造了有利条件

由于中国人均GDP已超过6000美元和全国有六个省市人均GDP超过1万美元，加上中西部地区快速发展和人均收入水平快速提高，以及全国范围中等收入阶层的快速成长，以往传统温饱型的消费模式和生产方式已远不能适应消费者的需求。今后一个时期，中国正处于消费结构快速升级的阶段，对节能环保型的住房、汽车、家电，对休闲养生型的旅游、度假、绿色食品，对高品质的教育、文化、医疗等消费，越来越具有旺盛的需求，内需的潜力会加快释放。这必然会推动浙江传统产业的转型升级，催生一批新兴产业的成长。

（五）深入实施省域内的国家战略为浙江拓展了新的发展空间

2011年2月25日~2012年3月28日，浙江先后获得"四大国家战略"，即建设浙江海洋经济发展示范区，建设舟山群岛新区，开展义乌国际贸易综合改革试点，设立温州市金融综合改革试验区。此后几年来，浙江省域内又获批多个国家级示范（或试验）点（或区）。这些国家战略或国家级批复的改革或试验点（区）在浙江的落地，一举改变了浙江缺少国家战略和优惠政策的历史，为浙江带来了前所未有的历史性发展机遇。尤其是浙江海域辽阔，海岛众多，海岸线漫长，海洋资源丰富，海洋经济基础好，建设海洋经济发展示范区（涉及全省7市47县市区）和舟山群岛新区，不是三年五载就能完成的，而是需要二三十年甚至更长的时间，这就为浙江的长远发展提供了广阔的发展空间和增长极。

二、面临的挑战分析

（一）新一轮全球化高标准规则对浙江带来了严峻挑战

国际金融危机以来世界经济走势和发展格局已经发生了变化，全球经济保持中低速增长的态势难以较快改变，市场需求成为全球竞争最稀缺的资源。发达国家纷纷实行去全球化、去债务化、去杠杆化以及量化宽松政策等，去全球化导致贸易和投资保护主义盛行，去债务化导致消费需求减少，去杠杆化导致重新回归实体经济和再工业化，量化宽松政策导致货币贬值和物价上涨，所有这些都不利于国际分工。西方发达国家的新一轮全球化高标准规则又在日益兴起，并纳入劳工、环境、知识产权、政府采购、国有企业等非传统领域并制定高标准。这些规则在很大程度上是法治化市场经济的必然要求，也是我国完善社会主义市场经济体制的努力方向，但这不仅对我国国内相关规制的改革形成了较大压力，也对作为出口大省的浙江的发展形成了较大的压力。同时，中美两国作为世界前两大经济体，彼此良性互动，致力合作共赢，对双方都有利。但是，特朗普执政以来，奉行贸易保护主义政策，这也会对浙江的出口产生了一定的影响。

（二）"成本红利"逐渐消退对浙江形成了重大压力

改革开放以来的很长一段时期里，低成本优势一直是浙江在全球竞争中获胜的关键因素之一。但这种优势目前已经逐步丧失。一是劳动力成本快速上涨。由于年轻和廉价的劳动力不断减少，60岁以上的人群却在增加，近年来工人工资和福利快速增长，平均月工资已达2500~3000元，超过越南、印度、泰国、印尼的工资水平，但劳动生产率又大大低于发达国家，因此，劳动力成本快速上涨。二是生产资料成本快速上涨。浙江属资源匮乏省份，主要能源和原材料都靠省外购入，受资源稀缺、采购提价和通货膨胀等因素影响，大宗商品的价格会走高。三是融资成本快速上涨。企业贷款难、贷款贵，很多中小企业甚至根本难以获得贷款，对企业发展产生严重制约。四是用地成本快速上涨。浙江人多地少，建设发展快，土地资源十分稀缺，导致土地价格快速上涨。此外，还有用电成本、物流成本、商务（房租）成本等快速上涨。在这些高成本的压力下，浙江企业的利润空间越来越小，经营也越来越艰难，低成本的竞争优势正在快速丧失，这对浙江企业的发展形成了严峻的挑战。

（三）资源环境约束强化对浙江经济发展产生了严重制约

改革开放以来，我国工业化快速发展是以资源过度消耗和环境破坏为代价，经济增长已接近资源环境约束的边界，粗放型增长方式已经付出了很大的资源环境代价，继续走大量消耗资源和破坏环境的工业发展道路已经不可能支持工业可持续发展。浙江对外能源资源依赖严重，生态环境约束强化，建设"两富浙江""两美浙江"的要求对保护资源环境提出了更高的要求。近年来，浙江为治理污染、节能减排、开发新能源等采取了一系列措施，并取得了很多有益成果，但与目标要求还有很大差距。特别是环境问题，从近两年现实情况看，如果一不小心或略有麻痹就会立即出现"泛黄"。因此，在"十三五"期间，浙江需要进一步增强环保意识，加强污染治理，这项工作依然任重而道远。

（四）产能过剩矛盾突出和发展风险增加

我国投资比重偏高，消费比重偏低，在出口困难的情况下，如果消费没有大幅度增长，由投资拉动产能必然会继续过剩。在资源环境约束进一步强化条件下，淘汰落后产能的压力也将进一步加大。浙江以传统产业为主体，当一大批传统产业落后产能被淘汰和转移时，相关行业里就业、经营的人群将会受到冲击，如果这组人群由于种种原因找不到出路，就会给社会带来严重压力，由此带来的风险就会增加。

第二节 发展目标

一、新时期发展的指导思想

中共浙江省委《关于制定浙江省国民经济和社会发展第十三个五年规划的建议》(以下简称《建议》)指出，"十三五"发展要以"四个全面"战略布局为统领，以创新、协调、绿色、开放、共享五大发展理念为引领，以"八八战略"为总纲，以"干在实处永无止境，走在前列要谋新篇"为新使命，以"更进一步、更快一步，继续发挥先行和示范作用"为总要求，坚持发展第一要务，坚持转型升级不动摇，紧扣提高经济发展质量和效益这一中心，加快形成引领经济发展新常态的体制机制和发展方式，统筹推进经济建设、政治建设、文化建设、社会建设、生态文明建设和党的建设，高水平全面建成小康社会，为建设物质富裕精神富有现代化浙江、建设美丽浙江创造美好生活打下更加坚实的基础。

上述指导思想提出以"四个全面"战略布局为统领，就是紧紧围绕全面建成小康社会战略目标，坚持全面深化改革，坚持全面依法治国，坚持全面从严治党，确保经济持续平稳健康发展和社会和谐稳定，不断增进人民福祉、促进人的全面发展。以"五大发展理念"为引领，就是把创新摆在发展全局的核心位置，加大统筹协调发展力度，坚定走生产发展、生活富裕、生态良好的文明发展道路，发展更高层次的开放型经济，使全体人民在共建共享中有更多获得感，推动发展迈上新台阶。以"八八战略"为总纲，就是坚持一张蓝图绘到底，保持工作稳定性和连续性，提高工作的系统性和创新性，推动实现更高质量、更有效率、更加公平、更可持续的发展。

二、新时期的发展目标

《建议》指出,今后五年要确保实现已经确定的"四翻番"目标,高水平全面建成小康社会。主要目标是:

(一) 综合实力更强

经济保持中高速增长,到2020年生产总值、人均生产总值、城乡居民收入均比2010年翻一番,经济发展质量和效益稳步提升。产业迈向中高端水平,工业化和信息化融合发展水平进一步提高,制造业水平进一步提升,服务业比重进一步上升,农业现代化取得新进展,新产业新业态引领作用显著增强,现代化基础设施更加完善。投资效率明显上升,消费贡献明显提高,开放型经济水平全面提升。率先进入全国创新型省份和人才强省行列。

(二) 城乡区域更协调

全省发展空间格局得到优化。城市功能和中心城市国际化水平明显提升,美丽乡村建设水平进一步提高。城乡之间、区域之间居民收入水平、基础设施通达水平、基本公共服务均等化水平、人民生活水平等方面差距进一步缩小。县县全面建成小康,确保一个也不掉队。

(三) 生态环境更优美

能源资源开发利用效率大幅提高,能源和水资源消耗、建设用地、碳排放总量得到有效控制,主要污染物排放总量大幅减少,黑臭河和地表水劣Ⅴ类水质全面消除、八大水系水质基本达到或优于Ⅲ类水,PM2.5浓度明显下降,浙江的天更蓝、地更净、水更清、山更绿。

(四) 人民生活更幸福

中国梦和社会主义核心价值观更加深入人心,公民文明素质和社会文明程度显著提高。劳动年龄人口受教育年限明显增加,居民健康水平明显提高,就业质量不断提升,社会保障体系更加健全。人民生活水平和质量普遍提高,低保水平逐步提高,低收入群众收入持续较快增长。

(五) 治理体系更完善

重要领域和关键环节改革取得了决定性成果,治理法治化、制度化、规范化、程序化、信息化水平不断提高。人民民主更加健全,法治政府基本建成,司法公信力明显提高,社会治理更高效。党的建设制度化水平显著提高。

浙江省"十三五"时期的经济社会发展主要指标列于表10-1。

表 10-1 浙江省"十三五"时期经济社会发展主要指标

	指标名称		2015年基数	2020年目标	年均增长（累计）	属性
经济发展	全省生产总值（亿元）		43000	61000	7%以上	预期性
	服务业增加值占生产总值比重（%）		49	53以上	[4]	预期性
	七大万亿元级产业增加值增长（%）		—	—	10	预期性
	城市化率（%）	常住人口城市化率	66	70	[4]	预期性
		户籍人口城市化率	51.2	55	[3.8]	约束性
创新驱动	研究与试验发展经费支出相当于生产总值比重（%）		2.33	2.8左右	[0.47]	预期性
	发明专利授权量（项）		20000	30000	8.5%	预期性
	互联网普及率（%）		65	85	[20]	预期性
	全员劳动生产率（万元/人）		11.5	17	8.1%	预期性
民生福祉	居民人均可支配收入（元）		36300	52600	7.5%	预期性
	新增劳动力平均受教育年限（年）		13.5	14	[0.5]	约束性
	高等教育毛入学率（%）		56	62	[6]	预期性
	新增城镇就业人数 [万人]		107	—	[400]	预期性
	城镇保障性安居工程（万套）		20.6（2014年）		[60]	约束性
	人均预期寿命（年）		78.3	78.5	[0.2]	预期性
	每千人口执业（助理）医师数（人）		2.8	3.2	[0.4]	预期性
	每千名老人拥有社会养老床位数（张）		35	50	[15]	预期性
	亿元生产总值生产安全事故死亡率（%）		0.125	0.067	—	约束性
资源环境	单位生产总值能耗降低（%）		—	—	国家下达指标	约束性
	非化石能源占一次能源消费比重（%）		16	18.8	[2.8]	约束性
	单位生产总值用水量降低（%）		—	—	国家下达指标	约束性
	耕地保有量（万亩）		3093（2014年）	国家下达指标	—	约束性
	万元生产总值耗地量（平方米）		27.8	20.8		约束性
	单位生产总值二氧化碳排放降低（%）		—	—	国家下达指标	约束性
	主要污染物排放总量减少（%）	化学需氧量			国家下达指标	约束性
		氨氮	—	—		约束性
		二氧化硫				约束性
		氮氧化物				约束性

续表

指标名称		2015年基数	2020年目标	年均增长（累计）	属性
资源环境	空气质量	地级及以上城市细颗粒物（PM2.5）浓度下降（%）	—	—	国家下达指标	约束性
		地级及以上城市空气质量优良天数比率（%）	75.5（2014年）	80	[4.5]	约束性
	地表水达到或优于Ⅲ类水质比例（%）		64（2014年）	80	[16]	约束性
	森林增长	森林覆盖率（%）	60.9	61	[0.1]	约束性
		林木蓄积量（万立方米）	33000	40000	[7000]	约束性

注：①全省生产总值、七大万亿元级产业增加值、居民人均可支配收入绝对数按2015年价格计算，增长速度按可比价格计算；②［ ］内数据为五年累计数；③2015年数据为预计数；④水质比例指标以国家"水十条"规定的2014年为基准年。

第三节　发展战略

浙江省在"十三五"期间将采取一系列重大战略，而最重要的是以"八八战略"为总纲，全面落实"五大发展理念"；以创新驱动为首位战略，加快促进经济转型升级。

一、以"八八战略"为总纲，全面落实"五大发展理念"

习近平总书记在浙江工作期间，2003年7月，中共浙江省委举行第十一届四次全体（扩大）会议，在总结浙江经济多年来的发展经验基础上，全面系统地总结了浙江省发展的八个优势，提出了面向未来发展的八项举措——"八八战略"，即进一步发挥八个方面的优势、推进八个方面的举措。具体内容：一是进一步发挥浙江的体制机制优势，大力推动以公有制为主体的多种所有制经济共同发展，不断完善社会主义市场经济体制；二是进一步发挥浙江的区位优势，主动接轨上海、积极参与长江三角洲地区交流与合作，不断提高对内对外开放水平；三是进一步发挥浙江的块状特色产业优势，加快先进制造业基地建设，走新型工业化道路；四是进一步发挥浙江的城乡协调发展优势，统筹城乡经济社会发展，加快推进城乡一体化；五是进一步发挥浙江的生态优势，创建生态省，打造"绿色浙江"；六是进一步发挥浙江的山海资源优势，大力发展海洋经济，推动欠发达地区跨越式发展，努力使海洋经济和欠发达地区的发展成为我省经济新的增长点；七是进一步发挥浙江的环境优势，积极推进基础设施建设，切实加强法治建设、信用建设和机关效能建设；八是进一步发挥浙江的人文优势，积极推进科教兴省、人才强省，加快建设文化大省。

"十二五"时期，浙江省面对错综复杂的宏观环境和艰巨繁重的改革发展稳定任务，全省上下深入实施"八八战略"，积极适应经济发展新常态，按照干好"一三五"、实现"四翻番"部署，顽强拼搏、开拓创新，胜利实现"十二五"规划目标。综合实力迈上新台阶，2015年全省生产总值约43000亿元，人均生产总值78000元。转型升级迈出新步伐，通过打出转型升级系列组合拳，在市场化改革、制度供给、倒逼转型机制和信息经济等方面形成了新的先发优势，转型升级已经找到跑道、见到曙光。创新驱动形成新格局，科技综合实力和区域创新能力继续位居全国前列。社会建设取得新进步，基本公共服务均等化水平明显提高，社会保障体系更加健全。人民生活得到新改善，城乡居民收入稳居全国前列，年人均收入4600元以下贫困现象全面消除。美丽浙江建设呈现新面貌，地表水和空气质量持续好转，美丽乡村建设深入推进，节能减排完成预定目标。改革开放增添新活力，全面深化改革有力推进，对外开放不断深入，平安浙江和法治浙江建设全面深化，社会主义协商民主得到加强，治理体系和治理能力现代化取得进展。社会主义核心价值观深入人心，文化软实力不断提升，谱写了中国特色社会主义在浙江实践的新辉煌。但发展中也存在一些矛盾和问题，主要是自主创新能力不强，粗放型增长方式和低层次低价格产业竞争模式尚未根本扭转，城乡区域发展还不够平衡，资源和环境约束趋紧，金融、安全生产、社会治安、网络安全等领域潜在风险隐患较多，加快转型发展比以往任何时候都更为迫切。

"十三五"时期仍是浙江省经济社会发展的重要战略机遇期，但面临的国际国内环境将更加错综复杂，体制机制、高端要素与发展空间等方面的竞争会更加激烈。浙江要应对新的挑战，肩负起"干在实处永无止境，走在前列要谋新篇"的新使命，必须牢牢把握"四个全面"战略布局的基本要求，必须以"八八战略"为总纲，全面落实创新、协调、绿色、开放、共享五大发展理念，努力在全面建成小康社会水平上更进一步，在推进改革开放和社会主义现代化建设中更快一步，继续在全国发挥先行和示范作用。

（1）继续深化改革，以改革红利释放发展潜力。"八八战略"突出体制机制优势,改革开放以来的实践证明,不断推进改革,增强体制机制优势是浙江培育和激发市场主体活力、推进经济社会持续稳定发展的根本动力。"十三五"时期,浙江将在推进经济转型升级、增强基本公共服务均等化、改进政府服务经济发展的方式方法及能力和在社会领域等方面进一步深化改革,不断完善社会主义市场经济体制,最大限度地降低各种制度交易成本,激发各种生产要素的活力,以改革红利释放发展潜力,让改革发展的成果惠及更多城乡居民。

(2) 强化创新,以创新转换发展动力。"八八战略"注重发挥产业优势,注重开拓创新。"十三五"时期,浙江将继续紧紧扭住转变发展方式这条主线,大力推进科技创新、产业创新和经济体制创新,强化培育创新主体、完善创新环境、加强自主创新并拓展包括互联网创新在内各种创新模式,以强化创新来转换发展动力,改变过去过多依赖要素投入和环境消耗的传统发展模式,加快形成以创新为主要动力的经济发展方式,增强发展的可持续性。

(3) 注重协调,以协调促进城乡经济社会均衡发展。"八八战略"强调城乡经济社会协调发展。"十三五"时期,浙江将继续推动区域协调发展,塑造以海洋经济区、四大都市区、生态功能区为基本架构的区域协调发展新格局;全面推进城乡协调发展,积极建设美丽、智慧、人文城乡,健全城乡发展一体化体制机制;以新型城市化引领促进城乡一体、区域协同、陆海统筹,形成集约高效可持续的国土空间开发新格局。统筹推进经济建设和社会发展、物质文明和精神文明建设,补齐发展短板,不断增强发展协调性和整体性。

(4) 强调绿色,以生态文明提升城乡品质。"八八战略"强调发挥浙江的生态优势,创建生态省,打造"绿色浙江"。"十三五"时期,浙江将进一步持续推进环境治理和生态保护,加强资源节约集约高效利用,加快推进绿色发展、循环发展、低碳发展,形成节约资源和保护环境的空间格局、产业结构、生产方式和生活方式。加强生态文明制度建设,推进生态市场化改革,改进生态保护和补偿机制,加大对促进不同类型生态保护区的政策力度;进一步完善利益分配协调机制,建立生态价值评估体系;推进生态社会化管理,淡化 GDP 考核,强化生态考核。

(5) 强调开放,以扩大开放增强国际竞争力。"八八战略"的要点之一就是要发挥浙江的区位优势,提高对内对外开放水平。"十三五"时期,浙江将顺应国际经贸投资规则的新变化,全方位提升宁波舟山口岸开发开放水平,打造面向环太平洋经济圈的海上开放门户;深化义乌市国际贸易综合改革,打造国际商贸中心和国际化陆港城市;加快建设杭州跨境电子商务综合试验区,打造"网上丝绸之路"战略枢纽;加快建设海峡两岸(温州)民营经济创新发展示范区,推进全省民企民资成为参与"一带一路"建设的开路先锋;加快推进各综合保税区的全面封关运作和功能提升;积极落实参与长江经济带建设实施方案,全面推进区域合作与发展。提高开放型经济发展水平,大力开拓国际市场,加快形成以渠道、品牌、技术、质量、服务为核心的出口竞争新优势;提高利用外资质量和水平,鼓励外资重点投向高端制造业、高新技术产业、现代服务业,支持省内企业与海外跨国公司开展深度合作;创新对外开放体制机制,完善法治化、国际化、便利化营商环境;着力培育和提升我省大型本土跨国公司,进一步增强国际竞争力。

(6)注重共享,以共享增进广大人民群众的获得感。"八八战略"突出以人为本,以提高人民生活水平和生活质量为根本目的。"十三五"时期,浙江将更加注重城乡"民生幸福",不断增进城乡广大人民群众的获得感。统筹工农、城乡、城镇居民和农村居民的发展,促进基本公共服务均等化、城乡居民收入均衡化、城乡要素配置合理化和城乡产业发展融合化。更加注重发展壮大中产阶层,进一步完善收入分配制度和住房、教育、养老等社会保障机制,促进社会结构由"金字塔型"向"橄榄型"转变,使社会结构和经济结构协调发展。更加注重社会治理,进一步创新社会治理体制,提高社会治理水平。

(7)突出文化,以文化"软实力"为经济发展提供深层"硬支撑"。"八八战略"提出要进一步发挥浙江的人文优势,积极推进科教兴省、人才强省,加快建设文化大省。因此,"十三五"时期,浙江必将在推动文化大发展大繁荣、提升文化软实力上下功夫。坚持以核心价值观为根本,增强文化凝聚力。破除阻碍文化发展的体制机制弊端,转变文化发展方式,增强文化生产力。推进"文化+"与"互联网+"的融合发展,利用3D等数字技术,打通文化产业链,促进不同产业领域的升级与创新。强化科教兴省和人才强省,为经济社会发展提供坚实的科技支撑和智力支撑。

二、以创新驱动为首位战略,加快促进经济转型升级

中共浙江省委关于制定"十三五"规划的《建议》指出,创新是引领发展的第一动力。把创新驱动列为首位战略。可以预见,"十三五"时期,浙江将坚持把创新摆在发展全局的核心位置,以创新作为驱动经济社会发展的强大动力,加快形成以创新为引领和支撑的经济体系和发展模式。

(1)大力推进科技创新。完善区域创新体系和创新平台布局,包括高水平

建设杭州国家自主创新示范区，支持宁波争创国家自主创新示范区，支持其他都市区和设区市加快建设特色鲜明的高能级科创平台，支持科技、产业基础较好的县市建设全面创新改革试验区，全面提升全省创新能力。突出企业创新主体地位，大力培育高新技术企业、创新型企业和科技型中小企业，推动省级重点企业研究院建设，推动高校、科研机构与企业加强产学研协同创新，大力引进大院名校和国外创新资源共建创新载体，积极争取国家重大科技项目和重大创新领域国家实验室来浙江落户。深化科技体制改革，推动全社会加大研发投入，促进科技成果资本化产业化。加快建设网上网下结合、省市县一体的科技大市场，强化产学研合作，推进创新链、产业链、资金链精准对接，推进质量强省、标准强省和品牌强省建设，强化知识产权法律保护。

（2）大力推进产业创新。着力培育支撑浙江未来发展的大产业。通过深入推进信息化与工业化、制造业与服务业融合发展，集中力量做大做强信息、环保、健康、旅游、时尚、金融、高端装备制造、文化创意八大万亿元产业，做强做精丝绸、黄酒、茶叶等历史经典产业。促进产业集群化、高端化、特色化、智能化发展。突出产业高端要素集聚特色，加强创新链与产业链衔接，加大省级产业集聚区创新提升力度，突出核心区块建设，加快打造大产业集聚发展高地。全面提升先进制造业竞争力。制定实施《中国制造2025浙江行动纲要》，深入实施"四换三名"工程，统筹推进战略性新兴产业、装备制造业、高新技术产业发展和传统产业改造提升，培育一批具有国际竞争力的创新型龙头企业，建设一批信息科技、新材料、新能源汽车等先进制造业基地和创新中心，加快"浙江制造"向"浙江智造"转型。推进互联网和制造业统筹发展，发挥互联网拓市场促发展的平台和渠道作用，推动制造方式和营销方式变革。加大企业技术改造力度，推进传统块状经济整治提升，坚决淘汰落后产能，加快发展成为具有稳定竞争力的现代产业集群。着力打造现代服务业新引擎。提升发展金融、信息、物流、会展等生产性服务业，支持发展养老、家政、教育文化等生活性服务业，推动制造业由生产型向生产服务型转变。大力推进流通现代化，以流通业变革带动生产方式变革。深化各类服务业改革试点，加强现代服务业集聚示范区建设，促进服务业规模化、品牌化、国际化发展。积极推动农业现代化。深入推进农业结构调整，加快发展生态循环农业，大力推动农业全产业链发展，健全现代农业产业体系，提升高效生态农业发展水平。积极发展新经济新业态新模式。实施浙江"互联网+"行动计划，建设特色明显、全国领先的电子商务、物联网、云计算、大数据、互联网金融创新、智慧物流、数字内容产业中心，发展分享经济，促进互联网和经济社会深度融合。推进产业组织、商业模式、供应链、物流链创新，支持基于互联网的各类创新。推广新型孵化模式，大力发展众创、众包、众扶、众筹空间。办好世界互联网大会，注重发挥其综合效应。

（3）大力推进经济体制创新。深化简政放权放管结合优化服务改革，积极推进政事分开改革。全面推进县域经济体制综合改革，健全资源要素差别化配置、产业结构调整创新、鼓励和吸引民间资本进入社会事业领域、企业投资项目高效审批等体制机制。落实中央深化财税体制改革各项举措，健全社会诚信体系，更加注重运用市场机制和经济手段化解产能过剩，加大依法推进企业破产重整重组力度。深化国资国企改革。分类推进国有企业改革，推进国有资本向基础设施与民生保障、战略性新兴产业等关键领域和优势产业集聚。积极推进混合所有制改革，完善现代企业制度，打造一批引领转型升级、在国内外具有较强影响力的国有企业集团，完善国有资产监管体制，确保国有资产保值增值。再造民营经济新优势。继续深入实施浙商回归工程，大力营造大众创业、万众创新的良好生态，推进产权保护法治化，依法保护企业家财产权和创新收益。全面放开竞争性行业和垄断行业竞争性业务，消除民间资本进入的各种隐性壁垒，支持民间资本参与国有企业改革。推进金融创新发展。着眼于打开资本对接创新创业通道，整合各类金融资源要素，在创新创业活跃、金融资本密集的区域打造若干资本集聚转化大平台。加快民营银行设立步伐，加大地方金融法人机构改革重组力度。深化温州市金融综合改革试验区建设和各类金融改革专项试点，大力发展天使、创业、产业投资和现代保险服务业，构建地方金融风险防控机制，努力营造健康有序的金融环境。

第四节　未来展望

根据浙江省提出的"十三五"发展战略、发展目标和经济社会发展趋势，可以预期浙江将继续在全国发挥先行和示范作用。展望浙江的明天，将会更加美好。

一、人民生活水平迈上新台阶

"十三五"规划明确提出,要坚持共享发展,增进人民福祉。要确保实现已经确定的"四翻番"目标,高水平全面建成小康社会。

共享是转型发展的本质要求。加快社会结构转型,调整收入分配格局,推进建设"橄榄型"社会。创新均等化体制机制,着力增强基本公共服务供给能力,使全体人民在共建共享中有更多获得感。

实现高水平全面建成小康社会,如前所述,浙江省"十三五"规划《纲要》设置了经济发展、创新驱动、民生福祉、资源环境4个方面27个指标,包括14个预期性指标和13个约束性指标,其关键性指标可以概括为"一个聚焦,两个确保"。

一个聚焦,就是聚焦转型升级核心指标。包括两类:一是贯彻创新驱动首位战略的指标。包括研究与实验发展经费支出占生产总值比重、发明专利授权量、互联网普及率、全员劳动生产率等主要指标。二是体现产业升级的指标。除了服务业指标,《纲要》还设置了七大万亿元级产业增加值指标。

两个确保,即确保实现"四翻番"指标,确保补齐高水平全面小康的"短板"。"四翻番"指标,即到2020年,实现地区生产总值、人均生产总值、城镇居民人均可支配收入、农村居民人均纯收入均比2010年翻一番。高水平全面小康的短板性指标。首先是环境指标。"十三五"我省要继续大幅度减少主要污染物排放总量,PM2.5的浓度要明显下降。其次是社保、教育、医疗、就业等民生指标。此外,"十三五"还补齐综合交通方面的短板,打造全省1小时交通圈。主要指标的目标值是,到2020年,人均生产总值超过10万元,居民人均可支配收入超过5万元,社会保障覆盖率达到100%,研究与实验发展经费支出占生产总值比重达到2.8%左右,高等教育毛入学率达到60%以上,这将使浙江综合实力更强、城乡区域更协调、生态环境更优美、治理体系更完善、人民生活更幸福。

2017年6月召开的中共浙江省第十四次党代会报告中又进一步指出,确保2020年高水平全面建成小康社会,并在此基础上,高水平推进社会主义现代化建设。可见,浙江人民生活将会迈上新台阶。

二、空间结构优化获得新提升

深入推进新型城市化和城乡区域协调发展。今后一个时期,浙江省将以新型城市化为主抓手，把山与海、城与乡作为一个整体统筹谋划，塑造以四大都市区为主体，海洋经济区和生态功能区为两翼的区域发展格局。

浙江在都市区建设方面，将大力推进县域经济向都市区经济转型，加快建设杭州、宁波、温州、金华—义乌四大都市区，充分发挥都市区优化区域布局、带动全省转型升级的主体作用。杭州将充分利用举办 G20 峰会和亚运会的契机，以城市国际化为主抓手，以筹办重大赛事活动为牵引，不断厚植创新活力之城、历史文化名城、生态文明之都和东方品质之城特色，率先高水平全面建成小康社会，当好全省干在实处走在前列勇立潮头的排头兵，加快推进城市国际化，扩大全球影响力，全力打造国际化门户中心和科技创新中心，加快建设独特韵味别样精彩的世界名城。宁波围绕早日跻身全国大城市第一方队的总要求，大力推进产业高新化、城市国际化、发展均衡化、建设品质化、生态绿色化、治理现代化，加快建设国际港口名城，努力打造东方文明之都。温州将充分发挥温州地理区位、人口规模、生态环境等独特优势，依托温州金融综合改革试点，发挥规划统筹引领作用，整体推进空间优化、功能重构、形象再造、品质提升，在更高水平上加快城市现代化、城乡一体化，强化温州都市区在全省的地位和影响力。金华—义乌都市区将着力推进金华、义乌相向聚合发展，打造丝路枢纽、商贸之都、智造强市、文化名城，加快建成国际商贸物流中心，加快形成全省发展新的重要增长极。

在海洋经济区建设方面，将加快推进海港、海湾、海岛"三海联动"，以宁波舟山港为龙头，大力整合全省海港资源，促进海港、陆港、空港、信息港一体发展，建设集散并重、全球一流的现代化枢纽港，打造港口经济圈。统筹推进海洋湾区开发和保护，谋划杭州湾、象山港、三门湾、台州湾、乐清湾、瓯江口等湾区联动发展，打造海洋经济发展新增长极和陆海统筹发展的战略支点。在生态功能区建设方面，将构建更加科学合理的生态功能区布局，适时扩大重点生态功能区范围，建成人与自然和谐相处的示范区和推进生态文明建设的先行区。

三、经济转型升级取得新跃进

产业转型升级是打造经济升级版的关键环节，浙江将产业转型升级摆在发展方式转变的突出位置。基于当前产能总体过剩的大背景和产业融合发展的大趋势，浙江省将更加积极地实施创新驱动发展战略，强化供给侧结构性改革，突出先进制造业与现代服务业"双轮驱动"和融合发展的指导思想，全面提升先进制造业竞争力，着力打造现代服务业新引擎，积极推动农业现代化，促进产业跨界融合和重组提升。

围绕率先建成创新型省份目标，加快实施创新驱动发展战略，瞄准科技创新的强大动力，重点打造国家自主创新示范区、杭州城西科创大走廊等一批重大创新平台，实施一批重大科技专项，加快特色小镇、各类众创平台等项目建设。

顺应新一轮科技革命、产业革命及"互联网+"发展趋势，积极推进信息经济、高端装备制造与新材料、节能环保、时尚、健康、旅游、金融、文化创意（在"十三五"规划制定以后，此产业也列入了万亿元产业）等八大万亿元级产业，把培育这八大万亿元级产业作为抢占未来经济发展制高点的"关键一招"，进一步明确产业重点和主攻方向，依托产业集聚区和特色小镇等载体，实施一批带动力强、创新作用突出、影响面较大的重大产业发展项目和工程，力争形成一批具有全国战略意义的大产业基地。并且，积极推进农业、绿色石化等传统产业改造升级，加快发展商贸物流产业，培育产业竞争新优势。

根据上述要求和目标，浙江省在重大建设项目"十三五"规划中，围绕打造好国家自主创新示范区、杭州城西科创大走廊等一批重大创新平台，实施一批重大科技专项，加快特色小镇、各类众创平台等项目建设，"十三五"规划创新平台投资842亿元、重大科技专项投资185亿元、省级特色小镇和众创平台投资5050亿元。为了加快产业转型升级，培育浙江发展新动力，构建浙江现代产业体系，围绕八大万亿元级产业以及积极推进农业、绿色石化等传统产业改造升级，加快发展商贸物流产业，培育产业竞争新优势，安排了重大建设项目273个，"十三五"计划投资19032亿元。

通过上述目标的确立和实质性措施的实施，可以预计，浙江省在"十三五"期间经济转型升级必将取得新的重大进展。

四、开放合作形成新格局

开放是转型发展的必由之路。浙江将主动适应经济全球化发展的新趋势、国际贸易投资规则的新变化、国内经济发展的新常态，全力对接"一带一路"、长江经济带、自由贸易园区等国家重大战略，实施更加积极主动的经济国际化战略，着力形成内外联动的全方位对外开放战略新格局，加快构建互利共赢、多元平衡、安全高效的开放型经济新体制，加快建设开放型经济强省，为浙江经济转型升级、高水平全面建成小康社会提供强大的动力和战略支撑。

办好 G20 峰会，极大地提升了杭州市在全世界的知名度，也进一步扩大了浙江省在国际上的影响，浙江省以此为契机，实施更加主动的国际化发展和区域合作战略，全力打造重大开放平台，遵循市场规律开拓国际国内"两个市场"、利用"两种资源"，着力构建有中国特色、浙江特点的市场体系，努力发展更高层次的开放型经济，持续增强浙江经济国际竞争力。

在对外开放的格局上，浙江将围绕落实国家战略举措，充分发挥国际海港、陆港、空港和信息港的门户和枢纽作用，高水平构筑义甬舟、沿海两大开放通道，建设宁波—舟山、杭州、金华—义乌、温州四大开放战略高地，推动沿海地区与浙中、浙西南地区联动开放发展，在开放合作中加快提升城市国际化水平，全面构建浙江对外开放战略的新格局。

在实施推进上，将全方位提升海港、陆港、空港、信息港特别是宁波舟山口岸开放水平，争取设立舟山自由贸易港区，加快建设舟山江海联运服务中心，支持宁波规划建设梅山新区。深化义乌国际贸易综合改革，打造国际商贸中心和国际化陆港城市，谋划建设义甬舟开放大通道。加快建设杭州、宁波跨境电子商务综合试验区，促进全省跨境电子商务整体发展提升。加快建设海峡两岸（温州）民营经济创新发展示范区，在温台沿海建设若干民外合作平台。

同时，浙江省在重大建设项目"十三五"规划中，围绕国家和我省重大战略部署，在对外开放前沿地区和优势领域，着力谋划打造一批高能级开放平台，规划开放平台投资 694 亿元。重点建设义甬舟开放大通道、舟山江海联运服务中心、舟山自由贸易港区、中国（杭州、宁波）跨境电子商务综合试验区、宁波梅山新区、海峡两岸（温州）民营经济创新发展示范区等。深化国际科技合作交流，搭建国际化创新平台，更好地利用国际国内两个市场两种资源，推进实施中意（宁波）生态园、浙江中德（嘉兴）产业合作园、中韩（温州）经济合作园、中澳（舟山）现代产业园等重大建设项目。

五、美丽浙江建设取得新进展

当今中国，建设生态文明已经成为党的主张、国家战略、人民意愿。推进生态文明建设就要践行"绿水青山就是金山银山"的发展理念。为深入贯彻党的十八大、十八届三中全会和习近平总书记系列重要讲话精神，积极推进建设美丽中国在浙江的实践，加快生态文明制度建设，努力走向社会主义生态文明新时代，2014 年 5 月 23 日中共浙江省第十三届第五次全会通过《中共浙江省委关于建设美丽浙江创造美好生活的决定》。《决定》指出，"建设美丽浙江、创造美好生活是一项具有系统性、长期性、艰巨性的历史任务,需要确定具体工作目标,有步骤分阶段推进"。提出:"……到2020年,初步形成比较完善的生态文明制度体系,以水、大气、土壤和森林绿化美化为主要标志的生态系统初步实现良性循环,全省生态环境面貌出现根本性改观,生态文明建设主要指标和各项工作走在全国前列,争取建成全国生态文明示范区和美丽中国先行区,城乡统筹发展指数、城乡居民收入、居民健康指数、生态环境指数、文化发展指数、社会发展指数、社会保障指数、农民权益保障指数等达到预期目标。在此基础上,再经过较长时间努力,实现天蓝、水清、山绿、地净,建成富饶秀美、和谐安康、人文昌盛、宜业宜居的美丽浙江。"为了实现上述目标,强调要建立完善建设美丽浙江、创造美好生活的"源头严控""过程严管""恶果严惩""多元投入"的四大体制机制和完善组织领导、加强法治保障、严格考核考评、推进试点先行和引导全社会共同行动的五方面组织保障。

同时,浙江省在重大建设项目"十三五"规划中,围绕清洁能源、治水治气治土、生态环境修复、绿色低碳循环等,安排重大建设项目70个,"十三五"计划投资8969亿元,其中清洁能源投资4578亿元、治水治气治土投资2670亿元、生态环境修复投资1396亿元、绿色低碳循环投资325亿元。

加快建设美丽浙江,也是浙江全省各地都在积极努力的方向。杭州市提出要成为美丽中国建设的先行区,重点在提升城市形象和生态竞争力上取得显著成效;宁波市、舟山市提出要成为美丽浙江建设的港口特色市、海上花园城,重点在浙江海洋经济发展示范区、舟山群岛新区建设上取得显著成效;温州市、台州市、金华市提出要成为美丽浙江建设的环境综合整治示范区,重点在加快产业转型升级、实现保护与发展双赢上取得显著成效;绍兴市、嘉兴市、湖州市提出要成为美丽浙江建设的江南水乡典范,重点在水环境治理和生态文化培育上取得显著成效;衢州市、丽水市提出要成为美丽浙江建设的重要生态屏障,重点在生态环境保护和生态经济发展上取得显著成效。

通过浙江全省上下的共同努力,浙江将会天更蓝、地更净、水更清、山更绿,浙江的明天将会更加美好。

参考文献:

[1] 中国共产党浙江省第十三届委员会第八次全体会议.关于制定浙江省国民经济和社会发展第十三个五年规划的建议[C]. 2015-11-26.

[2] 中国共产党浙江省第十三届委员会第五次全体会议.中共浙江省委关于建设美丽浙

江创造美好生活的决定［C］.2014-05-23.

［3］浙江省发展和改革委员会.浙江省国民经济和社会发展第十三个五年规划纲要［N］.2016-02-24.

［4］谢力群.高水平全面建成小康社会——浙江省"十三五"规划纲要解读［EB/OL］.人民网，2016-03-18.

［5］浙江省政府办公厅.浙江省开放型经济发展"十三五"规划（浙政办发〔2016〕128号）［EB/OL］.www.zjzwfw.gov.cn，2016-10-24.

［6］浙江省关于印发浙江省重大建设项目"十三五"规划的通知（浙政办发〔2016〕88号）.

［7］浙江省社会科学院课题组."八八战略"：浙江"十三五"发展的金钥匙［N］.浙江日报，2015-10-26.

［8］郭占恒.浙江经济：发展阶段转换和"升级版"的打造［J］.浙江经济，2013（12）：12-15.

［9］陆根尧等.产业集聚与城市化互动发展的模式、机制及空间结构演化研究［M］.北京：经济科学出版社，2014.

后　记

《浙江经济地理》是《中国经济地理》丛书的浙江分册。全国经济地理研究会在 2013 年常务理事会议上，由会长提议并经常务理事会议讨论，决定编写新时期的《中国经济地理》丛书。浙江工作的全国经济地理研究会常务理事在这次会议上接受了编写《中国经济地理》丛书的浙江分册——《浙江经济地理》的任务。此后，全国经济地理研究会又于 2014 年 6 月专门召开了《中国经济地理》丛书编委会第一次会议，本书编写负责人、常务理事陆根尧教授参与了这次编委会会议。在这次会议以后，陆根尧教授根据会议要求，与常务理事张明龙教授、许庆明教授经过商量，正式成立了《浙江经济地理》编写组。编写组由编写负责人陆根尧教授（浙江理工大学）、副负责人许庆明教授（浙江大学）、成员胡晨光教授（浙江工业大学）和智瑞芝副教授（浙江理工大学）组成。

本书编写的目的在于简要阐述浙江省的经济地理状况，较为全面地反映浙江省在资源开发、国土整治、产业发展、城镇化、重大工程项目实施等方面的进展，尤其是改革开放以来浙江省所取得的巨大成绩。因此，编写组深感编撰任务光荣、责任重大，并为此付出了辛勤的劳动。2014 年 7 月编写组及时向全国经济地理研究会秘书处提交了编写大纲，在分头收集资料、调研分析和撰写部分稿件的基础上，又于 2015 年 12 月专门对原来的编写大纲进行了讨论和修改，使之更为完善和充实。各位编写人员根据分工要求，在各自单位工作繁忙的情况下，利用节假日和一切可以利用的时间，进一步收集、分析资料和调研，至 2017 年 3 月已经基本完成《浙江经济地理》初稿。编写组又及时召开会议进行讨论，并对编写的相关内容的初稿，提出了进一步的修改意见。此后在修改过程中，编写负责人又通过邮件通信的方式与各位编写人员进行多次交流，各位编写人员对分工的初稿内容又做了进一步的修改和完善。

本书由陆根尧负责主框架设计，具体分工如下：序言由陆根尧撰写，第一篇资源与条件的第一章、第二章由智瑞芝撰写，第二篇产业经济地理的第三章、第五章、第六章由胡晨光撰写，第四章由陆根尧撰写，第三篇区域与城市经济地理的第七章、第八章、第九章由许庆明撰写，第四篇发展战略与展望由陆根尧撰写。第一篇、第二篇由陆根尧审定，第三篇、第四篇由陆根尧、许庆明共同审定，最后由陆根尧定稿。参与本书资料收集和调研的人员有虞仕攀、赵雪阳、陆霄霞、曹林红、厉英珍、王婷婷、潘莉燕、吕雅倩、赵泽洋、柴新淋、林永然、胡杉、赵丹等浙江理工大学、浙江大学、浙江工业大学的博士生、硕士生。

本书付梓之际，特别要感谢孙久文教授、安虎森教授、张可云教授、付晓东教授等在丛书编委会会议上提出的一些建设性意见。在资料收集和调研过程中，得到了浙江省统计局、浙江省发展和改革委员会相关处室等政府部门和浙江省图书馆的大力支持，并参考了一些相关的文献资料，经济管理出版社申桂萍主任在本书出版过程中给予了大力支持，在此一并深表感谢！当然，由于编写组能力和时间所限，不妥之处敬请读者批评指正。

陆根尧

2018 年 1 月